ABHANDLUNGEN AUS DER
BERLINER JURISTISCHEN FAKULTÄT
III

BEITRÄGE ZUR LEHRE VON DER REVISION WEGEN MATERIELLRECHTLICHER VERSTÖSSE IM STRAFVERFAHREN

VON

DR. HERMANN MANNHEIM
PRIVATDOZENT AN DER UNIVERSITÄT
BERLIN

VERLAG VON JULIUS SPRINGER · BERLIN 1925

ISBN 978-3-642-51250-6 ISBN 978-3-642-51369-5 (eBook)
DOI 10.1007/978-3-642-51369-5

Softcover reprint of the hardcover 1st edition 1925

MEINEM HOCHVEREHRTEN LEHRER

HERRN PROFESSOR DR. EDUARD KOHLRAUSCH

IN DANKBARKEIT ZUGEEIGNET

Vorwort.

Die vorliegende Schrift ist bald nach Beendigung des Krieges begonnen und erst im Frühjahr 1923 abgeschlossen worden. Diese Verzögerung erklärt sich dadurch, daß ich infolge meiner starken dienstlichen Inanspruchnahme durch meine frühere Tätigkeit als Verwaltungsbeamter die Arbeit an diesem Buche etwa 2 Jahre lang fast völlig aussetzen mußte.

Zwischen Vollendung und Drucklegung schob sich alsdann die Strafprozeßreform vom 4. Januar 1924, die eine Umarbeitung einzelner Teile erforderlich machte.

Die äußere Geschlossenheit des Ganzen hat durch diese ungünstigen Schicksale stark gelitten. Dagegen waren die Eindrücke, die ich in der Verwaltungspraxis empfangen habe, der inneren Einheitlichkeit der Gedankenführung insofern förderlich, als sie die Überzeugung von der Richtigkeit der hier vorgetragenen Grundauffassung in mir noch mehr gefestigt haben.

Der Berliner Juristischen Fakultät und insbesondere dem Dekan des Jahres 1923/24, Herrn Professor Bruns, bin ich für die Aufnahme meiner Arbeit in die von ihr herausgegebene Sammlung zu größtem Danke verpflichtet.

Meinem verehrten Lehrer, Herrn Professor Kohlrausch, danke ich herzlich für die Förderung, die ich stets durch ihn erfahren habe. Die Widmung dieses Buches ist nur ein schwaches Zeichen meines Dankes.

Berlin, im Mai 1925.

Hermann Mannheim.

Inhaltsverzeichnis.

Seite

§ 1. Einleitung 1

Erstes Kapitel.

Die Zwecke der Rechtsmittel, insbesondere der Revision 11

§ 2. Die politischen Zwecke 11

§ 3. Die juristischen Zwecke 21

Zweites Kapitel.

Der Begriff der Revision in Theorie und Praxis 33

§ 4. Die Begriffe der Gesetzesverletzung und der Tatsache. Tatfrage und Frage des Einzelfalles. Insbesondere die Revisibilität der Subsumtion . 33

§ 5. Die Revisibilität der Auslegung 75

§ 6. Subsumtion und Auslegung in der Rechtsprechung der Strafsenate des Reichsgerichts 82

§ 7. Der Begriff der Rechtsnorm. 131

Drittes Kapitel.

Die Revisibilität des freien Ermessens und der Strafzumessung 146

§ 8. Das freie Ermessen 146

§ 9. Die Strafzumessung 161

Viertes Kapitel.

Reformvorschläge 181

§ 10. Die Aktenwidrigkeit als Revisionsgrund? 181

§ 11. Bindende Wirkung der revisionsgerichtlichen Entscheidungen? . . . 199

§ 12. Der Gerichtshof für bindende Gesetzesauslegung 222

Namenverzeichnis 237

Sachverzeichnis 240

§ 1. Einleitung.

Wenn C. J. A. MITTERMAIER vor nunmehr 70 Jahren in seinem Vorworte zu der WALTHERschen Bearbeitung der Rechtsmittellehre[1]) über die Vernachlässigung dieses Gebietes seitens der Wissenschaft klagen konnte[2]), so ist diese Klage heute nicht mehr am Platze, soweit es sich um das Rechtsmittel der Berufung handelt; denn dieses gehört seit geraumer Zeit zu den beliebtesten Streitobjekten der Strafprozeßwissenschaft, und die durch den Kampf um die Einführung der Berufung gegen Strafkammerurteile hervorgerufene Literatur ist kaum übersehbar. Diese lebhafte Beschäftigung mit der Berufung ist jedoch dem anderen hauptsächlichen Rechtsbehelfe des geltenden Strafverfahrens, der Revision, nur in verhältnismäßig geringem Umfange zugute gekommen, ja die Lehre von der Revision bildet in der prinzipienlosen Unklarheit, die ihr trotz ihrer großen praktischen Bedeutung eigentümlich ist, heute geradezu ein Stiefkind der Strafprozeßwissenschaft[3]). Diese

[1]) FRIEDRICH WALTHER, Die Rechtsmittel im Strafverfahren nach den Grundsätzen des englisch-französischen Strafprozeßrechtes mit einem Vorworte von Dr. C. J. A. MITTERMAIER (München 1853, Bd. I; 1855, Bd. II).

[2]) a. a. O. S. V.

[3]) Der Verfasser täuscht sich freilich nicht darüber, daß mehr oder weniger jeder Autor dazu neigt, über Vernachlässigung des von ihm behandelten Spezialgebietes zu klagen. So mag es denn manchem so ergehen wie BINDING, dessen Behauptung, die Lehre von der Fahrlässigkeit sei das Stiefkind der Strafrechtswissenschaft, nach seiner eigenen Mitteilung (Normen Bd. IV 1920, II. Abt. S. 311) von K. G. WÄCHTER mit einem Fragezeichen bedacht wurde. — Ein kleines Beispiel für diesen „egozentrischen" Standpunkt mancher Schriftsteller bietet W. JELLINEKS Bemerkung (Gesetz, Gesetzesanwendung, Zweckmäßigkeitserwägung 1913 S. 6), die Scheidung zwischen Tat- und Rechtsfrage bei der Revision sei weit weniger wichtig als die zwischen Rechts- und Ermessensfrage im Verwaltungsrecht. Der Prozeßrechtler wird hier wahrscheinlich anderer Meinung sein. Die Begründung JELLINEKS lautet: „Wenn das Revisionsgericht die Frage, ob Kreuzungen von Hunden und Wölfen der Hundesteuer unterliegen, fälschlicherweise der ausschließlichen Beurteilung des Tatsachenrichters überläßt, so macht es den Angeklagten um eine Instanz ärmer; das ist aber auch alles; das Revisionsgericht sagt damit nicht, der Tatsachenrichter dürfe von Rechts wegen die Kreuzung als hundesteuerpflichtig behandeln. Ganz anders, wenn das Verwaltungsgericht es irrigerweise dem freien Ermessen der Polizeibehörde anheimgibt, ob auch Wohnungen mit einwandfreiem Brunnenwasser an die städtische Wasserleitung anzuschließen seien oder nicht; hier wird das Verhältnis zwischen Staat und Bürger zugunsten des Staates verschoben; der Staat ist nach Ansicht des Verwaltungsgerichts zu jenem Eingriffe berechtigt." Dort handele es sich eben nur um eine formelle, hier zugleich um eine sachliche Scheidung. Hierbei wird jedoch von JELLINEK übersehen, daß zwar nicht der Revisionsrichter, wohl aber der Tatsachenrichter eine Befugnis zur Besteuerung der Kreuzung ausgesprochen hat, und daß der Revisionsrichter durch seine Selbstbeschränkung diesen Ausspruch für den konkreten Einzelfall zu materiellem Rechte erstarken läßt. Und andererseits kann das Revisionsgericht

Unklarheit bezieht sich nicht etwa nur auf die Einzelausgestaltung, sondern vor allem auch auf die Grundlagen, auf denen das Gebäude der Revision ruht, nämlich auf ihren Begriff, ihre Begrenzung, ihren Zweck und schließlich auf ihr Verhältnis zur zivilprozessualen Revision. Unzweifelhaft ist die Lösung dieser Schwierigkeiten zum großen Teile Weltanschauungssache — der Individualist wird dabei oftmals andere Wege gehen als der, dem der Einzelne nur um der Gesamtheit willen existiert. Vollkommene Übereinstimmung wird sich auf diesem Gebiete daher schwerlich jemals erzielen lassen. Indessen gibt es auch hier eine Anzahl grundlegender Voraussetzungen, deren Richtigkeit im allgemeinen anerkannt werden wird und auf denen sich dann weiterbauen läßt. Zum mindesten wird schon die Erkenntnis dieser gedanklichen Zusammenhänge auch dann zur Klärung beitragen, wenn die Richtigkeit der einen oder anderen im folgenden aufgestellten Behauptung bezweifelt werden sollte.

A. Die Voraussetzungen, von denen hier ausgegangen wird, sind:

I. 1. Zivil- und Strafprozeß verfolgen verschieden geartete Ziele. Jede gesetzliche Regelung des Strafverfahrens bezweckt in weit höherem Maße als der Zivilprozeß, die materielle Gerechtigkeit jedes einzelnen Urteils zu ermöglichen.

2. Die Erfüllung dieser Aufgabe wird dem Rechtsmittel der Revision dadurch erschwert, daß es daneben noch der Wahrung der Rechtseinheit zu dienen hat.

3. Die Frage, ob bei einem Konflikt der Gerechtigkeitszweck dem Rechtseinheitszwecke zu weichen hat oder umgekehrt dieser jenem, läßt sich in allgemeingültiger Weise mit Hilfe gefühlsmäßiger Erwägungen nicht beantworten.

4. Dagegen bietet das positive Recht die Möglichkeit, den Streit in verhältnismäßig enge Grenzen zu bannen: Ein Recht, das wie die geltende Strafprozeßordnung dem Angeklagten die Befugnis gibt, auf seine Gefahr und Kosten Revision einzulegen, muß billigerweise den Gerechtigkeitszweck auch dann berücksichtigen, wenn er mit dem Rechtseinheitszweck in Widerspruch gerät. Denn von einem Rechtsmittel des Angeklagten darf man nicht verlangen, daß es sich unter die ausschließliche Herrschaft des Rechtseinheitszweckes stellt (unten § 3 I 2).

5. Die herrschende Lehre und Rechtsprechung läßt den Gedanken zu 4. so sehr außer acht, daß dadurch häufig die Erreichung nicht nur des Gerechtigkeitszweckes, sondern auch des Rechtseinheitszweckes gefährdet wird[1]).

in dem zweiten Falle den von JELLINEK gerügten Irrtum des unteren Verwaltungsgerichts richtigstellen und damit das Verhältnis zwischen Staat und Bürger wieder in das Gleichgewicht bringen. Alsdann würde doch gerade die Art und Weise der Grenzziehung zwischen Tat- und Rechtsfrage für die von JELLINEK als wichtiger bezeichnete Frage des sachlichen Dürfens im praktischen Ergebnisse entscheidend sein.

[1]) Diesen Gesichtspunkt deutet auch ALSBERG, Justizirrtum und Wiederaufnahme, S. 45, an.

II. 1. Einen aprioristischen Begriff der Revision gibt es nicht (unten § 4).

2. Der positivrechtliche Revisionsbegriff ist erheblich weiter, als die unter dem Banne einer unrichtigen Vorstellung von dem Rechtseinheitszwecke der Revision stehende herrschende Lehre und Rechtsprechung annehmen.

3. Die Auslegung des positiven Rechts führt demnach zu dem gleichen Ergebnisse wie die Zweckbetrachtung.

B. Die Zeit ist zweifellos ungünstig gewählt für die Veröffentlichung einer Untersuchung mit den unter A angedeuteten Ergebnissen. Vereinfachung, Verbilligung und Beschleunigung des Verfahrens sind mehr als je die das deutsche Rechtsleben beherrschenden Schlagworte, und sie fordern vor allen Dingen eine Einschränkung des sog. Instanzenluxus. „Wir sind ein armes Volk geworden und müssen uns freimachen von dem Gedanken, daß jedermann ein Recht auf eine dritte Instanz habe" — mit diesen Worten bringt LOBE[1]) anscheinend nur einen gleichsam in der Luft liegenden, des allgemeinen Beifalles sicheren Gedanken zum Ausdruck. Die „dritte Instanz" aber, der hier die Daseinsberechtigung zum Teil wenigstens abgesprochen wird, ist die Revisionsinstanz. Ihr Los scheint für absehbare Zeit darin zu bestehen, ein bescheidenes Dasein in einer stillen Ecke des deutschen Verfahrensrechtes zu führen — ihre Aufgabe darin, möglichst wenig von sich reden zu machen und nur ja keine Ansprüche zu erheben, damit man ihr nicht völlig den Garaus mache. Das gilt vor allem für die strafprozessuale Revision. Denn hier hat die Verordnung vom 4. 1. 24 über Gerichtsverfassung und Strafrechtspflege die Revision, die bisher in weitem Umfange zweitinstanzliches Rechtsmittel war, durch Ausdehnung der Berufung in erheblich größerem Maße zur dritten Instanz gemacht. Infolgedessen ist die Versuchung jetzt besonders groß, in der Revision ein nahezu überflüssig gewordenes Rechtsmittel zu sehen, dessen vollständige Ersetzung durch die Berufung nur noch eine Frage der Zeit sei. Zum mindesten aber liegt es auf der Hand, daß der Gesetzgeber, als er die Berufungsmöglichkeit erweiterte, die Revision aber daneben bestehen ließ, stillschweigend von dem engen reichsgerichtlichen Revisionsbegriff ausgegangen ist. Wie soll ein soviel Raum beanspruchendes Gebilde wie die nach den Grundsätzen zu A ausgestaltete Revision in dem ärmlichen Gebäude des neuen deutschen Strafverfahrens untergebracht werden können?

Es wäre freilich leicht, sich dadurch einen theoretischen Ausweg aus diesen Schwierigkeiten zu schaffen, daß man die Ausdehnung der Berufung als einen Mißgriff des Gesetzgebers einfach unberücksichtigt läßt und auf seine baldige Beseitigung hofft. Der Verfasser teilt zwar in der Tat viele der gegen die Berufung in Strafsachen erhobenen Bedenken und neigt der Auffassung zu, daß der „Schrei nach der Berufung" letzten Endes nicht in den Vorzügen dieses Rechtsmittels, sondern nur in den Unzulänglichkeiten der ersten Instanz einerseits, in der Starrheit

[1]) D. J. Z. 1923 Sp. 207.

der Revision und Wiederaufnahme andererseits seine Ursache hat. Eine rechtzeitige Beseitigung dieser Mißstände hätte die Ausdehnung der Berufung vielleicht unnötig gemacht[1]). Nachdem die Dinge nun aber einmal soweit gediehen sind, wäre es töricht, sich der Entwicklung entgegenstemmen zu wollen. Die Berufung gegen Urteile in mittelschweren Strafsachen ist da und wird einstweilen auch bestehen bleiben; mit dieser Tatsache muß man rechnen.

Nun darf indessen nicht übersehen werden, daß auch jetzt noch gegen die Urteile der Schwurgerichte, d. h. also gerade in den schwersten Strafsachen, die Berufung nicht zugelassen und daß sie an einer anderen Stelle, nämlich im § 313 StPO., in gewissen Fällen verdrängt worden ist. Nicht mit Unrecht ist die Bestimmung des § 313 vielfach getadelt worden; denn es ist nicht einzusehen, weshalb die allgemeine Tendenz einer Ausdehnung der Berufungsmöglichkeit bei den vielfach durchaus nicht bedeutungslosen Strafsachen des § 313 in ihr Gegenteil verkehrt worden ist. Man hat den Verfassern der Verordnung Unkenntnis der Massenpsyche vorgeworfen, weil sie dem Volke „für das Brot der Berufung den Stein der Revision" gegeben hätten (MÜLLER-Meiningen, D. R. Z. 1925 S. 30). Um so mehr ist es erforderlich, den Stein der Revision in der in dieser Arbeit vertretenen Weise schmackhafter und verdaulicher zu machen. Zum mindesten bei den Schwurgerichtssachen und in den Fällen des § 313 ist also für eine weitgefaßte Revision nicht nur hinreichender Raum, sondern sogar ein dringendes Bedürfnis vorhanden. Ja es ist geradezu zu erwägen, ob insofern nicht die Schranken, die das geltende Recht auch bei der von uns vertretenen weiten Ausdehnung der Revision zieht, gelockert werden müssen. Eine solche Lockerung wäre denkbar entweder durch Aufnahme des Revisionsgrundes der Aktenwidrigkeit (vgl. hierüber unten § 10) oder etwa dadurch, daß — wie z. B. CORNELIUS[2]) vorgeschlagen hat — der Mangel einer ausreichenden Begründung der tatsächlichen Feststellungen ausdrücklich zum Revisionsgrunde erhoben wird.

Soweit aber die Revision dritte Instanz ist, wird sie allerdings in der Gestalt, die sich aus unserer Auffassung des geltenden Rechts ergibt, möglicherweise nicht beibehalten werden können. Die Abhilfe darf aber jedenfalls nicht darin gesucht werden, daß man den durch die Rechtsprechung des Reichsgerichts geschaffenen Zustand verewigt. Vielmehr gibt es dann nur folgende Möglichkeiten:

1. Man nimmt dem Angeklagten in berufungsfähigen Sachen überhaupt das Recht, Revision einzulegen. Dann könnte die Revision in der Hand der Staatsanwaltschaft auf die Verwirklichung des Rechts-

---

[1]) Vgl. statt vieler z. B. CORNELIUS bei ASCHROTT, Reform des Strafverfahrens 1908 S. 683, und neuestens NAGLER, Gerichtssaal Bd. 90 S. 430, sowie die Zitate bei KRONECKER, ZStW. Bd. 45 S. 433. Die gegenteiligen Ausführungen STERNS, Die Rechtsmittel im künftigen Strafprozeß und ihre Grundlagen in der Gerichtsverfassung (ungedruckte Frankfurter Dissertation und Preisschrift der Adickes-Stiftung 1923?) S. 205ff., 217ff. sind trotz beachtlicher Gedanken im ganzen doch nicht überzeugend.

[2]) A. a. O. S. 685; ebenso KERSTEN daselbst S. 708.

einheitszweckes beschränkt werden. Zwar würde sie auch zur Erfüllung dieser Aufgabe von manchen Fesseln, die die Rechtsprechung ihr jetzt auferlegt, befreit werden müssen. Die Zahl der Revisionen würde sich aber derartig vermindern, daß Berufung und Revision ungehindert nebeneinander bestehen könnten. Gegen diese Lösung sprechen jedoch insofern außerordentliche Bedenken, als man den Fortschritt der Rechtsprechung nicht ausschließlich von dem Ermessen der Staatsanwaltschaft abhängig machen und den Rechtsunterworfenen nicht gänzlich die Anrufung der höchsten Gerichte verwehren kann. Man wäre daher genötigt, diesen Übelstand wenigstens dadurch zu mildern, daß man auch den Gerichten die Verpflichtung auferlegt oder wenigstens die Befugnis gibt, in geeigneten bei ihnen anhängigen Fällen den höchsten Gerichtshof anzurufen (unten § 11).

2. Diese Ausgestaltung leidet jedoch an einem anderen Mangel: Obgleich die Revision hiernach nicht mehr Rechtsmittel des Angeklagten ist, also dem Gerechtigkeitszweck nicht zu dienen braucht, behält sie die Abhängigkeit vom Einzelfalle unnötigerweise bei. Diesen Fehler vermeidet der ZEILERsche Vorschlag des Rechtshofes (unten § 12).

3. Oder man behält zwar — was wohl am zweckmäßigsten wäre — den Charakter der Revision als Rechtsmittel des Angeklagten bei, befreit aber das Revisionsgericht von der Verpflichtung, die Urteile auch auf nicht gerügte Mängel materiellrechtlicher Art zu prüfen[1]).

C. Einer Rechtfertigung bedarf noch die im folgenden eingeschlagene Methode: Unsere Arbeit gilt zwar dem Strafverfahren; daraus folgt aber noch keineswegs, daß sie sich überall auf das Strafverfahren zu beschränken hat. Im Gegenteil! Wenn auch der Begriff der Revision nicht a priori gegeben ist, so sind doch die wesentlichen Grundzüge ihrer Ausgestaltung in allen Verfahrensarten gleich. Daher muß jede Verfahrensart von den anderen zu lernen suchen. Die folgende Untersuchung hat es infolgedessen grundsätzlich mit allen im positiven Rechte vorhandenen Rechtsbehelfen, die der Sache nach als Revision anzusehen sind, zu tun, mögen sie dem Verwaltungsstreitverfahren oder dem Steuerrechte, dem Schlichtungswesen oder der Sozialversicherung angehören, mögen sie als Revision oder als Rechtsbeschwerde oder wie auch immer bezeichnet sein. Unzureichend wäre es vor allem, wenn wir — wie es häufig geschieht — nur den Zivilprozeß zum Vergleich heranziehen wollten. Mit Recht wendet sich SAUER[2]) gegen die einseitige zivilprozessuale Behandlung des Strafprozeßrechtes[3]). Soweit allgemeine Prinzipienfragen des Prozeßrechtes untersucht werden sollen, müssen eben alle vorhandenen Spielarten des formellen Rechtes als Beobachtungsmaterial dienen; es geht nicht an, sämtliche übrigen Materien über den zivilprozessualen Kamm zu scheren. Dabei braucht nicht geleugnet zu werden, daß tatsächlich der Zivilprozeß vielen anderen Verfahrensarten als Vorbild gedient hat. In der Regel jedoch wäre der

---

1) So BELING, Goltd. Arch. Bd. 63, 196, u. STERN a. a. O. S. 305.
2) Grundlagen des Prozeßrechts, 1919, S. 7, auch STEIN, J. W. 1923 S. 392.
3) Vgl. auch STURM, ZStrW. Bd. 36 S. 48.

Strafprozeß viel eher dazu geeignet, als Ausgangspunkt für analoge Anwendung, wie sie oft genug zur Lückenausfüllung erforderlich ist, zu dienen. Denn die Mehrzahl der übrigen Verfahrensarten untersteht nicht dem zivilprozessualen Grundsatze der formellen, sondern dem strafprozessualen der materiellen Wahrheit. Das Vordringen des öffentlichen Rechtes gegenüber dem reinen Privatrecht, das ja ein charakteristisches Kennzeichen der neuesten Gesetzgebung bildet, führt auf verfahrensrechtlichem Gebiete zu einem Überwiegen strafprozessualer Gedankengänge. Das wird häufig genug, insbesondere von der Praxis, nicht genügend beachtet. Die zivilprozessuale Schulung hat das Denken vieler Juristen, oft ohne daß sie selbst sich dessen bewußt werden, derart in Fesseln geschlagen, daß sie sich auch dort, wo diese Fesseln nicht existieren, nicht frei zu bewegen wagen. Bezeichnend hierfür ist es, daß z. B. der vor einigen Jahren veröffentlichte Entwurf eines Gesetzes über das Reichsverwaltungsgericht, der im übrigen zutreffend davon ausgeht, daß das Verwaltungsverfahren sich nach öffentlichrechtlichen Grundsätzen zu richten habe, trotzdem eine so folgewidrige Bestimmung wie den § 63 enthält, dessen Tragweite überdies, wie es den meisten derartigen Verlegenheitserzeugnissen ergeht, unberechenbar ist: „Soweit dieses Gesetz für das Verfahren des Reichsverwaltungsgerichts keine Bestimmung trifft, sind die Grundsätze für das Verfahren in bürgerlichen Rechtsstreitigkeiten anzuwenden“[1]). Es sieht geradezu so aus, als ob man es nicht wagt, sich von unklaren zivilprozessualen Analogien endgültig zu befreien.

Wenn demnach auch eine Heranziehung anderer Verfahrensarten für unsere Untersuchung häufig von Nutzen sein wird, so ist doch andererseits nicht zu verkennen, daß gerade die strafprozessuale Revision ein besonders günstiges Beobachtungsobjekt darstellt. Abgesehen davon, daß die verfügbare Literatur und Judikatur nächst der des Zivilprozesses im Strafprozeßrecht die weitaus reichhaltigste Ausbeute ergeben, ist das „Prinzip der Revision“ und seine Ausgestaltung gerade hier den heftigsten Angriffen ausgesetzt. Alle Unstimmigkeiten und Unvollkommenheiten, unter denen die Rechtsprechung der Revisionsgerichte in dieser Hinsicht leidet, treten bei der strafprozessualen Revision daher am krassesten hervor. Die Ursache dieser Erscheinung ist darin zu suchen, daß der Strafprozeß in besonders hohem Maße der Verwirklichung des Strebens nach materieller Gerechtigkeit dienen soll, während das Rechtsmittel der Revision diesem Streben an sich schon nicht förderlich, bei der jetzigen Handhabung aber geradezu verderblich ist. Die unselige Verquickung von Fragen der Gerichtsverfassung mit finanzpolitischen Rücksichten macht deshalb nirgends einen so schlechten Eindruck wie im Strafprozesse. Trotzdem haben leider gerade die Strafsenate des Reichsgerichts in Verkennung dieser Lage das Rechtsmittel der Revision viel mehr eingeengt als die Zivilsenate. Es ist überaus bedeutsam hierfür, daß derselbe Schriftsteller, der vor 30 Jahren die bei den Strafsenaten herrschende „trostlose, die Revision ungebührlich

[1]) Hiergegen auch HOFACKER, PrVerwBl. Bd. 42 S. 508.

beschränkende Verneinung" getadelt hat, FRIEDRICH STEIN[1]), sich neuerdings wiederum genötigt sah, die alte Rüge zu erheben. In seiner Anmerkung zu einem Urteil des I. Strafsenats vom 7. 7. 21 heißt es[2]): „Das Urteil ist überaus bezeichnend dafür, wie verschieden trotz der gleichen Rechtslage die Zivil- und die Strafsenate des Reichsgerichts ihre Aufgabe erfassen. Wohl findet sich in den Zivilurteilen auch hin und wieder einmal die Hinneigung zum Ideale des Kassationsrekurses. Aber abgesehen davon, daß die Zahl solcher Urteile von Jahr zu Jahr kleiner wird, hat man dann stets die Empfindung, der Zivilsenat schiebe die ‚tatsächliche Feststellung' als ein Schutzschild zwischen sich und ein Urteil, das er nicht aufheben will. Auch die Gerichte, und besonders die höheren und höchsten, haben ihre Psychologie der Rechtsprechung, der nachzugehen oft einen eigentümlichen Reiz gewährt. Sucht man diese seelische Seite in den Urteilen der Strafsenate auf, so findet man nahezu als Regel eine mürrische Ablehnung des Eingehens auf die Welt der Erfahrungssätze, auf das Hereinflutenlassen des lebendigen Lebens in ein Rechtsmittel, das freilich so aussieht, als sollte hier nur der Paragraph und der Buchstabe herrschen. Aber doch eben nur so aussieht — — —." Und in ähnlicher Weise hatte früher bereits NEUKAMP[3]) von einer „unüberbrückbaren Kluft" gesprochen, die die Rechtsprechung der Zivil- und der Strafsenate in diesem Punkte trenne, nachdem vorher schon die berühmte Entscheidung des I. Strafsenats vom 1. 5. 99 (RGStr. Bd. 32 S. 168) über die Frage des Elektrizitätsdiebstahls dem gleichen Gedanken Ausdruck verliehen hatte. Aus alledem erklärt es sich wohl auch, daß die heftigsten Vorwürfe gegen die Revisionsgerichte von den Rechtsanwälten, insbesondere den als Verteidiger in Strafsachen tätigen, als den Vertretern des Rechtsschutzinteresses der einzelnen Rechtsunterworfenen, ausgehen. So erblickt — um nur einige Stimmen herauszugreifen — HUGO HEINEMANN in seiner Flugschrift „Die Reform des deutschen Strafrechts"[4]) in der vom Reichsgericht geübten Einschränkung der Revision geradezu das „Grundübel unserer ganzen Strafrechtspflege". LÖWENSTEIN nennt die Revision das Stiefkind der Reformbestrebungen auf dem Gebiete des Strafverfahrens[5]). STURM wirft ihr vor, daß sie ein „Scheinrecht" entstehen lasse[6]), LUDEN (früherer Rechtsanwalt am Reichsgericht), daß sie kein zur Wahrung der gerechtfertigten Interessen des Angeklagten geeignetes Rechtsmittel sei[7]). ALSBERG erklärt einschneidende Reformen

---

1) Privates Wissen S. 134.

2) J. W. 1922 S. 225[1]. Es sei aber schon an dieser Stelle betont, daß die „mürrische Ablehnung", die STEIN hier tadelt, in den letzten Jahren immer seltener anzutreffen ist. Das „lebendige Leben" beginnt auch die strafprozessuale Revision zu überfluten.

3) Wach-Festschrift Bd. II S. 21.

4) Flugschriften der Revolution (Verlag für Sozialwissenschaft) Nr. 3, 1919, S. 21.

5) J. W. 1920 S. 270.

6) A. a. O. S. 47.

7) J. W. 1883 S. 231ff.

für notwendig „ohne Rücksicht darauf, ob die Prinzipien, denen dieses Rechtsmittel zu dienen gedacht, dabei gewahrt bleiben[1])". ALSBERG ist es auch, der den paradoxen Ausspruch gewagt hat, es sei, „was an diesem Rechtsmittel Prinzip ist, prinzipwidrig"[2]). EUGEN FUCHS spricht gar von einer „Geheimwissenschaft", DRUCKER von einer „Geheimlehre" der strafprozessualen Revision[3]).

Geheimwissenschaften aber braucht es nicht mehr zu geben. Nicht als ob nun alles und jedes in der Wissenschaft klar und selbstverständlich ist — dazu ist sie viel zu sehr vom Leben abhängig, in dem auch keineswegs alles restlos aufgeht. Aber die Schwierigkeiten, mit denen die Wissenschaft und die Praxis des Rechts zu kämpfen haben, sollen in der Sache selbst begründet sein und ihnen nicht unnötigerweise den Charakter einer nur wenigen Eingeweihten verständlichen Geheimlehre verleihen.

D. Die Frage nach dem Prinzip der Revision fällt großenteils zusammen mit der Frage, die STENGLEIN eine der dunkelsten im deutschen Strafprozeß genannt hat[4]), der Frage nach den Grenzen der Revisibilität. Denn das Wesen dieses Rechtsmittels besteht ja gerade darin, daß es in seiner Anwendbarkeit enger begrenzt, daß es in straffere Fesseln eingeschnürt ist als die anderen Rechtsmittel[5]): Die Revision ist nach der in ihren Grundzügen bereits zur Selbstverständlichkeit gewordenen allgemeinen Anschauung von dem Vorhandensein einer „Gesetzesverletzung" abhängig, auf die Prüfung der „Rechtsfrage" beschränkt u. dgl.; das Gebiet der sog. „Tatfrage" soll ihr — von einigen im einzelnen zum Teil bestrittenen Ausnahmen abgesehen — verschlossen sein. Diese Unterscheidungen enthalten das Hauptproblem der Revisionslehre, hinter dem die Schwierigkeiten des Aufbaus im einzelnen zurücktreten.

Der gesetzgeberische Ausdruck, den der Gedanke in den einzelnen Rechtsgebieten gefunden hat, ist nicht überall gleich; allen Fassungen gemeinsam aber ist der Ausdruck der Beschränkung selbst, das Wörtchen „nur"[6]).

Die Angriffe grundsätzlicher Art, denen dieses Prinzip der Revision ausgesetzt ist, können sich also offenbar nur gegen die Art und Weise der Beschränkung richten, sei es, daß die gesetzte Schranke als zu locker, sei es, daß sie als zu eng empfunden wird. Man sollte nun meinen, daß die Rechtsprechung der Revisionsgerichte, insbesondere die des Reichsgerichts, sich bemüht haben müßte, die Eigenart dieser für den

---

[1]) J. W. 1915 S. 306.

[2]) Justizirrtum und Wiederaufnahme S. 45.

[3]) J. W. 1919 S. 270 und DRUCKER bei ALSBERG a. a. O.

[4]) Gerichtssaal Bd. 46, S. 1.

[5]) Von einer „Berufung mit Hindernissen" spricht BARTHOLOMÄUS, Mon.-Schr. Krim.-Psych. 1908 S. 38.

[6]) StrPO. § 337, ZPO. § 549, MilStrGerO. § 399, RVO. § 1697, AngVersGes. § 272, preuß. LVG. § 94, Reichsfinanzhofordnung vom 26. 7. 18 § 10, ReichsAbgO. § 267 usw. Vgl. auch die Beispiele bei SCHULTZENSTEIN, PrVerwBl. Bd. 29, 1907/8, S. 81.

Begriff der Revision und damit für die gesamte Tätigkeit der Revisionsgerichte selbst entscheidenden Beschränkung von Grund aus zu klären. Leider ist das jedoch nicht in ausreichendem Maße geschehen.

Die späteren Ausführungen werden nachzuweisen versuchen, daß das Reichsgericht, wie bereits oben erwähnt wurde, die Grenzen der strafprozessualen Revision oft zu eng zieht — ein Vorwurf, der übrigens mittelbar eine Anerkennung der sonstigen Rechtsprechung dieses Gerichts enthält; denn wäre seine Rechtsprechung schlecht, so müßte man die Beschränkungen, die das höchste Gericht sich selbst auferlegt, begrüßen, anstatt sie zu bekämpfen. Daß die Revision in ihrer bisherigen Handhabung die ihr obliegenden Aufgaben nur unzureichend erfüllt, ist übrigens dem Reichsgericht keineswegs unbekannt. Den Beweis hierfür liefern — viel deutlicher als die veröffentlichten Entscheidungen — die interessanten Mitteilungen „aus den Erfahrungen des Reichsgerichts“, die in den Protokollen der Kommission für die Reform des Strafprozesses von 1905 [1]) wiedergegeben sind. Hier heißt es nach Aufzählung der am häufigsten wiederkehrenden Verstöße der Untergerichte: „Das Rechtsmittel der Revision biete dem Reichsgericht zuweilen die Möglichkeit, durch Aufhebung des Urteils hier einzugreifen, und es sei in solchen Fällen wiederholt die Erfahrung gemacht worden, daß die Strafkammer in der wiederholten Verhandlung auch in tatsächlicher Beziehung zu einer anderen und richtigeren Auffassung gekommen sei. Aber in der Mehrzahl dieser Fälle versage die Revision“. Trotz dieser Erkenntnis hat man die notwendige Abhilfe jedoch nicht auf dem Wege der Ausdehnung der Zuständigkeit des Revisionsgerichts, sondern durch Einführung der Berufung zu schaffen gesucht. Die von einem der angesehensten Mitglieder des Reichsgerichts, von dem Reichsgerichtsrat MITTELSTAEDT, bereits im Jahre 1894 nachdrücklich geäußerte Ansicht, daß alle von der Berufung erhofften Vorteile sich „viel einfacher durch Erweiterung der Befugnisse der Revisionsinstanz und Erleichterung des Wiederaufnahmeverfahrens“, vor allem aber durch Verbesserung der ersten Instanz erreichen ließen, wobei die Nachteile der Berufung überdies vermieden würden[2]), scheint innerhalb des Reichsgerichts nicht zur Herrschaft gelangt zu sein. Charakteristisch hierfür sind Äußerungen zweier Mitglieder des Reichsgerichts aus der Zeit kurz vor dem Kriege. NEUKAMP meint, es werde „hier und da behauptet, die Strafsenate behandelten das Rechtsmittel der Revision zu formalistisch. Diese Beschwerden haben sich aber nicht zu Reformen oder auch nur zu Reformvorschlägen verdichtet und sind auch allmählich völlig verstummt“[3]) — eine wohl schon damals (1913) nicht mehr ganz zutreffende Behauptung! Und im gleichen Jahre gibt LOBE in seiner

[1]) Bd. I S. 450ff.

[2]) MITTELSTAEDT, Preußische Jahrbücher Bd. 76, 1894, S. 147; vgl. auch denselben, a.a.O. Bd. 50, 1882, S. 196/7. MITTELSTAEDT glaubt (1882), daß „gerade in den Kreisen der Strafsenate des Reichsgerichts das Unzureichende der Revisionsbeschwerden gegen die berufungslosen Strafkammerentscheidungen am schärfsten empfunden wird“ (Bd. 50, S. 196).

[3]) a. a. O. S. 23.

Zurückweisung der sachlich zum Teil nicht unberechtigten, freilich zu oberflächlich begründeten Angriffe STURMS[1]) zwar zu, daß die Revision in ihrer damaligen Handhabung ein unzureichendes Rechtsmittel gegen erstinstanzliche Strafkammerurteile darstelle, will daraus aber nur folgern, daß vor der Revision noch ein anderes Rechtsmittel, die Berufung, in Wirksamkeit treten müsse[2]). Es entsprach nur dieser aus den Äußerungen NEUKAMPS und LOBES ersichtlichen Grundstimmung, wenn die Strafprozeßreform die Grundlagen der Revision völlig unberührt ließ. Wie die Protokolle der Kommission für die Reform des Strafprozesses von 1905 bezüglich der Revision nur zwei nebensächliche, die eigentlichen Schwierigkeiten nicht berührende Fragen aufwarfen[3]), so enthielten weder der Entwurf einer StPO. von 1908 noch der Entwurf eines Gesetzes über den Rechtsgang in Strafsachen von 1920 Änderungen grundsätzlicher Art auf dem Gebiete der Revision[4]).

---

[1]) STURM, Recht u. Wirtschaft 1913, S. 19ff., Replik S. 359.

[2]) Siehe auch die Ausführungen LOBES, D. J. Z. 1923, Sp. 207.

[3]) Protokolle Bd. I, S. 8, vgl. auch Bd. I, S. 495ff.

[4]) Sehr verdienstvoll war freilich die Vorschrift des § 261 II des Entwurfs von 1920 (vgl. unten § 3 I 1 a).

Erstes Kapitel.

Die Zwecke der Rechtsmittel, insbesondere der Revision.

§ 2. Die politischen Zwecke.

Dem nach dem Wesen eines Rechtsinstituts Forschenden bieten sich in der Regel drei Wege dar: die geschichtliche und rechtsvergleichende Untersuchung, die Zweckbetrachtung und die Analyse des geltenden Rechtes, die freilich selbst wieder unter geschichtlichen und Zweckgesichtspunkten zu erfolgen hat.

I. Die Ziele dieser Arbeit liegen nicht auf dem Gebiete rechtsgeschichtlicher Forschung. Trotzdem wird sie hier und da gezwungen sein, den Boden der Geschichte auf kurze Zeit zu betreten. Das Problem der Revision ganz ohne einen Rückblick auf die historische Entwicklung dieses Instituts untersuchen wollen, das hieße wichtige Erkenntnisquellen ohne hinreichende Rechtfertigung unbenutzt lassen. Insbesondere im Rahmen der sogleich anzustellenden Zweckbetrachtung wird sich die historische Erörterung als fruchtbringend erweisen. Hier sei nur eine kurze Bemerkung, die den Wert und die Notwendigkeit historischer Betrachtung gerade auf dem Gebiete der Rechtsmittellehre zu beweisen geeignet erscheint, vorausgeschickt: Wenn ein Schriftsteller, selbst Mitglied eines Revisionsgerichts, gelegentlich hervorhebt, trotz aller Rechtsbelehrungen werde die Bedeutung der Revision als eines auf die Nachprüfung der Rechtsfrage beschränkten Rechtsmittels dem Volksbewußtsein immer fremd und unverständlich bleiben[1]), so liegt

---

[1]) BOETHKE, J. W. 1919, S. 636. Vgl. auch die in meiner Abhandlung „Rechtsgefühl und Dichtung" (Zeitschr. f. Rechtsphilos. Bd. 3, 1921, S. 274/5) zitierte Stelle aus Tolstois „Auferstehung".

Wie wenig übrigens der Durchschnittsgebildete mit dem Wesen der Revision vertraut ist, zeigt sich mitunter in Zeitungsberichten. So fand sich z. B. anläßlich des Kleppelsdorfer Mordprozesses vor einigen Jahren in einer großen deutschen Zeitung folgende Notiz: „Vor dem Reichsgericht wird, wie unser Leipziger Na.-Berichterstatter meldet, voraussichtlich in etwa 14 Tagen die Revision im Prozeß Peter Grupen zur Verhandlung kommen. Bekanntlich hat der Verteidiger des im Kleppelsdorfer Mordprozeß zum Tode verurteilten Peter Grupen Revision eingelegt. Doch soll vom Reichsgericht in Leipzig nicht noch einmal der ganze umfangreiche Zeugenapparat aufgeboten werden, um die Verhandlungsdauer einzuschränken." Dafür, daß in einem Prozesse, in dem es sich in erster Linie um den Beweis der Täterschaft handelt, eine Zeugenvernehmung vor dem Reichsgerichte in diesem Hauptpunkte rechtlich unzulässig ist, fehlt offenbar, wie die letzten Worte der Notiz zeigen, jedes Verständnis. Und dieses Beispiel ließe sich mühelos vervielfachen.

die Frage nahe, ob denn diese Kluft zwischen dem Rechtsempfinden des Volkes und der eigentümlichen Rechtsmittelform der Revision von jeher bestanden hat und ob die Revision sich auch geschichtlich betrachtet als Erzeugnis später, dem Volksgeist entfremdeter Kultur darstellt. Die bloße Tatsache, daß die Revision unserem heutigen Laienpublikum als ein künstliches Gebilde juristischer Technik erscheint — im Gegensatze zur Berufung, die, wo sie gesetzlich zugelassen ist, als etwas Selbstverständliches hingenommen, wo sie versagt ist, als etwas zu Unrecht Vorenthaltenes gefordert wird —, beweist noch nicht, daß dieses Verhältnis von jeher bestanden haben muß. Die vorrechtliche Zeit, die den Gegensatz von Tat- und Rechtsfrage nicht kennt[1]), scheidet für die Betrachtung freilich aus. Dem germanischen Rechtsempfinden aber stand die Revision näher als die Berufung. Mit dem Satze: „Die Nichtigkeitsbeschwerde ist germanischen Ursprungs" beginnt SKEDL seine Schrift über die Entwicklung der zivilprozessualen Nichtigkeitsbeschwerde[2]). Und andererseits nennt ADOLF STOELZEL die Berufung „für uns Deutsche unzweifelhaft ein fremdes Institut", das erst aus zwei Rechtsgebilden herausgewachsen sei, die trotz großer grundsätzlicher Unterschiede doch einer gewissen Wesensverwandtschaft mit der Revision nicht entbehren: aus der Urteilsschelte und dem Einholen von Rechtsbelehrung[3]). Schon diese Tatsache, daß die Berufung sich im germanischen Rechte erst aus revisionsähnlichen Einrichtungen entwickelt hat, sollte hinreichen, um die Richtigkeit der Annahme, die Berufung sei von jeher und unter allen Umständen das dem Volksempfinden näherstehende Rechtsmittel gewesen, in Frage zu stellen.

II. Die spezifische Zweckbestimmung der Revision, der wir uns nunmehr zuwenden, läßt sich nur erfassen durch eine Besinnung auf die Zwecke der Rechtsmittel überhaupt. Mit der Frage nach dem „allgemeinen Zwecke" der Rechtsmittel beginnt auch WALTHER den dogmatischen Teil seiner Arbeit[4]).

Die Bedeutung des Zweckmomentes innerhalb der einzelnen Institute des positiven Rechts ist bekanntlich insbesondere von KELSEN[5]) einer kritischen Erörterung unterzogen worden. Unter Berufung auf LABAND und PREUSS wendet KELSEN sich gegen eine teleologische Begriffsbildung in der Jurisprudenz. Er leugnet nicht, daß jede Norm-

---

[1]) EHRLICH, Grundlegung der Soziologie des Rechts 1913, S. 281; MANIGK, Savigny und der Modernismus im Recht, S. 211, Anm. 501.

[2]) ARTHUR SKEDL, Die Nichtigkeitsbeschwerde in ihrer geschichtlichen Entwickelung, Leipzig 1886.

[3]) ADOLF STOELZEL, Die Entwickelung des gelehrten Richtertums in deutschen Territorien, Bd. I, 1872, S. 166. Ebenso WALTHER, a. a. O., Bd. I, S. 10; EMIL OTT, Beiträge zur Rezeptionsgeschichte des römisch-kanonischen Prozesses in den böhmischen Ländern, Leipzig 1879, S. 202. Vgl. auch SCHWARZE, Die 2. Instanz im mündlichen Strafverfahren 1862, S. 9: „Die Appellation oder das Rechtsmittel der 2. Verteidigung ist bekanntlich späteren Ursprungs. Schon die älteren, vorchristlichen Gesetzgebungen kannten sie teils gar nicht, wie bei den Volksgerichten, teils schlossen sie dieselbe in gewissen Fällen aus."

[4]) A. a. O., Bd. I, S. 68, Anm. 1.

[5]) Zuerst Hauptprobleme der Staatsrechtslehre 1911, besonders S. 84ff.

setzung „zu bestimmten Zwecken geschieht, unter dem Zweckgesetze steht, m. a. W. teleologischer Natur ist“ [1]), bestreitet aber, daß die Rechtsbegriffe selbst irgendwie Zweckbegriffe seien, d. h. also mit Hilfe des Zweckgesichtspunkts konstruiert werden könnten. Die Rechtsbegriffe als formale Kategorien hätten nur formale Elemente in sich aufzunehmen; der einer solchen rein formalen Methode immer wieder gemachte Vorwurf, daß sie „unbefriedigende Ergebnisse“ liefere, weil sie nicht das wirkliche Leben erfasse, beruhe auf einer Verkennung des Wesens der Jurisprudenz, deren Aufgabe eben gar nicht in einer solchen Erfassung der Wirklichkeit bestehe [2]). Eine Stellungsnahme zu dieser m. E. in ihrer Grundlage verfehlten Lehre würde hier zu weit führen. Ich kann mich damit begnügen, etwa auf die neuesten Äußerungen BINDERS, denen ich in den wesentlichen Punkten beipflichte, zu verweisen [3]) [4]).

Das Institut der Rechtsmittel verfolgt gleichzeitig juristische und außerjuristische, und zwar politische, Zwecke oder, genauer gesagt, Zwecke vorwiegend juristischer und Zwecke vorwiegend politischer Art. Das eine schließt ja das andere keineswegs immer aus; auch die Verfolgung juristischer Ziele, wie z. B. jede Maßnahme zur Verbesserung der Rechtspflege oder zur Hebung des Vertrauens des Volkes in die Justiz kann mittelbar politischen Zwecken dienen und politische Wirkungen erzeugen. Und umgekehrt werden politische Maßnahmen, wie z. B. eine Erweiterung der Laienrechtsprechung, von Einfluß auf die juristische Eigenart der Rechtspflege. Trotz dieser engen Beziehungen aber ist eine grundsätzliche Scheidung der beiden Gedankenreihen erforderlich. Schwierigkeiten wird hierbei freilich oft gerade die Frage bereiten, ob ein konkreter Zweck wesentlich juristischen oder wesentlich politischen Inhalts ist. Die Schuld hieran trägt alsdann hauptsächlich die Vieldeutigkeit des Begriffs „politisch“. Manche Schriftsteller neigen dazu, eine jede Betrachtung juristischer Gegenstände unter dem Gesichtspunkte des Zweckes als „politisch“ zu bezeichnen. Hierher gehört z. B. die Ansicht PREUSS', daß „die Anwendung des Zweckmomentes jeden staatsrechtlichen Begriff in einen politischen“ verwandle [5]). Und in ähnlicher Weise bezeichnete BETHMANN-HOLLWEG den Zweck der Verbesserung der Rechtspflege, der in erster Linie doch fraglos ein juristisches Ziel darstellen muß, als „allgemeinen politischen Gesichtspunkt“ des Instituts der Rechtsmittel [6]).

Auch die an den berühmten Ausspruch von der Politik als Kunst des Erreichbaren anklingende Definition FICHTES [7]) der Politik als der Wissenschaft, „wieviel von dem, was Rechtens ist, unter den gegebenen Be-

---

[1]) A. a. O., S. 91.

[2]) A. a. O., S. 92/93.

[3]) BINDER, Philosophie des Rechts 1925, S. 899.

[4]) Vgl. auch HECK, ArchzivPrax. N. F., Bd. 2, S. 182ff.

[5]) Vgl. KELSEN, S. 85 a. a. O.

[6]) A. v. BETHMANN-HOLLWEG, Der Zivilprozeß des gemeinen Rechtes in geschichtlicher Entwickelung, Bd. II, 1865, S. 701.

[7]) Der geschlossene Handelsstaat, Ausg. Reclam, S. 13.

dingungen ausführbar sei", ist für unsere Zwecke nicht verwertbar. Am ehesten paßt hier noch JELLINEKS[1]) Bezeichnung des Politischen als einer „nichtjuristischen Betrachtungsweise staatlicher Dinge".

Der Strafprozeß gehört bekanntlich zu den Rechtsgebieten, die dieser nichtjuristischen Betrachtungsweise in besonders hohem Maße ausgesetzt sind. Ist doch die Handhabung der Strafgewalt eines der wirksamsten Machtmittel in der Hand des Staates. Nur aus der ständigen Vermischung und Durchdringung mit politischen Tagesfragen wird die geschichtliche Entwicklung des Strafverfahrens überhaupt verständlich. „Wer die Geschichte der deutschen Strafprozeßgesetzgebung seit 1848 überblickt, der muß mit Bedauern wahrnehmen, daß sich der Gesetzgeber viel zu sehr dem Drucke der politischen Tagesmeinung gebeugt und hochzuhaltende Interessen der Rechtspflege ihr zum Opfer gebracht hat. Es lag Folgerichtigkeit in der Inkonsequenz! Denn auch die Regierungen ihrerseits verfolgten mit der Strafrechts- und Strafprozeßkodifikation politische Zwecke, und wollten sie die Kammern zu Konzessionen bewegen, so mußten sie ihrerseits Konzessionen machen. Umsonst ist nur der Tod!" Dieses Wort BINDINGS[2]) hat im Laufe der Zeit nichts an Wahrheitsgehalt verloren. Mit Recht spricht z. B. Graf DOHNA ganz allgemein von der politischen Färbung der ratio strafprozessualer Normen[3]). Oft freilich ist diese Färbung nur oberflächlich zur Ausschmückung aufgetragen und soll lediglich dazu dienen, dem großen Publikum und dem Parlamente den juristischen Kern der angestrebten Gesetzesänderung schmackhafter zu machen[4]). Da die völlige Ausmerzung dieser politischen Einflüsse, wie die Erfahrung von Jahrhunderten gezeigt hat, nicht erreichbar ist, so muß wenigstens versucht werden, Politik und Recht nach Möglichkeit zu sondern und Schritt für Schritt darüber Klarheit zu gewinnen, was hier Forderung des Rechts, was lediglich politische Zwecksetzung ist. Denn nichts ist schädlicher für die innere Wahrhaftigkeit des Meinungsstreits, als wenn politischen Wünschen die Schutzfärbung rechtlicher Postulate angelegt wird. Von dieser Vermengung zweier verschieden gearteter Gedankenreihen hat sich sogar ein sonst so sachlicher Schriftsteller wie HEINEMANN in seiner oben erwähnten Flugschrift nicht durchweg freizuhalten vermocht. So rechtfertigt er die von ihm in erster Linie doch zweifellos in seiner Eigenschaft als Politiker erstrebte Erweiterung der Laien-

[1]) Allgemeine Staatslehre, 3. Aufl., 1914, S. 15, Anm. 1. Literaturangaben über den Begriff Politik bei SOMLO, Juristische Grundlehre, S. 3, Anm. 2.

[2]) BINDING, Die drei Grundfragen der Organisation des Strafgerichts (1876), S. 78. Vgl. auch RUDOLF GNEIST, Vier Fragen zur deutschen Strafprozeßordnung, Berlin 1874, S. 3: „Änderungen im Strafverfahren berühren nicht bloß die Amtsgewohnheiten des Justizpersonals, sondern die Grundverhältnisse von Staat und Gesellschaft, durchkreuzen sich mit den untereinander schwer vereinbaren Vorstellungen und Interessen der Gesellschaft, fallen also unmittelbar in das Gebiet der politischen Parteimeinungen und in ihre Streitweise."

[3]) GRAF ZU DOHNA, Das Strafverfahren (1913), Vorwort S. VI. Vgl. auch E. ULLMANN, Lehrbuch des österr. Strafprozeßrechts, 2. Aufl., 1882, S. 8; GOLDSCHMIDT, ZStrW. 1920, S. 593.

[4]) Vgl. KOHLRAUSCH, D. J. Z. 1920, S. 409ff.

rechtsprechung nicht mit politischen Gründen, sondern mit der juristischen Erwägung, die Hinzuziehung des Laienelementes verleihe dem Verfahren ein größeres Maß von Unmittelbarkeit und Gründlichkeit[1]). Die Tatsache, daß die Politik dem Rechte auf dessen eigenstem Gebiete die Führung entrissen hat, soll nach Möglichkeit verschleiert werden. Nur aus diesem Bestreben ist es auch zu erklären, wenn HEINEMANN das Schwurgericht mit der doch wohl nicht überzeugenden Begründung verteidigt, die Schwurgerichtsverhandlung könne niemals in der Weise wie die Verhandlung vor den Strafkammern zu einer „lediglich theatralisch herausgeputzten Wiederholung der schon im Vorverfahren festgestellten Ergebnisse" herabsinken[2]).

Ist hiernach schon die Strafprozeßgesetzgebung als Ganzes nichtjuristischen Erwägungen in hohem Maße unterworfen, so ist das Gebiet der strafprozessualen Rechtsmittel von politischen Einflüssen geradezu durchtränkt. So bildet — um nur ein Beispiel zu nennen — der Kampf, den die Landesherren zur Stärkung ihrer Staatsgewalt gegen die Oberhöfe und für ihre Ersetzung durch die Appellationsgerichte geführt haben, eines der ergreifendsten Kapitel der deutschen Rechtsgeschichte[3]).

Der innige Zusammenhang rechtlicher und politischer Gesichtspunkte ist auf diesem Gebiete nicht immer mit der gleichen Lebhaftigkeit empfunden worden. In Zeiten politischer Bewegung und Unbefriedigung hat man ihn naturgemäß stärker gefühlt als in satten, besitzesfrohen Epochen. Es ist nicht uninteressant, unter diesem Gesichtspunkt die beiden umfassenden Darstellungen der Rechtsmittellehre, die wir besitzen, miteinander zu vergleichen. Während WALTHER in seinem bald nach der Bewegung von 1848 erschienenen Buche seinen Gegenstand — wie MITTERMAIER ihm mit Recht nachrühmt[4]) — stets „im Zusammenhang mit dem politischen und moralischen Zustande eines Volkes und allen sozialen Elementen" betrachtet, läßt AUGUST VON KRIES 1880[5]) diese Seite des Themas gegenüber der rein dogmatischen gänzlich zurücktreten. Das Interesse an großen Zusammenhängen dieser Art scheint damals erloschen zu sein, obgleich die schon in den allerersten Jahren nach der Einführung der Strafprozeßordnung von 1877 einsetzende Kritik ihres Rechtsmittelsystems[6]) es eigentlich hätte begünstigen müssen[7]).

[1]) A. a. O., S. 5.

[2]) A. a. O., S. 6. LUDWIG BENDIX, Die Neuordnung des Strafverfahrens 1921, S. 240, bezeichnet die „Entpolitisierung des Strafprozesses" als wünschenswert, seine Einzelvorschläge laufen jedoch zum Teil wenigstens auf das Gegenteil hinaus.

[3]) Vgl. die Darstellungen dieses Kampfes bei STOELZEL, a. a. O., Bd. I, S. 203ff. und OTT, a. a. O., S. 213ff.

[4]) MITTERMAIER, S. V des Vorworts zum I. Bande der WALTHERschen Schrift.

[5]) Die Rechtsmittel des Zivil- und Strafprozesses, Breslau 1880.

[6]) Vgl. die Begründung des Strafprozeßentwurfs von 1908, S. 135 und die Verhandlungen des 9. deutschen Anwaltstages (1884) über die Einführung der Berufung gegen Strafkammerurteile, insbesondere den hierzu erstatteten Bericht von LEONHARD JACOBI und HAENLE, J. W. 1884.

[7]) Diese Erscheinung mag vielleicht einen kleinen Beleg für die Richtigkeit der Behauptung liefern, die G. VON BELOW in seiner bemerkenswerten Besprechung der Schrift G. VON SELLES, Die humanistische Fakultät, aufstellt: „Das Spezialistentum hat einst in der deutschen Wissenschaft zwar nicht geherrscht, aber das

Die Notwendigkeit der Trennung zwischen politischer und juristischer Betrachtungsweise zwingt dazu, auch innerhalb der Zweckbetrachtung diese beiden Seiten gesondert zu behandeln.

A. Die politische Bedeutung eines entwickelten Rechtsmittelsystems besteht in folgendem:

Jede Regierung, ja sogar jede politische Partei wird zur Stärkung ihrer Macht auf den verschiedensten Wegen, mit einwandfreien oder bedenklichen Mitteln, mittelbar oder unmittelbar, offen oder geheim, einen gewissen Einfluß auf die Rechtsprechung zu gewinnen suchen. Dieser Einfluß läßt sich am gründlichsten dadurch erringen, daß die Richterstellen mit gefügigen Elementen besetzt und daß politische Widersacher aus diesen Stellen entfernt werden, wozu man sie aber zunächst als solche erkennen muß. Auf die große Zahl der unteren Instanzen unmittelbar einzuwirken, ist aus Gründen tatsächlicher Art fast unmöglich. Ein Dutzend oberer Gerichte, ein höchstes Gericht zu beherrschen, traut man sich eher zu. Das gilt in vielfacher Hinsicht. Erstens: Die Flut der von den Untergerichten erlassenen Urteile auf ihre Gesinnungstüchtigkeit hin zu prüfen, ist unausführbar; auch der Aufmerksamkeit der wachsamsten Parteipresse kann der eine oder andere „Fehlspruch" entgehen. Die Obergerichte dagegen sorgen selbst für die Veröffentlichung ihrer wichtigsten Entscheidungen, und in den Zeiten, die noch keine Entscheidungssammlungen kannten, war die Rechtsprechung der höchsten Instanzen auch ohne derartige Hilfsmittel kontrollierbar. Ferner: eine Regierung verfügt kaum jemals über eine hinreichende Anzahl von Parteigängern, um alle unteren Richterstellen mit ihnen besetzen zu können; die Majorität in den Senaten der Obergerichte zu erlangen, ist dagegen keine unmögliche Aufgabe. Und auf noch einfachere Art, ohne unnötige Umwege, ließ das Problem sich in jenen Zeiten lösen, als die höchste Stelle im Staate selber Rechtsmittelinstanz war.

Die Schaffung eines Rechtsmittelsystems dient demnach der Staatsgewalt als Mittel zur Beeinflussung der Rechtspflege, die auf diesem Wege den politischen Wünschen der Regierung gegenüber gefügig gemacht und zur Stärkung der Zentralgewalt benutzt werden soll. Vergegenwärtigen wir uns unter diesem Gesichtspunkte die wesentlichsten Etappen in der Ausbildung des Rechtsmittelwesens in großen Zügen, wobei selbstverständlich keine Geschichte der gesamten Entwicklung dieses Rechtsinstituts, sondern nur eine Reihe von Momentaufnahmen zur Festhaltung charakteristischer Stufen gegeben werden soll.

a) Die römische Königszeit kennt grundsätzlich kein Rechtsmittel, wenigstens soweit die Könige noch selbst in erster Instanz urteilen; denn die Zulassung einer provocatio, die doch nur „ad populum" hätte gehen können, hätte ein Aufgeben ihrer höchsten Gewalt bedeutet[1]). Erst die Republik bringt die Ausbildung des Provokationsverfahrens und der Interzession; nun ruht die politische Macht beim Volke, und ihr

Übergewicht gehabt. Das ist jedoch lange her: vor 60—40 Jahren war es so . . ." (Preuß. Jahrb., Januar 1922, Bd. 187, S. 106).

[1]) Geib, Geschichte des römischen Criminalprozesses 1842, S. 152ff.

Kennzeichen ist die Gewährung des Rechtes der provocatio, mag auch praktisch von diesem Rechte in spätrepublikanischer Zeit nur selten Gebrauch gemacht worden sein[1]. Zu hoher Blüte aber gedieh das Rechtsmittelwesen in der römischen Kaiserzeit. In dem straff organisierten, zentralistischen Beamtenstaate dieser Epoche bildet die Zulassung der Appellation so sehr die Regel, daß der Geschichtsschreiber des römischen Strafprozesses[2] es für erforderlich hält, ausdrücklich hervorzuheben, man sei immerhin niemals so weit gegangen, die Verhandlung in höherer Instanz geradezu als notwendig vorzuschreiben[3]. „Die Kaiser waren jetzt die obersten Richter für das gesamte Reich, und jedes Erkenntnis, gleichviel von welcher Behörde es erlassen war, konnte, von einigen wenigen Fällen abgesehen, bei ihnen angefochten und, sofern sie es für gut fanden, von ihnen abgeändert werden“[4]. Dieses römische Rechtsmittelsystem kannte auch auf der höchsten Stufe seiner Entwicklung in der Regel keinen Unterschied zwischen der Anfechtung der Entscheidung über die Tatfrage und der Anfechtung der Entscheidung über die Rechtsfrage. Wenn WALTHER[5] eine Ausnahme von diesem Grundsatze u. a. in der Bestimmung zu erblicken scheint, daß die Appellation nicht zugelassen wurde, wenn das gegen den Angeklagten vorliegende Beweismaterial besonders schwerwiegender Art war, so ist das zum mindesten mißverständlich ausgedrückt. Von einer „Beschränkung des Appellationsrechtes in bezug auf die Entscheidung der Tatfrage“ könnte doch nur gesprochen werden, wenn wenigstens die Entscheidung der Rechtsfrage in derartigen Fällen anfechtbar gewesen wäre; hier aber sollte jede Art der Anfechtung ausgeschlossen sein. Es gibt also keine selbständige Anfechtung der Rechtsfrageentscheidung, es gibt keine Revision im römischen Strafprozesse[6]. Ebenso war übrigens auch dem römischen Zivilprozeß eine selbständige querela nullitatis unbekannt; die Behauptung der Nullität mußte vielmehr mit der Appellation verbunden werden[7].

---

[1] GEIB, a. a. O., S. 156ff. J. W. PLANCK, Die Lehre vom Beweisurteil (1848), S. 97, spricht von einem bloß negativen Charakter der republikanischen intercessio, da sie nur den Zweck gehabt habe, die angefochtene Entscheidung zu hintertreiben, ohne daß an ihre Stelle positiv eine andere gesetzt wurde. Vgl. auch J. GOLDSCHMIDT, ZStrW., Bd. 43, S. 1.

[2] GEIB, a. a. O., S. 676. Vgl. auch MOMMSEN, Röm. Strafrecht (1899), S. 281ff., 468ff.

[3] Bei dieser Gelegenheit mag daran erinnert werden, daß der Kommission zur Beratung der geltenden StrPO. ein Antrag auf Aufnahme folgender Bestimmung vorlag: „Ist der Angeklagte zur Todesstrafe verurteilt worden, so soll das Urteil des Schwurgerichts, ohne daß es einer besondern Einwendung des Rechtsmittels bedarf, dem Revisionsgerichte zur Prüfung und Entscheidung darüber, ob keine Nichtigkeitsgründe vorhanden, von Amts wegen vorgelegt werden.“ Der Antrag wurde abgelehnt (vgl. SCHWARZE in F. v. Holtzendorffs Handbuch des deutschen Strafprozeßrechtes, Bd. II, S. 304).

[4] GEIB, a. a. O., S. 678.

[5] WALTHER, a. a. O., Bd. I, S. 4.

[6] Vgl. auch C. J. A. MITTERMAIER, Die Lehre vom Beweise im deutschen Strafprozesse (1834), S. 10/11.

[7] A. v. BETHMANN-HOLLWEG, a. a. O., Bd. II (1865), S. 726.

Die römische Entwicklung lehrt ein Dreifaches:

1. Die wachsende Ausdehnung eines Staates und die Erstarkung seiner Zentralgewalt sind der Ausbildung eines Rechtsmittelsystems förderlich.

2. Umgekehrt bildet alsdann wieder die Ausgestaltung des Rechtsmittelsystems eines der hauptsächlichsten Werkzeuge zur weiteren Befestigung der Zentralgewalt.

3. Der zentralistische Staat liebt kein auf die Nachprüfung der Rechtsfrage beschränktes Rechtsmittel, weil eine derartige Selbstbeschränkung als dem Streben der Zentralinstanz nach politischer Macht hinderlich angesehen wird.

b) Das germanische Gegenbeispiel bestätigt die Richtigkeit dieser Sätze: Die schwach organisierten, in ihrer politischen Entwicklung gehemmten und zersplitterten germanischen Staaten kennen ein Rechtsmittel im eigentlichen Sinne des Wortes überhaupt nicht. Die Urteilsschelte hat mit einem Rechtsmittel in der heutigen Bedeutung des Wortes zunächst wenigstens überhaupt nichts gemein. Sie ist insbesondere kein Werkzeug zur Beeinflussung der Richter durch die Staatsgewalt[1]. Denn die Schelte ermöglicht ja nicht die Überprüfung des Urteils durch eine höhere Instanz und damit einen Eingriff in die Rechtsprechung der unteren Instanzen, sondern zieht ursprünglich lediglich einen Zweikampf zwischen Scheltendem und Gescholtenem nach sich[2]. Sie kann nicht nur von einer Partei, sondern von jedem zum Erscheinen vor Gericht Berechtigten erhoben werden und enthält eine persönliche Beleidigung des Urteilsfinders, dem absichtliche Rechtsbeugung vorgeworfen wird. Im Laufe der fränkischen Zeit freilich gewinnt die Schelte „die Form eines Rechtszuges“[3], d. h. es wird über die Berechtigung der Schelte von einem höheren Gerichte entschieden. Von der römischen Appellation aber war sie auch dann noch grundverschieden. Denn sie bedeutete keine Anfechtung der Entscheidung über die Tatfrage. Die Ursache dieser Beschränkung auf die Rechtsfrage liegt in dem Formalismus des germanischen Beweisrechtes, der das gerichtliche Urteil nach einer verbreiteten Ansicht in tatsächlicher Hinsicht jeder Bedeutung entkleidete[4]. Das Gericht hatte ursprünglich nur die Aufgabe, den Sühnevertrag der Parteien zustandezubringen. „Eine Entscheidung der Tatfrage im Sinne des englischen und französischen

---

1) Vgl. v. Bar, Das Beweisurteil des germanischen Prozesses (1866), S. 11ff.

2) Brunner, Deutsche Rechtsgeschichte, Bd. II, S. 355ff.; Walther, a. a. O., Bd. I, S. 6ff.; Skedl, a. a. O., S. 9. Über die Schelte im altfranzös. Prozesse Brunner, Forschungen S. 340ff.

3) Brunner, a. a. O., Bd. II, S. 361; Walther, a. a. O., Bd. I, S. 21ff. Nach Schroeder-v. Künssberg, Lehrbuch der deutschen Rechtsgeschichte Bd. I (6. Aufl., 1919), S. 400, kannte die lex Alamannorum bereits einen wirklichen Rechtszug an ein anderes Gericht. Über die Frage, ob die Schelte in Kriminalsachen überhaupt ausgeschlossen war, vgl. Biener, Abhandlungen aus d. Gebiete der Rechtsgeschichte, Bd. II, (1843) S. 168.

4) Brunner, a. a. O., Bd. I, S. 178ff; Julius Glaser, Beiträge zur Lehre vom Beweise (1883), S. 2.

Strafverfahrens gab es im altdeutschen Prozesse gar nicht[1]. „Unter der Herrschaft eines formalistischen Beweisrechtes wird schließlich jede Tatfrage zur Rechtsfrage. Das älteste germanische Volksgericht hatte die Richtigkeit der behaupteten Tatsachen überhaupt nicht zu prüfen, sondern die Entscheidung über die Wahrheit tatsächlicher Angaben den Parteien zu überlassen[2]. Hieraus folgt ohne weiteres, daß es auch keine auf Tatsachenbehauptungen gestützte Urteilsanfechtung geben konnte. Die Urteilsanfechtung kann nur solche Fragen betreffen, über die das Urteil eine Entscheidung gibt; sie kann nicht weiter reichen als das Urteil selbst[3].

Dem Bedürfnisse nach einer juristischen Erklärung der eigenartigen Erscheinung, daß das ursprünglichste Rechtsmittel des germanischen Rechts — wenn man hier überhaupt den Ausdruck „Rechtsmittel" brauchen darf — der Revision immerhin näherstand als der Berufung, wäre damit Genüge getan. Sobald man aber einen Schritt weitergehend nach dem „Warum" dieser Rechtsnatur des altgermanischen Urteils fragt, eröffnet sich der Blick in die Gefilde geschichtsphilosophischer und völkerpsychologischer Spekulation, in denen jeder Erklärungsversuch einen ungelösten Rest unerklärbarer Imponderabilien hinterläßt. Weshalb diese germanische Einengung der Richtertätigkeit? WALTHER[4] nennt sie eine Folge des altgermanischen Freiheitsbegriffs, der einen Eingriff des Gerichts in die Verhältnisse des einzelnen Volksgenossen

[1] WALTHER, a. a. O., Bd. I, S. 14, vgl. auch S. 55; RICHARD SCHMIDT, Lehrbuch d. Zivilprozeßrechts, 2. Aufl., 1910, S. 54; dagegen v. BAR, a. a. O., S. 4ff. MEZGER, Beilageheft zu Bd. 117 des ArchzivPrax. S. 24 folgt durchweg der PLANCKschen Ansicht. Vgl. über das germanische Beweisrecht überhaupt neuerdings MAYER-HOMBERG, Beweis u. Wahrscheinlichkeit (1921), und RUDOLF RUTH, Zeugen u. Eideshelfer (1922).

[2] L. STEIN in WARNKÖNIG und STEIN, Französische Staats- und Rechtsgeschichte, Bd. III (1846), S. 213ff.; SKEDL, a. a. O., S. 5, Anm. 10. J. W. PLANCK, Die Lehre vom Beweisurteile, S. 6ff., macht außerdem darauf aufmerksam, daß das germanische Gerichtsverfahren neben den eine Anwendung von Rechtssätzen auf einen Tatbestand enthaltenden Urteilen noch eine zweite Klasse von Urteilen kannte, die sich auf den Ausspruch eines abstrakten Rechtssatzes beschränkten und dessen Anwendung auf den konkreten Tatbestand den Parteien überließen.

[3] Vgl. auch SKEDL, a. a. O., S. 9. Nur das langobardische Recht kannte „gleichsam als Übergangserscheinung zwischen germanischer Urteilsschelte und römischer Appellation" (SKEDL, a. a. O., S. 9) ein der Appellation ähnliches Rechtsmittel, und zwar nicht auf Grund einer Entlehnung aus dem römischen Rechte, sondern als eigenwüchsiges Rechtsinstitut (SKEDL, S. 20ff., 30ff.). Die Erklärung liegt auch hier in der strafferen Zentralisation des langobardischen Reiches, dessen Gerichtsverfassung von der der übrigen germanischen Staaten verschieden war. „Die Langobarden schieden nicht, wie die anderen germanischen Stämme, zwischen dem Iudex und der freien Volksversammlung... derart, daß dem ersteren nur die Leitung der Verhandlung und die Verkündigung des Urteils, der letzteren aber die Urteilsfindung zukam" (SKEDL, S. 14). Die langobardischen Judices sind nicht Volksrichter, sondern königliche Beamte, dem König allein verantwortlich (SKEDL, S. 15). Ihr Urteil war ein obrigkeitlicher Akt, der der Schelte nicht unterlag. Andererseits aber wies die langobardische Appellation auch wesentliche Unterschiede gegenüber der römischen auf (SKEDL, S. 37).

[4] WALTHER, a. a. O., Bd. I, S. 15/16.

nicht geduldet habe. Nur die Bewahrung des Rechtes in abstracto, nicht die Herstellung des im Einzelfalle dem Rechte entsprechenden Zustandes sei Sache der Gemeinde gewesen. Und nichts anderes besagt es, wenn L. STEIN[1]) dem Umstande entscheidende Bedeutung beilegt, daß das Volksgericht der ältesten Verfassung keine Obrigkeit und daher nicht berechtigt gewesen sei, die objektive Wahrheit unabhängig von den Parteien zu erforschen[2]). Hier wird also die Beschränkung des Gerichts auf die Rechtsfrage aus dem germanischen Individualismus abgeleitet, aus dem Streben, dem Individuum eine staatsfreie Sphäre zu sichern[3]), eine Auffassung, die jedoch schon seit langem wohl mit Recht abgelehnt wird[4]).

c) Das Musterland des zentralistischen Einheitsstaates, Frankreich, mußte in langem Kampfe den Weg von dem germanischen Extrem der Schelte, dem appel de faux jugement, zum römisch-kanonischen der Appellation zurücklegen. Dieser Kampf — sagt WALTHER[5]) — bildet einen nicht unbedeutenden Bestandteil des großen Kampfes zwischen dem nach absoluter Herrschaft und Zentralisation strebenden romanisierenden französischen Königtum und dem auf germanischrechtlicher Grundlage beruhenden mächtigen Feudalwesen."

d) Von typischer Bedeutung ist auch die Geschichte des Rechtsmittelwesens in Böhmen, deren Kenntnis wir insbesondere OTT verdanken: Dort wurde z. B. „nach Niederwerfung der Adelsoligarchie in der Schlacht am Weißen Berge zur Kräftigung der Machtfülle des Herrschers ein Rechtsmittel eingeführt gegen die bis dahin unanfechtbaren Urteile des Landrechts als der Adelsinstanz und des Appellationsgerichts als Berufungsinstanz der Stadtgerichte in ähnlicher Weise wie nach der Niederbeugung des Bürgerstandes . . . 1547 dieses Ziel durch Zulassung der Appellation gegen Urteile städtischer Gerichte bei der im nächstfolgenden Jahre errichteten königlichen Appellationskammer verfolgt worden war"[6]).

e) Auch heute haben diejenigen politischen Parteien, bei denen die zentralistischen Tendenzen am schärfsten ausgeprägt sind, den Kampf

---

1) WARNKÖNIG-STEIN, a. a. O., Bd. III, S. 213/4. Ebenso J. W. PLANCK, Lehre v. Beweisurteil, S. 4, 38, 94.

2) Dementsprechend brauchten übrigens auch späterhin die Oberhöfe keineswegs den ihre Entscheidung einholenden Ortschaften in politischer Hinsicht übergeordnet zu sein; es kam vielmehr vor, daß der einholende Ort politisch mächtiger war als sein Oberhof (vgl. PLANCK, a. a. O., S. 24).

3) Vgl. auch A. FRIEDREICH, Der französische Kassationshof (Aschaffenburg, 1852), S. 20.

4) Vgl. WILDA, Strafrecht der Germanen, S. 117, und v. BAR, Beweisurteil, S. 3ff. — Sehr bedeutsam sind die Bemerkungen MAX WEBERS, Wirtschaft u. Gesellschaft, S. 402: „Man bringt nicht Beweismittel vor, durch welche eine ‚Tatsache' als ‚wahr' oder ‚falsch' erwiesen werden soll. Sondern es handelt sich darum: welche Partei und in welchen Formen sie die Frage über ihr Recht an die magischen Gewalten soll stellen dürfen oder müssen" usw.

5) WALTHER, a. a. O., Bd. I, S. 48. Vgl. auch die Berner Dissertation von ZURBRÜGG, Zulässigkeit und Umfang der Appellation (Berlin 1920), S. 7.

6) EMIL OTT, Die in Österreich geplante Beschränkung der Revision usw. (1911), S. 13.

für die Berufung auf ihre Fahne geschrieben, wie die Sozialdemokratie es bereits im Erfurter Programm getan hatte. Eine besondere politische Bedeutung kommt dem Institut der Rechtsmittel in der Gegenwart häufig da zu, wo das Rechtsmittelgericht zum Behördenorganismus einer anderen öffentlichrechtlichen Körperschaft gehört als das Untergericht. Wenn der Rechtsmittelzug z. B. von einem Landesgericht an ein Reichsgericht oder von einem vom Kommunalverbande errichteten Gericht an ein staatliches Gericht geht, dann enthält er gleichzeitig eine Art von Beaufsichtigung des Einzelstaates durch das Reich, des Kommunalverbandes durch den Staat[1]). Ein sehr bezeichnendes Beispiel für die politische Wichtigkeit, die den Rechtsmitteln unter solchen Umständen allgemein beigelegt wird, bildet die Einmütigkeit, mit der die Regelung der Verordnung vom 4. 1. 24, die es in gewissen Fällen von dem Ermessen der Staatsanwaltschaft abhängig macht, ob über die Revision das Reichsgericht oder ein Oberlandesgericht zu entscheiden hat, auch von sonst wohlwollenden Beurteilern abgelehnt worden ist. Man befürchtet, daß politische Gegensätze zwischen einem Einzelstaate und dem Reiche die Behörden des Einzelstaates veranlassen könnten, das Reichsgericht auszuschalten.

§ 3. Die juristischen Zwecke.

Die vorwiegend juristischen Zwecke der Rechtsmittel lassen sich im wesentlichen auf folgende Gesichtspunkte zurückführen:

I. Verbesserung der Rechtspflege

1. durch Erzielung sachlich gerechterer Urteile

a) in der Unterinstanz,

b) in der Rechtsmittelinstanz;

2. durch Vereinheitlichung der Rechtsprechung.

II. Mehrung des Vertrauens der Rechtsunterworfenen in die Rechtsprechung[2]).

Nur wenn man allen diesen Zielen der Rechtsmittel die gebührende Beachtung schenkt, wird man den Wert oder Unwert der Revision richtig beurteilen können. Die immer wieder von angesehenen Prozessualisten gegenüber der Rechtsprechung der Zivilsenate des Reichsgerichts vertretene Auffassung, das Reichsgericht sei nicht eingesetzt, „um möglichst alle unrichtigen Entscheidungen, die im Deutschen

---

[1]) Vgl. TRIEPEL, Die Reichsaufsicht, 1917, S. 135ff., 269.

[2]) In der Literatur wird in der Regel nur zwischen den beiden Zwecken der Verbesserung und Vereinheitlichung der Rechtsprechung unterschieden; vgl. z. B. FRIEDRICHS, Verwaltungspflege (Handbücher des Preuß. Verwaltungsrechts VII), Bd. II (1921), § 461, S. 925. Dabei wird mitunter (so z. B. von MAMROTH in der Festgabe für OTTO LIEBMANN, S. 197) die Verbesserung des Strafverfahrens mit der Hebung des Vertrauens des Publikums in die Justiz geradezu identifiziert (vgl. hiergegen die Ausführungen unter II). Noch enger BIRKMEYER, Deutsches Strafprozeßrecht 1898, S. 686: „Die Statuierung von Rechtsmitteln beruht auf der Fürsorge für die Erzielung gerechter, d. h. dem Gesetze entsprechender Entscheidungen."

Reiche gefällt werden, zu verbessern, sondern um die Einheitlichkeit der Rechtsanwendung im Reichsrecht so weit zu sichern, als das ohne den Zwang des strengen Präjudizienkultus überhaupt möglichst ist" [1]), betont bewußt, aber zu Unrecht den einen Zweck auf Kosten aller anderen und kommt dadurch mit den Forderungen der Gerechtigkeit in Konflikt.

I. 1a) Die Frage, ob schon die bloße Zulassung von Rechtsmitteln auf die Rechtsprechung der unteren Gerichte einen heilsamen Einfluß auszuüben geeignet ist, wird wohl niemals einheitlich, sondern stets verschieden je nach den persönlichen Erfahrungen des Beurteilers und nach dem Charakter des einzelnen Richters der Unterinstanz, vor allem aber je nach der Ausgestaltung des betreffenden Rechtsmittels zu beantworten sein[2]). Sie berührt nicht lediglich prozessuale Fragen, sondern die psychologischen Grundlagen des Richterberufes.

Als die Strafprozeßordnung von 1877 die vorher in den meisten deutschen Partikulargesetzgebungen[3]) gegen alle Strafurteile — mit Ausnahme der Schwurgerichtsentscheidungen — zugelassene Berufung auf die Schöffengerichtsurteile beschränkte, da hatte man, wie MITTELSTAEDT bekennt, erwartet, daß sich „das mit der Prärogative eines inappellabeln Spruchs ausgestattete Richteramt alsbald erfüllen werde mit dem Geist, dem Verantwortlichkeitsgefühl, dem rückhaltlosen Wahrheitsstreben, wie dies von der Fiktion einer derartigen Unanfechtbarkeit erfordert werde"[4]). Und eine ähnliche Erwartung sprach SCHWARZE aus, der zugleich alle gegen die Abschaffung der Berufung erhobenen Bedenken durch folgende Erwägungen zu beseitigen glaubte: Das Fehlen der Berufungsinstanz werde die Richter nicht zu leichtsinniger und nachlässiger Behandlung ihrer Aufgabe verführen; dagegen könne umgekehrt die Beibehaltung der Berufung auf die erstinstanzliche Rechtsprechung insofern nachteilig wirken, als die Untergerichte sich mit dem Gedanken trösten könnten, der benachteiligten Partei stehe ja die Appellation offen[5]).

Die von MITTELSTAEDT erwähnten Hoffnungen waren — wie er sich ausdrückt — ein „holder Wahn". Die Frage bleibt offen, ob sie sich

---

[1]) So A. MENDELSSOHN-BARTHOLDY, J. W. 1921, S. 1237.

[2]) Vgl. auch POPPE, Der Kampf um die Berufung in Strafkammersachen (Gött. Dissertation 1910), S. 42ff.

[3]) Vgl. die Übersicht bei J. W. PLANCK, Systematische Darstellung des deutschen Strafverfahrens auf Grundlage der neueren Strafprozeßordnungen seit 1848 (Göttingen 1857), S. 499ff., 563ff.

[4]) MITTELSTAEDT, Preuß. Jahrb. Bd. 76, 1894, S. 137. Vgl. auch SCHWARZE, Zweite Instanz, S. 47; MITTELSTAEDT, Preuß. Jahrb. Bd. 50, 1882, S. 190f.

[5]) SCHWARZE, a. a. O., S. 47. Ebenso GOTTHELF WEITER, Das Grundübel unserer Strafrechtspflege, Preuß. Jahrb. Bd. 86, 1896, S. 349: „. . . das der Psyche unseres Richtertums innewohnende Hauptgebrechen, das ich nach den obigen Ausführungen als ein der eigenen unmittelbaren persönlichen Verantwortlichkeit ermangelndes . . . Pflichtgefühl werde bezeichnen dürfen, wird durch die Einführung der Berufung neue Nahrung erhalten, und zwar in beiden Instanzen durch den Hinblick auf die gegenseitige Mitverantwortlichkeit."

Vgl. neuestens über die ganze Frage auch J. GOLDSCHMIDT, ZStrW. Bd. 43, S. 13.

überhaupt erfüllen konnten. Jedenfalls aber leiden die Argumente SCHWARZES an einem offenkundigen inneren Widerspruch. Ist doch die Pflichtwidrigkeit des von SCHWARZE warnend zitierten Richters, der sich mit der Erwägung tröstet: „wem das Urteil nicht recht ist, der kann appellieren, wozu hätten wir denn ein Appellationsgericht", nicht geringer als die seines Kollegen, den nicht das Vorhandensein, sondern das Fehlen einer Berufungsinstanz zur Nachlässigkeit verführt. Denn der Richter im SCHWARZEschen Beispiel könnte sich niemals mit Sicherheit darauf verlassen, daß der zu Unrecht verurteilte Angeklagte auch wirklich frist- und formgerecht appellieren, und daß ferner die Oberinstanz richtiger entscheiden werde als er selbst. Traute SCHWARZE dem Richterstande also die eine Pflichtwidrigkeit zu, so ist nicht recht einzusehen, weshalb er ihn nicht auch der anderen für fähig hielt. In Wirklichkeit tut man wohl besser daran, derartige Fälle offenbarer Pflichtverletzung des Vorderrichters aus der Diskussion auszuscheiden und nur die Möglichkeiten, mit denen die alltägliche Praxis tatsächlich zu rechnen hat, zu berücksichtigen. Und hierbei drängt sich uns zunächst die Erscheinung auf, daß es — wenn man die theoretischen Grundlagen der beiden Rechtsmittel betrachtet — nicht so sehr dem Berufungsrichter, als dem Revisionsrichter beschieden ist oder wenigstens sein müßte, greifbaren Einfluß auf die Unterinstanzen auszuüben. Die Gründe hierfür liegen in folgendem: Ein gewissenhafter Richter wird das Fehlen einer Rechtsmittelinstanz bewußtermaßen jedenfalls nicht dazu benutzen, um gegen Vorschriften, von deren Wichtigkeit für den konkreten Fall er überzeugt ist, zu verstoßen. Solche Vorschriften dagegen, deren Einhaltung unwichtig und für die Behandlung des Rechtsfalles nicht förderlich erscheint, werden ohne besondere Bedenken umgangen, wenn ihre Verletzung nicht Folgen nach sich ziehen kann, die der Vorderrichter scheut. Diese Erscheinung ist von so gewichtigen Stimmen zu den verschiedensten Zeiten bezeugt worden, daß sie nicht gut abgeleugnet werden kann. „Die Geschichte unseres Zivil- und Kriminalprozesses hat es zur Genüge bewiesen — sagt SAVIGNY —, daß die ausführlichsten Belehrungen und Anweisungen der Gesetzbücher, alle Rügen der Aufsichtsbehörden, alle Visitationsbescheide usw. einen gesetzmäßigen Betrieb der Prozesse nicht erhalten und die mannigfaltigsten Verstöße nicht verhindern. Das einzige zuverlässige Mittel, die Beobachtung wenigstens der wesentlichen Prozeßvorschriften zu sichern, besteht darin, daß an die Nichtbefolgung die Nichtigkeit des Verfahrens geknüpft wird"[1]). In derselben Richtung liegt der von HEINEMANN[2]) zitierte Ausspruch BÜLOWS, das Wesen einer nur instruktionellen Vorschrift liege darin, daß sie nicht befolgt werde. Und LÖWENSTEIN[3]) rügt die Neigung des Reichsgerichts, sogar solche Gesetzesbestimmungen, die sich nach der Fassung des Gesetzes als Muß-

---

1) v. SAVIGNY, Die Prinzipienfragen in Beziehung auf eine neue Strafprozeßordnung (Berlin 1846), S. 99.

2) HEINEMANN, a. a. O., S. 15.

3) LÖWENSTEIN, Revision in Strafsachen (2. Aufl., 1919), S. 50/51.

vorschriften darstellen, zu Sollvorschriften herabzudrücken und dadurch für die praktische Rechtsübung wertlos zu machen. Dieser Aufgabe, auf die Innehaltung der am meisten gefährdeten Verfahrensvorschriften zu achten, kann aber die Revision bei geeigneter Handhabung besser genügen als die Berufung. Denn während die für begründet befundene Berufung wegen Verletzung von Verfahrensvorschriften nur ausnahmsweise „wenn die Umstände des Falles es erfordern" zur Zurückverweisung an die erste Instanz führt (§ 328 II StPO.), hat die Revision im entsprechenden Falle stets die Zurückverweisung zur Folge. Die Schaffung einer Berufungsinstanz vermag den Vorderrichter nur insofern zu größerer Leistung anzuspornen, als er sich etwa aus Gründen der Eitelkeit und mit Rücksicht auf Beförderungsaussichten einer gar zu häufigen Aufhebung seiner Urteile nicht gern aussetzen wird[1]). Darüber hinaus aber läßt ihn die Aufhebung in der Berufungsinstanz insofern unberührt, als sie seine Arbeitslast in der Regel nicht vermehrt und ihn nicht dazu zwingt, in einem erneuten Verfahren von seiner früheren Ansicht abzuweichen. Anders steht es damit bei einer Aufhebung durch die Revisionsinstanz. Wenn das Rechtsmittel der Revision trotz günstigerer Vorbedingungen nicht durchweg den gewünschten Einfluß auf die Rechtsprechung der Vorderinstanzen ausgeübt hat, so liegt die Ursache dieser Erscheinung in der Ausgestaltung, die der Revision in der geltenden Strafprozeßordnung und in der Rechtsprechung des Reichsgerichts zuteil geworden ist. Auf dem Gebiete der materiellrechtlichen Revision liegt der Fehler in der weiter unten zu erörternden unrichtigen Auslegung des Begriffes der Gesetzesverletzung durch das Reichsgericht (vgl. unten § 4), auf dem Gebiete der prozessualen Revision darin, daß es Verletzungen von Sollvorschriften für irrevisibel erklärt (unten § 7) und außerdem in einer mangelhaften Bestimmung des Gesetzes selbst. Eine Erziehung der Untergerichte zu sorgfältiger Handhabung der Verfahrensvorschriften ist naturgemäß nur dann erreichbar, wenn der Unterrichter wirklich mit der Wahrscheinlichkeit rechnen muß, daß ein Verstoß zur Aufhebung des Urteils führen werde. Hierzu ist aber unbedingt erforderlich, daß das Revisionsgericht überhaupt die Möglichkeit hat, den Verstoß zu entdecken. Wenn der Unterrichter in die Lage versetzt wird, das Revisionsgericht durch geschickte Fassung der Urteilsgründe über wesentliche Schwächen der Urteilsgrundlagen hinwegzutäuschen, so wird er sich von dem erzieherischen Einfluß des Revisionsgerichts leicht freimachen können.

---

[1]) Übrigens enthält, wie auch WALTHER, a. a. O., Bd. I, S. 126, betont, die Aufhebung eines Urteils in der Berufungsinstanz keineswegs immer oder auch nur in der Regel den Vorwurf des Fehlspruchs gegenüber dem Vorderrichter. Denn sehr oft ist das Berufungsurteil auf einem Material aufgebaut, das dem ersten Richter nicht zur Verfügung stand, und auch wenn beide Instanzen das gleiche Material vor sich hatten, so kann es sich inzwischen doch durch Zeitablauf und andere Umstände so verändert haben, daß es im Grunde nicht mehr das gleiche ist (so mit Recht SCHWARZE, a. a. O., S. 7; PLANCK, Strafverfahren, S. 564). Die Ansicht LÖFFLERS, Österr. Z. f. Strafrecht, 8. Jahrg., 1918—20, S. 267, jede Berufung enthalte einen Vorwurf gegen den ersten Richter, ist unzutreffend.

Eine solche Möglichkeit, dem Revisionsgericht den Einblick in seine Werkstatt zu erschweren, hat das geltende Strafprozeßrecht dem Unterrichter nun in der Tat beschert, indem es ihm gestattet, seine Urteilsgründe, durch die allein das Revisionsgericht — in Ermangelung eines Revisionsgrundes der Aktenwidrigkeit — jenen Einblick nehmen könnte, der Nachprüfung fast unzugänglich („revisionssicher", wie der Kunstausdruck lautet) zu machen. Die Strafprozeßordnung schreibt bekanntlich nicht vor, daß der Strafrichter die Beweismittel und die für seine Überzeugung maßgebenden Gründe im Urteil anzugeben habe[1]). Die Urteilsgründe brauchen z. B. nicht erkennen zu lassen, welchen Zeugen das Untergericht Glauben geschenkt hat und weshalb. Der Richter kann also seine Überzeugung lediglich auf die Aussage eines unzulässigerweise nicht in der Hauptverhandlung, sondern nur im Vorverfahren vernommenen Zeugen stützen — wenn er diesen Verstoß gegen fundamentale Prozeßvorschriften nicht durch Aufnahme in die Gründe selbst zur Kenntnis des Revisionsgerichts bringt, wozu er gesetzlich nicht verpflichtet ist, so ist ein Revisionsgrund nicht gegeben[2]). Daraus ergibt sich die seit Jahrzehnten genugsam beklagte Erscheinung, daß ein Urteil um so eher hoffen darf, unversehrt durch das Fegefeuer der Revision zu gelangen, je kürzer es ist und je weniger es sich darauf einläßt, die in Wirklichkeit wichtigsten Gründe des Richters erkennbar zu machen[3]).

Aber auch abgesehen von diesem Fehler, der übrigens im Entwurf von 1908, dessen Begründung zu diesem Punkt gänzlich versagte[4]), beibehalten, dagegen im § 261 II des Entwurfs von 1919 beseitigt war, verschiebt die Revision infolge ihrer ganzen Struktur naturgemäß das Interesse des Unterrichters nach der Seite der Rechtsfrage und trägt dadurch dazu bei, die Tatsachenfeststellung gegenüber der Rechtsanwendung in den Hintergrund zu drängen. Diese Erscheinung ist um so bedauerlicher, als die Tatsachenfeststellung gerade von der neuesten Rechtswissenschaft in ihrer Bedeutung gebührend gewürdigt und der Rechtsanwendung als ebenbürtig an die Seite gestellt wird. Wenn Rumpf, der im Verein mit Ernst Fuchs, Hans Gross, Ehrlich, Nussbaum u. a. sozusagen die Arbeit der Entdeckung der Tatsachenwelt und ihrer Bedeutung für das Rechtsleben geleistet hat, darüber Klage führt, daß „die psychologischen und wirtschaftlichen Tatsachen so schwer um ihr Lebensrecht kämpfen müssen" und daß „ganz allgemein die Tatfrage stiefmütterlich behandelt wird neben der Rechts-

[1]) Vgl. hierüber Th. Kroschel, Die Abfassung der Urteile in Strafsachen (6. Aufl., 1910), S. 61ff.; Löwe, Anm. 5 zu § 267; Mezger, Arch. ziv. Praxis, Beilageheft zu Bd. 117, S. 191ff. Anders im Zivilprozesse dank des § 286 ZPO. (vgl. jetzt freilich Art. I § 1 der Verordnung zur Entlastung des Reichsgerichts vom 15. 1. 24).

[2]) Alsberg, Justizirrtum und Wiederaufnahme, S. 35.

[3]) Vgl. z. B. Graf zu Dohna, Das Strafverfahren, S. 216, Anm. 3; Leonhard Jacobi, J. W. 1884, S. 11; Mamroth, J. W. 1920, S. 250; Mittelstaedt, Preuß. Jahrb. Bd. 50, 1882, S. 196; v. Kries, Lehrbuch, 1892, S. 679.

[4]) Entwurf einer StrPO. 1908, S. 295.

frage"[1]), so stellt der damit gekennzeichnete Mißstand zum Teil wenigstens nur eine Folgeerscheinung — nicht etwa des Vorhandenseins, sondern der Art der praktischen Handhabung — des Rechtsmittels der Revision dar.

So läßt sich denn zusammenfassend sagen: Die Revision ist an sich geeignet, und zwar mehr als die Berufung, die Rechtsprechung der Untergerichte günstig zu beeinflussen und ihnen die Achtung vor dem Gesetze einzuprägen. Dieses Ziel kann aber nur dann erreicht werden, wenn den Untergerichten keine Handhabe geboten wird, mittels deren sie dem Revisionsgericht den erforderlichen Einblick in ihre Rechtsprechung verwehren können. Läßt das Gesetz derartige Hintertüren offen, so geht dadurch nicht nur der mit der Revision in dieser Hinsicht erstrebte Nutzen verloren, sondern die Revision wirkt darüber hinaus sogar schädlich auf die Rechtsprechung der Untergerichte, indem sie sie dazu verleitet, ihren Blick vom Wesentlichen ab- und dem Unwesentlichen zuzuwenden.

b) Durch die Gewährung von Rechtsmitteln soll aber nicht nur die Rechtsprechung der erstinstanzlichen Gerichte — ohne Rücksicht darauf, ob ein Rechtsmittel im Einzelfalle überhaupt eingelegt wird — gehoben, sondern auch ein günstiger Einfluß auf die endgültige Rechtsprechung erzielt werden. Die mehr oder weniger mangelhaften Entscheidungen der Untergerichte sollen von den Rechtsmittelgerichten verbessert werden.

Auch in dieser Beziehung bestehen grundsätzliche Unterschiede zwischen der Wirkung der Revision und der der Berufung. Niemand bezweifelt, daß die Rechtsfrage in der Regel von einem höheren Gerichte besser bearbeitet werden kann als von dem niederen. Denn das höhere Gericht kann und soll, wenigstens der Idee nach, mit Richtern besetzt werden, die den Richtern der Unterinstanzen an Tüchtigkeit, Reife, Erfahrung, Kenntnissen u. dgl. überlegen sind, ein reicheres Büchermaterial zur Verfügung haben und mehr Zeit auf die einzelne Sache verwenden können. Dagegen gehört die Frage, ob auch die Entscheidung der Tatseite in der Rechtsmittelinstanz verbessert werden kann, ja ob und inwiefern eine Berufung in einem mündlichen, von dem Grundsatz der freien Beweiswürdigung beherrschten Verfahren überhaupt logisch möglich ist, zu den bestrittensten des Prozeßrechtes. In letzterer Beziehung vertraten vor allem WALTHER und wohl auch SCHWARZE die Ansicht, daß die Berufung, soweit sie nicht auf neue Tatsachen oder Beweismittel gestützt ist, mit der Mündlichkeit und besonders der freien Beweiswürdigung schlechthin logisch unvereinbar sei. Ein genaueres Eingehen auf die Beweisführung WALTHERS, die im Grunde das Leitmotiv seiner Schrift bildet[2]), würde hier zu weit führen, zumal da es sich um eine die Revision nur mittelbar berührende Frage[3]) han-

[1]) RUMPF, Arch. ziv. Praxis Bd. 117, S. 381.

[2]) WALTHER, a. a. O., Bd. I, S. 114ff., bes. S. 121ff., und Bd. II, S. 254ff.

[3]) Der Berührungspunkt besteht auch darin, daß der Nachweis der theoretischen Unmöglichkeit der Berufung die Unentbehrlichkeit der Revision gegenüber den auf ihre Abschaffung gerichteten Bestrebungen (z. B. STURM, Recht u. Wirtschaft, 2. Jahrg. 1913, S. 19) in verstärktem Maße dartun würde.

delt. Nur insoweit, als die Kontroverse Grundfragen der Rechtsmittellehre überhaupt betrifft, muß auf sie eingegangen werden. Die Gründe, auf die WALTHER seine Ansicht von der logischen Unmöglichkeit der Berufung stützt, sind im wesentlichen folgende: Jede Nachprüfung eines Urteils setze voraus, daß der prüfende Richter imstande sei, genau zu bezeichnen, worin der Fehler des angegriffenen Urteils liegt. Das könne er aber hinsichtlich der Tatfrage nur dann, wenn Vorschriften vorhanden seien, nach denen der Unterrichter die Beweiswürdigung vorzunehmen habe. Wenn für die Beweiswürdigung allein die freie richterliche Überzeugung maßgebend sei, dann könne der Unterrichter bei der Beweiswürdigung keinerlei Vorschriften verletzt haben. Auch fehle es bei einem mündlichen Verfahren an der ausreichenden Kenntnis der Gründe, die für den Unterrichter bei der Bildung seiner Überzeugung maßgebend gewesen seien. — Diese Deduktion ist zweifellos bestechend, und ihr liegt insofern ein richtiger Kern zugrunde, als eine wirkliche unmittelbare Nachprüfung und Widerlegung der Beweiswürdigung des Untergerichts nur dann, und auch dann nur mit gewissen Einschränkungen, möglich ist, wenn das Urteil im einzelnen erkennen läßt, wie die Bildung der richterlichen Überzeugung vor sich gegangen ist. Insofern haben wir es hier aber nur mit der bereits oben unter a besprochenen Schwierigkeit zu tun, die bei der Revision in noch weit höherem Maße besteht. Denn die Berufung ist nicht wie die Revision darauf angewiesen, das Vorhandensein eines Fehlers in den Entscheidungsgründen des angefochtenen Urteils nachzuweisen. Wenn die Entscheidungsgründe z. B. nicht erkennen lassen, daß das Untergericht sein Urteil auf die Aussage eines nur im Vorverfahren uneidlich vernommenen Zeugen stützt, so ist das Revisionsgericht machtlos, auch wenn aus dem Akteninhalte mit der größten Deutlichkeit erkennt, daß die Aussage von entscheidendem Einflusse auf das Ergebnis des erstinstanzlichen Verfahrens gewesen ist. Das Berufungsgericht dagegen kann auch dann helfen, wenn die Entscheidung des Untergerichts auf der Aussage eines unglaubwürdigen Zeugen beruht, ohne daß die Gründe ihn überhaupt erwähnen. Der Erfolg der Berufung ist also von der Aufrichtigkeit und Genauigkeit der Entscheidungsgründe des Untergerichts überhaupt in ungleich geringerem Maße abhängig, als der Erfolg der Revision. Läßt das Vorderurteil nicht erkennen, wie das Gericht zu seiner Überzeugung gelangt ist, so kann man vom Berufungsgericht eben nicht verlangen, daß es sich mit der Würdigung der erstinstanzlichen Tatbestandsfeststellung eingehend befaßt. Wie aber steht es im entgegengesetzten Falle, wenn also der Vorderrichter die Gründe für seine Überzeugung in eingehender Weise darlegt, der Berufungsrichter aber zu einem anderen Ergebnisse gelangt? WALTHER meint, die Überzeugung sei „als ein rein Subjektives und Innerliches jeder Prüfung unerreichbar", es könne wohl an die Stelle einer Überzeugung eine andere gesetzt, niemals aber nachgewiesen werden, daß diese richtig, jene unrichtig sei[1]). Dieser Einwand beweist einerseits zuviel — insofern nämlich, als er cum grano salis auch für

[1]) WALTHER, a. a. O., Bd. I, S. 132.

die Lösung von Rechtsfragen zutrifft, wo auch oft genug lediglich die eine Ansicht an die Stelle der anderen gesetzt und ihre Richtigkeit postuliert, niemals aber im logisch-mathematischen Sinne nachgewiesen werden kann. WALTHER überschätzt die Häufigkeit der Fälle, in denen rechtliche Zweifelsfragen sich ganz eindeutig entscheiden lassen. Und andererseits unterschätzt er wiederum die Bedeutung, die gewissen objektiv gültigen Erfahrungssätzen auch auf dem Gebiete der Beweiswürdigung zukommt. Auch wenn die Gesetzgebung Vorschriften über die Bildung der richterlichen Überzeugung nicht enthält, so gibt es doch Wahrheiten, die jeder verständige Richter seiner Beurteilung tatsächlicher Verhältnisse ausdrücklich oder stillschweigend, bewußt oder unbewußt, zugrunde legt, und die verhüten, daß die freie Beweiswürdigung zur Willkür wird[1]). Die Theorie WALTHERS beruht auf einer Verkennung der tatsächlichen individuell gefärbten sowie der irrationalen Elemente innerhalb der Rechtsfrage und der juristisch-normativen Bestandteile der Tatfrage.

Ist auf Grund dieser Erwägungen die logische Möglichkeit einer Nachprüfung der Tatfrageentscheidung durch das Berufungsgericht zu bejahen, so bliebe dann noch zu prüfen, ob die Berufungs- und Revisionsgerichte die Wahrscheinlichkeit besserer Rechtsprechung gegenüber den Unterinstanzen für sich haben. Eine eingehende Behandlung dieser seit Jahrzehnten nach allen Richtungen erörterten Frage erscheint hier jedoch nicht erforderlich. Nur auf ein ebenfalls in der WALTHERschen Schrift eine Rolle spielendes Argument gegen die Berufung sei noch kurz eingegangen, weil es einen Gegensatz zwischen Berufung und Revision über Gebühr betont. Der Oberrichter habe — so meint WALTHER — lediglich die Vermutung besserer Rechtskenntnis, nicht aber besserer Allgemeinbildung oder eines gesünderen Menschenverstandes für sich[2]). Da nun die Entscheidung der Tatfrage keine Rechtskenntnis erfordere, so könne man hierbei von dem Oberrichter keine bessere Leistung erwarten als von dem Unterrichter. Auch dieses Argument beruht auf der hier bekämpften Voraussetzung, daß Rechts- und Tatfrage in der praktischen Handhabung überall säuberlich voneinander getrennt werden könnten, und daß jemand ein wahrhaft tüchtiger Jurist sein könne, der nicht auch gleichzeitig Allgemeinbildung, Welterfahrung, Menschenkenntnis und „gesunden Menschenverstand" besitzt. Dem höheren Richter auf Grund seiner besseren

[1]) Vgl. auch die von WILLIBALD PETERS, Die Revisionsgründe des österr. und deutschen Zivilprozesses (in der der Universität Leipzig von der Jur. Gesellschaft Leipzig gewidmeten Festschrift, Lpz. 1909, S. 32), zitierte Äußerung OFNERS, an die Stelle der mechanischen Vorschrift sei nunmehr die durch sie bisher unterbundene wissenschaftliche Regel, die Leitung des juristischen Denkens durch erfahrungsmäßig erprobte Psychologie getreten. Ebenso PLANCK, Strafverfahren, S. 563, Anm. 6 gegen WALTHER. Auch J. GOLDSCHMIDT, ZStrW., Bd. 43, S. 7ff. vertritt nachdrücklich die Ansicht, die Berufung widerstreite weder dem Prinzip der Mündlichkeit noch dem der Unmittelbarkeit, geschweige denn dem der freien richterlichen Beweiswürdigung.

[2]) WALTHER, a. a. O., Bd. I, S. 118/9 u. oft.

Rechtskenntnis die bessere Lösung von Rechtsfragen zutrauen, ihm aber gleichzeitig dieses Vertrauen versagen, soweit es sich um die sog. Tatfrage handelt, das bedeutet eine Verkennung des Wesens des Rechts[1]). Aber der Berufungsrichter ist — wie wir allerdings glauben — aus anderen Gründen (z. B. infolge Verschlechterung des Beweismaterials usw.) in der Regel nicht zu einer richtigeren Entscheidung der Tatfrage imstande als der erste Richter, und deshalb ist eine nicht unnötig eingeengte Revision ein geeigneteres Mittel zur Erzielung sachlich besserer Urteile als die Berufung.

2. Die Vereinheitlichung der Rechtsprechung bildet unzweifelhaft ein wesentliches Ziel des Instituts der Rechtsmittel; sie kann sogar — objektiv betrachtet — im Einzelfalle unter Umständen wichtiger sein als die Ersetzung inhaltlich schlechter Urteile durch bessere. Denn nichts gefährdet mitunter so sehr die Rechtssicherheit und erschüttert so sehr das Vertrauen des Volkes zu den Gerichten, nichts erbittert so sehr gegen die Justiz, als eine ungleichmäßige rechtliche Behandlung gleichliegender Fälle. So ist es denn erklärlich, daß die Wahrung der Rechtseinheit von manchen Schriftstellern sogar als einziger Zweck der Einsetzung von Revisionsgerichten[2]), von anderen wenigstens als ihr Hauptzweck[3]) bezeichnet wird, während umgekehrt die Aufgabe der Berufungsgerichte vor allem in der Findung gerechterer Urteile und erst in zweiter Linie in der Mitarbeit an der Vereinheitlichung der Rechtsprechung innerhalb ihrer Bezirke erblickt wird. Diese Auffassung verkennt jedoch, daß die Rechtseinheit im Grunde doch nur ein formales Ideal darstellt, das vor den anderen Zielen der Rechtspflege, insbesondere dem Streben nach der materiellen Gerechtigkeit, nicht grundsätzlich bevorzugt werden darf, wenn nicht das Verhältnis von Recht und Staat zuungunsten des Rechtes verschoben, ja das Recht durch den Staat geradezu „erdrückt“ werden soll[4]). Nicht ohne Grund sagt RUMPF[5]): „Der Wert der Rechtssicherheit ist ein bedeutsamer

---

[1]) Vgl. hierüber DANZ, Die Auslegung der Rechtsgeschäfte, 3. Aufl. 1911, S. 77ff. („die Kenntnis des Lebens ist die Hauptsache“); ERICH KAUFMANN, Das Wesen des Völkerrechts und die Clausula rebus sic stantibus, 1911, S. 5. Gut, wenn auch übertreibend, vor allem auch ERNST FUCHS, Juristischer Kulturkampf, S. 56: „DANZ (Einf. in die Rechtsprechung 1912, S. 97) sagt: Die Kenntnis des Lebens gehört ‚mit‘ zur Rechtswissenschaft, weil ohne sie die Anwendung des Rechts gar nicht möglich ist. Die Lebenskenntnis gehört aber nicht bloß ‚mit‘ zur Rechtswissenschaft, sondern sie ist die Hauptsache. Alle guten Urteile des Reichsgerichts sind die, die auf besserer Lebenskenntnis beruhen.“

[2]) So z. B. MENDELSSOHN-BARTHOLDY, oben S. 21/22; J. GOLDSCHMIDT, ZStrW. 41, 1920, S. 589: „Das Reichsgericht hat die Aufgabe, die Rechtseinheit zu wahren, nicht aber hat der Angeklagte X. einen Anspruch darauf, daß über seine Rechtsrüge nicht das Oberlandesgericht. sondern das Reichsgericht entscheide.“

[3]) J. W. PLANCK, Strafverfahren, S. 501; OTTO FISCHER, Iherings Jahrb. Bd. 36, 1898, S. 272.

[4]) Vgl. hierzu A. FRITERS, Revolutionsgewalt und Notstandsrecht (1919), S. 64.

[5]) ArchzivPrax. Bd. 117, 1919, S. 348.

Wert. Immerhin ist er ein formaler Wert, der sich nicht messen kann z. B. mit dem Wert einer sachlich durchgreifenden Gerechtigkeitspflege im Strafrecht." Zuzugeben ist freilich, daß diese Auffassung des Verhältnisses zwischen Gerechtigkeit und Rechtseinheit an sich nur subjektiven Wert hat und auf Allgemeingültigkeit keinen Anspruch machen kann. Anders steht es aber mit folgender, bereits oben § 1 angedeuteter Erwägung: Wenn man den Parteien überhaupt die rechtliche Möglichkeit gewährt, auf ihre Kosten und Gefahr ein „Rechtsmittel" einzulegen, so muß man dieses Rechtsmittel derartig konstruieren, daß die Parteien fühlbaren Nutzen davon haben können. Man wird einwenden, daß die Partei ja auch von einer Vereinheitlichung der Rechtsprechung Nutzen habe, und zwar ideellen Vorteil insofern, als jedem Staatsbürger an der Verbesserung der Staatseinrichtungen gelegen sei oder doch sein solle, und materiellen insofern, als der Einzelne, der durch seinen Prozeß zur Vereinheitlichung der Rechtsprechung beitrage, dadurch auch selbst eine sichere Grundlage für sein zukünftiges Verhalten gewinne und für den Fall, daß er etwa in ein neues Gerichtsverfahren verwickelt werde, auf eine der früheren entsprechende Entscheidung rechnen könne[1]). Aber abgesehen davon, daß dieses Vertrauen auf eine unveränderte Rechtsprechung nach geltendem Rechte bitter enttäuscht werden kann (vgl. hierüber unten § 11), heißt es doch von dem durchschnittlichen Staatsbürger zuviel Einsicht verlangen, wenn man ihm eine Politik auf derartig weite Sicht auf Kosten seiner nächsten Interessen zumuten will. RANKE[2]) mag gewiß im Rechte sein, wenn er meint, daß „private und öffentliche Bestrebungen von höherer Ansicht aus wieder zusammenfallen" — der Ton ist hier aber auf das „von höherer Ansicht aus" zu legen, und dieser weitausschauende Blick ist der großen Masse der Rechtsunterworfenen eben nicht gegeben —, ganz abgesehen davon, daß es, um weiter mit RANKE zu sprechen, auch darauf ankommt, in welchem Grade „ein Staat seine Mitglieder lebendig ergriffen hat". Die Partei, die ihren Prozeß — obwohl sie materiell im Recht ist — in der Revisionsinstanz lediglich deshalb verliert, weil das Revisionsgericht nur die Aufgabe hat, die Rechtseinheit zu wahren, nicht aber dem Bürger X. zu seinem Rechte zu verhelfen, wird sich trotz aller Belehrungen vom Staate geprellt fühlen und ihn bitten, sich seine Rechtseinheit auf eigenes Risiko zu schaffen[3]). Und keinesfalls läßt es sich auch mit Hilfe dieser einseitigen Auffassung der Revision rechtfertigen, daß man den Angeklagten um eines nicht unmittelbar mit seiner speziellen Sache verknüpften, ja für ihn geradezu in nebelhafter Ferne liegenden Zieles willen etwa der Gefahr einer

---

[1]) Zu einseitig ist die Auffassung FRIEDRICHS', Verwaltungsrechtspflege Bd. II, 1921, § 461, S. 925, an der Nachprüfung des Urteils sei nur die Partei, an der Vereinheitlichung der Rechtsprechung nur die Allgemeinheit interessiert.

[2]) Politisches Gespräch, Mit einer Einführung von FRIEDRICH MEINECKE. (1924), S. 47.

[3]) So auch HABER, Verhandlungen des 29. Deutschen Jur.-Tages Bd. V, S. 759.

mehrmonatigen Verlängerung seiner Untersuchungshaft aussetzt! Es verrät eine unberechtigte Geringschätzung der Interessen der Rechtsunterworfenen, wenn z. B. der von ADICKES[1]) mehrfach zitierte Kommissionsbericht von 1898 davon spricht, daß „bewußt oder unbewußt weite, auch juristische Kreise noch immer in der Auffassung befangen seien, als ob die Revision lediglich oder doch in erster Linie im Interesse der Parteien vorgesehen sei. Dieser Standpunkt sei durchaus irrtümlich. Nur mit Rücksicht auf die Wahrung der Rechtseinheit habe man die Revision geschaffen . . . Wenn sie nebenher einen weiteren, gewiß wertvollen Rechtsbehelf für die Parteien und insbesondere eine Gewähr für die gewissenhafte Behandlung der Sachen biete, so sei diese Funktion nur eine sekundäre.“ Hierauf muß erwidert werden, daß der Beweis für die Behauptung, die Revision sei lediglich zur Wahrung der Rechtseinheit geschaffen, aus dem Gesetze selbst schwerlich geführt werden kann, und daß man dem Gesetze daher eine zu derartig unbilligen und folgewidrigen Ergebnissen führende Auslegung zur höheren Ehre vorgefaßter Meinungen nicht geben darf. Wenn das Gesetz eine nur die Interessen der Rechtseinheit wahrende Revision — und eine solche ließe sich an sich selbstverständlich sehr wohl rechtfertigen — schaffen wollte, so hätte es sie so ausgestalten müssen, daß sie nicht zu einer unnötigen Schädigung des Angeklagten führen kann[2]). Ich bitte alle deutschen Prozessualisten, die österreichischen Stimmen Gewicht beimessen, die ausgezeichneten Ausführungen EMIL OTTS[3]) nachzulesen, in denen der hier bekämpfte, in Deutschland herrschende Standpunkt mit bitterer Kritik bedacht und demgegenüber hervorgehoben wird, daß in Österreich bei der Ausgestaltung der Revision stets das Wohl und Wehe des Staatsbürgers in erster Reihe berücksichtigt worden sei, „der nicht darben, sterben und verderben sollte, wenn nur der Triumph des Gesetzesbuchstabens gesichert war“.

II. Die Hebung des Vertrauens des Publikums bildet, wie bereits oben (S. 21) betont wurde, ein selbständiges Ziel der Gewährung von Rechtsmitteln. Nicht jede Verbesserung des Strafverfahrens ist ohne weiteres schon geeignet, eine Stärkung des Vertrauens der Rechtsunterworfenen zur Justiz herbeizuführen, und umgekehrt läßt sich dieses Vertrauen erfahrungsgemäß nicht selten durch Maßnahmen mehren, in denen der objektive Beurteiler keines-

---

[1]) ADICKES, Grundlinien durchgreifender Justizreform (1906), S. 25.

[2]) Ein eigentümliches Schwanken zwischen den beiden Anschauungen zeigt sich bei ADICKES a. a. O., der sich zunächst (S. 26/27) anscheinend auf den hier vertretenen Standpunkt stellt, um schließlich (S. 32) zu erklären, daß „die Verwirklichung der materiellen Gerechtigkeit im Einzelfall für die Konstruktion der Revision nicht von Bedeutung sein“ dürfe.

Von besonderem Werte ist unter diesen Umständen die Klarheit und Entschiedenheit, mit der sich ein an hervorragender Stelle stehender Richter wie BOLZE (ZZP. Bd. 14, S. 431) und Theoretiker wie WACH (Vorträge 2. Aufl., S. 285) und RICHARD SCHMIDT (Lehrbuch des Deutschen Zivilprozeßrechts 2. Aufl. 1910, S. 797 u. S. 807/8) für die hier vertretene Ansicht ausgesprochen haben.

[3]) Beschränkung der Revision, S. 26/27.

wegs einen sachlichen Vorteil für die Rechtspflege erblickt. In letzterer Hinsicht bilden das klassische Beispiel die Schwurgerichte. Hierin liegt unzweifelhaft eine Gefahr: so wertvoll, ja unentbehrlich das Vertrauen der Rechtsunterworfenen für die Rechtspflege auch sein mag, so gibt es hier doch eine Grenze. Wenn HEINEMANN[1]) erklärt: „Ein Strafgesetzbuch kann eigentlich so gut oder so schlecht sein wie es will. Dies verschlägt nicht viel. Nur eines kann es nicht entbehren, das Vertrauen des Volkes", so überschreitet er diese Grenze und verkennt, daß Gesetzgebung und Justiz auch eine erzieherische Aufgabe haben, die mitunter dazu nötigt, verkehrten Volksanschauungen entgegenzutreten — auch auf die Gefahr hin, zeitweilig das Vertrauen erheblicher Teile des Volkes einzubüßen, um es schließlich aber desto vollkommener und nachhaltiger zu gewinnen. Die besonderen Aufgaben, die dem Revisionsgericht in dieser Hinsicht obliegen, lassen sich sehr schwer nachweisen. Das eine aber wird man als feststehend ansehen können, daß das Rechtsmittel der Revision in hohem Grade unvolkstümlich ist und wohl auch bleiben wird. Das Wirken der Revisionsgerichte hat, schon weil es sich meistens der Kontrolle der weiteren Öffentlichkeit entzieht, für die Masse des Volkes etwas Unheimliches und Unverständliches an sich. Vieles trägt hierzu der Umstand bei, daß ein unbedeutender prozessualer Verstoß zu einem Erfolge vor dem Revisionsgerichte führen kann, den ein wesentlicher Mangel der Tatsachenfeststellung niemals zuwege brächte. Volkstümlich wird die Revision wohl kaum jemals werden. Um so sorgfältiger wird man danach zu streben haben, diesen Mangel durch andere Vorzüge wettzumachen.

---

[1]) HEINEMANN, a. a. O., S. 4.

Zweites Kapitel.

Der Begriff der Revision.

§ 4. Die Begriffe der Gesetzesverletzung und der Tatsache. Tatfrage und Frage des Einzelfalles. Insbesondere die Revisibilität der Subsumtion.

Einen allgemeingültigen, von vornherein feststehenden Begriff der Revision gibt es nicht. Das mag selbstverständlich klingen und bedarf doch der Betonung. Der Jurist glaubt fast durchweg so zuversichtlich, sich unter dem Begriff der Revision etwas ein für alle Mal genau Umgrenztes, Feststehendes vorstellen zu können, daß STEIN[1]) sehr mit Recht von einer „Voreingenommenheit" spricht, die dieses Wort in uns wecke.

Jede begriffliche Klärung des Wesens der Revision muß vom positiven Rechte, also etwa von einer Analyse des § 337 StrPO. und der ihm entsprechenden Bestimmungen anderer Verfahrensarten ausgehen. Nach dem Wortlaute dieser Vorschriften kann kein Zweifel darüber bestehen, daß der für das „Prinzip der Revision" entscheidende Begriff der der „Gesetzesverletzung" oder — wenn dieser Begriff wiederum an Hand des Gesetzes definiert wird — der der Nichtanwendung oder unrichtigen Anwendung einer Rechtsnorm ist[2]). Trotzdem fußen viele, ja vielleicht die meisten Untersuchungen über die Grenzen der Revisibilität nicht auf diesen Begriffen, sondern auf dem Gegensatze: Tat- und Rechtsfrage, ohne oft auch nur den Versuch zu machen, diese Vertauschung zu rechtfertigen. Auf zivilprozessualem Gebiete wird zur Begründung naturgemäß der Wortlaut des § 561 II ZPO. herangezogen. Indessen darf im Rahmen einer grundsätzlichen Betrachtung einer solchen Sondervorschrift kein entscheidender Einfluß beigelegt werden. Überdies darf man, wie STEIN[3]) mit Recht hervorhebt, die Bedeutung des § 561 nicht überschätzen.

Sogar WACH, dem die Revisionslehre so überaus viel verdankt,

---

[1]) Das private Wissen des Richters, S. 109.

[2]) BINDING, Grundriß des Strafprozeßrechts, 5. Aufl., 1904, S. 267, rügt, daß in der gesetzlichen Definition des Begriffs Gesetzesverletzung die Anwendung eines Nichtgesetzes vergessen sei. Doch versteht sich dieser Fall wohl von selbst; bei Anwendung eines Nichtgesetzes liegt eben Nichtanwendung des Gesetzes vor, das eigentlich hätte zur Anwendung kommen müssen.

[3]) J. W. 1922, S. 225, Anm. 1.

stellt zwar an die Spitze seiner Erörterungen über die Revision[1]) den Satz: „Der Revisionsgrund ist Gesetzesverletzung, für das Urteil kausale Gesetzesverletzung", fährt darauf aber ziemlich unvermittelt fort: „Damit stehen wir vor dem Gegensatz der Tat- und Rechtsfrage." Ebenso heißt es bei W. JELLINEK[2]): „Das Revisionsgericht hat nur über Gesetzesverletzungen zu entscheiden; an die tatsächlichen Feststellungen der unteren Gerichte ist es gebunden; dadurch entsteht die Scheidung zwischen Tat- und Rechtsfrage, die zu vielen Zweifeln Anlaß gegeben hat"[3]). Auch STEIN, der ursprünglich[4]) vor der Zuspitzung des Revisionsproblems auf diesen Gegensatz gewarnt hat, hat schließlich seinen früheren Standpunkt anscheinend aufgegeben[5]). Die Neigung der Juristen, die Formel „Tat- und Rechtsfrage" als Lösung des Revisionsproblems anzusehen, ist eben anscheinend unausrottbar; sie ist freilich aus verschiedenen Gründen psychologisch erklärlich:

1. einerseits deshalb, weil der Begriff „Gesetzesverletzung" auf den ersten Blick als so weit und daher so nichtssagend erscheint, daß sich nicht viel mit ihm anfangen läßt,

2. andererseits, weil der Gegensatz von Tat- und Rechtsfrage auf ein die Gesetzgebung und Rechtslehre beherrschendes allgemeines Prinzip zurückgeführt werden kann.

Zu 1: Es ist zuzugeben, daß die Beantwortung der Frage, welche Verstöße des Richters denn eigentlich nicht unter den Begriff der Gesetzesverletzung fallen, gewissen Schwierigkeiten begegnet. Vor allem ist nicht ohne weiteres einleuchtend, weshalb denn eine Gesetzesverletzung nicht vorliegen soll, wenn der Vorderrichter von einer unrichtigen Auffassung der Wirklichkeit ausgegangen ist, wenn er etwa den A. wegen eines Mordes verurteilt hat, den tatsächlich nicht A., sondern B. begangen hat. Ist doch der Sinn des § 211 StGB. der, daß der Täter und nicht ein unbeteiligter Dritter bestraft werden soll („wer" das und das getan hat, wird... bestraft!). Diese Ansicht, daß es, wenn man unter Außerachtlassung des § 561 II ZPO. allein den Wortlaut des § 337 StPO. und der entsprechenden Bestimmungen der übrigen Verfahrensarten berücksichtigen wollte, nicht ausgeschlossen sei, auch materiellrechtliche Fehler von unzweifelhaft rein tatsächlicher Art im Wege der Revision zu beseitigen, wird denn auch von einer Reihe von Schriftstellern vertreten[6]). Ihre Unrichtigkeit läßt sich jeden-

[1]) Vorträge über die Reichszivilprozeßordnung, 2. Aufl., 1896, S. 285/6. Bezeichnend hierfür ist übrigens schon der Titel der WACHschen Abhandlung: „Die Tat- und Rechtsfrage bei der Revision im Zivilprozesse", 1881. WACH (Vorträge, S. 286, Anm.) bezeichnet zwar die Antithese selbst als nicht ganz korrekt, hat dabei aber etwas anderes im Auge.

[2]) Gesetz, Gesetzesanwendung, Zweckmäßigkeitserwägung, S. 6.

[3]) Ähnlich auch SAUER, Grundlagen des Prozeßrechts, 1919, S. 413; v. KRIES, Rechtsmittel, S. 295; Graf DOHNA, Das Strafverfahren, 1913, S. 216.

[4]) Privates Wissen, S. 107. [5]) Anm. III zu § 549 ZPO.

[6]) STEIN, Privates Wissen, S. 109 u. 120; SCHÖN, Verw.Arch. 1919 Bd. 27, S. 89 u. 96; STAHL, Archziv.Prax. Bd. 67, 1884, S. 95. STENGLEIN, Gerichtssaal, Bd. 46, S. 6, meint, die Regel der Unanfechtbarkeit der auf die Schuld bezüglichen Feststellungen habe keine ausdrückliche Entscheidung im Gesetze gefunden, sondern könne nur aus ihm gefolgert werden.

falls nicht aus dem Vorhandensein des Wortes „nur" im Gesetzestexte entnehmen; denn es wäre denkbar, daß das „nur" sich allein auf das Erfordernis des Beruhens bezöge, also lediglich den Zweck verfolgte, nicht kausale Gesetzesverletzungen der Revision zu entziehen. Aber jene Auffassung dürfte aus logischen und erkenntnistheoretischen Gründen nicht richtig sein. Das ergibt sich aus folgendem: Das Gesetz geht, wie die Wendung „die Revision kann nur darauf gestützt werden, daß . . ." zeigt, davon aus, daß der Revisionsangriff bereits die vorliegende Gesetzesverletzung bezeichnet, indem er angibt, inwiefern eine Rechtsnorm auf den Sachverhalt nicht oder nicht richtig angewendet ist[1]). Da nun z. Zt. der Einlegung und Begründung der Revision noch nicht bekannt sein kann, welchen Sachverhalt das Revisionsgericht späterhin feststellen würde, wenn ihm die selbständige Tatsachenermittlung gestattet wäre, so kann das Gesetz unter dem Sachverhalt, auf den eine Rechtsnorm nicht oder nicht richtig angewendet sein soll, jedenfalls nicht den in Zukunft etwa vom Revisionsgericht festgestellten Sachverhalt meinen[2]). Vielmehr bleiben nur zwei andere Möglichkeiten übrig: Entweder meint das Gesetz nämlich die Wirklichkeit selbst. Dann müßte der Revisionsangriff behaupten, daß das angefochtene Urteil das Recht falsch auf die Wirklichkeit angewendet habe, und dieser Fall wäre dann allerdings bei jedem tatsächlichen Irrtum des Vorderrichters gegeben. Oder das Gesetz meint nicht die Wirklichkeit selbst, sondern nur die subjektive Vorstellung eines Gerichts von der Wirklichkeit, und dann kann es, da ja eben die Vorstellung, die der Revisionsrichter sich von der Wirklichkeit bilden wird, noch nicht feststellbar ist, nur die Vorstellung des Vorderrichters meinen. Die erstgenannte Alternative ist unmöglich; denn sie setzt voraus, daß der Richter überhaupt in der Lage ist, die Wirklichkeit selbst festzustellen, während er doch immer nur zu einer subjektiven Vorstellung von der Wirklichkeit gelangen kann. Das sollte keiner besonderen Hervorhebung bedürfen — und doch entschließt man sich nicht immer dazu, die notwendigen Folgerungen aus diesem Satze zu ziehen. Auf dem Gebiete der Revisionslehre hat ausdrücklich m. W. allein Beling in dieser Beziehung den richtigen Standpunkt eingenommen, indem er schreibt[3]): „Unter den sieben möglichen Mängeln eines Urteils ist einer, der fernab von jeder ‚Gesetzesverletzung' liegt: das ist die Diskrepanz der im Urteilssyllogismus verwerteten Untersätze mit der Wirklichkeit . . . Es gibt keinen Rechtssatz, der dem Richter anbeföhle, daß die von ihm vorgenommenen Aussprüche über Tatsachen auch richtig, d. h. der Wirklichkeit entsprechend seien. Es gibt Rechtssätze, die den Richter

[1]) Daß das Gesetz insofern — wie Stein, J. W. 1921, S. 841, ausführt — ungenau ist, als ja der Inhalt des Revisionsangriffs für das Revisionsgericht durchaus nicht immer maßgebend ist, kann hier außer Betracht bleiben.

[2]) Das übersieht m. E. Beling, Festschrift für Binding, Bd. II, S. 95, wenn er es anscheinend wenigstens für möglich hält, die Worte „Nichtanwendung einer Rechtsnorm" als „Nichtanwendung auf die Tatsachen, wie sie jetzt ermittelt sind", d. h. vom Revisionsgericht ermittelt sind, zu deuten.

[3]) A. a. O., Bd. II, S. 126.

anhalten, sich um die Erforschung der Wahrheit zu bemühen, dabei so oder so zu verfahren und bestimmte Denkgesetze anzuwenden. Aber ein Satz, der von ihm die Zugrundelegung der Wirklichkeit als solchen verlangt, würde den Wahn voraussetzen, der Mensch könne jede Wahrheit irrtumsfrei erkennen, wenn er nur wolle und korrekt verfahre . . . Damit wäre die Subjektivität des Wissens geleugnet." Wenn aber der Richter nicht die Wirklichkeit selbst feststellen kann, so kann er auch nicht das Gesetz auf sie anwenden. Das Objekt der Rechtsanwendung kann vielmehr nur die Vorstellung sein, die sich der Richter von der Wirklichkeit macht. Und hierbei kann, wie oben ausgeführt, nur die Vorstellung des Vorderrichters in Frage kommen. Das Gesetz ist daher im Sinne des § 337 StPO. nur dann verletzt, wenn eine Rechtsnorm auf einen vom Vorderrichter festgestellten Sachverhalt nicht oder nicht richtig angewendet ist. Damit ist klargestellt, daß das Gesetz dem Revisionsrichter die Nachprüfung der Richtigkeit des vom Vorderrichter festgestellten tatsächlichen Sachverhalts entzieht und ihm nur die Prüfung überläßt, ob die Rechtsnormen auf diesen Sachverhalt richtig angewendet sind. Gleichzeitig ist damit für den Bereich der Revisionslehre die Auffassung der oben S. 34 genannten Schriftsteller widerlegt, daß der Begriff Gesetzesverletzung eigentlich auch die unrichtige Tatsachenfeststellung umfasse[1]). Mit dieser Begründung kann gegen den Begriff Gesetzesverletzung also nicht das Bedenken erhoben werden, daß er zu weit und daher als Ausgangspunkt der Untersuchung des Revisionsproblems ungeeignet sei.

Zu 2: Die Neigung, das Prinzip der Revision nicht auf den Begriff der Gesetzesverletzung aufzubauen, sondern an Hand der Schlagworte „Rechts- und Tatfrage" zu entwickeln, wird durch den Umstand begünstigt, daß die Scheidung von Rechts- und Tatfrage einen das gesamte Recht durchziehenden Gegensatz zu bedeuten scheint. Man glaubte daher offenbar, der Revisionslehre eine wesentliche Förderung zuteil werden zu lassen, wenn man sie auf dieser von der Wissenschaft und Praxis vermeintlich bereits nach allen Richtungen hin genügend durchgearbeiteten und gesicherten Grundlage aufbaute. Hierin steckte ein folgenschwerer Irrtum. Wenn die Strafprozeßwissenschaft soweit gekommen ist, das Revisionsproblem mit GRAF ZU DOHNA[2]) als „einen Knoten, dessen Lösung allen Menschenwitz übersteigen würde", zu betrachten, so ist diese wenig hoffnungsvolle Stimmung größtenteils auf das Konto der Belastung zu schreiben, die die Revisionslehre durch die Übernahme aller an die Begriffe Tat- und Rechtsfrage geknüpften Unklarheiten erfahren hat. Nicht als ob die Betrachtungsweise unter dem richtig verstandenen Gesichtspunkt der Tat- und Rechtsfrage zu wesentlich anderen Ergebnissen führen müßte als die Betrachtungsweise unter dem Gesichtspunkte der Gesetzesverletzung — beides kann

[1]) Gegen diese Auffassung vgl. auch OERTMANN, Rechtsordnung und Verkehrssitte 1914, S. 489 u. 505/6, und FRANZ LEONHARD, Arch. ziv. Prax. Bd. 120, 1922, S. 146.

[2]) Das Strafverfahren, S. 216.

vielmehr nahezu auf das gleiche hinauskommen, und auch ein mit dem Begriff der Gesetzesverletzung arbeitender Lösungsversuch entgeht den wirklichen Schwierigkeiten des Revisionsproblems nicht. Aber die unnötige Erbschaft von Irrtümern und Kontroversen, die das Revisionsproblem darüber hinaus den Begriffen Tat- und Rechtsfrage verdankt, wird auf diesem Wege wenigstens vermieden. Das bedarf näherer Erläuterung:

Der Gegensatz von Tat- und Rechtsfrage kann vorläufig nur dahin umschrieben werden, daß die nach rechtlichen Gesichtspunkten zu beurteilenden Elemente des Einzelfalles die Rechtsfrage, die nach tatsächlichen Gesichtspunkten zu beurteilenden Elemente die Tatfrage bilden. Das klingt nicht nur selbstverständlich, sondern geradezu tautologisch. Trotzdem verwendet sogar der Sprachgebrauch der Wissenschaft die beiden Ausdrücke erstaunlich oft in ganz anderer Bedeutung. Die terminologische Verwirrung findet sich bereits bei FEUERBACH, der in den „Betrachtungen über das Geschworenengericht"[1]), obgleich er sich über die wahre Bedeutung des Gegensatzes nicht im unklaren befindet, Tat- und Rechtsfrage zwar auch unterscheidet, die Tatfrage aber in zwei Elemente, ein „historisches" und ein „juridisches", zerlegt, die beide nicht voneinander getrennt werden könnten. FEUERBACH versteht nämlich unter Tatfrage die Schuldfrage, unter Rechtsfrage die Straffrage[2]).

Im Begriff Tatfrage steckt als beherrschender Bestandteil der Begriff der Tatsache. Es handelt sich also für jeden, der das Revisionsproblem mit Hilfe des Gegensatzes „Tat- und Rechtsfrage" lösen will, darum, den Tatsachenbegriff in seiner logischen, psychologischen und juristischen Bedeutung zu erfassen.

Wir dagegen, die wir von dem Begriff der Gesetzesverletzung ausgehen wollen, haben eine doppelte Aufgabe vor uns: Wir müssen zunächst den Begriff der „Gesetzesverletzung" allgemein — d. h. ohne Rücksicht auf die Revisionslehre im speziellen — erfassen. Sodann müssen wir — um den speziell im § 337 StPO. verwendeten Begriff der Gesetzesverletzung zu erhalten — die nur bei Feststellung des tatsächlichen Sachverhaltes begangenen Gesetzesverletzungen von dem allgemeinen Begriff abziehen. Der übrigbleibende Rest ist revisibel. Daraus folgt allerdings, daß der Begriff der Tatsachenfeststellung ebenfalls der Prüfung bedarf. Man könnte nun auf den ersten Blick geneigt sein anzunehmen, daß hierdurch die Scheidung zwischen Tat- und Rechtsfrage entgegen unseren früheren Ausführungen nun doch wieder zum Zentralproblem der Revisionslehre erhoben worden sei. Daß dieser Schluß irrig wäre, ergibt sich jedoch aus folgendem: Der Gegensatz zwischen Tat- und Rechtsfrage braucht nicht mit logischer Notwendigkeit als ausschließlich gedacht zu werden; vielmehr ist zwischen beiden noch Raum für ein Mittelgebiet vorhanden, das weder

[1]) Landshut, 1813, S. 167ff. 170, 177.

[2]) Vgl. allerdings S. 169: die Schuldfrage sei, „obgleich ihrem Gegenstande nach Tatfrage, dennoch zugleich Rechtsfrage".

zur Tat- noch zur Rechtsfrage zu gehören braucht. Ob aber dieses Mittelgebiet der Revision zugänglich ist oder nicht, wäre dadurch, daß es sowohl der Tat- als auch der Rechtsfrage entrückt wird, noch nicht entschieden. Denn es gibt keinen Rechtssatz des Revisionsrechts, der etwa ausspräche, daß nur die Tatfrage irrevisibel oder daß nur die Rechtsfrage revisibel ist. Das geltende Recht kennt nur den Begriff Gesetzesverletzung. Insofern ist die Lage hier anders als bei den sonstigen Problemen, die sich mit dem Tatsachenbegriff zu beschäftigen haben. Für die Handhabung des § 263 StGB. genügt es beispielsweise, zu entscheiden, ob eine „Tatsache" vorgespiegelt worden ist; wird die Tatsacheneigenschaft verneint, so ist eben Betrug nicht gegeben, ohne daß es darauf ankäme, wie die „Nichttatsache" sonst zu qualifizieren ist. Für die Revisionslehre dagegen beginnt gerade nach Verneinung der Tatsacheneigenschaft oft erst der Streit: gehören z. B. die Erfahrungssätze, die ja nicht Tatsachen sind, zur Rechtsfrage?[1]) Legt man aber der Revisionslehre an Stelle der Scheidung von Tat- und Rechtsfrage den Begriff der Gesetzesverletzung zugrunde, so kann es, da eben nur die Tatsachenfeststellung als irrevisibel ausscheidet, ein streitiges Mittelgebiet nicht geben. Jede Gesetzesverletzung, die nicht die Tatsachenfeststellung betrifft, unterliegt grundsätzlich der Revision.

Der für das Verständnis des Revisionsproblems entscheidende Begriff der Gesetzesverletzung bedeutet, wie bereits ausgeführt, „Verletzung des Gesetzes bei seiner Anwendung auf den vom Vorderrichter festgestellten Sachverhalt". Es fragt sich nunmehr weiter: Was bedeutet „Anwendung" oder „Nichtanwendung" oder „unrichtige Anwendung" einer Rechtsnorm?

Wenn wir unter Rechtsnorm vorläufig ein Werkzeug zur Beurteilung menschlichen Verhaltens verstehen, so bedeutet „eine Rechtsnorm anwenden" jedenfalls, mit ihrer Hilfe etwas beurteilen, was selbst nicht Werkzeug, sondern Objekt der Beurteilung ist. Also haben wir dreierlei zu erfassen: 1. das Objekt der Beurteilung, 2. die zur Beurteilung dienende Norm, 3. die Tätigkeit des Beurteilens[2]).

Wenn man diese Dreiteilung mit der allgemein üblichen[3]) Zergliederung des richterlichen Urteils in Obersatz, Untersatz und Schlußfolgerung vergleicht, so ergeben sich gewisse Unterschiede infolge der zwiespältigen Natur des Inhalts des Untersatzes, der dem Objekt der Beurteilung nicht durchweg entspricht. Der Untersatz des Urteils, der ja selbst wieder

---

[1]) Vgl. etwa SAUER, Grundlagen des Prozeßrechts, S. 66ff., der — m. E. zu Unrecht — die meisten Erfahrungssätze zu den Tatsachen rechnet, aber ihre Revisibilität zugibt (S. 69).

[2]) Vgl. auch SAUER, Grundlagen des Prozeßrechts, S. 58.

[3]) Vgl. hierüber etwa WALTHER a. a. O., Bd. 1, S. 103ff.; STEIN, Priv.Wissen, S. 11 u. 118; EHRLICH, Jur. Logik, Archziv.Prax. Bd. 115, S. 126ff.; WACH, Vorträge, 2. Aufl., S. 290; WACH, J. W. 1881, S. 74ff.; BIERLING, Jur. Prinzipienlehre, Bd. 4, S. 7ff., S. 20, Anm. 11; HECK, ArchzivPrax. Bd. 112, S. 89ff.; BINDING, Die drei Grundfragen, S. 28; STAMMLER, Theorie der Rechtswissenschaft 1911, S. 653ff. u. Lehrbuch der Rechtsphilosophie 1922, §§ 139ff.; BINDER, Rechtsbegriff und Rechtsidee 1915, S. 258ff.

ein juristisches Urteil ist, besteht auch in seiner einfachsten Form aus drei voneinander verschiedenen Bestandteilen, einem tatsachenfeststellenden, einem tatsachenbewertenden und aus der Verbindung beider, die bereits einen Teil der Subsumtion ausmacht[1]). Nur der erste Teil bildet das Objekt der Beurteilung; dieser Begriff umfaßt also erheblich weniger als der Begriff des Untersatzes. Diese zwiespältige Natur des Untersatzes ist anscheinend von BINDER verkannt worden. BINDER betont nämlich in seiner Polemik gegen STAMMLER[2]), daß der Untersatz „ganz anders gestaltet ist, als sich dies STAMMLER vorstellt (vgl. STAMMLER, S. 664). Der Untersatz enthält selbst kein Subsumtionsurteil, sondern einen einfachen Tatbestand. Über dessen Vorliegen kann allerdings auch gestritten werden, doch hat solch ein Streit mit den hier in Frage stehenden Problemen nicht das mindeste zu tun; er ist ‚quaestio facti, nicht juris'[3]). Der Untersatz stelle keinen eigenen rechtlichen Willensinhalt dar, sondern habe einen rein faktischen Inhalt, er bestehe, „was auch STAMMLER dagegen sagen mag, aus Tatsachen der Natur"[4]). „Im Untersatz erscheint der konkrete Tatbestand in seiner faktischen Nacktheit, aufgelöst in seine einzelnen tatsächlichen Momente"[5]). Hiermit wird BINDER dem Wesen des Untersatzes nicht gerecht, es sei denn, daß er nur eine ganz spezielle Art von Untersätzen dabei im Auge hat. Es gibt nämlich auch Untersätze, deren Inhalt man mit einiger Vorsicht als „rein faktisch" bezeichnen kann; das sind aber nicht jene Untersätze, von denen STAMMLER spricht: die Glieder des Schlusses, dessen Obersatz ein Rechtssatz ist. Um zu dem Schlusse zu gelangen: „A. ist wegen Mordes mit dem Tode zu bestrafen", bedarf es ja nicht eines einzigen Untersatzes, sondern einer ganzen Kette von Untersätzen[6]); z. B.: 1. B. hat die Eigenschaften x + y (dazu gehöriger Obersatz: wer die Eigenschaften x + y besitzt, ist ein „Mensch" — dazugehöriger Schluß: also ist B. ein Mensch). 2. A. hat an dem Körper des B. die Veränderungen u + v hervorgebracht (dazugehöriger Obersatz: wer an dem Körper eines Menschen die Veränderungen u + v hervorgebracht hat, hat diesen Menschen „getötet" — dazugehöriger Schluß: also hat A. den B. getötet). 3. A. hat sich bei der Tötung des B. in dem seelischen Zustande z befunden (dazugehöriger Obersatz: wer sich bei der Tötung eines Menschen in dem seelischen Zustande z befunden hat, hat die Tötung „vorsätzlich und mit Überlegung" begangen — dazugehöriger Schluß: also hat A. die Tötung des B. vorsätzlich und mit Überlegung begangen). Man kann nun zwar

[1]) Wenn BINDING, Grundfragen S. 28, sagt, den Untersatz bilde „die Tatsache, daß der Angeklagte die vom Gesetz bedrohte Handlung begangen oder nicht begangen habe", so ist in dieser Verwendung des Tatsachenbegriffs wohl nur eine ungenaue Ausdrucksweise, nicht auch eine begriffliche Unklarheit zu erblicken. Auch ERNST FUCHS, J. W. 1919, S. 6, spricht übrigens von den „den Untersatz bildenden Tatsachen des Einzelfalles".

[2]) Ein näheres Eingehen auf diese Polemik, bei der BINDER übrigens vielfach im Recht ist (so z. B. bei seinen Ausführungen über Konstruktion u. Subsumtion, S. 257), ist hier nicht am Platze.

[3]) A. a. O., S. 267. [4]) A. a. O., S. 265. [5]) A. a. O., S. 264, Anm. 15.

[6]) Vgl. auch WACH, J. W. 1881, S. 74.

die Untersätze 1—3 als rein faktisch bezeichnen, nicht aber den sich aus ihnen ergebenden Untersatz: „A. hat den Menschen B. vorsätzlich und mit Überlegung getötet". Dieser Untersatz, der im Verein mit dem Obersatz: „Wer einen Menschen vorsätzlich und mit Überlegung tötet, wird wegen Mordes mit dem Tode bestraft, zu dem Schlusse führt: A. ist wegen Mordes mit dem Tode zu bestrafen — dieser den juristischen Tatbestand bereits vollständig wiedergebende Untersatz ist jedenfalls nicht mehr rein faktischen Inhalts. Und ebensowenig sind rein faktischen Inhalts alle zu jenem Schlusse führenden Obersätze und Schlußfolgerungen. M. E. enthalten die Ausführungen BINDERS einen gewissen Widerspruch, wenn er einerseits erklärt, den Untersatz beim Syllogismus könne niemals ein Rechtssatz bilden (S. 260), andererseits aber zugibt, die Frage nach dem Begriff des „nächsten Verwandten" im STAMMLERschen Beispiel sei eine Rechtsfrage.

Wir kehren nunmehr zur Analyse des Begriffs „Gesetzesanwendung" zurück. Nur zwei der oben hervorgehobenen drei Bestandteile, die zu jeder Gesetzesanwendung gehören, sind an dieser Stelle zu behandeln, nämlich die Tätigkeit der Beurteilung und ihr Objekt, die Tatsache (über den Begriff der Rechtsnorm vgl. unten § 7). Von der Stellung, die der urteilende Richter zu den materiell erheblichen Tatsachen einnimmt, ist die Zulässigkeit der Revision abhängig: soweit er sich darauf beschränkt, die Tatsachen festzustellen, ist sein Urteil irrevisibel. Schon hieraus ergibt sich, daß es sich für uns nicht nur und auch nicht in erster Linie darum handeln kann, den Begriff der Tatsache zu umgrenzen und sein Gegenstück zu finden. Man ist sich längst darüber einig, daß der Gegensatz von Tatsache nicht Urteil, sondern lediglich „Nichttatsache" lauten kann. Man stellt — wie SCHUPPE[1]) es einmal ausgedrückt hat — nicht mehr Tatsache oder Handlung der Rechtsnorm oder dem Urteil gegenüber, sondern sucht den entscheidenden Unterschied unter den Tatsachen oder unter den Urteilen selbst. So finden wir denn neuerdings die Antithese „Tatsachenurteil" und „Werturteil" oder auch „tatsachenfeststellendes" und „tatsachenbewertendes" Urteil[2]). Der letztere Ausdruck ist freilich zu eng, da die Bewertung sich nicht immer auf Tatsachen zu beziehen braucht[3]). Immerhin wird durch diese Ausdrücke richtig hervorgehoben, daß wir es hier immer mit logischen Urteilen zu tun haben und daß das Problem darin liegt, die verschiedenen Arten der Urteile herauszuarbeiten.

Mit SAUER[4]) bezeichnen wir jedes Urteil, das sich nicht auf die bloße Tatsachenfeststellung beschränkt, als Werturteil. Unsere Hauptfrage geht also dahin: was ist Feststellung und was ist Bewertung von Tatsachen? Nicht das Gegebensein oder Nichtgegebensein von Tatsachen ist allein für die Revisibilität entscheidend, sondern vor allem

---

[1]) GRUCHOTS Beiträge Bd. 30, S. 234. [2]) Vgl. MEZGER, a. a. O., S. 84/85.

[3]) Insofern hat ENGELHARD, Die Ehre als Rechtsgut im Strafrecht, S. 104, recht.

[4]) Die Ehre u. ihre Verletzung 1915, S. 107. Dagegen ENGELHARD, a. a. O., S. 104.

die Art, wie die Tatsachen im Prozeß behandelt werden. Hieraus darf nun freilich nicht der Schluß gezogen werden, daß es für unsere Untersuchung des Revisionsproblems einer eingehenden Betrachtung des Tatsachenbegriffs selbst nicht bedarf. Wenn etwa die erste Instanz — um an ein bekanntes Beispiel BINDINGS[1]) anzuknüpfen — „feststellt", am 21. September eines jeden Jahres gehe die Sonne um 6 Uhr auf, so muß man, um prüfen zu können, ob hier eine Tatsachenfeststellung oder eine Tatsachenbewertung vorliegt, zunächst wissen, welche Tatsachen diesem Ausspruch denn überhaupt zugrunde liegen, das Objekt der Feststellung oder Bewertung bilden. Denn wenn es „Tatsache" ist, daß die Sonne am 21. September eines jeden Jahres um 6 Uhr aufgeht, so bleibt uns natürlich nichts anderes übrig, als den nur diesen Satz enthaltenden Ausspruch des Gerichts für eine Tatsachenfeststellung zu erklären. Sind wir dagegen der Meinung, daß lediglich jede einzelne der vielleicht unzähligen Teilerscheinungen und Teilbeobachtungen, die in ihrem Zusammenhange den Schluß, daß die Sonne auch in Zukunft an einem bestimmten Tage um eine bestimmte Zeit „aufgehen" werde, erst ermöglicht haben, „Tatsache" genannt werden kann, so ist der verallgemeinernde Schluß selbst eben keine Tatsachenfeststellung mehr, sondern die Bewertung jener einzelnen Tatsachen unter einem bestimmten Gesichtspunkt. Ist es „Tatsache", daß ein bestimmter Gegenstand z einen Wert von x Mark hat, und beschränkt sich ein Gericht, daß dies ausspricht, auf die bloße Feststellung einer Tatsache? Oder ist Tatsache nur und bestenfalls, daß für andere Gegenstände y mal ein Betrag von x Mark gezahlt worden ist, und hat das Gericht, weil es diese anderen Gegenstände dem Gegenstande z gleichgewertet hat, daraufhin das Werturteil gefällt, auch der Gegenstand z sei daher x Mark wert?

I. Was also ist eine „Tatsache?"

Die tastenden Versuche, dieses mehr erfühlten als verstandesmäßig klar erfaßten Begriffs Herr zu werden, durchziehen das gesamte Gebiet des Rechts. Verschiedene Schriftsteller haben bereits eine Aufzählung der wichtigsten Gesetzesstellen gegeben, in denen der Tatsachenbegriff eine Rolle spielt[2]); Beispiele derartiger Stellen sind die §§ 85, 130 Ziffer 4, §§ 132, 137, 138, 268 Ziffer 1, §§ 286, 288, 291, 292, 294, 331, 359, 373, 374, 383 Ziffer 5, § 385 Ziffer 3, §§ 386, 389, 393 Ziffer 3, §§ 418, 424 Ziffer 2, §§ 425, 431, 433, 435, 445, 446, 451, 459, 463, 464, 469, 472, 473, 475, 487 Ziffer 2, §§ 490, 519, 529, 531, 554, 561, 570, 581, 588 Ziffer 2, §§ 589, 592, 595, 607, 616, 617, 622, 647, 653, 726, 963, 968, 980, 1007 Ziffer 2 ZPO., die §§ 131, 138, 144, 186, 263, 271 und 353a StGB., § 824 BGB., § 11 des Reichspreßgesetzes, § 14 des UnlWG. und die

---

[1]) Lehrbuch Bd. I (2. Aufl.), S. 346, Anm. 6. BINDING meinte — trotz der Untersuchungen STEINS — immer noch, hier liege eine „Tatsache" vor.

[2]) So z. B. STEIN, Privates Wissen, S. 7: KOHLRAUSCH, Irrtum und Schuldbegriff I, S. 117/18; MEZGER, Beilageheft zu Bd. 117 des ArchzivPrax. S. 26, auf dessen wertvolle Ausführungen überhaupt besonders zu verweisen ist, auch wenn ihnen nicht durchweg zugestimmt werden kann.

§§ 56, 66, 85, 99, 103, 112, 136, 172, 174, 204, 211, 219, 246, 250, 253, 267, 344, 352, 354, 359, 389, 393, StPO. sowie § 174 II GVG.

In Wirklichkeit beschränkt sich indessen die Bedeutung des Tatsachenbegriffs keineswegs auf die Gesetzesstellen, die ihn ausdrücklich erwähnen, er bildet vielmehr eine unausgesprochene Grundlage des gesamten juristischen Denkens. Das Gesetz gibt z. B. keine Definition des „Zeugen" und des „Sachverständigen", in der es dann vielleicht den Begriff der Tatsache verwenden könnte, und doch steht es — bei allen sonstigen Meinungsverschiedenheiten über die Abgrenzung des Zeugen vom Sachverständigen[1]) — wohl außer Zweifel, daß hierbei die verschiedenartige Stellung beider zu den „Tatsachen" eine Rolle spielt. Oder: das Gesetz sagt nicht, was unter einem „Geheimnis" (§§ 92 Nr. 1 und 300 StGB.) zu verstehen ist; trotzdem ist es sicher, daß der Begriff nur „Tatsachen" zum Gegenstande hat.

Die Schwierigkeit liegt nur darin, die für alles weitere entscheidende Frage zu beantworten: Hat der Begriff der Tatsache im Rechtssinne überall den gleichen Inhalt? Handelt es sich hierbei um einen ein für allemal bestimmten Begriff mit endgültig festgelegtem Gehalt oder nur um eine Form der Betrachtung juristischer Probleme? Um ein Rezept zur schablonenhaften Entscheidung von Rechtsfällen oder um eine immer neue Lösungsmöglichkeiten, aber auch immer neue Lösungsschwierigkeiten bietende Methode?

Zwei Wege bieten sich uns zur Bewältigung des Problems: Der eine geht von einer Gleichsetzung des erkenntnistheoretischen und juristischen Tatsachenbegriffs aus. Da der philosophische Begriff — wie man meint — überall den gleichen Inhalt haben muß und sich nicht nach den Wünschen der Juristen richten kann, so glaubt man auf diesem Wege zu einer Bejahung der oben zunächst gestellten Frage gelangen zu müssen. Das gesamte Rechtsgebiet würde dann von einem einheitlichen, sich stets gleichbleibenden Tatsachenbegriffe beherrscht sein; was Tatsache im Sinne des § 445 ZPO. ist, das wäre auch Tatsache im Sinne des Zeugenbegriffs und des § 263 StGB. usw., und die praktische Handhabung dieser Einzelbestimmungen müßte sich nach jenem philosophischen Tatsachenbegriffe richten.

Ganz anders der zweite Weg. Hier bildet die konkrete Gesetzesvorschrift den Ausgangspunkt für die Untersuchung. Es wird erörtert, welchen Zweck das Gesetz mit der Verwendung des Tatsachenbegriffs gerade an dieser Stelle verfolgt, welchen Sinn es mit ihr verbunden haben kann und vernünftigerweise verbinden sollte. Dieser Sinn und Zweck wird vielleicht in jedem einzelnen Falle ein anderer sein, und mit ihm wird auch der Tatsachenbegriff und sein Gegenstück in jeder Gesetzesvorschrift eine andere Färbung annehmen. Es wird hierbei vor allem die Erscheinung zu berücksichtigen sein, daß die juristischen Begriffe durch den Gegensatz, in den sie jeweils gebracht werden, ihre besondere Bedeutung erlangen[2]). Im günstigsten Falle

[1]) Vgl. vor allem Hegler, ArchzivPraxBd. 104, S. 162ff.

[2]) Vgl. Ehrlich, Grundlegung der Soziologie, S. 354; richtig auch M. E. Mayer, Der Allgemeine Teil, S. 93, Anm. 13.

spricht eine gewisse Vermutung dafür, daß das, was Tatsache im Sinne der einen Bestimmung ist, auch als Tatsache im Sinne der anderen zu gelten hat. Vollends lassen sich diese juristischen Tatsachenbegriffe vom philosophischen Tatsachenbegriff nicht meistern.

Die erstgenannte Auffassung liegt demnach bewußt oder unbewußt den Ausführungen aller derjenigen Schriftsteller zugrunde, die an der Notwendigkeit eines einheitlichen juristischen Tatsachenbegriffs für das gesamte Recht oder wenigstens für umfangreiche Teilgebiete festhalten. So betont insbesondere STEIN, daß es „schlechterdings nur einen Begriff der Tatsache für das gesamte Beweisrecht" geben könne[1]). Diese Auffassung ermöglicht es STEIN z. B., seine — übrigens durchaus zutreffende — Ansicht, der Revisionsrichter sei im allgemeinen bei der Auslegung von Rechtsgeschäften frei, unter anderem auch damit zu begründen, daß ja anderenfalls die „Tatsache", daß ein Rechtsgeschäft einen bestimmten Inhalt habe, Gegenstand des Geständnisses, des Zeugnisses oder des Eides sein könnte, was allseitig abgelehnt werde[2]). Diese Art der Beweisführung scheint uns nicht zulässig zu sein. Sie setzt voraus, was selbst erst bewiesen werden müßte, u. E. aber nicht bewiesen werden kann, daß nämlich der Tatsachenbegriff des Revisionsrechts in jeder Hinsicht dem sonst, zum mindesten aber dem im Zivilprozesse verwendeten Tatsachenbegriffe gleicht. Die Beweisführung STEINS erinnert ein wenig an eine andere, dem englischen Strafprozeßrecht entstammende, das Verhältnis von Verdikt und Geständnis betreffende Gleichung, über die HUGO MEYER[3]) berichtet: „Die einen sind der Meinung, weil das Geständnis sehr wohl alles Tatsächliche erledigen könne und auch den Geschworenen nichts anderes zukäme als die Entscheidung über den tatsächlichen Teil der Schuld, sei es vollständig gerechtfertigt, im Falle eines Geständnisses das Verdikt der Geschworenen nicht mehr einzuholen." Die Vertreter dieser Ansicht setzten offenbar als selbstverständlich voraus, daß der Tatsachenbegriff des Geständnisrechts dem des schwurgerichtlichen Verfahrens vollkommen gleichen müsse. In schärfster Ausprägung findet sich diese Auffassung bei ENDEMANN[4]): „Der entscheidende Grund dafür, daß grundsätzlich und nicht bloß bei Verletzung der gesetzlichen Auslegungsregeln die Auslegung eines Rechtsgeschäfts Aufgabe des Revisionsgerichts ist, liegt darin, daß nirgends eine Eideszuschiebung über den Inhalt eines Rechtsgeschäfts zugelassen ist." So zutreffend das Ergebnis, so wenig beweiskräftig ist die Begründung ENDEMANNS. MEZGER, der sich der Ansicht STEINS ebenfalls anschließt[5]), will sie damit begründen, daß der Tatsachenbegriff ein vorprozessualer Begriff sei, bei dessen Gestaltung das Recht von einem „vorjuristischen und vorprozessualen Sein" abhängig

---

1) STEIN, Anm. 3 zu § 282 ZPO.; vgl. auch Privates Wissen, S. 7, Anm. 14. Richtig dagegen RUMPF, Der Strafrichter, Bd. I, S. 196.

2) STEIN, Anm. III, 4 zu § 549; Privates Wissen, S. 129.

3) That- und Rechtsfrage im Geschworenengericht 1860, S. 18/19.

4) Lehrbuch des bürgerlichen Rechts § 63, Anm. 9.

5) A. a. O., S. 32ff.

sei. Aber MEZGER selbst hebt doch auch zutreffend hervor, daß bei der Verwertung des Tatsachenbegriffs jedesmal zu prüfen sei, ob die einzelne Rechtsvorschrift den gesamten empirischen Tatsachenbegriff oder nur einen Teil davon umfasse. Wenn eine solche Prüfung im Einzelfalle erforderlich ist, so beweist das zur Genüge, daß der prozessuale Tatsachenbegriff mit jenem „vorprozessualen" eben nicht identisch ist. Vor allem ist dieser „einheitliche Tatsachenbegriff des Beweisrechts" dann eben zur Ableitung praktischer Folgerungen nicht brauchbar. STEIN versucht ebenfalls, seine Grundauffassung mit den nicht hinwegzuleugnenden und auch von ihm nicht in Abrede gestellten Verschiedenheiten innerhalb der einzelnen Anwendungsfälle des Tatsachenbegriffs dadurch in Einklang zu bringen, daß er meint, es sei z. B. der Tatsachenbegriff des § 445 ZPO. zwar kein anderer als der allgemeine Tatsachenbegriff des Beweisrechts, dieser Paragraph umfasse aber nicht alle Tatsachen[1]). Damit gibt STEIN zu, daß der Tatsachenbegriff des § 445 ZPO. eben ein anderer, engerer ist als der in anderen Bestimmungen des Zivilprozeßrechts enthaltene. Wenn das Gesetz, wie STEIN anscheinend meint, gewisse Tatsachen zwar auch im Rahmen dieser Vorschrift als Tatsachen anerkennen, sie hier aber nicht als solche behandeln lassen wollte, so hätte es dieser Einschränkung Ausdruck verleihen müssen, etwa durch den Vorbehalt: „Jedoch ist die Eideszuschiebung unzulässig über . . .". Eine derartige Einschränkung hat das Gesetz nicht gemacht; es überläßt es der Wissenschaft und Praxis, den in diesem Falle gerade passenden Tatsachenbegriff zu finden. Es ist ja — leider — nichts Außergewöhnliches, daß das Gesetz einen Begriff in verschiedenen Bedeutungen verwendet. Ist doch nicht einmal der Begriff der Geburt und der des Menschen vom Gesetzgeber überall einheitlich verwendet worden[2]). Kommt es doch sogar vor, daß ein von einem Gesetze in ganz bestimmtem Sinne als terminus technicus gebrauchter Ausdruck in einem anderen Gesetze die entgegengesetzte Bedeutung erhält. So definiert z. B. § 184 BGB. die „Genehmigung" im privatrechtlichen Sinne als nachträgliche Zustimmung, während der gleiche Ausdruck „Genehmigung" in öffentlichrechtlichen Vorschriften, wie z. B. im § 7 der Bekanntmachung über den Verkehr mit landwirtschaftlichen Grundstücken vom 15. 3. 18 (RGBl. S. 123), oft das Gegenteil, nämlich vorherige Zustimmung, im Sprachgebrauche des BGB. also „Einwilligung" bedeutet. Aber sogar innerhalb eines einzigen Gesetzes finden wir die gleiche Erscheinung: im § 415 BGB. bedeutet Genehmigung „Zustimmung"[3])!

---

[1]) Anm. 3 zu § 282 (10. Aufl. 1911).

[2]) Vgl. RGSt. Bd. 33, S. 435; KOHLRAUSCH, Irrtum und Schuldbegriff, S. 96; BINDER, Philosophie des Rechts 1925, S. 900. Vgl. auch Graf DOHNA, J. W. 1922, S. 35.

[3]) Vgl. CARL SCHMITT, Gesetz und Urteil (1912), S. 94, Anm. 1. Oder etwa ERWIN JACOBI, J. W. 1925, S. 191: „Es ergibt sich, daß ‚Betriebsstillegung' in der neueren Gesetzgebung überall etwas Verschiedenes bedeutet, sogar innerhalb desselben Gesetzes".

Wenngleich also die Voraussetzung, daß der Tatsachenbegriff für das ganze Rechtsgebiet die gleiche Bedeutung haben müsse, eine unbeweisbare Annahme darstellt, so ist es doch nicht angängig, für unsere Untersuchung die Arbeiten jener Schriftsteller außer acht zu lassen, die mit dem Tatsachenbegriff auf anderen Gebieten als dem der Revisionslehre gerungen haben. Hier sind aus den letzten Jahrzehnten neben STEINS „Privates Wissen des Richters" insbesondere die Schriften von SAUER[1]) und ENGELHARD[2]) zur Beleidigungslehre, von KÄCKELL[3]) über den Schweigebefehl, von KISCH[4]) über den Parteieid, von HEILBRONNER[5]) über den Betrug, von RUMPF[6]) über die „tatsächlichen Feststellungen des Strafrichters" und die bereits erwähnte Arbeit MEZGERS über den psychiatrischen Sachverständigen im Prozeß hervorzuheben. Eine vergleichende Betrachtung der Methoden und Ergebnisse dieser Einzeluntersuchungen ist deshalb besonders lehrreich, weil sie die beste Bestätigung dafür liefert, daß es einen einheitlichen Tatsachenbegriff im Recht schlechterdings nicht gibt, und daß die Revisionslehre sich durch Besinnung auf den Zweck der Revision selbst erst einen ihren Bedürfnissen entsprechenden Tatsachenbegriff erarbeiten muß. So kommt denn auch SAUER, der an sich das Bestreben hat, seinen juristischen Erörterungen einen allgemeingültigen, erkenntnistheoretisch fundierten Tatsachenbegriff zugrunde zu legen, schließlich doch zu einer Definition, die er selbst als „streng wissenschaftlich anfechtbar", aber „für das Beleidigungsrecht fruchtbar" bezeichnet[7]). Und vielleicht kann man sogar behaupten, daß alles, was für eine bestimmte Rechtsmaterie fruchtbar ist, insofern auch vor dem Forum der strengen Wissenschaft bestehen kann. Ist denn der philosophische Sprachgebrauch hinsichtlich des Tatsachenbegriffs überhaupt so klar und eindeutig, daß er uns eine feste Stütze zu geben vermag? Ich fürchte nein. Um die Erfassung des philosophischen Tatsachenbegriffs hat sich unter den Juristen neben SAUER besonders RUMPF bemüht; er unterscheidet einen logischen Tatsachenbegriff (Tatsache als „ein Bestandstück derjenigen Denkergebnisse, die vermöge ihrer logischen Notwendigkeit und Allgemeingültigkeit dem skeptischen Zweifel soweit entzogen sind, wie dies sichere Wahrheiten überhaupt zu sein vermögen") und einen

1) SAUER, Die Ehre und ihre Verletzung, 1915, S. 103ff.; auch Grundlagen des Prozeßrechts, S. 60ff.

2) ENGELHARD, Die Ehre als Rechtsgut im Strafrecht, 1921, S. 99ff. E. wirft die Begriffe Tatsache und Tatsachenbehauptung, obwohl er sie grundsätzlich scharf trennt, bei seinen Einzelausführungen häufig durcheinander. Auch ist es methodisch unzulässig, wenn er S. 103 den auf Klärung des Tatsachenbegriffs gerichteten grundsätzlichen Untersuchungen SAUERS entgegenhält, es handele sich im § 186 gar nicht um den Begriff der Tatsache an sich.

3) KÄCKELL, Der Schweigebefehl, 1920, S. 88ff.

4) KISCH, Die bestimmte Bezeichnung der Eidestatsache (Laband-Festschrift 1908).

5) HEILBRONNER, Der Begriff „Unterdrückung wahrer Tatsachen" beim Betruge (1898), S. 5ff.

6) RUMPF, Der Strafrichter, Bd. I, S. 196ff.

7) Vgl. auch ENGELHARD, a. a. O., S. 103, Anm. 16.

sensualistisch-empiristischen Tatsachenbegriff, bei dem der Hauptton auf die Entstehung aus der Erfahrung gelegt wird[1]). WUNDT macht gelegentlich einer Betrachtung über „Tatsachen und Hypothesen" darauf aufmerksam, man habe zuweilen das Kopernikanische System auch nach Erbringung des Beweises „als eine Hypothese bezeichnet, indem man von der Ansicht ausging, als Tatsache könne immer nur eine unmittelbare Wahrnehmung angesehen werden . . . Als objektiv gewiß muß uns aber notwendig die vollständig berichtigte Wahrnehmung gelten, diejenige also, die mit der Gesamtsumme unserer wissenschaftlichen Erkenntnis in einen unlösbaren Konnex gebracht ist. In diesem Sinne kann man allerdings sagen, daß der einzige FOUCAULTsche Pendelversuch die Bewegung der Erde zu einer bewiesenen Tatsache macht" [2]). Und SAUER[3]) zitiert den Ausspruch KANTS, Tatsachen seien „Gegenstände für Begriffe, deren objektive Realität, es sei durch reine Vernunft oder Erfahrung . . . bewiesen werden kann." Sehr interessant sind aber auch die weiteren Bemerkungen KANTS: „Ich erweitere hier, wie mich dünkt mit Recht, den Begriff einer Tatsache über die gewöhnliche Bedeutung dieses Wortes. Denn es ist nicht nötig, ja nicht einmal tunlich, diesen Ausdruck bloß auf die wirkliche Erfahrung einzuschränken, wenn von dem Verhältnisse der Dinge zu unserem Erkenntnisvermögen die Rede ist, da eine bloß mögliche Erfahrung schon hinreichend ist." Es begegnen uns also als Bestandteile des philosophischen Tatsachenbegriffs die Merkmale der Allgemeingültigkeit und Beweisbarkeit, während das Erfordernis der sinnlichen Wahrnehmbarkeit einigem Zweifel begegnet[4]). Das sind im wesentlichen die gleichen Gesichtspunkte, die in der Literatur und Rechtsprechung auch bei der Untersuchung des juristischen Tatsachenbegriffs die Hauptrolle spielen. Wir wollen im folgenden diese und die sonstigen Merkmale, die für den juristischen Tatsachenbegriff in Anspruch genommen werden, kurz erörtern:

1. Allgemeingültigkeit: so KÄCKELL: „Wo das Recht von ‚Tatsachen' spricht, da muß es sich um Urteile handeln, die Allgemeingültigkeit besitzen. Nur was jedermann als Tisch erscheint, ist wirklich ein Tisch . . . Ein Ereignis ist nur dann und insoweit Tatsache, wenn und wieweit allgemein anerkannt wird, daß es sich abgespielt hat. So tritt die ‚Tatsächlichkeit' als allgemeingültiges Urteil in Gegensatz zu den subjektiven nicht allgemeingültigen Urteilen, denen der Sprachgebrauch und das Recht die Bezeichnung als ‚Urteil' ausschließlich

---

[1]) RUMPF, a. a. O., S. 195ff.; vgl. dazu auch EHRENZWEIG, Öst. Z. f. Strafrecht Bd. 4 (1913), S. 305ff., und besonders MEZGER, a. a. O., S. 30ff.

[2]) Logik Bd. II, 1. Hälfte (2. Aufl.), S. 452ff.

[3]) A. a. O., S. 106, Anm. 4. Vgl. KANT, Hartensteinsche Ausg., Bd. 5, S. 482/3.

[4]) Übrigens gibt KANT a. a. O. auch das Erfordernis der Beweisbarkeit ausdrücklich in einem Falle auf: „Was aber sehr merkwürdig ist, so findet sich sogar eine Vernunftidee (die an sich keiner Darstellung in der Anschauung, mithin auch keines theoretischen Beweises ihrer Möglichkeit fähig ist) unter den Tatsachen, und das ist die Idee der Freiheit...".

vorbehalten hat"[1]). Diese Ausführungen gehen in verschiedener Hinsicht fehl. Erstens operiert KÄCKELL hier mit einem falschen Begriff der Allgemeingültigkeit. Es kommt darauf gar nicht an, ob von einem Ereignis allgemein anerkannt wird, daß es sich tatsächlich abgespielt hat — dann wäre ja die ,,bloß mögliche Erfahrung" KANTS ausgeschlossen; höchstens darauf kommt es an, ob das Urteil, daß etwas sich abgespielt habe, theoretisch betrachtet einem allgemeingültigen Beweise zugänglich ist. Zweitens übersieht K., daß es sich, wie SAUER mit Recht betont, um Einzelvorgänge handeln muß: SAUER definiert die Tatsachen im Sinne der Rechtsordnung als ,,solche Einzelvorgänge, die sich für alle oder doch die meisten Menschen im wesentlichen übereinstimmend feststellen lassen"[2]). Daß das Wasser abwärts fließt, ist allgemeingültig, aber — weil kein Einzelvorgang — keine Tatsache, sondern ein allgemeiner Erfahrungssatz. Daß zwei Größen einander ,,gleich sind", kann allgemeingültig sein und ist doch mehr als die bloße Feststellung einer Tatsache. Nicht alles Allgemeingültige ist also Tatsache. Umgekehrt gibt es aber auch Tatsachen, die nicht unbedingt allgemeingültig sind, nämlich die inneren Tatsachen. Auf die Allgemeingültigkeit kommt es daher nicht an. Die Ausführungen KÄCKELLS beruhen vielleicht geradezu auf einer Verwechslung der ,,Tatsache" mit der ,,offenkundigen Tatsache"[3]).

2. Wahrnehmbarkeit: v. LILIENTHAL[4]), dem sich ENGELHARD (S. 105) anschließt, meint, ,,Tatsache sei alles, was wahrgenommen oder aus Wahrnehmungen erschlossen werden kann". Ähnlich KÄCKELL (S. 93): Tatsache sei nur, was wahrgenommen und gewußt werden kann (ebenso BINDING, Lehrbuch Bd. 2, S. 346). Aber das Urteil, daß ein Bild ,,schön" sei, kann schließlich auch nur aus Wahrnehmungen erschlossen werden. Trotzdem ist es keine Tatsache und — da es einen Schluß darstellt, der sich nicht lediglich auf die Wiedergabe der Wahrnehmung beschränkt — auch kein tatsachenfeststellendes Urteil, sondern ein Werturteil. Und ebenso steht es mit allen Erfahrungssätzen; auch sie können aus Wahrnehmungen erschlossen werden und sind doch keine Tatsachen.

3. Bestimmtheit: HEILBRONNER[5]) gibt zu, daß dieses Erfordernis aus der Natur des Tatsachenbegriffs nicht hervorgehe, meint aber, für das positive Recht, d. h. den § 263 StGB., müsse an ihm festgehalten werden. Nach KISCH dagegen[6]) ist Tatsache nach dem Sprachgebrauch des Lebens ,,alles, was nicht auf Grund mehr oder minder zweifelhafter Schlußfolgerungen ausgesagt wird, was vielmehr so sicher ist, daß es mit Bestimmtheit ausgesagt werden kann". Wie KISCH aber selbst betont und wie besonders aus den von ihm angeführten Beispielen hervorgeht, handelt es sich bei den wegen mangelnder ,,Bestimmtheit" nicht zugelassenen Eideszuschiebungen weniger um unbestimmte Tatsachen-

[1]) KÄCKEL, a. a. O., S. 89. [2]) SAUER, a. a. O., S. 106.
[3]) Mit diesem Begriff beschäftigt sich vor allem STEIN, Privates Wissen, S. 138ff.
[4]) V. D. Bes. T. Bd. 4, S. 392. [5]) A. a. O., S. 8, Anm. 20.
[6]) A. a. O., S. 174ff.

behauptungen, als um rechtliche Werturteile (daß z. B. ein Geschäftsumsatz „zirka 40000 Mark“ betragen habe, ist keine unbestimmte Tatsache, sondern ein Werturteil).

4. Beweisbarkeit, Nachprüfbarkeit: Gegen SAUERS Definition der Tatsachen als „Einzelvorgänge, deren historische Wahrheit an sich beweisbar ist“ (S. 106), hat ENGELHARD (S. 103) eingewendet, es sei kein Urteil denkbar, dem die Beweisbarkeit begrifflich abgesprochen werden müsse. Zu Unrecht. Beweisbar ist nur das, von dessen Richtigkeit man einen anderen überzeugen kann, d. h. also nur das, was nicht ausschließlich aus der Eigenart des Urteilenden erklärbar ist. Nun gleicht aber wohl kein Mensch innerlich einem anderen vollkommen. Das Urteil: „X. ist ein unleidlicher Kerl“ findet vielleicht nur in der Eigenart des Urteilenden seine Stütze, es ist daher nicht beweisbar, der Urteilende kann nicht hoffen, einen anderen von der Richtigkeit dieses Urteils zu überzeugen. Daß es unzählige Urteile gibt, die beweisbar sind, insbesondere die Erfahrungssätze, ist natürlich richtig. Daher ist auch die Tatsachendefinition SAUERS nicht lediglich auf die Beweisbarkeit abgestellt, sondern setzt ausdrücklich voraus, daß es sich um historische Einzelvorgänge handelt. Ebenso sagt auch der II. Zivilsenat des RG. zu § 14 UnlWG. (J. W. 1922, S. 1208, Nr. 16): „Jeder konkrete nachprüfbare Vorgang oder Zustand, mag er in Form eines Urteils oder in Verbindung mit einem solchen behauptet werden, ist eine Tatsache.“ Die Schwierigkeit liegt m. E. nicht, wie ENGELHARD meint, darin, daß auch jedes Urteil (d. h. jedes Werturteil) begrifflich beweisbar ist, sondern umgekehrt darin, daß ebenso wie manche Werturteile auch manche Tatsachenfeststellungen streng genommen nicht beweisbar sind, nämlich die auf innere Tatsachen gerichteten Feststellungen. Daß freilich gerade ENGELHARD das Kriterium der Beweisbarkeit nicht gelten lassen will, ist nicht recht verständlich, da ja speziell für das Beleidigungsrecht, dem seine Untersuchung gilt, schon das positive Recht den Tatsachenbegriff offensichtlich auf dieses Merkmal abgestellt hat. Denn die Zulassung des Wahrheitsbeweises setzt eben voraus, daß es sich um eine Äußerung handelt, die einem Wahrheitsbeweise überhaupt zugänglich ist. Zum Tatsachenbegriff des § 186 StGB. gehört logischerweise die Beweisbarkeit[1]). Damit ist aber noch nicht gesagt, daß es sich auf anderen Gebieten, insbesondere auf dem der Revisionslehre, ebenso verhalten muß. Daß die Revision insoweit, als das Gericht beweisbare Feststellungen getroffen hat, ausgeschlossen sein soll, läßt sich keineswegs mit Hilfe der Logik begründen. Vielmehr ist die Frage hier dahin zu stellen, ob etwa die mit Hilfe gewisser Beweismittel, vor allem des Zeugen- und Augenscheinsbeweises, getroffenen Feststellungen aus Zweckmäßigkeitsgründen vom Revisionsgericht nicht nachgeprüft werden sollen.

5. Zu den erwähnten Gesichtspunkten tritt schließlich aber noch ein letztes Moment, das insbesondere bei der Frage nach der Zulässigkeit

[1]) So mit Recht auch der II. Strafsenat in dem sehr eingehenden Urteil RGStr. Bd. 55, S. 131 (Prozeß Erzberger-Helfferich).

des Zeugenbeweises oder der Eideszuschiebung eine Rolle spielt: nämlich die Einfachheit oder Kompliziertheit des Urteils. In größter Schärfe kommt diese Auffassung neuerdings wieder in dem die Zulässigkeit des Zeugenbeweises betreffenden Urteil des III. Senats RGStr. Bd. 57, S. 412 zum Ausdruck: „Das Reichsgericht hat aber trotz der Angriffe des Schrifttums daran festgehalten, daß für die vorliegende Frage entscheidend ist, ob die Beurteilung des Sinneseindrucks gewissermaßen selbsttätig, ohne bewußten Willensimpuls des Wahrnehmenden eintritt und als nebensächlich hinter der sinnlichen Wahrnehmung verschwindet, ob es sich also um Schlußfolgerungen handelt, die für die durchschnittliche geistige Veranlagung einfach und naheliegend und für das Gericht mit Sicherheit nachprüfbar sind oder ob das alles nicht der Fall ist." Einen ähnlichen Gedanken äußert auch SAUER (S. 109ff.) hinsichtlich der Zulassung des Wahrheitsbeweises bei der Beleidigung, und hinsichtlich der Zulässigkeit der Eideszuschiebung über Rechtsbegriffe ist man sich darüber völlig einig, daß hierbei die Einfachheit oder Kompliziertheit des fraglichen Rechtsbegriffs entscheiden soll. Indessen kann, wie auch ENGELHARD (S. 101) bereits betont hat, dieses Moment für die Auslegung des § 186 nicht maßgebend sein, weil es hier vor allem darauf ankommt, welche Vorstellung durch die Äußerung bei den Hörern hervorgerufen wird, nicht aber darauf, wie der Äußernde zu seiner Behauptung gekommen ist. Aber auch beim Zeugenbeweise liegt die Sache ganz anders als bei der Eideszuschiebung: wenn dem Zeugen die Beweisfrage zu kompliziert erscheint, als daß er sie mit gutem Gewissen in bestimmter Weise beantworten könnte, so mag er eben die Beantwortung ablehnen. Auch wird der Richter vielleicht gut tun, ihn ausdrücklich auf die Schwierigkeit der Frage und die Möglichkeit, sie unbeantwortet zu lassen, hinzuweisen. Weshalb aber soll man nur mit Rücksicht auf die Kompliziertheit einer Frage jeden Versuch, sie mit Hilfe eines Zeugen zu klären, unterlassen? Überhaupt kann — worauf weiter unten noch zurückzukommen sein wird — eine reine Tatsachenfeststellung mitunter höhere gedankliche Anforderungen stellen als eine Wertung; es gibt komplizierte Zeugenaussagen und höchst einfache Sachverständigengutachten. Die Auffassung BELINGS[1]), die geistige Leistung des Sachverständigen stehe immer höher als die des Zeugen, scheint mir nicht ausnahmslos zuzutreffen. Vielmehr halte ich die STEINsche Scheidung zwischen Zeugen und Sachverständigen für richtiger (hierüber weiter unten).

Man erkennt die Unbrauchbarkeit der reichsgerichtlichen Theorie auch an ihren Ergebnissen. In dem soeben zitierten Urteil Bd. 57, S. 412 läßt das Reichsgericht den Zeugenbeweis darüber zu, daß „jedermann im Hause der Angeklagten angenommen habe, W. sei als Geschäftsführer . . . zu Preisnachlässen unbeschränkt befugt", nicht dagegen darüber, daß die Angeklagte den . . . W. zu den von diesem bewilligten Preisnachlässen für befugt gehalten habe. Das Reichsgericht meint

[1]) Bei HOLTZENDORFF-KOHLER Bd. 5 (7. Aufl.), S. 176.

offenbar, es sei für den Zeugen schwieriger zu sagen, was die Angeklagte geglaubt hat, als was er selbst geglaubt hat. Das mag richtig sein. Aber das Ergebnis wäre schließlich, daß ein Zeugenbeweis über fremdpsychische Tatsachen überhaupt unzulässig wäre. Das ist unhaltbar. Auf das Gebiet der Revisionslehre übertragen, würde es überdies bedeuten, daß die Feststellung des Untergerichts, der Angeklagte habe etwas gewußt, beabsichtigt usw., stets revisibel wäre, während man sich gerade über die Unangreifbarkeit derartiger Feststellungen einig ist (vgl. unten §§ 5 und 6).

6. Umfaßt der Tatsachenbegriff auch Zustände?

Auch hierüber herrscht Unklarheit. § 85 StPO. spricht vom „Beweise vergangener Tatsachen oder Zustände". Hier umfaßt also der Tatsachenbegriff die Zustände nicht. Auch Bendix (Neuordnung S. 181) läßt die Zustände beiseite, wenn er folgende gesetzliche Definition vorschlägt: „Alle Vorgänge der äußeren oder inneren Welt, die für die Entscheidung unmittelbar oder mittelbar von Bedeutung sein können (Tatsachen)." Dagegen erwähnt Stein[1]) die Zustände ausdrücklich. Wie dem auch sei, verkehrt wäre es jedenfalls, aus dem § 85 StPO. zu folgern, daß das Gesetz immer zwischen Tatsachen und Zuständen unterscheiden wolle. — —

Die Rätsel, die uns der Begriff der Tatsache aufgibt, lassen sich nicht unter rein logischen und erkenntnistheoretischen Gesichtspunkten, sondern nur dadurch der Lösung näher bringen, daß man den Zweck, der jeweils mit der Verwendung dieses Begriffs verfolgt wird, und die Tragweite der konkreten Einzelvorschrift untersucht. Diese Momente werden tatsächlich auch überall in weitem Umfange berücksichtigt; man ist sich dessen nur nicht immer bewußt oder will es wenigstens nicht immer zugeben. Zur Erhärtung dieser These sind wir gezwungen, die Bedeutung dieses Zweckmomentes für den Begriff der Tatsache bei den einzelnen gesetzlichen Bestimmungen zu verfolgen.

Wenn man — um mit prozessualen Beispielen zu beginnen — den Zeugen auf das Gebiet des „Tatsächlichen" beschränkt, so hat das zur Folge, daß der vernehmende Richter dem Zeugen die Äußerung von „Nichttatsachen" verwehrt. Er versperrt dadurch möglicherweise bei zu enger Auslegung des Tatsachenbegriffs sich selbst und etwaigen späteren Instanzen eine wichtige Erkenntnisquelle. Gewährt er dagegen dem Zeugen bei der Vernehmung weitherzig Bewegungsfreiheit und läßt er auch Zeugnisse über etwas zu, was streng genommen nicht mehr bloße Wiedergabe von Tatsachen ist, so bleibt ihm oder dem höheren Richter trotzdem immer noch die Möglichkeit nachträglicher Erwägung, ob eine bestimmte Äußerung des Zeugen als Tatsachenbekundung zur Urteilsgrundlage gemacht werden darf oder als Nichttatsachenbekundung ausgeschieden werden muß. Es besteht für den vernehmenden Richter daher keine Veranlassung, ängstlich auf eine besonders enge Auslegung des Tatsachenbegriffs bedacht zu sein. Das Reichsgericht

[1]) Grundriß, 2. Aufl., S. 252.

hält denn auch z. B. eine Zeugenvernehmung darüber, ob ein Mädchen „verwahrlost" und „unglaubwürdig" ist (Urteil des IV. Strafsenats vom 7. 10. 19, Goltd. Arch. Bd. 68, S. 355/56) oder darüber, ob ein Kind „verdorben" und „lügenhaft" ist (RGStr. Bd. 37, S. 371), für zulässig (vgl. auch RG. J. W. 1905, S. 87[34] und J. W. 1922, S. 1034[42] u. [43]).

Dagegen erklärt der III. Senat in dem oben besprochenen Urteile Bd. 57, S. 412 eine Zeugenvernehmung darüber, daß jemand „selbst dann keinen Glauben verdiene, wenn er seine Aussage beschwöre", für unzulässig, ebenso der III. und V. Senat über „sinnlose Trunkenheit" (J. W. 1922, S. 301, Nr. 19; 1923, S. 15, Nr. 2), der III. Senat über „Glaubwürdigkeit" (J. W. 1924, S. 316, Nr. 32). Uns interessieren hier nicht die Ergebnisse; aber die Verworrenheit dieser Rechtsprechung zeigt, daß sie sich auf einem falschen Wege befindet. Selbstverständlich ist „Glaubwürdigkeit" kein lediglich auf die Feststellung von Tatsachen beschränktes Urteil, sondern ein Werturteil. Darauf kann es aber ebensowenig ankommen, wie auf die größere oder geringere „Kompliziertheit".

Nur darauf kommt es an, ob der Zeuge bei seiner Vernehmung schließlich imstande ist, sein an sich nicht maßgebliches Werturteil durch Tatsachenfeststellungen zu stützen. Dann ist das eigentlich Neue, das der Zeuge in den Prozeß hineinträgt, eben doch nur seine Wahrnehmung oder — um mit Stein (J. W. 1923, S. 15) zu reden — der Untersatz der Schlußfolgerungen, und da hierin der Zweck seiner Aussage besteht, ist er Zeuge und wird nicht zum Sachverständigen. Überdies ist es — wie Mamroth (J. W. 1923, S. 390) betont — nicht einzusehen, weshalb nicht gelegentlich auch ein Werturteil eines Zeugen für die Bildung der richterlichen Überzeugung fruchtbar gemacht werden soll. „Wird doch auch unzählige Male ein als Zeuge vernommener Polizeibeamter gefragt, welchen ‚Eindruck' das Verhalten des Angeklagten bei der Entdeckung der Tat . . . gemacht hat. Und ist doch auch jede Vernehmung über das ‚Wiedererkennen' einer Person nichts anderes als ein ‚Urteil'" (Mamroth) — und zwar, wie wir hinzufügen wollen, ein nicht nur tatsachenfeststellendes Urteil. Daß ein Zeuge nicht schon dadurch, daß er gelegentlich ein Urteil, z. B. über den Wert eines Gegenstandes, ausspricht, zum Sachverständigen werde, gibt auch Löwe zu (Anm. 3 zu § 85). Hierdurch erkennt er gleichzeitig freilich an, daß eine Aussage über den Wert eines Gegenstandes — was ja an sich selbstverständlich ist, auf dem Gebiete der Revisionslehre aber bestritten wird — keine bloße Tatsachenfeststellung bedeutet (vgl. hierüber unten § 5).

Erheblich enger als bei der Umgrenzung der Zulässigkeit des Zeugenbeweises muß der Tatsachenbegriff beim Schiedseide aufgefaßt werden. Das folgt aus der rechtlichen Tragweite des Schiedseides. Was der Richter hier als „Tatsache" gelten läßt, das gibt er damit endgültig aus der Hand, das vertraut er nahezu bedingungslos der Verfügung der schwörenden Partei an. Seine Bindung ist hier ungleich strenger, als in dem Falle der Zeugenvernehmung. Aus diesem Grunde rechtfertigt es sich, daß die herrschende Ansicht[1]) den Tatsachenbegriff im Sinne des § 445 ZPO. enger begrenzt als beim Zeugen. Auch STEIN verschließt sich dieser Notwendigkeit nicht; er will beim Eide strengere Anforderungen stellen, „obwohl die Begrenzung beim Eide grundsätzlich keine andere ist als sonst“ [2]). Und ähnlich vorsichtig drückt sich auch die ein Jahr nach STEINS Schrift über das „Private Wissen“ veröffentlichte Entscheidung RGZ. Bd. 32, S. 375 aus: „Wenn auch der Begriff der Tatsache im § 338 ZPO., wie vielfach in der Literatur angenommen wird, demjenigen in § 410 ZPO. vollkommen gleichzuachten wäre, so könnte doch aus der Unstatthaftigkeit der Eideszuschiebung nicht auf die Unzulässigkeit des Zeugenbeweises geschlossen werden“.

Auch der Beweis durch Augenschein bezieht sich — wie jede Beweisaufnahme — nur auf Tatsachen[3]). Und da ist es sehr hübsch, daß der vom I. Strafsenat, J. W. 1923, S. 390, Nr. 27 gemißbilligte Strafkammerbeschluß die beantragte Augenscheinseinnahme deshalb abgelehnt hat, weil es keine Tatsache, sondern ein Urteil sei, daß „eine Person, die einen solchen Bart und eine solche Pelerine trägt, auf eine Entfernung von 60—200 m nicht mit Sicherheit erkennbar ist“. Selbstverständlich ist das keine „Tatsache“, und trotzdem war der Standpunkt der Strafkammer falsch. Das Reichsgericht bemüht sich bezeichnenderweise auch gar nicht, jene Ansicht der Strafkammer, daß hier ein „Urteil“ vorliege, zu widerlegen, sondern spricht von ganz anderen Dingen, die ihm mit Recht wesentlicher erscheinen, nämlich von der „Erheblichkeit“ jenes Beweisantrages. Und diese Erheblichkeit ist von der formalen Unterscheidung „Tatsache oder Urteil“ eben unabhängig.

Im materiellen Strafrecht[4]) findet der Tatsachenbegriff insbesondere bei den Delikten der Beleidigung, Staatsverleumdung und des Betruges Verwendung, und zwar bei den beiden letztgenannten in dem Sinne, daß gewisse Behauptungen nur dann, wenn sie als Tatsachenbehauptungen zu werten sind, bestraft werden, bei der Beleidigung dagegen in Verbindung mit der Zulassung des Wahrheitsbeweises. Der Grund der Strafbarkeit gerade solcher Behauptungen liegt — abgesehen von dem Bestreben, die Freiheit der Kritik überhaupt nach Möglichkeit zu schonen — offenbar hauptsächlich darin, daß sie vom Gesetz als gefährlicher angesehen werden. Und die größere Gefährlichkeit kann wiederum nur darin bestehen, daß der Adressat einer Behauptung, die nicht den Charakter der „Tatsachenbehauptung“ trägt, sich auf ihre Richtigkeit in der Regel weniger verlassen wird als der, dem eine „Tat-

[1]) Vgl. insbesondere STAUB, J. W. 1886, S. 131 ff.; OTTO BÄHR, daselbst, S. 175 ff., vor allem aber KISCH, Die bestimmte Bezeichnung der Eidestatsache (Laband-Festschrift 1908), S. 178/9 und 194.

[2]) Anm. I zu § 445 ZPO.

[3]) Vgl. etwa die Ausführungen BIRKMEYERS, Deutsches Strafprozeßrecht, S. 413 u. 415.

[4]) Für das materielle Strafrecht fordert DRUCKER, J. W. 1922, S. 1021, Anm. zu Nr. 22, eine erkenntnistheoretische Klärung des Tatsachenbegriffs als notwendige Vorarbeit für ein neues Strafgesetzbuch.

sache" übermittelt wird. Man weiß — oder soll nach Ansicht des Gesetzes wenigstens wissen —, daß bei der Bildung von Werturteilen subjektiven, der Allgemeingültigkeit ermangelnden Empfindungen mehr Spielraum gewährt wird als bei den sogenannten Tatsachenbehauptungen. Wenn also in einer Volksversammlung ein Redner sich dahin äußert, „im heutigen Staate finde Rechtsungleichheit zugunsten der Besitzenden statt"[1]), so werden — wenigstens nach Ansicht des Gesetzes — seine Zuhörer diese Behauptung eher an Hand ihrer eigenen Lebenserfahrung zu prüfen geneigt sein und ihr kritischer gegenüberstehen als einer Tatsachenbehauptung. Ob diese Annahme allerdings immer unbedingt zutrifft, erscheint recht fraglich. Es wird hier doch sehr viel auf die Persönlichkeit der Beteiligten und ihr Verhältnis zueinander ankommen. Ist dieses Verhältnis so geartet, daß der Urheber der betreffenden Behauptung eine das besondere Vertrauen des Adressaten genießende Person ist, so wird auch eine Behauptung nicht tatsächlicher Art, wie die oben wiedergegebene, ihren Zweck der Aufreizung durchaus erfüllen. Diesen Gedanken hat der II. Zivilsenat des Reichsgerichts in einer zum § 824 BGB. ergangenen Entscheidung vom 16. 6. 11[2]) Ausdruck verliehen. Es heißt dort: „Wie die Behauptung von Tatsachen, so kann freilich auch die Abgabe von Urteilen als Mittel zur Förderung eigener und Hinderung fremder Erwerbstätigkeit verwendet werden . . . Denn das Publikum kann auch die von ihm erkannte bloße subjektive Beurteilung durch einen Dritten als maßgebend für seine Entschließungen ansehen, wenn es dessen Urteilskraft eine zutreffende Bewertung beimißt und Zutrauen entgegenbringt. Eine Täuschung des Publikums wird aber damit selbst dann nicht bewirkt, wenn das Urteil unrichtig ist, denn es wird ihm darin von selbst die jeder menschlichen Beurteilung innewohnende Möglichkeit der Unrichtigkeit dieser Meinung klar zum Bewußtsein gebracht."

Nicht unbedenklich ist es daher, wenn das Reichsgericht Behauptungen wie: ein Schuldner sei sicher, ein Gasthof gehe gut, eine Hypothek sei sicher für Tatsachenbehauptungen im Sinne des § 263 StGB. erklärt hat (RGR.-Kommentar Anm. 4 zu § 263). Denn wer sich durch derartig allgemein gehaltene Redensarten täuschen läßt, verdient im allgemeinen keinen Schutz. Es ist eben nicht richtig, daß hier in der Regel der gleiche Maßstab anzulegen sei wie bei der Prüfung der Zulässigkeit des Zeugenbeweises (so RGR.-Kommentar a. a. O.). Denn im letzteren Falle kann eine weitherzige Auslegung des Tatsachenbegriffs nicht so schädliche Folgen haben wie im Falle des § 263.

Daneben aber kommt für das Gebiet der §§ 131, 186 und 263 auch noch ein anderer entgegengesetzter Gesichtspunkt in Betracht, daß nämlich unrichtige Werturteile oft schwerer nachprüfbar und schwerer widerlegbar sind als unrichtige Tatsachenbehauptungen. So spricht z. B. das Urteil RGStr. Bd. 24, S. 324ff. von „Schätzungen,

---

[1]) Vgl. FRANK, Anm. II zu § 131 StGB.; RGStr. Bd. 22, S. 158.
[2]) J. W. 1911, S. 780, Nr. 49.

deren Richtigkeit oder Unrichtigkeit hinsichtlich der zugrunde liegenden, nicht angegebenen Einzeltatsachen nicht feststellbar ist." Oder RGStr. Bd. 56, S. 227 (231): Darin, daß der Angeklagte sich die Fähigkeit zugeschrieben hat, Dienste in der Strafsache zu leisten, die denen des Rechtsanwalts L. gleichwertig sein würden, liege keine Tatsachenvorspiegelung, sondern ein Urteil; denn es fehle ein der Nachprüfung zugänglicher Kern. Auch hier ist also wieder anerkannt, daß der Wertbegriff nichts „Tatsächliches" ist.

Das Reichsgericht spricht sich über den Tatsachenbegriff des § 131 u.a. in der Entscheidung des IV. Strafsenats vom 14. 11. 93 (RGStr. Bd. 24, S. 387ff.) folgendermaßen aus: „In Übereinstimmung hiermit bemerken die Motive zum § 131, daß es eines strafrechtlichen Schutzes gegen abfällige Kritiken und Urteile nicht bedürfe, und daß die Rechtsordnung nur dann gefährdet sei, wenn Maßregeln der Regierung durch Behauptung bestimmter verwerflicher Tatsachen in ihren Motiven und Zwecken verdächtigt würden. Den Gegensatz zu ‚Tatsachen' im Sinne des § 131 bilden also allgemein gehaltene Kritiken, Urteile, Meinungen und Ansichten über politische, soziale, legislative Verhältnisse und Zustände, die sich nicht auf konkrete Vorkommnisse, sondern auf Beobachtungen und Schätzungen gründen..." Von diesem Standpunkte aus erklärt das Urteil im Gegensatze zur Vorinstanz[1]) ein Flugblatt folgenden Inhalts nicht für eine Tatsachenbehauptung: „Diese Leute (nämlich die Großgrundbesitzer) sausten, dank dem Schweiße und der Lebensentsagung der Landarbeiter, in prachtvollen Karossen durch Dörfer und Städte und vertändelten und verträumten ein arbeitsloses Dasein in den schönsten Gegenden der Welt während eines großen Teiles des Jahres." — „Das ist — sagt das Reichsgericht — keine bestimmte ‚Tatsache' in dem oben erörterten Sinne, sondern lediglich ein allgemeines Urteil über die Lebensweise einer zahlreichen, nicht einmal bestimmt begrenzten Klasse von Personen. Die Vorinstanz bezeichnet diese allgemein gehaltene Kritik als eine ‚dreiste Lüge', stützt sich dabei aber selbst gar nicht auf das Ergebnis irgendwelcher konkreten Beweisaufnahme... Wie das Flugblatt keine bestimmte Tatsache (in dem inkriminierten Passus) anführt, so hat auch der Vorderrichter eine entgegenstehende bestimmte, auf das Ergebnis der Verhandlung gestützte tatsächliche Feststellung nicht getroffen. Hiernach unterliegt das angefochtene Urteil der Aufhebung." Wir sind mit diesem Ergebnisse einverstanden, müssen aber die Frage aufwerfen, wie das Reichsgericht wohl entschieden hätte, wenn es nicht über die Einreihung unter den Tatsachenbegriff des § 131, sondern über die Zuständigkeit des Revisionsgerichts zu befinden gehabt hätte. Denken wir uns den Fall so, daß nicht der Angeklagte in seinem Flugblatt jene Behauptungen aufgestellt, sondern die Strafkammer in einem Strafurteil aus irgendeinem Anlaß — z. B. bei einer Beleidigungsklage — eine derartige „Feststellung" getroffen hätte: „Jene Leute sausen dank dem Schweiße usw...." Dann hätte das Reichs-

[1]) Mit vollem Rechte bezeichnet BINDING, Lehrb. Bd. II, 2, S. 876, Anm. 4, das vom Reichsgericht aufgehobene Strafkammerurteil als „unglaublich".

gericht aller Wahrscheinlichkeit nach — allerdings, wie weiter unten auszuführen sein wird, zu Unrecht — eine Nachprüfung dieser „Feststellung“ unter Berufung auf ihre tatsächliche Natur abgelehnt.“ Der Tatsachenbegriff des Revisionsrechts ist eben — müßte das Reichsgericht dann sagen — ein anderer als der des § 131; dieser Paragraph muß mit einem engen Tatsachenbegriff arbeiten, weil er sonst leicht die berechtigte Freiheit der Kritik gefährden könnte. Die Grenze zwischen Kritik und Tatsachenbehauptung aber hat mit der zwischen Rechts- und Tatfrage nichts zu tun. Der Gesichtswinkel, unter dem man bei Handhabung des § 131 den Tatsachenbegriff erblickt, ist ein anderer als der für das Revisionsgericht maßgebende. In beiden Fällen handelt es sich zwar darum, eine gewisse Selbstbeschränkung zu üben; während es aber für das Revisionsgericht heißt: nicht nachprüfbar, weil Tatsachenfeststellung, heißt es im Bereiche des § 131: straflos, weil nicht Tatsachenbehauptung.“ Vielleicht würde das Reichsgericht seine Stellungnahme auch damit begründen, daß es nicht auf den Wortlaut einer menschlichen Gedankenäußerung, sondern auf die Art ihres Zustandekommens und auf die Beschaffenheit ihrer Grundlagen ankomme: wenn zwei dasselbe tun, so ist es eben nicht immer dasselbe. Wenn der Angeklagte X. jenen Ausspruch tut, so tut er ihn wahrscheinlich auf Grund subjektiver Überzeugungen und Meinungen. Die Strafkammer dagegen hat im gleichen Falle sicherlich Tatsachen ermittelt, die ihr die Aufstellung eines derartigen allgemein gehaltenen Satzes gestatten. So betont das Reichsgericht ja immer wieder, es sei einer Äußerung häufig nicht ohne weiteres anzusehen, ob sie eine Tatsachenfeststellung oder eine Tatsachenbewertung darstelle[1]). Diese Auffassung ist jedoch m. E. unhaltbar. Ein derartiger allgemein gehaltener Satz wie der dem Urteil Bd. 24, S. 387 zugrunde liegende kann niemals Feststellung einer Tatsache sein. Tatsachenfeststellung kann wohl die Behauptung sein, der Gutsbesitzer A. sei am soundsovielsten und am soundsovielsten usw. mit seiner Kutsche da und dahin gefahren, der Gutsbesitzer B. und der Gutsbesitzer C. seien am soundsovielsten an die Riviera gereist und am soundsovielsten zurückgekehrt usw. Wenn aber aus diesen und hundert anderen ähnlichen Tatsachenfeststellungen der obige Schluß gezogen wird: „Jene Leute...“, so ist das niemals tatsächliche Feststellung, und es kommt auch gar nicht darauf an, ob der diese Schlußfolgerung Aussprechende Einzelbeobachtungen der erwähnten Art überhaupt, in größerer oder geringerer Zahl und mit mehr oder weniger Sorgfalt gemacht hat.

John[2]) behauptet folgenden Gegensatz zwischen § 131 und § 186 StGB.: Im Rahmen des § 186 könne der Begriff der Tatsache nicht auf das äußere Tun beschränkt werden; Staatseinrichtungen dagegen hätten keinen Willen, Rücksichtnahme auf eine Willensrichtung käme hier daher nicht in Betracht. John will hier also die Frage, ob es auch „innere“

---

[1]) Vgl. z. B. RGStr. Bd. 24, S. 300; Bd. 40, S. 213; J. W. 1911, S. 780, Nr. 49.

[2]) Holtzendorffs Handbuch des Strafrechts, Bd. III, S. 175.

Tatsachen gibt, ganz von dem Sinne der jeweils mit dem Tatsachenbegriff arbeitenden Gesetzesstelle abhängig machen.

CHR. FINGER betont bei seiner Interpretation des Tatsachenbegriffs des Gesetzes gegen den unlauteren Wettbewerb, für die Frage, ob eine Behauptung von Tatsachen oder ein Urteil vorliege, sei nur „der Gesamtinhalt der Angabe und wie dieser von dem für die Ware oder gewerbliche Leistung maßgebenden Publikum aufgefaßt wird, entscheidend... Die etwaige Meinung des Erklärenden oder die nach allgemeinen Auslegungsregeln gewonnene Ansicht des Gerichts sind nicht entscheidend“[1]. (Vgl. auch das oben erwähnte Urteil J.W. 1922, S. 1208, Nr. 16.)

Eine sehr weite, ebenfalls nur aus dem Zweck der betreffenden Vorschrift — nämlich des § 11 des Reichspreßgesetzes — zu erklärende Auslegung des Tatsachenbegriffs finden wir bei GALLI[2]: „Durch die Beschränkung der Berichtigung auf tatsächliche Angaben soll die Kritik ausgeschlossen werden; das Wort ‚tatsächlich‘ hat sonach hier dieselbe Bedeutung, welche ihm in anderen Gesetzesvorschriften — vgl. insbesondere §§ 131, 186, 263 StGB. — zukommt... Wesentlich für den Begriff der tatsächlichen Angabe ist hiernach nur, daß die Angabe sich auf einen in seiner Individualität erkennbaren konkreten Vorgang bezieht; unter dieser Voraussetzung kann es auch keinen Unterschied machen, wenn eine überwiegend tatsächliche Angabe, beispielsweise die Behauptung der Unrichtigkeit, auf das Gebiet des Urteils hinübergreift.“ Zu ähnlichen Ergebnissen gelangt auch KITZINGER, der zutreffend auf „Sinn und Zweck des Persönlichkeitsrechts“ verweist, auch „zukünftige Tatsachen“ für berichtigungsfähig hält, (dann aber wieder die unrichtige Auffassung vertritt, es handle sich „insofern, als es zur Beurteilung der Frage, ob eine Tatsache mitgeteilt oder ein Urteil gefällt ist, auch auf Zusammenhang und Sinn der Presseäußerung ankommt“, um eine irrevisible Rechtsfrage[3]). Einen erheblich engeren Tatsachenbegriff verwertet dagegen KLOEPPEL[4]) im Anschluß an eine Entscheidung des OLG. BRESLAU (äußere, mit den Sinnen wahrnehmbare Ereignisse, nicht innere Tatsachen), da „sonst nicht abzusehen wäre, welche Äußerungen... nicht Gegenstand von Berichtigungen werden sollten“. Eine weitherzige Auslegung erfordert der Tatsachenbegriff auch im Rahmen des § 300 StGB. entsprechend dem Zwecke dieser Vorschrift. Mit Recht spricht daher z. B. HIPPE (Goltd. Arch. Bd. 46, S. 297) von der „Tatsache, daß die Ehe des Nervösen unglücklich ist“ usw.

Bei dem Delikte des Betruges besteht eine Meinungsverschiedenheit z. B. zwischen OLSHAUSEN[5]), der für den Betrug den „allgemeinen“

[1]) Anm. 29 zu § 14 Unl. W. G. Einen ähnlichen Gedanken äußert auch ENGELHARD, a. a. O., S. 107.

[2]) GALLI bei STENGLEIN, Strafrechtliche Nebengesetze, Bd. I, 4. Aufl., 1911, Anm. 7 zu § 11 des Reichspreßgesetzes.

[3]) Anm. III, 1a zu § 11 Preßges.

[4]) Das Reichspreßrecht 1894, S. 238.

[5]) Anm. 3 zu § 263.

Tatsachenbegriff in Anspruch nimmt und zu dessen Erläuterung auf seine Ausführungen zu § 131 verweist, und Adolf MERKEL[1]), der den Tatsachenbegriff des § 263 für enger hält. Mit Recht wendet MERKEL sich gegen die Versuche, den Begriff der Tatsache „ohne Rücksicht auf das Gesetz und die gesetzgeberischen Intentionen zu entwickeln", weil diese Versuche dem Tatsachenbegriff jede Bedeutung nehmen müßten.

Wir sehen aus diesen Beispielen immer wieder eines: Ob etwas als Tatsachenfeststellung zu gelten hat oder nicht, entscheidet sich in der Hauptsache nach dem Zwecke der jeweils in Frage kommenden Gesetzesvorschrift. Dieser Zweck kann aber überall ein anderer sein. Daher ist auch der Glaube an einen einheitlichen juristischen Tatsachenbegriff ein Irrtum. Wir werden hierbei an EUGEN EHRLICHS Wort erinnert: „Der Fehler der sog. Begriffsjurisprudenz liegt nicht darin, daß sie mit Begriffen arbeitet, denn ohne Begriffe gibt es weder eine Wissenschaft, noch eine praktische Anwendung wissenschaftlicher Ergebnisse. Aber der Aufbau ihrer Begriffe ist oft fehlerhaft, da darin ein wesentlicher Bestandteil eines jeden juristischen Begriffs nicht genügend zu seinem Rechte kommt: das Interesse, worauf die rechtliche Regelung sich bezieht. Der Begriff wird infolgedessen leicht zu eng oder zu weit"[2]).

Daraus folgt also: Wenn auch die Scheidung von Tat- und Rechtsfrage, von Tatsache und rechtlichem Werturteil bei den verschiedensten Rechtsproblemen bedeutsam ist[3]), so ist damit noch keineswegs gesagt, daß jene Begriffe selbst innerhalb jedes einzelnen dieser Probleme den gleichen Sinn haben müssen und nur einmal geklärt zu werden brauchen, um alsdann überall die gleichen Ergebnisse zu liefern[4]). Das sind Selbstverständlichkeiten, die den theoretischen Wert der Formel zwar nicht aufheben, aber doch zur Vorsicht bei ihrer Anwendung mahnen. Es verhält sich damit nicht anders wie etwa mit dem Begriff der Kausalität, der — obgleich er eine philosophische Kategorie bildet — es sich gefallen lassen muß, den jeweiligen Bedürfnissen der Rechtsanwendung entsprechend umgeformt, d.h. wie BIERLING am Schlusse seiner Betrachtung des Kausalitätsproblems zusammenfassend bemerkt[5]), „als eine wesentlich positivrechtliche Aufgabe" behandelt zu werden.

Schließlich können auch politische Interessenkämpfe Schwankungen in der Auslegung des Tatsachenbegriffs verursachen. Ein Beispiel hierfür bilden etwa die vielfachen Wandlungen, die der Tatsachenbegriff im Schwurgerichtsverfahren durchgemacht hat. Bei der Einführung der

---

1) HOLTZENDORFFS Handbuch des Strafrechts, Bd. III, S. 753, Nr. 10.

2) ArchzivPrax. Bd. 115, S. 320. Vgl. auch die treffenden Bemerkungen BINDERS, Philosophie des Rechts, S. 916.

3) Vgl. SAUER, Grundlagen des Prozeßrechts 1919, S. 65, und besonders derselbe, Grundlagen des Strafrechts 1921, S. 592; SCHUPPE, Gruch. Beitr. Bd. 30, S. 237.

4) Ebenso SAUER, Grundlagen des Prozeßrechts, S. 14.

5) Juristische Prinzipienlehre Bd. 3, § 33, S. 90. Vgl. auch LASK, Rechtsphilosophie (in „Die Philosophie im Beginn des 20. Jahrhunderts", herausg. von WINDELBAND, 2. Aufl., 1907), S. 311/12.; TRAEGER, Kausalbegriff, S. 5ff.; neuestens BINDER, Philosophie des Rechts, S. 908.

Jury in Frankreich verfolgte man den Zweck [1]), eine „Institution zum Schutze der persönlichen Freiheit gegen die Regierungsgewalt" zu schaffen. Da nun aber eine Jury, die nur über Tatsachen im engsten Wortsinne zu entscheiden gehabt hätte, dieser Schutzfunktion in keiner Weise gewachsen gewesen wäre [2]), so lag in der Erkenntnis des Schutzzwecks unzweifelhaft auf der einen Seite ein Grund, den Begriff der Tatfrage so weit zu interpretieren, als es sich mit dem Gesetzeswortlaut irgend vertrug [3]). Andererseits aber mußten diejenigen Stellen, die einen solchen Schutz nicht gern sahen, bemüht sein, den Begriff der Tatfrage und damit die Zuständigkeit der Geschworenen zu beschränken. HUGO MEYER meint allerdings [4]), die erste französische Schwurgerichtsgesetzgebung habe noch keine klare Erkenntnis davon besessen, daß den Geschworenen wesentliche Machtbefugnisse entzogen würden, wenn sie nur nach dem Vorliegen konkreter Tatsachen gefragt würden. Nur aus dieser grundsätzlichen Unklarheit erklärt es sich ja auch, daß gerade die französische Aufklärungszeit trotz ihrer Feindschaft gegenüber dem Berufsrichtertum auf die Scheidung von Tat- und Rechtsfrage (anstatt Schuld- und Straffrage) verfiel [5]).

In ähnlicher Weise wie im schwurgerichtlichen Verfahren sind auch im Verhältnisse der Revisionsinstanzen zu den Untergerichten politische Gesichtspunkte für die Abgrenzung der Zuständigkeiten bedeutsam. Sie sind es allerdings vielfach in anderer Art. Denn während es sich im Schwurgerichtsverfahren um die Verteilung der Richterrechte zwischen Volks- und Berufsrichter handelt, hat sich der Kampf zwischen Revisions- und Untergerichten — immer natürlich unter Beschränkung auf diesen einen Gesichtspunkt, unter zeitweiliger Ausschaltung aller sonst noch mitspielenden Faktoren betrachtet — bisher in der Regel innerhalb des Berufsrichtertums abgespielt und daher die Öffentlichkeit weniger stark interessiert. Hieraus schon mag sich die von GRAF ZU DOHNA [6]) hervorgehobene Erscheinung erklären, daß die Schwierigkeiten im Revisionsgerichtsverfahren nicht so deutlich zutage treten, wie es in der Geschichte des Schwurgerichts zu beobachten ist. Vor allem aber beweist diese geschichtliche Entwicklung wiederum zur Genüge, daß es unmöglich ist, einem Gegensatze, hinter dem so verschiedenartige politische Interessenkämpfe sichtbar werden, überall den gleichen juristischen Inhalt geben zu wollen.

II. Wir wenden uns nunmehr von der Betrachtung des Objekts der Gesetzesanwendung zu dieser selbst, zur Tätigkeit. Bei näherem Zusehen zeigt es sich hierbei, daß die Scheidung zwischen Tatsachen-

---

[1]) HUGO MEYER, a. a. O., S. 50; WARSCHAUER, Goltd. Arch. Bd. 60, S. 36ff.

[2]) Diesen Gedanken betont besonders FEUERBACH, a. a. O., S. 170ff. und S. 214.

[3]) Vgl. WALTHER, a. a. O., Bd. I, S. 107ff., und HUGO MEYER, a. a. O., S. 57.

[4]) A. a. O., S. 60.

[5]) Vgl. auch OETKER, Das Verfahren vor den Schwur- und Schöffengerichten 1907, S. 4ff.

[6]) Das Strafverfahren, S. 216.

feststellung und Tatsachenbewertung insofern Schwierigkeiten bereitet, als die wertenden Elemente aus dem Reiche der Tatsachenfeststellung schwer vollständig zu vertreiben sind. Tatsachenfeststellung und rechtliches Werturteil lassen sich nicht auf so einfache mechanische Weise voneinander trennen, wie man es sich mitunter vorstellt. BINDING[1]) hat uns das in besonders plastischer Form vor Augen geführt: „Die herrschende Anschauung geht immer noch bald mehr, bald weniger von der Vorstellung aus, ‚nackte Tatsachen' würden dadurch rechtlich bedeutsam, daß ihnen rechtliche Eigenschaften äußerlich aufgeklebt würden;... Nichts aber ist unrichtiger als diese Vorstellung, die nur möglich wäre, wenn das Recht die Begriffe des gemeinen Lebens... im schwanken Sinne dieses Lebens adoptierte und sie juristisch aufgeputzt zum Bau von Rechtssätzen gebrauchen wollte. Dann und nur dann wären Rechtsbegriffe Laienbegriffe mit juristischer Stickerei, dann ließe sich zuförderst die ganz unjuristische Tatfrage feststellen, und dann könnte die Existenz der juristischen Zutaten erst später und vielleicht von einem ganz anderen Organe geprüft werden. Allein auch der Stoff der Rechtsbegriffe wird, wie diese selbst, aus dem Steinbruch des Rechts gehauen..." Ähnliche Gedanken finden wir insbesondere auch bei KOHLRAUSCH[2]), STAMMLER[3]), RUMPF[4]), KISCH[5]), CARL SCHMITT[6]), LASK[7]) u. a. So verdienstvoll und richtig diese Betonung der in dem scheinbar Tatsächlichen steckenden wertenden Elemente aber auch ist — die Grenze zwischen Tatsachenfeststellung und rechtlichem Werturteil selbst wird dadurch — wie schon jetzt bemerkt werden mag — nicht beseitigt; sie ist eben nur häufig schwer aufzufinden und verläuft vor allem in der Regel nicht so, wie es auf den ersten Blick den Anschein hat[8]).

Es handelt sich hierbei übrigens nicht um eine Besonderheit des rechtlichen Werturteils. Jeder wertenden Betrachtungsweise der Wirklichkeit ist es eigentümlich, daß sie nicht von außen her gewissermaßen nachträglich an einen unabhängig von ihr bestehenden Tatsachenkomplex herangebracht werden kann, sondern daß der zu wertende Tatbestand unter dem Gesichtspunkt der besonderen Wertidee, die auf ihn gerade angewendet werden soll, aus dem Chaos des Geschehens überhaupt erst herausgehoben, geformt und geordnet werden kann. Eine lückenlose Beschreibung eines Stücks Wirklichkeit, die alsdann etwa zur Grundlage rechtlicher oder historischer Untersuchungen gemacht werden könnte, ist unmöglich ohne irgendein leitendes „Prin-

---

[1]) Die drei Grundfragen usw., S. 35 (Abhandlungen Bd. II, S. 41ff. und 67ff.).
[2]) Irrtum Bd. I, S. 88ff., besonders S. 95.
[3]) Theorie S. 53, Lehrbuch d. Rechtsphil. S. 113/14 und 213/14.
[4]) Strafrichter Bd. I, S. 214, Bd. 2, S. 324 und oft.
[5]) Laband-Festschrift S. 242.
[6]) Der Wert des Staates und die Bedeutung des Einzelnen (1917), S. 31/32. — Über RADBRUCH siehe weiter unten.
[7]) LASK, Rechtsphilosophie in Gesammelte Schriften Bd. I, S. 319ff.
[8]) Vgl. hierüber unten S. 61ff.

zip der Auswahl"[1]); denn „auch das kleinste Stück — sc der empirischen Wirklichkeit — enthält mehr, als irgendein endlicher Mensch zu beschreiben vermag"[2]). Eine Auswahl treffen kann aber nur, wer zu dem zu beschreibenden Wirklichkeitskomplex in ein über die bloße Beschreibung hinausgehendes Verhältnis getreten ist[3]). Wenn Kisch[4]) betont, daß „sogar die scheinbar einfachste Aussage, nämlich die über die unmittelbare sinnliche Wahrnehmung, ein Urteil in sich schließen kann", so ist hieran höchstens das Wort „kann" zu beanstanden. Denn schlechterdings jede sinnliche Anschauung erfordert „eine verborgene logische Verstandestätigkeit, ein stummes, aber sehr rapide verlaufendes Urteilen und Schließen, sie wäre ohnedies unmöglich"[5]).

Radbruch hat seine Betrachtungen über die Apriorität des Rechtsbegriffs[6]) durch ein hübsches Beispiel erläutert: „Gegeben ist uns ein Stimmengewirr, von der schwachen Stimme eines Redners kaum übertönt, durch den grellen Laut einer Schelle zuweilen zerrissen, eine den Lärm übertönende gemessene Aufforderung, Aufstehen der einen, Sitzenbleiben der anderen, lautes Zählen, gespanntes Schweigen, eine verkündigende Stimme und ein plötzlich aufrauschender Tumult. Erst wenn wir dieses Chaos unter dem Gesichtspunkt des Rechtsbegriffs betrachten, scheidet sich, wie durch das Schöpferwort Wasser und Land, das juristisch Wesentliche von dem impressionistischen Stimmungsbilde der Parlamentsverhandlung ab und gewinnt so erst juristische Gegenständlichkeit und rechtswissenschaftliche Verwendbarkeit"[7]). Und in jüngster Zeit haben wir das seltene Schauspiel erlebt, daß gelegentlich eines Strafverfahrens der Angeklagte, es war der Schulreformer Gustav Wyneken, in einer Verteidigungsbroschüre ein ganz ähnliches Fragezeichen hinter den reinen Tatsachenbegriff gesetzt und sich gegen die Feststellung einer „Wirklichkeit" gewehrt hat, die ohne Rücksicht auf das nach seiner Ansicht allein maßgebende Prinzip der wertenden Auswahl erfolgt war. Nur so kann seine Äußerung aufgefaßt werden: „Als diese Begebenheit bekannt wurde und ich erklärte: ja, es ist wahr, ich habe die beiden Knaben einmal nackt umarmt, da schrie es aus dem beteiligten Bürgertum von allen Seiten: ‚die Tatsachen! die Tatsachen! Wie waren die Tatsachen?' und man verlangte Einzelheiten zu hören (die es übrigens nicht gab). Ich habe geantwortet: Wenn ein Geschöpf vom Mond herunter käme, das keine Musik kennt und in einen Konzertsaal einträte, würde es die dort anwesenden Menschen für irrsinnig hal-

[1]) H. Rickert, Kulturwissenschaft und Naturwissenschaft, 2. Aufl., 1910, S. 84; Derselbe, Grenzen der naturwissenschaftlichen Begriffsbildung, 2. Aufl., 1910, S. 44. Vgl. auch Sauer, Grundlagen des Strafrechts, S. 303; Mezger, a.a.O., S. 47; Vaihinger, Phil. des Als Ob (4. Aufl.), S. 290ff.

[2]) Rickert, Kult. W. S. 30; vgl. auch Traeger, Kausalbegriff, S. 42; Gundolf, Shakespeare und der deutsche Geist, Vorwort.

[3]) Kohlrausch, a. a. O., S. 92/93.

[4]) Laband-Festgabe S. 242.

[5]) Liebmann, Zur Analysis der Wirklichkeit, 3. Aufl., S. 506; vgl. auch Liebmann, Über den objektiven Anblick, S. 88ff.

[6]) Grundzüge der Rechtsphilosophie S. 30ff.

[7]) A. a. O., S. 34.

ten. Auf einem Podium vollführen einige mit Roßhaaren auf Schafdärmen Geräusche und unten sitzen tausend Menschen totenstill und beobachten atemlos jenes Treiben. Wenn man ihm sagen würde: diese Geräusche sind eine Sprache der Seele, die jenen Tausend verständlich ist und sie entzückt, und über die nicht urteilen kann, wer sie nicht kennt — und diese Sprache ist der eigentliche Sinn unseres Zusammenkommens, die äußeren Gebärden der Männer dort oben sind unwesentlich —, so würde der Mann vom Mond vielleicht auch schreien: Aber die Tatsachen, die Tatsachen! Ich sehe doch die Tatsachen!

Wer von ‚den Tatsachen' jener Umarmungen nur das zu sehen vermag, was ein Detektiv sieht, der durchs Fenster späht, für wen das das Wesentliche, das Ausschlaggebende des Tatsächlichen ist, der gleicht jenem Mann vom Mond. Ein Kuß kann ein Schwur, eine Extase, ein Abschied, ein Verrat sein — ist die Begegnung der Lippen das Wesentliche?

Mir scheint, die einzige ‚Tatsache', die hier wichtig ist, bin ich und mein Verhältnis zur Jugend. Hiervon ist jene Umarmung eine Äußerung, und nur wer mich als erzieherische Persönlichkeit kennt, kann wissen, was bei jener Umarmung das wirklich ‚Tatsächliche' war [1])."

Das will doch lediglich besagen: wenn das Gericht in einem derartigen Falle prüfen wollte, ob eine „unzüchtige Handlung" im Sinne des § 174 StGB. ihrem objektiven und subjektiven Gehalte nach vorliegt oder nicht, so hätte es bei der Auswahl der Tatsachen, deren Zusammenhang für die Bejahung oder Verneinung dieser Frage maßgebend sein sollte, von den richtigen Wertungsgesichtspunkten ausgehen müssen. Es hätte nicht willkürlich Tatsachen, die hier für die Beurteilung des Gesamtbildes notwendig erscheinen, außer acht lassen dürfen.

Die Erkenntnis, daß jede Wirklichkeitsbetrachtung bereits wertende Elemente voraussetzt und geradezu untrennbar enthält, darf jedoch — wie schon oben betont — nicht dazu führen, die theoretische Scheidungsmöglichkeit von Tatsachenfeststellung und rechtlichem Werturteil überhaupt zu leugnen. Und ebenso muß die praktische Handhabung des Rechts dem Gesetze, das die Trennbarkeit voraussetzt und wohl auch voraussetzen muß, gerecht zu werden versuchen [2]).

Wo aber läuft die Grenze? Wenn — wie wir zugegeben haben — auch die einfachste sinnliche Anschauung eine Urteilstätigkeit erfordert, so kann eine Verarbeitung der Wirklichkeit nicht schon allein dadurch den Charakter der bloßen Tatsachenfeststellung verlieren,

---

[1]) Gustav Wyneken, Eros (Lauenburg 1921), S. 33. Vgl. auch F. Steins Anmerkung zu J. W. 1923, S. 15, Nr. 2.

[2]) Vgl. hierüber vor allem die ausgezeichneten Darlegungen Belings, Goltd. Arch. Bd. 63, S. 177; Bd. 67, S. 146 und insbesondere die gegen Binding gerichteten Ausführungen, ZStW. Bd. 37, S. 365ff., 381ff., denen wir uns durchweg anschließen können. Auch Mezger, a. a. O., S. 134, betont mit Recht, wenn tatsächlich auch oft eine scharfe Trennung von Tatsachenfeststellung und -bewertung undurchführbar sei, so müsse sie doch als grundsätzliche Forderung bestehen bleiben. Anders Graf zu Dohna, J. W. 1922, S. 1011, Anmerkung, der die Trennung für eine Fiktion erklärt.

daß sie sich in der Form des Urteils vollzieht. Sonst müßte der Begriff der Tatsachenfeststellung schließlich auf die unmittelbare und in Worten noch gar nicht ausdrückbare — höchstens der Tätigkeit der photographischen Platte vergleichbare — Aufnahme sinnlicher Eindrücke durch den menschlichen Geist beschränkt werden. Die Urteile: rot, süß, schnell, hart, rund, laut usw. wären dann keine bloßen Tatsachenfeststellungen mehr. Im strengsten Sinne sind sie es freilich auch wirklich nicht. Wenn wir sie trotzdem zu den Tatsachenfeststellungen zählen wollen, so tun wir es aber nicht wegen ihrer „Einfachheit". Denn alle diese Urteile können im Einzelfalle auch höchst kompliziert sein (vgl. hierüber auch oben zu I 6). Es gibt ja z. B. nicht nur einige wenige leicht unterscheidbare Farben wie weiß, schwarz, rot, grün usw., sondern eine große Anzahl von dazwischen liegenden Nuancen, so daß es im Einzelfalle vielleicht sehr schwierig sein kann, festzustellen, welcher dieser Farbentöne gegeben ist. In einer berühmt gewordenen Entscheidung bezeichnete das OLG. Dresden es als offensichtlich, daß eine bei einer Demonstration verwendete Fahne, die das Landgericht für rot gehalten hatte, orangefarben sei. WERTHAUER[1]) hat sich darüber gewundert, daß solche Meinungsverschiedenheiten überhaupt möglich seien. Man sollte viel eher darüber erstaunt sein, daß sie nicht öfter vorkommen. Oder man denke gar an Urteile wie „laut", „schnell" u. dgl. Der Gesichtspunkt der Einfachheit ist also nicht zur Ziehung der Grenze zwischen Tatsachenfeststellung und Tatsachenbewertung verwendbar. Vielmehr zwingt uns hauptsächlich die Notwendigkeit, überhaupt ein Gebiet für die irrevisible Tatsachenfeststellung zu retten, dazu, alle Sinneswahrnehmungen der bezeichneten Art aus dem Bereiche der Werturteile herauszunehmen. Und schließlich sind Begriffe wie rot, süß, hart, laut usw. immerhin doch auch etwas anderes als etwa die Begriffe pflichtwidrig, kausal, gefährlich, möglich, wahrscheinlich und vor allem als der Wertbegriff selbst, obwohl auch jene Begriffe zum großen Teile zweifellos Wertungen enthalten. Insofern bedarf es hier einer Stellungnahme gegenüber gewissen Anschauungen STEINS betr. die Natur der Schätzung von Werten. Die Schätzung ist eine Hilfsoperation bei der Subsumtion unter gewisse Wertbegriffe und gehört selbst unbedingt zur Tatsachenbewertung. STEIN[2]) dagegen rechnet sie zur Tatsachenfeststellung. Er legt zunächst zutreffend dar, daß die Aussage: „Dieses Pferd ist 500 M. wert" entstanden sei durch Subsumtion der wesentlichen Eigenschaften des fraglichen Pferdes unter einen Erfahrungssatz etwa des Inhalts: „Fünfjährige gesunde Reitpferde pflegen in dieser Stadt einen Verkaufspreis von 500 M. zu erzielen", und daß jene Aussage selbst natürlich kein Erfahrungsatz sei. Unrichtig ist aber seine Folgerung, der Satz: „Dieses Pferd ist 500 M. wert" sei von dem Satze: „Dieses Pferd ist braun" nur dadurch verschieden, daß „sein Zustandekommen nicht so einfach ist". STEIN will

[1]) ZStW. Bd. 12, S. 571; vgl. auch STEIN, Priv. Wissen, S. 29, Anm. 36; BINDING, Normen, Bd. III, S. 168, Anm. 3, der freilich unser Problem nicht berührt.

[2]) Privates Wissen S. 23.

mit anderen Worten sowohl das Urteil: „Dieses Pferd ist braun" als auch das Urteil: „Dieses Pferd ist 500 M. wert" als (irrevisible) Tatsachenfeststellung behandeln. Wir dagegen sind der Ansicht, daß — wenn man beide Urteile für gleichartig erklären zu müssen glaubt — man beide zu den (revisiblen) Werturteilen rechnen müßte. Das aber ist aus praktischen Gründen hinsichtlich des Urteils: „Dieses Pferd ist braun" nicht möglich. Der Satz: „Dieses Pferd ist braun" ist ein tatsachenfeststellendes Urteil, auch wenn sein Zustandekommen im Einzelfalle vielleicht durchaus nicht einfach gewesen sein mag. Leugnet man das, so scheidet für die Zwecke des praktischen Lebens die Kategorie der reinen Tatsachenfeststellung überhaupt aus, weil eben jede Sinneswahrnehmung ein Ordnen u. dgl. erfordert. Unsere Meinung geht demnach dahin: Der Begriff der Revision (dem ja eine Einschränkung wesentlich ist) erfordert die Ausscheidung einer Anzahl von Urteilen, die streng genommen bereits zur Tatsachenbewertung gehören. Der Zweck der Revision aber verlangt, daß bei dieser Ausscheidung so sparsam wie möglich vorgegangen wird. Es möge gestattet sein, auf unsere früheren Ausführungen über diesen Punkt (oben § 3) zu verweisen. Dort wurde darzulegen versucht, daß die Revision — wenigstens in ihrer jetzigen Gestalt — nicht auf die Wahrung der Rechtseinheit beschränkt werden dürfe, sondern auch die materielle Verbesserung der Rechtspflege erstreben müsse. Dieser Zweck aber kann nur erreicht werden bei weiter Ausdehnung der Revisionsmöglichkeiten.

In sehr interessanter Weise begründet neuerdings RADBRUCH[1]) seine Ansicht von der Undurchführbarkeit der Trennung von Tat- und Rechtsfrage: Ausgehend von dem Gedanken der „Stoffbestimmtheit" der Rechtsidee sucht er den Stoff des Rechts näher zu bestimmen. Nicht die „sinnenfällige, kategorial noch ganz ungeformte Gegebenheit" ist der Stoff des Rechts. Unter Begriffe subsumieren kann man nur eine „begrifflich geformte Gegebenheit", und zwar ist Stoff des Rechts die „mittels sozialer Begriffe vorgeformte Gegebenheit". Die rechtlichen Begriffe entsprechen vorrechtlichen sozialen Begriffen. Daher „erscheinen übereinstimmende Begriffe bei der Beantwortung der Tat- und bei der Beantwortung der Rechtsfrage, es wird zu einer Sache des Beliebens, ob man die Anwendung solcher Begriffe als tatsächliche Feststellung oder als rechtliche Würdigung aufmacht, und die auf diesen Gegensatz gegründete Unterscheidung von Berufung und Revision erweist sich als ebenso undurchführbar, wie anerkanntermaßen die Scheidung zwischen Tat- und Rechtsfrage im schwurgerichtlichen Verfahren sich erwiesen hat..." Ich unterschreibe sämtliche Ausführungen RADBRUCHs über die Notwendigkeit der „Vorformung", sehe aber nicht ein, weshalb sich aus ihr die Undurchführbarkeit der Scheidung von Tat- und Rechtsfrage ergeben soll. Auch RADBRUCH hält doch sicherlich die Scheidung zwischen dem, was er „kategorial ungeformte Gegebenheit" einerseits und „Vorformung"

[1]) Arch. f. Rechts- u. Wirtschaftsphil. Bd. 17, S. 347ff.

andererseits nennt, für durchführbar. Hier aber könnte ja theoretisch betrachtet auch die Grenze zwischen Tat- und Rechtsfrage oder — wie wir es nennen — zwischen Tatsachenfeststellung und Werturteil laufen. Mit anderen Worten: die Vorformung ist bereits ein Teil der Rechtsanwendung, auch wenn sie sich lediglich vorrechtlicher sozialer Begriffe bedient. Freilich darf man das Gebiet der Vorformung eben nicht gar zu weit umgrenzen. Bei einer menschlichen Gedankenäußerung z. B. wird die Ermittelung, welche Worte sich aus einer Reihe von „Kehlkopfbewegungen, Schallwellenerregungen, Gehörreizungen und Gehirnvorgängen" (RADBRUCH) ergeben, noch nicht zur Vorformung gehören — mag auch die Sprache ein sozialer Begriff sein —, wohl aber die Ermittelung der sozialen Bedeutung dieser Worte.

Man darf nun allerdings — und damit kommen wir zu einem sehr bedeutsamen Punkte — an der oben gewonnenen Abgrenzung von Tatsachenfeststellung und Tatsachenbewertung nicht jedesmal dann irre werden, wenn es sich zufällig um Tatsachenfeststellungen handelt, die vom Revisionsgericht selbst mit Leichtigkeit nachgeprüft werden können. Wenn es überhaupt Tatsachenfeststellung ist, daß eine Fahne „rot" ist, dann darf das Revisionsgericht diesen Ausspruch auch dann nicht umstoßen, wenn die Fahne bei den Akten liegt. Das erfordert die Konsequenz. Will man den Zweck der Revision jedoch auch über diese sich aus dem jetzigen Begriff dieses Rechtsmittels ergebende Fessel triumphieren lassen, so muß man die Revision überhaupt ganz anders aufbauen, als es im geltenden Rechte geschehen ist. Man könnte etwa dazu übergehen, im Verfahren vor den Revisionsgerichten nicht nur den Urkunden- und Sachverständigenbeweis stets, sondern auch den Zeugen- und Augenscheinsbeweis wenigstens soweit zuzulassen, als es ohne erhebliche Verzögerung und Verteuerung möglich ist. Doch käme man damit zu ungerechten Ergebnissen. Zeugen, die in Leipzig wohnen, könnten vernommen werden, Zeugen aus Kiel oder Köln nicht. In einem Strafverfahren wegen eines im Reichsgerichtsgebäude begangenen Delikts würde das Reichsgericht einen Augenschein einnehmen, bei auswärts begangenen Straftaten nicht u. dgl. Auf diese Weise wird man also wohl kaum reformieren können. Dann aber muß man auch die oben erwähnten Schönheitsfehler in den Kauf nehmen.

III. Es erwächst uns nunmehr die Aufgabe, auf der gewonnenen Grundlage zu untersuchen, welche großen Komplexe der Gesetzesanwendung diesen Charakter des Wertens tragen. Wir haben es bei der Gesetzesanwendung vor allem mit den beiden Gebieten der Subsumtion und der Auslegung zu tun. Beide sind in vollem Umfange wertender Natur und daher revisibel. Das wird hinsichtlich beider, am weitgehendsten hinsichtlich der Auslegungstätigkeit, bestritten. Wir wenden uns zunächst der Subsumtionsfrage zu.

Jede Gesetzesanwendung erfordert ein zur praktischen Durchführung des positiven Rechts notwendiges Vergleichen einer Gesetzesvorschrift bzw. ihrer einzelnen Bestandteile mit einem Ausschnitt des

Lebens[1]). „Wer die Eigenschaften X + Y besitzt, ist ein Mensch. A. besitzt die Eigenschaften X + Y". Das X + Y des zweiten Satzes muß also daraufhin geprüft werden, ob es sich mit dem X + Y des ersten Satzes „deckt". In welchem Sinne lassen sich nun aber zwei so verschiedene Dinge wie Rechtsordnung und Leben überhaupt in Beziehung zueinander setzen? Vergleichen kann man nur wesensgleiche Dinge, also Dinge, die sich unter irgendeinen gemeinsamen Gesichtspunkt bringen lassen[2]). Man kann zwar einen Hund und ein Pferd vergleichen; denn beide fallen unter gemeinsame Oberbegriffe. Aber ein Hund und eine mathematische Formel können nicht miteinander verglichen werden. Die Rechtsordnung ist abstrakt, das Leben konkret; was haben beide gemein? Ist es möglich, „einerseits die Tatsache abstrakter, andererseits die Rechtsordnung konkreter zu gestalten[3])" und dadurch beides einander „anzunähern"[4])? Ja und nein. Selbstverständlich kann — und darin besteht jede juristische Subsumtion — ein konkreter Ausschnitt aus der Wirklichkeit dadurch gedanklich umgeformt werden, daß man tatsächlich existierende Einzelheiten fortdenkt, den Tatbestand individueller Züge beraubt und dadurch vereinfacht. Das wäre eine abstraktive oder neglektive Fiktion im Sinne VAIHINGERS[5]). A. besitzt die Eigenschaften X + Y. Er mag außerdem vielleicht noch manche anderen Eigenschaften besitzen; sie interessieren hier aber nicht. Man kann dieses Verfahren sehr wohl als abstraktere Gestaltung des Tatbestandes bezeichnen, nur muß man sich darüber klar sein, daß ein Ausschnitt aus dem wirklichen Leben, auch wenn man ihn auf diesem Wege so sehr vereinfacht, daß er äußerlich in keiner Weise individueller erscheint als der Gesetzestatbestand, diesem deshalb doch niemals wesensgleich werden kann. Und ganz ähnlich steht es andererseits mit der Konkretisierung des Gesetzestatbestandes, die nichts anderes bedeutet als eine möglichst ausführliche Definition der vom Gesetze verwendeten Begriffe. Selbstverständlich kann diese Ausführlichkeit so weit gehen, daß die Zusammenstellung der einzelnen Definitionen dem Wortlaute nach einem konkreten Einzelfalle zu gleichen scheint. Dadurch wird aber der Gesetzestatbestand doch niemals zu einem Ausschnitte der Wirklichkeit[6]). Wirklichkeit und Rechtsbegriffe bleiben also theoretisch betrachtet stets wesensverschieden und unvergleichbar; für die Zwecke der praktischen Rechtsanwen-

[1]) Vgl. auch STAMMLER, Theorie der Rechtswissenschaft, S. 667, u. Lehrb. der Rechtsphil., § 140; BINDER, a. a. O., S. 263; DANZ, Auslegung, 2. Aufl., S. 204; W. JELLINEK, a. a. O., S. 161; OERTMANN, Rechtsordnung u. Verkehrssitte, S. 243, woselbst gute Erörterungen über den Unterschied zwischen konkretem und abstraktem Tatbestand.

[2]) Vgl. SAUER, Grundlagen des Prozeßrechts, S. 63.

[3]) SAUER, a. a. O., S. 63.

[4]) Der Ausdruck „Annäherung" wird besonders von MEZGER a. a. O. in diesem Zusammenhange oft gebraucht.

[5]) Die Philosophie des Als Ob, 4. Aufl., 1920, S. 28ff.

[6]) Vgl. besonders KOHLRAUSCH, Irrtum, Bd. I, S. 88, Anm. 1; W. JELLINEK, a. a. O. S. 160.

dung aber kann und muß man sich mit der scheinbaren Möglichkeit, beide Elemente einander anzugleichen, begnügen[1]).

Diese Sachlage ist häufig verkannt worden, und zwar in zweifacher Richtung: erstens insofern, als man geglaubt hat, durch Konkretisierung, Auflösung oder wie man es sonst nannte, die Rechtsbegriffe in „tatsächliche Begriffe“ oder womöglich gar in Tatsachen selbst zu verwandeln, und zweitens insofern, als man hierbei zwischen auflösungsbedürftigen und nicht auflösungsbedürftigen Rechtsbegriffen unterscheiden zu können meinte. Die Geschichte des schwurgerichtlichen Verfahrens in Frankreich und Deutschland kann zum großen Teile als die Geschichte dieses doppelten Irrtums bezeichnet werden.

Hinsichtlich der Beurteilung der Zwecke, die die französische Gesetzgebung mit der Auflösung der Tatbestände verfolgte, bestand eine interessante Meinungsverschiedenheit zwischen der Mehrheit der deutschen Schriftsteller einerseits und FEUERBACH andererseits. Während nämlich die herrschende Meinung den Zweck der Auflösung in dem Bestreben erblickte, die Geschworenen auf reine Tatfragen zu beschränken[2]), hielt FEUERBACH die Auflösung hier lediglich für eine Art Wegweiser, damit „kein das Urtheil bestimmender Umstand von den Geschworenen übersehen werde[3])“. HUGO MEYER wiederum glaubt der französischen Gesetzgebung überhaupt kein klares Bewußtsein von der Bedeutung und Tragweite der „Auflösung“ zutrauen zu können[4]). Für die uns hier beschäftigende Frage ist dieser Punkt von grundsätzlicher Wichtigkeit. Sollte nämlich die Auflösung lediglich eine Hilfe für die Tätigkeit der Geschworenen — ähnlich der modernen Rechtsbelehrung, die das französische Recht ja nicht kannte[5]) — bedeuten und die Kontrolle ihrer Sprüche erleichtern, so wäre der Vorwurf, das französische Schwurgerichtsverfahren habe geglaubt, durch „Auflösung“ aus Rechtsbegriffen „tatsächliche Begriffe“ machen zu können, unberechtigt. Angesichts der Fülle gegenteiliger Äußerungen, die die französische Literatur und Praxis aufweisen, wird man aber der Meinung FEUERBACHS nicht folgen können.

Die französische Praxis, deren Kenntnis wir der Darstellung FEUERBACHS und besonders HUGO MEYERS entnehmen, ging von dem Grundsatze aus, die Jury dürfe nur über reine Tatfragen entscheiden, und trotzdem legte sie den Geschworenen in der Regel die Frage nach dem Vorhandensein der gesetzlichen Merkmale des Verbrechens vor. Nur einige gesetzliche Merkmale sollten den Geschworenen nicht unverändert zur Beurteilung überlassen werden, sondern der „Auflösung“ bedürfen. Daraus ergibt sich zunächst, daß die französische Praxis die Mehrzahl der vom Gesetze verwendeten Begriffe als rein

---

1) Ähnlich auch WEHLI, Wach-Festschrift, Bd. I, S. 28.

2) Vgl. die Nachweisungen bei HUGO MEYER, a. a. O., S. 59, Anm. 1.

3) FEUERBACH, a. a. O., S. 203. 4) A. a. O., S. 60.

5) OETKER, a. a. O., S. 580, Anm. 10; v. BAR, Recht u. Beweis im Geschworenengericht (1865), S. 322ff.

„tatsächlich" betrachtete[1]), sodann aber, daß sie auch hinsichtlich der von ihr als Rechtsbegriffe anerkannten Gesetzesbestandteile die Möglichkeit einer Auflösung in Tatsachen anerkannte, sodaß also auch über diese Begriffe nach ihrer Auflösung die Geschworenen zu entscheiden hatten. Die Unterscheidung zwischen den Rechtsbegriffen, die der Auflösung bedurften, und den sog. einfachen Rechtsbegriffen war ebenso systemlos wie die Art und Weise der geforderten Auflösung selbst. Was zunächst die Unterscheidung zwischen den einfachen und den auflösungsbedürftigen Rechtsbegriffen betraf, so scheint sie sich zunächst an den Gegensatz von einfachen und zusammengesetzten Gesetzestatbeständen angeschlossen zu haben. Wenn z. B. der Tatbestand des „Diebstahls zur Nachtzeit" unaufgelöst in die den Geschworenen vorzulegende Frage übernommen worden wäre, so hätte es vorkommen können, daß der Wahrspruch „Nicht schuldig" nur deshalb zustande kam, weil die Jury zwar einen Diebstahl, nicht aber einen Diebstahl zur Nachtzeit als erwiesen ansah[2]). Daher mußte, um derartige Fehlsprüche zu vermeiden, der Begriff „Diebstahl zur Nachtzeit" in seine Bestandteile („Diebstahl" und „zur Nachtzeit begangen") aufgelöst werden. Abgesehen von den zusammengesetzten Tatbeständen sollten aber auch einige einfache Rechtsbegriffe der Auflösung bedürfen. Die Auswahl traf der Kassationshof wie gesagt mit kaum zu überbietender Systemlosigkeit[3]) und legte damit den Grund zu der unheilvollen Unterscheidung zwischen einfachen und auflösungsbedürftigen Rechtsbegriffen, die — im Schwurgerichtsverfahren längst gegenstandslos — die Revisionsgerichte noch heute mitunter irreführt. Eine Nachahmung fand die französische Praxis im Art. 82 des preußischen Gesetzes vom 3. 5. 1852: „Bei Bezeichnung der wesentlichen Merkmale der strafbaren Handlung sind, insoweit es geschehen kann, Rechtsbegriffe, welche nicht eine allgemein bekannte und in dem gegebenen Falle unbestrittene Bedeutung haben, durch solche gleichbedeutende Ausdrücke zu ersetzen, zu deren Verständnis Rechtskenntnisse nicht erforderlich sind." Hugo Meyer deutet diese Bestimmung mit Recht dahin, daß sie lediglich eine „verdeutlichende Umschreibung" gewisser Rechtsbegriffe im Auge gehabt, nicht aber die Beschränkung der Geschworenen auf die Feststellung der diesen Rechtsbegriffen entsprechenden Tatsachen bezweckt habe[4]). Die preußische Praxis dagegen ging dazu über, die aufzulösenden Rechtsbegriffe nicht durch klarere Begriffe, sondern durch Wiedergabe konkreter Tatsachen zu ersetzen. Oetker entschuldigt diese Verwechselung damit, daß die vom Art. 82 verlangte „Ersetzung" undurchführbar gewesen sei: „Aber was blieb der Praxis anders übrig? Einer unerfüllbaren gesetzlichen Anforderung konnte sie eben nicht nachkommen. Der Gesetzgeber spricht doch nicht, wie Art. 82

[1]) Hugo Meyer, a. a. O., S. 51ff., 80ff. und oft; v. Bar, Recht u. Beweis im Geschworenengericht (1865), S. 21ff.

[2]) Feuerbach, a. a. O., S. 202/3. [3]) Hugo Meyer, a. a. O., S. 80ff.

[4]) Hugo Meyer, a. a. O., S. 246ff., 250, Anm. 3. Ebenso Oetker, a. a. O. S. 8, Anm. 9.

vorauszusetzen scheint, einer Marotte zuliebe eine Geheimsprache, die nur der Jurist versteht, während er ebensowohl eine Ausdrucksweise wählen könnte, die jeder Laie sofort zu fassen vermöchte. Um nun in dieser geänderten Form dem gesetzlichen Verlangen zu genügen, hat sich die preußische Praxis immer von neuem abgequält, die Grenze zu ziehen zwischen ‚Rechtsbegriffen', die der Auflösung in die tatsächlichen Spezialitäten des Falles bedürften, und ‚tatsächlichen Begriffen', die als solche erfragt werden könnten"[1]). Diese Beurteilung ist zutreffend; die Bestimmung des Art. 82 war in der Tat ausnahmslos undurchführbar — schon allein deshalb, weil es bei der Rechtsanwendung „Ausdrücke, zu deren Verständnis Rechtskenntnisse nicht erforderlich sind", eben überhaupt nicht gibt.

In Anwendung des Art. 82 stellte man die scharfsinnigsten Unterscheidungen zwischen auflösungsbedürftigen und anderen Rechtsbegriffen auf; z. B. sollte das „Objekt" des Verbrechens, etwa der Begriff der „Urkunde" der Auflösung bedürfen, nicht aber das „Prädikat" der Urkundenfälschung, die „Fälschung"[2]). Die Begriffe Vorsatz und Fahrlässigkeit sollten rein tatsächlicher Art sein usw.[3]).

Es bedarf heute nicht mehr der Betonung, daß alle derartigen Unterscheidungen ungerechtfertigt und undurchführbar sind. „Leichte" und „schwierige", auflösbare und nichtauflösbare Rechtsbegriffe gibt es nicht[4]). Jeder Begriff, den das Gesetz verwendet, ist Rechtsbegriff[5]) und unter dem uns hier interessierenden Gesichtspunkte gleich „leicht" oder „schwierig". Die Prädikate „leicht" und „schwierig" können sich lediglich auf die Subsumtion eines Einzelfalles unter die betreffenden Rechtsbegriffe beziehen und daher nicht mit den Begriffen als solchen untrennbar verbunden werden. Ein im allgemeinen leichtverständlicher Begriff kann im Einzelfalle Schwierigkeiten bei der Anwendung bereiten und umgekehrt. Diese Abhängigkeit vom Einzelfalle wurde an sich ja auch von der preußischen Gesetzgebung und Praxis nicht verkannt. Sprach doch der erwähnte Art. 82 davon, daß Rechtsbegriffe, die „nicht eine... im gegebenen Falle unbestrittene Bedeutung haben", aufzulösen seien, und auch das Obertribunal machte

[1]) Oetker, a. a. O., S. 8, Anm. 9; vgl. über Art. 82 auch v. Bar, a. a. O., S. 26ff.

[2]) Vgl. hierüber Hugo Meyer, a. a. O., S. 278; v. Bar, S. 22ff.

[3]) Oetker, S. 8, Anm. 9.

[4]) Lepmann, Fehlerquellen bei Ermittelung des Sachverhalts durch Sachverständige (Würzb. Dissert. 1912) behandelt unter Heranziehung eines umfangreichen Aktenmaterials die für die Tätigkeit der Sachverständigen erforderliche Auflösung, die hier natürlich lediglich den Zweck verfolgt, dem Sachverständigen seine Arbeit zu erleichtern und ihn vor Irrtümern und Übergriffen in das dem Richter vorbehaltene Gebiet zu bewahren. Lepmann kommt zu dem Ergebnisse: „Nicht nur juristische, auch sonstige Fachbegriffe sind aufzulösen, auch solche des täglichen Lebens und insbesondere diejenigen Begriffe, die gar keine sind" (S. 59), wobei freilich nicht ganz klar ist, was unter den „Begriffen, die keine sind", verstanden werden soll.

[5]) Vgl. v. Bar, Recht u. Beweis, S. 44 u. 113; auch Wach, Vorträge, S. 290; Oetker, a. a. O., S. 8, Anm. 9; Ernst Fuchs, J. W. 1920, S. 9; im Ergebnisse auch Stier-Somlo, Laband-Festgabe Bd. II, S. 470.

es vom Ermessen des Schwurgerichtshofs abhängig, ob die Auflösung eines Rechtsbegriffs im einzelnen Falle stattfinden müsse[1]). Hierdurch war aber dem Gerichtshof die Entscheidung darüber in die Hand gegeben, was der Kompetenz der Geschworenen überlassen werden sollte. HUGO MEYER fühlt sehr richtig[2]), es lasse sich zwischen den Merkmalen, welche eine rechtliche Beurteilung erfordern, und denen, die eine solche nicht nötig machen, keine Grenze ziehen. Aber er ist noch nicht zu der Erkenntnis gekommen, daß die Rechtsbegriffe insofern überhaupt alle gleichartig sind. Und noch eins bedarf der Betonung: Rechtsbegriff ist nicht nur jeder unmittelbar vom Gesetze selbst verwendete Begriff, sondern auch jeder bei der sog. Auflösung an seine Stelle tretende Begriff. Es ist ja nur eine Frage zufälliger technischer Formung, ob ein Gesetz etwa — wie im § 185 StGB — den „unaufgelösten" Begriff der Beleidigung oder — wie im § 263 StGB. — den „aufgelösten" Begriff des Betruges verwendet. Wenn — wie im ersten Falle — die „Auflösung" nicht vom Gesetze, sondern von den zu seiner Handhabung Berufenen durchgeführt wird, so sind die hierbei entstehenden Begriffe genau ebenso Rechtsbegriffe wie die einzelnen Tatbestandsmerkmale des § 263 StGB. Einen anderen Sinn als diese Auflösung hat die Unterscheidung RADBRUCHS zwischen den „eigentlichen" Rechtsbegriffen als den dem Recht eigentümlichen, von ihm erst geschaffenen Gebilden (etwa dem des Rechtsverhältnisses) von den nur „rechtlich relevanten" außerjuristischen Begriffen (z. B. Mensch)[3]). Diese Unterscheidung wird auch kaum jemand dazu benutzen, um mit ihrer Hilfe die Grenze zwischen Revisibilität und Irrevisibilität etwa so zu ziehen, daß die Subsumtion unter die „eigentlichen Rechtsbegriffe" revisibel, die unter die nur „rechtlich relevanten Begriffe" irrevisibel sei. Es soll durchaus nicht bestritten werden, daß gewisse Rechtsbegriffe häufiger als andere Anlaß zu Zweifeln bei der praktischen Handhabung geben[4]). IHERING spricht hier von einer „höheren oder geringeren formalen Realisierbarkeit" der Rechtssätze[5]). Daraus aber ist nicht zu folgern, daß diese „schwierigen" Rechtsbegriffe allein als Rechtsbegriffe zu gelten hätten, neben denen die anderen als Begriffe tatsächlicher Art anzusehen wären.

Zu einer Zeit, in der das schwurgerichtliche Verfahren die Irrwege der französischen und preußischen Praxis infolge der Änderung der Strafprozeßgesetzgebung bereits verlassen hatte, begann die „Auflösung" der Rechtsbegriffe bei der Handhabung der Revision ihre Rolle zu spielen. Wie man früher geglaubt hatte, die Rechtsbegriffe durch Auflösung der Entscheidungsgewalt der Geschworenen zuführen zu können, so meinte man nunmehr, der Tatrichter könne auf

---

[1]) HUGO MEYER, a. a. O., S. 248; v. TIPPELSKIRCH, Goltd. Arch. Bd. 6, S. 606ff.

[2]) A. a. O., S. 267 und oft.

[3]) RADBRUCH, Grundzüge der Rechtsphilosophie, S. 199; Rechtsidee u. Rechtsstoff, Archiv f. Rechts- u. Wirtschaftsphilosophie Bd. 17 (1924), S. 349, Anm. 6; vgl. aber auch schon Handlungsbegriff S. 29.

[4]) Vgl. v. LAUN, Das freie Ermessen, S. 1910.

[5]) Geist d. röm. Rechts, Abt. I (5. Aufl.), S. 51.

demselben Wege seine Rechtsanwendung der Nachprüfung durch das Revisionsgericht entziehen. Auch hier wurde also eine sich durch Auflösung vollziehende Verwandlung von Rechtsbegriffen in tatsächliche Begriffe für möglich gehalten mit der Wirkung, daß die Subsumtion unter einen Rechtsbegriff dann ihren Charakter als Rechtsanwendung verliere, wenn der Rechtsbegriff zuvor einer „Auflösungsprozedur" unterzogen werde. Wenn wir nun aber den Veränderungen, die sich an den Rechtsbegriffen bei der Tätigkeit der Rechtsanwendung vollziehen, unter dem Gesichtspunkte des Revisionsproblems nachgehen, dann zeigt es sich, daß diese Veränderungen niemals etwas anderes darstellen, als eine Definition der vom Gesetze verwendeten Begriffe, d. h. als einen Versuch, diese Begriffe durch andere zu umschreiben. Für die grundsätzliche Bewertung der Subsumtionstätigkeit aber ist es gleichgültig, ob unter den vom Gesetze verwendeten Begriff oder unter die den Gesetzesbegriff ersetzenden Begriffe subsumiert wird. Die vom Richter vorzunehmende Gedankenoperation ist grundsätzlich die gleiche, wenn er scheinbar unmittelbar prüft, ob der Raum x, den der Y. widerrechtlich betreten hat, eine „Wohnung" darstellt, oder wenn er den Begriff „Wohnung" auflösend danach fragt, ob Y. „einen Inbegriff derjenigen zusammenhängenden Räumlichkeiten, welche zum längeren Aufenthalte einer einzelnen Person oder einer Mehrheit zusammengehöriger Personen derart dienen, daß in ihnen ordnungsgemäß auch genächtigt wird[1])", betreten hat. Der Rechtsbegriff der Wohnung ist hier nicht in „tatsächliche" Begriffe, sondern lediglich in andere Rechtsbegriffe aufgelöst. Die Subsumtion unter diese Begriffe ist genau so zu beurteilen wie eine sich scheinbar unmittelbar unter den Begriff „Wohnung" vollziehende Subsumtion. Diese Subsumtion, die die „Brücke" zwischen Gesetz und Einzelfall schlägt[2]), stellt bei den sog. einfachen Begriffen genau ebenso wie bei den schwierigen ein Stück der Rechtsanwendung dar[3]) und unterliegt daher der Nachprüfung des Revisionsgerichts. Dieser Satz, dessen Geltung im allgemeinen anerkannt ist[4]), stößt in seiner Durchführung im einzelnen — besonders in der Praxis — immer noch auf Schwierigkeiten.

Insbesondere die Subsumtion unter die viel erörterte Kategorie von Begriffen, die man als „unbestimmte" Begriffe, Würdigungsbegriffe und dergleichen zu bezeichnen pflegt[5]), läßt man oft nicht als Bestandteil

---

[1]) FRANK I, 1 zu § 123 StGB.

[2]) Das späterhin zu großer Beliebtheit gelangte Bild der „Brücke" (vgl. z. B. MEZGER, a. a. O., S. 167, W. JELLINEK, a. a. O., S. 161) findet sich übrigens schon bei FEUERBACH, a. a. O., S. 197.

[3]) Sehr klar und treffend sind die Ausführungen W. JELLINEKS hierüber a. a. O., S. 160/61.

[4]) Vgl. STEIN, Priv. Wissen, S. 118; GEZA KISS, Billigkeit und Recht (Arch. für Rechts- und Wirtschaftsphilosophie Bd. 3, 1910, S. 549, Anm. 47); ZITELMANN, Lücken im Recht, 1903, S. 46, Anm. 18.

[5]) Vgl. hierüber SCHOEN, Verw. Arch., Bd. 27 (1919), S. 112; W. JELLINEK, a. a. O., S. 37ff.; OERTMANN, Rechtsordnung und Verkehrssitte, S. 498; HOFACKER, Staatsverwaltung und Strafrechtsreform (1919), S. 187; BIRKMEYER, Gerichtssaal Bd. 77, S. 376ff.

der Gesetzesanwendung gelten, sondern glaubt sie als „Tatfrage" abtun zu dürfen. Als unbestimmte Begriffe kann man diejenigen Rechtsbegriffe bezeichnen, bei deren Anwendung dem Richter ein besonders weiter Spielraum gelassen ist. Eine sichere Grenze zwischen ihnen und den bestimmten Rechtsbegriffen läßt sich, wie z. B. SCHOEN mit Recht betont, nicht ziehen. Es kommt bei ihrer Auslegung in besonders hohem Grade auf die Beschaffenheit des Einzelfalles an, und der Hinweis auf die Gestaltung des Einzelfalles wird daher denn auch häufig dazu benutzt, um einen Gegensatz zwischen der „Rechtsfrage" und der „Frage des einzelnen Falles" zu konstruieren, wobei die letztere dann stillschweigend mit der „Tatfrage" identifiziert wird. Dieser Verwechselung liegt wohl der Gedanke zugrunde, daß jede Rechtsanwendung, jede „Rechtsfrage" irgendwie den Stempel des Typischen, Allgemeingültigen an sich tragen müsse, den die Anwendung der unbestimmten Begriffe auf den Einzelfall vermissen lasse. Dieser Verwechselung ist bereits BOLZE[1]) in seiner Abhandlung „Über Auslegung durch den Revisionsrichter" mit besonderer Eindringlichkeit entgegengetreten: „Es wird häufig zwischen rechtlicher Beurteilung und tatsächlicher Feststellung so geschieden, daß dort die Regel zu Anwendung komme. Wo sich eine allgemeine Regel nicht aufstellen lasse, sei es Frage des Einzelfalles, wie zu entscheiden sei. Allein Einzelfall und tatsächliche Ermittelung ist gar nicht dasselbe. Analysiert man bei einer derartigen Frage den Einzelfall, so wird man immer wieder finden, man mag in das allerkonkreteste Detail hinabsteigen, daß man zu scheiden hat zwischen tatsächlicher Voraussetzung und rechtlicher Folge." Des weiteren hat STEINS Schrift über das „Private Wissen des Richters", eines der größten Meisterwerke der gesamten Rechtswissenschaft, mit ihrer Scheidung der Erfahrungssätze von den Tatsachen hier klärend gewirkt[2]). Endlich hat WEHLI[3]), auf den STEINschen Untersuchungen fußend, dieser Frage eine eingehende Betrachtung gewidmet, freilich — wie er ausdrücklich hervorhebt — nicht vom prozessualen, sondern vom „methodologisch-analytischen" Standpunkte aus[4]). Indessen führt u. E. die Trennung der Tat- von der Rechtsfrage auf dem Gebiete der Revisionslehre zu den gleichen Problemen wie auf dem von WEHLI behandelten Gebiete der „Analyse der richterlichen Urteilsfindung". WEHLI geht davon aus, daß es neben der konkreten Tatfrage häufig noch eine nicht dem konkreten Einzelfalle angehörige „allgemeine Tatfrage" und andererseits neben den typischen Rechtsfragen konkrete Rechtsfragen, die „über die rechtliche Regelung einer individuellen Konstellation von Umständen" nicht hinausgehen, gebe[5]). Die allgemeinen Tatfragen sind mit den STEINschen tatsächlichen Erfahrungssätzen gleichbedeutend. Zutreffend betont WEHLI wiederholt die Zugehörig-

[1]) Zeitschr. für Deutschen ZivProz. Bd. 14 (1890), S. 447.

[2]) Vgl. besonders S. 42.

[3]) Beiträge zur Analyse der Urteilsfindung, Wach-Festschrift Bd. I, besonders S. 11ff.

[4]) A. a. O., S. 1/2. [5]) A. a. O., S. 27.

keit der allgemeinen Tatfrage zur Rechtsfrage. Er irrt jedoch, wenn er trotzdem meint, die allgemeine Tatfrage habe „mit den konkreten Tatsachen des zu subsumierenden Tatbestandes die Tatsachennatur gemeinsam" und unterscheide sich von ihnen nur durch ihre allgemeine Natur[1]). Hierin liegt eine Unklarheit, die gerade der Behandlung des Revisionsproblems leicht gefährlich werden kann. STEIN hat deshalb auch nachdrücklich betont, daß seine Erfahrungssätze gerade keine Tatsachen seien[2]) — sie seien weder Tatsachen noch Rechtssätze, sondern eben Erfahrungssätze. Ob z. B. der Verkehr von einer bestimmten Auffassung „beherrscht" wird, das ist durchaus nicht, wie WEHLI meint, eine „Konstatierung von Tatsächlichkeiten" (S. 5), sondern, wie er selbst es an anderer Stelle zutreffend bezeichnet: ein Aufsteigen zu einem allgemeinen Satze aus einer kleinen Menge einander widersprechender Einzeltatsachen (S. 6), ein Werturteil. Dieses Werturteil zu einer Rechtsnorm zu stempeln, dazu liegt — wie man STEIN zugeben mag[3]) — kein Anlaß vor. Tatsachenbewertung ist auch ohnedies immer revisibel, weil eben lediglich die Tatsachenfeststellung der Revision entzogen ist. Die Unterscheidung der beiden Kategorien „allgemeine Tatfrage" und „konkrete Rechtsfrage" ist daher für das Revisionsproblem entbehrlich, weil beide in gleicher Weise zur Tatsachenbewertung gehören. Es ist deshalb auch die enge Verflochtenheit der allgemeinen Tatfrage mit der konkreten Rechtsfrage unschädlich; man darf nur nicht, wie WEHLI es tut, ganz allgemein von einer Untrennbarkeit von Tat- und Rechtsfrage sprechen (S. 27ff.). Die konkrete Tatfrage, der ja nach unserer Auffassung überhaupt nur der Name Tatfrage zukommt, ist trotz aller oben berührten Schwierigkeiten von der Tatsachenbewertung durchaus unterscheidbar.

Wertvoll dagegen ist die Herausarbeitung des generellen Moments der Tatfrage einerseits, des individuellen der Rechtsfrage andererseits insofern, als sie vor einer Verwechselung der Frage des Einzelfalles mit der Tatfrage schützt. Hier sagt WEHLI zutreffend (S. 15): „Es ist Gepflogenheit in Urteilen oder wissenschaftlichen Erörterungen, wenn die Untersuchung zu einem Punkte gelangt ist, wo sich weitere typische Resultate nicht mehr erwarten lassen, zu erklären: das weitere sei quaestio facti. Man könnte aber mit demselben Rechte sagen, es sei quaestio juris. Die Wahrheit ist, daß der konkrete Fall nur auf Grund einer Untersuchung richtig gewürdigt werden kann, welche tatsächliche und rechtliche Momente in gleicher Weise berücksichtigt[4])."

Wie sehr im übrigen bis auf diese wenigen Ausnahmen, zu denen vor allem noch W. JELLINEK gehört[5]), in Theorie und Praxis die mißbräuchliche Verwendung des Ausdrucks Tatfrage im Sinne der Frage des Einzelfalles vorherrscht, sei nur an einigen beliebig vermehrbaren Beispielen, die als typisch gelten können, gezeigt: In einem die Auslegung des § 29

---

[1]) A. a. O., S. 5., Anm. [2]) Privates Wissen S. 15.
[3]) Vgl. auch W. JELLINEK, a. a. O., S. 183.
[4]) Vgl. auch BELING, Goltd. Arch. Bd. 67, S. 148, MEZGER, a. a. O., S. 188.
[5]) A. a. O., S. 159ff.

des Reichssiedlungsgesetzes betreffenden Beschlusse des Kammergerichts vom 16. 9. 21 [1]) heißt es: „Bei der Feststellung, ob die Voraussetzungen des § 29 I RSG. vorliegen, kommt es zunächst darauf an, ob objektiv ein an sich gebührenpflichtiger Akt vorliegt, der zur Durchführung von Siedlungsverfahren dienen kann (Rechtsfrage); erst wenn dies zu bejahen ist, ist zu prüfen, ob der Akt auch tatsächlich zur Durchführung eines solchen Verfahrens dient (Tatfrage).“ Weiter läßt sich die Begriffsverwirrung nach dieser Richtung wohl kaum treiben.

In seinen Erläuterungen zu Artikel 30 RV. sagt GIESE[2]): „Wieweit ein Auszug ein wahrheitsgetreuer Bericht ist, ist Tatfrage.“

„Ob eine polizeiliche Anordnung sich als Verlegung oder Einziehung eines Weges charakterisiert — so heißt es bei GERMERSHAUSEN[3]) — ist eine tatsächliche Frage.“

„Ob eine Gewohnheit als stillschweigender Ausdruck eines Sosein-Sollens aufzufassen ist oder nicht, ist Tatsachenfrage“[4]).

Nein, das alles ist weder Tatfrage, noch tatsächliche Frage, noch Tatsachenfrage oder wie die Variationen sonst noch lauten mögen — es ist vielmehr alles einfach „Frage des einzelnen Falles“. Ein Beispiel, das besonders hübsch dazu geeignet ist, uns die Folgen, die eine derartige schiefe Ausdrucksweise haben kann, vor Augen zu führen, findet sich in einem Aufsatze von KOCH[5]) über die „Haftung der preußischen Gemeinden für Tumultschäden“: „Jede revolutionäre Staatsumwälzung ist zunächst ein rechtswidriger Angriff auf die bestehende Staatsordnung und wird erst durch ihren Erfolg legalisiert. Von dem Augenblick an, wo der Aufruhr zum Sieg geführt hat, stellt sich die Verteidigung der angegriffenen und besiegten Regierung als rechtswidrig dar. Wann dieser Zeitpunkt eingetreten ist, d. h. wann der rechtswidrige Angriff zur gesetzlichen Verteidigung, die gegen den rechtswidrigen Angriff angewandten gesetzlichen Maßnahmen zum rechtswidrigen Angriff geworden sind, ist Tatfrage.“ Die einfache Folge hiervon wäre, wenn wir die Rolle, die der Begriff der Tatfrage in der herrschenden Auffassung des Revisionsproblems spielt, berücksichtigen, daß das Reichsgericht z. B. die Regierung Ebert-Scheidemann je nach der ihm gerade von dem betreffenden Untergericht präsentierten tatsächlichen Feststellung bald als rechtmäßig hätte anerkennen, bald als unrechtmäßig hätte verwerfen müssen. So weit ist es glücklicherweise aber nicht gekommen. Vielmehr hat der II. Strafsenat des Reichsgerichts in der Entscheidung vom 4. 4. 19[6]), in der es sich um die von Angehörigen der spartakistischen Besatzungen des Ullstein- und Mossehauses aus den Kämpfen um das Berliner Zeitungsviertel im Januar 1919 eingelegte Revision handelte, sich einer Nachprüfung des von KOCH als Tatfrage

[1]) JMBl. 1921, Nr. 39, S. 532, auch abgedruckt im Archiv für innere Kolonisation, Bd. 14, S. 96ff.

[2]) Anm. 2 zu Art. 30 RV. (3. Aufl., 1921).

[3]) Wegerecht und Wegeverwaltung in Preußen (3. Aufl., 1907), S. 719.

[4]) SOMLO, Juristische Grundlehre, S. 351. [5]) J. W. 1919, S. 364.

[6]) J. W. 1919, S. 733 = RGStr. Bd. 53, S. 65.

bezeichneten Punktes unterzogen. Mit Rücksicht auf die Wichtigkeit dieser Entscheidung seien die in Frage kommenden Stellen wörtlich wiedergegeben: „Die Verteidigung der Angeklagten verweist auf die durch die Revolution geschaffene Unsicherheit der politischen Machtverhältnisse, die es nicht zuließen, die Regierung Ebert-Scheidemann als im alleinigen Besitze der Staatsgewalt zu betrachten. Bei den Straßenkämpfen vom Januar 1919 habe es sich jedenfalls nicht um einen Kampf gegen die bestehende Regierung gehandelt, vielmehr um das Ringen zweier einander ebenbürtiger Parteien um die öffentliche Gewalt." Dieser Auffassung der Verteidigung tritt das Reichsgericht mit folgenden Ausführungen entgegen: „Der Kampf um die politische Macht war zu der in Frage kommenden Zeit sowohl im Reich wie in den deutschen Bundesstaaten bereits zu einem gewissen Abschluß gelangt. Nach der Verdrängung der Monarchien war die oberste Staatsgewalt auf einen Rat der Volksbeauftragten übergegangen, in dessen Händen sich seitdem die gesamten Machtmittel des Reichs vereinigten und der auch gewillt war, sich ihrer zur Ausübung der Regierung zu bedienen. Die Volksregierung hatte sich bis dahin überall durchzusetzen vermocht und mit Hilfe der ihr zu Gebote stehenden Gewalten war sie auch imstande gewesen, die vereinzelten Angriffe widerstrebender Volksgruppen mit Erfolg abzuwehren. Das reicht aus, ihrer tatsächlich geübten Herrschaft die rechtliche Anerkennung zu sichern." Das Reichsgericht hat hier also mit Recht die „Frage des Einzelfalles" nachgeprüft, ob die Regierung Ebert-Scheidemann im Januar 1919 die rechtmäßige Staatsgewalt Deutschlands darstellte, und es hat das deutsche Rechtsleben dadurch vor der Gefahr bewahrt, daß diese Frage etwa von den verschiedenen Untergerichten endgültig in entgegengesetztem Sinne beantwortet wurde[1]).

Deutlich erscheinen die Konsequenzen der Verwechselung von Tatfrage und Frage des Einzelfalles dagegen z. B. in den Ausführungen Kerns: die Auslegung konkreter Äußerungen sei nicht Untersuchung der Rechtsfrage; „es handelt sich bei ihr nicht um abstrakte, allgemein gültige Tätigkeit, sondern um Würdigung des einzelnen Falles", deshalb gehöre sie zur Tatfrage und begründe nicht die Revision[2]). Aber in der „Frage des Einzelfalles" stecken regelmäßig tatsächliche und rechtliche Elemente[3]). Die Bemerkung, etwas sei Frage des Einzelfalles, ist daher auch vom Standpunkt derer, die auf die Unterscheidung von Tat- und Rechtsfrage abstellen, in keiner Weise geeignet, die Zuständigkeitsgrenzen des Revisionsgerichts irgendwie festzulegen. Wer vollends von dem Gegensatz: Gesetzesanwendung und Feststellung des Anwendungsobjekts ausgeht, kann nicht im Zweifel darüber sein, daß jede Gesetzesanwendung sich auf konkrete Einzelfälle beziehen muß,

---

[1]) Vgl. auch F. Leonhard, ArchzivPrax. Bd. 120 (1922), S. 142.

[2]) Die Äußerungsdelikte, 1919, S. 83.

[3]) Richtig Oertmann, Rechtsordnung und Verkehrssitte, S. 518/19; Mezger, a. a. O., S. 170.

daß der konkrete Einzelfall also aus dem Bereich der Gesetzesanwendung nicht ausgeschieden werden kann.

Jede Subsumtion ist also revisibel und ebenso jede zum Zwecke der Subsumtion vorgenommene Hilfsoperation, wie die Anwendung von Erfahrungssätzen bei der Subsumtion, während andererseits die gleiche Tätigkeit — zum Zwecke der Beweiswürdigung vorgenommen — irrevisibel ist. Dagegen kommt es z. B. nicht auf den Geltungsbereich der Erfahrungssätze an. Der Gedanke, daß etwa die Nachprüfung „örtlich begrenzter Erfahrungssätze" unzulässig sei, ist abzulehnen. STEIN hat treffend dargelegt[1]), daß nur der Rechtssatz als Befehl, nicht auch der Erfahrungssatz ein örtlich begrenztes Geltungsgebiet haben könne: „Haben wir einmal einen Erfahrungssatz auf welchem Gebiete immer durch Induktion gewonnen, so ist er eine von Zeit und Raum unabhängige Wahrheit, wenn auch sein Inhalt ein noch so eng begrenzter ist" (vgl. auch unten § 6 a. E.).

Irreführend ist auch die mitunter gestellte Frage, ob ein Verstoß gegen Denkgesetze der Nachprüfung des Revisionsgerichts unterliegt. LÖWE-ROSENBERG[2]) verneinen diese Frage allen Ernstes unter Berufung auf die „Gleichstellung von Gesetz und Rechtsnorm", wollen also offenbar darauf hinaus, daß Denkgesetze keine Rechtsnormen seien. Das ist selbstverständlich, hier aber völlig gleichgültig. Denn trotzdem kann die Handhabung von Denkgesetzen zur Rechtsanwendung gehören. Es kommt auch hier genau ebenso wie bei den Erfahrungssätzen lediglich darauf an, bei welchem Teile der richterlichen Tätigkeit ein Denkgesetz verletzt worden ist. Ist es bei der Beweiswürdigung geschehen, so teilt dieser Verstoß notgedrungen das Schicksal der gesamten Beweiswürdigung; bezieht sich der Denkfehler auf die Subsumtion, so ist er selbstverständlich revisibel. Zu ähnlichen Ergebnissen gelangt auch v. d. PFORDTEN[3]), wenn auch mit teilweise anderer Begründung.

§ 5. Die Revisibilität der Auslegung.

Wir haben nunmehr die oben § 4 aufgestellte Behauptung zu rechtfertigen, daß auch die Auslegung menschlicher Gedankenäußerungen in vollem Umfange wertender Natur und daher revisibel ist. Die Grundlage für unsere Beweisführung muß auch hier wieder der Satz bilden, daß nur der Teil der richterlichen Tätigkeit, der sich mit der Tatsachenfeststellung im engsten Sinne beschäftigt, der Revision entzogen ist. Andererseits ist unsere Stellung zur Frage der Revisibilität der Auslegung selbstverständlich in hohem Maße davon abhängig, was wir unter „Auslegung" verstehen.

Die vielumstrittene Lehre von der Auslegung hat in den letzten Jahren wieder zwei Bearbeitungen gefunden, die sich beide auch mit

[1]) Privates Wissen S. 27ff. [2]) Anm. 3c zu § 337.
[3]) Zeitschr. für Rechtspflege in Bayern Bd. 15, S. 299ff.

der Revisibilität der Auslegung beschäftigt haben: auf strafrechtlichem Gebiete KERNS „Äußerungsdelikte" (1919), auf zivilrechtlichem FRANZ LEONHARDS „Auslegung der Rechtsgeschäfte"[1]). Die Arbeit KERNS ist besonders deshalb für uns bedeutsam, weil sie die strafrechtliche Seite des Problems in einen großen systematischen Zusammenhang einzuordnen versucht; die Ausführungen LEONHARDS erregen dadurch unser besonderes Interesse, daß sie als eindrucksvollste Bestätigung unserer die Revisibilität der Auslegung bejahenden Grundauffassung gelten können — soweit die zivilistische Beweisführung auf diesem Gebiete überhaupt zur Bekräftigung strafrechtlicher Gedankengänge herangezogen werden kann. Daß das in erheblichem Maße möglich ist, wird noch auszuführen sein. KERN[2]) betont zutreffend, daß es sich bei der Auslegung um ein Problem handele, das im Strafrecht von der gleichen Tragweite und ebenso allgemeiner Bedeutung sei wie im Zivilrecht. Seiner Behauptung, die Frage nach der Rechtsnatur der Auslegung sei auch im Zivilrecht „auffallenderweise etwas vernachlässigt"[3]), können wir jedoch nicht beipflichten; ein Blick in STEINS „Privates Wissen" oder OERTMANNS „Rechtsordnung und Verkehrssitte" belehrt uns eines Besseren.

Wer keinen grundsätzlichen Unterschied zwischen Subsumtion und Auslegung anerkennt — wie insbesondere DANZ es tut, wozu aber auch STEIN neigt[4]) —, für den liegt ein besonderes Problem hier natürlich nicht vor. Wird die Auslegung menschlicher Gedankenäußerungen als Sonderfall der Subsumtionstätigkeit aufgefaßt, so teilt sie eben auch hinsichtlich Revisibilität das Schicksal der Subsumtion. Die Unterordnung der Auslegung unter den Begriff der Subsumtion ist aber, wie unter anderen besonders OERTMANN[5]) überzeugend nachgewiesen hat, nicht haltbar. Wir können uns hier darauf beschränken, auf die Ausführungen OERTMANNS zu verweisen. Daß die Frage im Strafrecht nicht anders liegt als im Zivilrecht, zeigt jedes beliebige Beispiel, wie etwa das leicht ins Strafrechtliche zu übersetzende OERTMANNsche[6]): A. sagt zu B.: „Sie sind neulich nicht schlecht über den Kaiser losgezogen, es wäre doch schlimm für Sie, wenn der Staatsanwalt davon Kenntnis erhielte" — oder der Fall RGStr. Bd. 39, S. 267: C. schreibt an einen Richter, der seinem Antrage nicht sogleich stattgegeben hat, das gehöre in den Reichstag, dafür werde er sorgen. Es ist im 1. Falle Sache der Auslegung, zu ermitteln, ob die Worte des A. einen wohlgemeinten Rat, künftig größere Vorsicht zu üben, darstellen oder ob sie dahin aufzufassen sind, daß A. der Staatsanwaltschaft Strafanzeige erstatten werde, wenn er von B. nicht Geld erhalte. Es wird hierbei z. B. darauf ankom-

[1]) ArchzivPrax. Bd. 120 (1922), insbesondere S. 140ff.

[2]) A. a. O., S. 68. [3]) A. a. O., S. 82.

[4]) Vgl. z. B. Priv. Wissen S. 44ff.; Grundriß des Zivilprozeßrechts, 2. Aufl. 1924, S. 328. Auch bei NEUKAMP, Wach-Festschrift Bd. 2, S. 35, bleibt zwischen Subsumtion und Tatsachenfeststellung kein Raum für die Auslegung übrig. Richtig dagegen z. B. M. E. MAYER, Rechtsnormen und Kulturnormen, S. 87/8.

[5]) Rechtsordnung und Verkehrssitte S. 234ff. [6]) A. a. O., S. 238.

men, in welchem Ton und in welchem Zusammenhange jene Worte gesprochen wurden, in welchem Verhältnis A. zu B. sonst stand usw. Kommt das Gericht im Wege der Auslegung zu der Auffassung, daß A. dem B. eine Denunziation in Aussicht gestellt habe, so hat es weiterhin zu prüfen, ob das Inaussichtstellen dieser Denunziation in concreto unter den Begriff der rechtswidrigen Drohung im Sinne des § 253 StGB. zu subsumieren ist. Noch deutlicher ist in dieser Hinsicht vielleicht das Urteil RGStr. 39, 267: hier finden wir zunächst Erörterungen darüber, ob das Verhalten des Richters in jenem Briefe des Angeklagten lediglich einer Kritik unterzogen, oder ob dem Richter eine Erörterung im Reichstage in Aussicht gestellt worden sei — also Auslegung, die das Urteil übrigens als „tatsächlich" bezeichnet. Erst nachdem die Frage im letztgenannten Sinne entschieden ist, beginnt die Subsumtionstätigkeit, indem erörtert wird, ob die Androhung, das Verhalten eines Beamten im Reichstage einer Erörterung unterziehen zu lassen, eine Drohung im Rechtssinne enthalte.

Die Auslegung geht also der Subsumtion logisch und zeitlich voran; sie steht der Beweiswürdigung näher als die Subsumtion. Daraus ergibt sich, daß die Gefahr einer Verwechselung mit der Beweiswürdigung hier größer ist als bei der Subsumtion. Daher nehmen denn auch zahlreiche Schriftsteller, die die Revisibilität der Subsumtion bejahen, hier den entgegengesetzten Standpunkt ein, weil sie über dem richtig erkannten Gegensatz von Subsumtion und Auslegung den Gegensatz von Auslegung und Beweiswürdigung übersehen. Die Frage, ob die Auslegung tatsachenfeststellenden oder tatsachenbewertenden Charakter trägt, kann zutreffend nur beantwortet werden unter Berücksichtigung des Zweckes, dem die Auslegung im Einzelfalle dient. Wenn die Auslegung einer Gedankenäußerung dazu dient, die Willensrichtung des Äußernden, also eine innere Tatsache zu ermitteln, dann ist sie von der Beweiswürdigung nicht wesentlich verschieden, dann ist die Tatsachenfeststellung wie diese. Ganz anders dagegen, wenn sie den objektiven Sinn der Äußerung zum Zwecke der Subsumtion erforschen will: dann ist sie Tatsachenbewertung wie die Subsumtion selbst. Nichts anderes besagt es, wenn z. B. STEIN[1]) zwischen der „Auslegung von Gedankenäußerungen" und der „Erschließung des (nichterklärten) Willens aus konkludenten Handlungen" unterscheidet; im 2. Falle handele es sich um „indizierende Tatsachen", im 1. Falle dagegen nicht, weil hier nicht die Ermittelung des Willens als innerer Tatsache, sondern die Deutung der Erklärung die Hauptsache sei. Die Erklärung sei eben nicht lediglich ein Indiz zur Ermittelung des Willens[2]).

Nur mit Hilfe dieser Unterscheidung nach dem Zwecke der Auslegung läßt sich die Frage nach ihrer Revisibilität überhaupt beantworten. Hieraus erklärt sich aber auch die bereits vor Jahrzehnten von STEIN beobachtete Erscheinung[3]), daß die Strafsenate sich der eigenen

---

1) Priv. Wissen S. 45, besonders Anm. 52.
2) Vgl. auch Priv. Wissen S. 130ff. 3) A. a. O., S. 134.

Auslegung menschlicher Gedankenäußerungen viel ängstlicher enthalten als die Zivilsenate. Sieht es doch auf den ersten Blick unleugbar so aus, als ob im Strafrecht gerade das innere Tatbestandsmerkmal, der Wille, von weit größerer Bedeutung sei als im Zivilrecht. Vielleicht hat aus diesem Grunde sogar einer der entschiedensten Verteidiger der Revisibilität der Auslegung im Zivilrecht, BOLZE[1]), der strafprozessualen Seite der Frage gegenüber vorsichtige Zurückhaltung geübt. Wie liegen die Dinge denn nun tatsächlich im Strafrecht? Ist hier für eine Auslegung, die nicht Ermittelung der Willensrichtung des Täters ist, überhaupt kein Raum? Die Frage ist unzweifelhaft dahin zu beantworten, daß auch im Strafrecht der objektive Sinn der Äußerung neben der Willensrichtung des Täters in erheblichem Umfange von selbständiger Bedeutung ist. Diesen Standpunkt vertritt auch der Systematiker der Äußerungsdelikte, KERN, wiederholt mit aller Deutlichkeit[2]). Und in der Tat ist die Willensrichtung des Täters nicht mehr als ein, wenn auch vielleicht sehr wertvolles Hilfsmittel für die eigentlich erst die richtige Subsumtion ermöglichende Auslegung. In dem OERTMANNschen Erpressungsfalle z. B. wird es sicherlich von großer Bedeutung sein, wenn der Richter etwa mit Hilfe von Zeugenaussagen feststellen kann, daß A. die fragliche Äußerung in der Absicht getan hat, dem B. zu drohen. Mit der Feststellung dieser Absicht erschöpft sich indessen die Auslegung keineswegs. Es wäre denkbar, daß die Absicht bei objektiver Betrachtung nicht aus den Umständen entnommen werden konnte, also überhaupt nicht in die Erscheinung trat. Und mag in Beleidigungsprozessen der Beleidigungsvorsatz oder sogar die beleidigende Absicht des Täters auch einwandfrei festgestellt sein, so enthebt das den Richter doch nicht der Notwendigkeit, zu ermitteln, ob die beanstandete Äußerung unter den gegebenen Umständen einen objektiv beleidigenden Sinn hatte[3]). Für „Fanatiker des Willens"[4]) ist also auch im Strafrecht kein Raum.

---

1) ZZP. Bd. 14, S. 428.

2) A. a. O., S. 20ff., 71ff. Für das Zivilrecht legt FRANZ LEONHARD ebenfalls den Ton auf den objektiven Sinn der Erklärung (a. a. O., S. 53 und oft). Vgl. jetzt auch MEZGER, Gerichtssaal Bd. 89, S. 264/5. — Wenn ROCHOLL, einer der Hauptgegner der Revisibilität der Auslegung, meint: „Aber auch sonst ist jede wahre Interpretation rein tatsächlicher Natur; denn sie besteht in der Deutung einer Willenserklärung... nach ihrem gemeingebräuchlichen oder dem Erklärenden eigentümlichen Sinne" (ZZP. Bd. 10, S. 314), so verkennt er, daß die Deutung „nach dem gemeingebräuchlichen Sinne" etwas ganz anderes ist als die Deutung nach dem „dem Erklärenden eigentümlichen Sinne".

3) KERN, a. a. O., S. 20; vgl. auch schon denselben, Die systematische Abgrenzung der Verbrechenselemente bei d. Bel. (1912), S. 22ff.; SAUER, Die Ehre und ihre Verletzung (1915), S. 78; ENDEMANN, J. W. 1924, S. 1970; LIEPMANN, Vergl. Darst. Bes. Teil, Bd. IV, S. 240ff., 330 u. besonders S. 349, wo sich ein gutes Beispiel einer Auslegung nach dem objektiven Sinne findet („alle ohne Ausnahme"). Unzutreffend dagegen KITZINGER, Anm. III, 1a zu § 11 Preßges.

4) OERTMANN, a. a. O., S. 235. Auf die sich für das Privatrecht aus BGB. § 133 ergebenden Fragen braucht hier nicht eingegangen zu werden. Darüber, daß § 133 nicht dazu führen darf, nur den inneren Willen zu berücksichtigen, herrscht wohl Einigkeit.

Während nun LEONHARD aus seiner entschiedenen Durchführung der Erklärungstheorie die zutreffende Folgerung zieht, daß die Auslegung der Nachprüfung des Revisionsgerichts unterliegt[1]), weicht KERN überraschenderweise diesem Ergebnisse mit der Begründung aus, die Auslegung gehöre ,,zur Tatsachenwürdigung und damit zur Tatfrage"[2]). Aber wir haben bereits oben § 4 darzulegen versucht, daß ,,Tatfrage" — wenn man diesen Ausdruck überhaupt brauchen will — und Tatsachenwürdigung — wenn man hierunter nicht die Beweiswürdigung versteht — himmelweit voneinander verschieden sind. Bezeichnenderweise macht übrigens KERN in Parenthese das wichtige Zugeständnis, ,,rein abstrakt genommen" sei der Standpunkt, daß jede unrichtige Auslegung auf einer Verletzung von Auslegungsregeln beruhe und daher revisibel sei, unanfechtbar. Dieses Ergebnis liege aber nicht im Sinne des Gesetzes, weil das ,,über den Zweck der Revision weit hinausgehen würde" — die Revision müsse sonst ,,notwendig zu einer Nachprüfung in concreto gelangen und von ihrer Beschränkung auf abstrakte Rechtsfragen abkommen" (S. 85). Das ist jedoch keine Begründung, sondern eine petitio principii. Wir bestreiten ja gerade, daß der Zweck der Revision lediglich in der Nachprüfung abstrakter Rechtsfragen zu erblicken sei.

Das Reichsgericht hat die einfachen Richtlinien, die sich aus dieser Scheidung nach dem Zwecke der Auslegung ergeben, — wie sich aus der Darstellung unten § 6 B ergeben wird — ebenfalls sehr häufig nicht beachtet. Es hat sowohl auf der einen Seite Auslegungsakte, die den objektiven Sinn der Äußerung betrafen, für nicht nachprüfbar erklärt als auch andererseits die Feststellung der Willensrichtung, also eine reine Beweiswürdigungsfrage, der Nachprüfung unterzogen.

Ein besonderes Kapitel der Lehre von der Auslegung bildet in der Regel die Urkundenauslegung. M. E. zu Unrecht. Die Urkunde verdient höchstens insofern eine besondere Erörterung, als bei ihr die für die Behandlung unseres Problems maßgebenden Gedanken und die Quellen der hierbei begangenen Irrtümer besonders deutlich zutage treten.

Der Grund, der viele dazu veranlaßt, der Urkundenauslegung in bezug auf Revisibilität eine besondere Stellung zuzuerkennen, liegt auf der Hand: Die Urkunde ist in ihrer Körperlichkeit dem Revisionsgericht im Gegensatz zu anderen Gedankenäußerungen genau ebenso zugänglich wie den Untergerichten. Der naiven Betrachtung erscheint es als ganz besonders formalistisch, daß der Revisionsrichter ein bei seinen Akten befindliches Schriftstück nicht selbständig sollte würdigen dürfen, daß er sich vielmehr von einer Unterinstanz vorschreiben lassen muß, wie er diese oder jene Wendung auszulegen habe. Es bedurfte erst wiederholter Hinweise darauf, daß die Urkunde nicht ,,aus sich

---

[1]) A. a. O., S. 75 u. S. 141 ff.

[2]) A. a. O., S. 85; ebenso derselbe, Festschrift der Freiburger Rechts- u. Staatswiss. Fakultät für Otto Lenel, S. 69.

selbst heraus" ausgelegt werden könne, daß ihr Sinn vielmehr regelmäßig nur unter Berücksichtigung vieler außerhalb stehender Umstände richtig zu ermitteln sei. So betont STENGLEIN[1]) mit Recht den innigen Zusammenhang, in welchem das gesamte Beweismaterial stehe. „Urkunden sind häufig nur durch die Erläuterungen des Angeklagten und der Zeugen verständlich oder gewinnen eine besondere Bedeutung durch Kenntnis der Personen, von welchen sie herstammen... Dieser innige Zusammenhang des gesamten Beweismaterials zwang dazu, dem Tatrichter dessen gesamte Würdigung zu überlassen, wenn auch die Form, in der dasselbe vor dem Richter produziert worden war, deren unmittelbare Reproduktion vor dem höheren Richter sehr wohl gestattet hätte."

Aber diese Gedankengänge leiden auf der anderen Seite wieder daran, daß sie zu sehr den Charakter der Urkunde als Beweismittel in den Vordergrund treten lassen. Man argumentiert gerne so: Die Urkunde ist ein Beweismittel wie die Zeugenaussage — also darf sie auch nicht anders behandelt werden als eine Zeugenaussage. Und weil die Auslegung von Zeugenaussagen zur Beweiswürdigung gehört, so muß auch die Urkundenauslegung Beweiswürdigung sein. Aber erstens ist die Urkunde eben nicht immer nur Beweismittel, sondern enthält oft die rechtserhebliche Erklärung selbst[2]). Es besteht ein Unterschied zwischen einem beleidigenden Briefe, der selbst den Gegenstand der Anklage bildet, und etwa einem Briefe, der lediglich ein Indiz dafür darstellt, daß der Angeklagte den beleidigenden Brief geschrieben hat. Der zweite Brief ist nur Beweismittel, der erste Brief nicht. Daher kann die Urkunde auch nur insoweit mit der Zeugenaussage verglichen werden, als sie in concreto Beweismittel ist wie die Zeugenaussage. Sodann aber findet sich auch bei der Zeugenaussage eine ähnliche Erscheinung insofern, als durchaus nicht alles, was unter der Flagge „Auslegung von Zeugenaussagen" segelt, zur Beweiswürdigung gehört. Wie bereits BOLZE treffend bemerkt hat, sind vielmehr zwei Fälle zu unterscheiden: 1. eine Zeugenaussage ist so unklar gehalten, daß erst durch besondere Auslegung ermittelt werden muß, was der Zeuge eigentlich sagen wollte, 2. das, was der Zeuge sagen wollte, ist klar; unklar dagegen ist etwa die Bedeutung des vom Zeugen in klarer Weise wiedergegebenen Gesprächs[3]). Der Auslegung bedarf im 1. Falle die Zeugenaussage selbst, im 2. Falle dagegen lediglich die mit Hilfe der Zeugenaussage festgestellte Gedankenäußerung. Dort gehört die „Auslegung" der Zeugenaussage zur Beweiswürdigung, hier dagegen nicht. Denn dort soll die Auslegung der Feststellung von Tatsachen dienen, hier aber der Ermittelung des Sinnes bereits festgestellter Tatsachen[4]). Die hier für das Gebiet der Zeugenaussage gemachte Unterscheidung gilt sinngemäß auch für die Urkundenauslegung. Die richtigen Folgerungen aus diesen Grundsätzen hat für das Strafrecht neuerdings z. B. MEZGER[5]) gezogen, freilich unter

[1]) Ger.Saal Bd. 46, S. 3. Richtig auch NEUKAMP, a. a. O., S. 33.
[2]) Vgl. STEIN, Anm. III 4 zu § 549; Priv.Wissen, S. 127.
[3]) BOLZE, a. a. O., S. 430/31.
[4]) Das verkennt NEUKAMP, a. a. O., S. 33. [5]) A. a. O., S. 179.

Beschränkung auf das von ihm behandelte Sondergebiet der Tätigkeit des psychiatrischen Sachverständigen. Er unterscheidet nach dem Zwecke der Urkundenauslegung zwischen der Feststellung des psychologischen Gehalts der Urkunde, die dem Tatrichter allein gebühre, und der auch dem Revisionsrichter zugänglichen Ermittelung der rechtlichen Tragweite.

NEUKAMP (S. 35) erklärt, nur dann, wenn das Untergericht aus den auf Grund der Urkunde festgestellten Tatsachen einen rechtlich unmöglichen Schluß gezogen habe, sei eine Nachprüfung zulässig; denn nur dann liege eine unrichtige Subsumtion und somit ein Rechtsirrtum vor. Wenn dagegen die festgestellten Tatsachen den vom Untergericht gezogenen Schluß wenigstens überhaupt zulassen, dann sei eine Revision ausgeschlossen. Abgesehen davon, daß diese Unterscheidung zu unsicher und für die Praxis daher wenig brauchbar ist, entbehrt sie m. E. der inneren Rechtfertigung.

Bereits oben wiesen wir darauf hin, daß die richtige Lösung des Auslegungsproblems auf strafrechtlichem Gebiete besonders dadurch erschwert werde, daß hier für eine objektivierende Betrachtungsweise scheinbar weniger Raum sei, daß vielmehr den individuellen Umständen des Einzelfalles das Hauptgewicht zukomme. Besondere Bedeutung gewinnt dieser Punkt für die Urkundenauslegung: Im Zivilrecht neigt die Literatur[1]) und Rechtsprechung[2]) dazu, dem Revisionsgericht dort größere Freiheit bei der Auslegung zu gewähren, wo es sich um typische Verträge handelt, weil bei diesen der individuelle Parteiwille nahezu bedeutungslos sei. Der typische Vertrag aber ist wohl ausnahmslos in einer Urkunde niedergelegt. Ein sehr erheblicher Teil aller in Zivilprozessen auszulegenden Urkunden enthält typische Verträge. Im Strafprozesse dagegen spielt die Auslegung typischer Verträge eine geringere Rolle. Es sei uns gestattet, in dieser Hinsicht auf die Ausführungen unten § 7 III zu verweisen. — Der Inhalt des § 7 ist nun aber auch noch in anderer Beziehung an dieser Stelle bedeutsam. Dort wird ausgeführt werden, daß das Rechtsgeschäft keine „Rechtsnorm" im Sinne des geltenden Rechts sei, daß jedoch de lege ferenda kein hinreichender Grund dafür bestehe, auch weiterhin mit einem so engen Begriff der „Rechtsnormverletzung" zu arbeiten. Nun wäre es aber gleichgültig, ob das Rechtsgeschäft in den Begriff der Rechtsnorm einbezogen wird oder nicht, wenn man — wie es hier geschieht — ohnehin jede Auslegung des objektiven Sinnes als Tatsachenbewertung der Revision zugänglich macht. Wir legen daher Wert darauf, das Verhältnis dieser beiden sich an diesem Punkte unserer Untersuchung zum ersten Male berührenden Probleme (Revisibilität der Auslegung und Begriff der Rechtsnorm)

[1]) Vgl. z. B. STEIN, Priv.Wissen, S. 133. STEIN hat schließlich aber den entscheidenden letzten Schritt getan: auf S. 328 der 2. Aufl. seines Grundrisses d. Ziv.-Proz.-Rechts erklärt er die Beschränkung auf die sog. typischen Verträge für eine „willkürliche Halbheit".

[2]) Vgl. insbes. die Übersicht bei BOYENS, Sonderheft des Sächs. Arch. 1904, S. 172ff. und 183.

zueinander bereits jetzt klarzustellen: Jeder Fehler des Strafrichters bei der Urteilsfällung, der nicht lediglich die Tatsachenfeststellung betrifft, ist als Nichtanwendung oder unrichtige Anwendung einer Rechtsnorm revisibel. Denn abgesehen von der Tatsachenfeststellung gibt es keine Tätigkeit des urteilenden Strafrichters, die nicht revisible Rechtsnormanwendung wäre (oben § 4)[1]. Also ist auch die Auslegung menschlicher Gedankenäußerungen, soweit sie nicht der Tatsachenfeststellung dient, revisibel. Jede Tatsachenbewertung ist als richterliche Tätigkeit auch dann Anwendung von Rechtsnormen, wenn sie sich zunächst etwa nur als Auslegung von Rechtsgeschäften darstellt. Es kommt also von diesem Standpunkte aus auf die Beantwortung der Frage, ob das Rechtsgeschäft, Vereinsstatut u. dgl. selbst als Rechtsnorm zu gelten hat, überhaupt nicht an. Diese Frage wird vielmehr erst bedeutsam, sobald man — von der hier vertretenen Auffassung abweichend — die Auslegung einer Gedankenäußerung durch den Richter nur dann als revisibel anerkennen will, wenn die auszulegende Gedankenäußerung selbst Rechtsnorm ist. Dann, aber auch nur dann hängt die Zulassung der Revision eben davon ab, ob der Gedankenäußerung (dem Vertrage, der Satzung usw). der Charakter der Rechtsnorm beigelegt wird.

§ 6. Subsumtion und Auslegung in der Rechtsprechung der Strafsenate des Reichsgerichts.

Die folgende Übersicht kann sich um so eher auf das Gebiet der Strafrechtsprechung beschränken, als auf zivilrechtlichem Gebiete bereits eingehende Darstellungen vorhanden sind, so vor allem die Arbeit von Boyens[2] und die zehn Jahre jüngere Zusammenstellung im Kommentar zur ZPO. von Kann[3]. Beide, insbesondere Boyens, umfassen naturgemäß die neueste Rechtsprechung nicht. Indessen hat sich in den letzten Jahren an dem Gesamtbilde hier wohl wenig geändert. Nach wie vor herrscht Uneinheitlichkeit, und Widersprüche zwischen den einzelnen Senaten sind an der Tagesordnung. Dicht beieinander finden sich beifallswürdige Urteile, wie die einen Erfahrungssatz selbständig prüfende Entscheidung des VI. Zivilsenats vom 9. 12. 18 (J. W. 1919, S. 505, Nr. 12), und ängstlich die eigene Subsumtion ablehnende Sprüche wie der des V. Zivilsenats vom 22. 1. 1919[4]. Die Abwägung des eigenen Verschuldens nach § 254 BGB. wird bald als Frage tatsächlicher Natur abgelehnt (so vom VI. Zivilsenat, dessen freien Standpunkt hinsichtlich der Nachprüfung einst Boyens, a. a. O., S. 158 rühmend hervorhob, in

[1]) An sich wäre — wie oben § 4 ausgeführt — auch die Tatsachenfeststellung unter den Begriff der Rechtsnormanwendung zu bringen; der urteilende Richter hat eben keine andere Aufgabe als: das Recht zur Anwendung zu bringen. Aber das positive Recht will die Tatsachenfeststellung nicht als Rechtsnormanwendung behandelt haben (oben § 4).

[2]) Sonderheft des Sächs. Arch. 1904, S. 153ff.

[3]) Vgl. die Anmerkungen zu § 550 ZPO.

[4]) J. W. 1919, S. 504, Nr. 10; vgl. dazu die treffende Anmerkung Titzes.

der Entscheidung J. W. 1921, S. 1231, Nr. 5a), bald bis in alle Einzelheiten der Bruchrechnung durchgeführt (so vom III. Zivilsenat, J. W. 1921, S. 1231, Nr. 5b und J. W. 1922, S. 1005, Nr. 2 und vom VII. Zivilsenat in J. W. 1924, S. 1977, Nr. 10). Trotzdem kann man aber — alles in allem genommen — bei den Zivilsenaten auf großen und sehr wichtigen Gebieten der Rechtsprechung einen entschiedenen Zug zur Erweiterung der Nachprüfung beobachten: Die gesamte Nachkriegsrechtsprechung der Zivilsenate über Vertragserfüllung zeigt eine selbständige Verwertung von Erfahrungssätzen in der Beurteilung der Wirtschaftslage Deutschlands, so z. B. J. W. 1922, S. 481, Nr. 2 (III. Zivilsenat): „Während man nach Unterzeichnung des Friedensvertrages noch der Ansicht sein durfte, daß die Verhältnisse auf dem Weltmarkte sich allmählich bessern und in geordnete Bahnen zurückkehren würden, war gerade das Gegenteil der Fall...", ebenso J. W. 1921, S. 1597, Nr. 1 (III. Zivilsenat): „Wenn ferner auch eine ungünstige Weiterentwicklung schon im August 1919 vorauszusehen war, so bedarf es doch noch der Prüfung, ob nicht die tatsächliche Entwicklung alles übertraf, womit etwa auch ein vorsichtiger Kaufmann hatte rechnen müssen. Gerade vom Herbst 1919 ab trat, wie als allgemein bekannt angesehen werden darf, eine ganz außerordentliche Steigerung der für die Fabrikation erheblichen Kosten ein"[1]). In Übereinstimmung hiermit betonen der VII. Zivilsenat (RGZ. Bd. 99, S. 70) und in Anlehnung an ihn der III. Zivilsenat (RGZ. Bd. 103, S. 142), sowie der VI. Zivilsenat (J. W. 1923, S. 75, Nr. 1) die unbeschränkte Nachprüfbarkeit der allgemeinen Erfahrungssätze. Auch hinsichtlich der Auslegung der Rechtsgeschäfte ist eine gewisse Schwenkung nicht zu verkennen. Der II. Zivilsenat, der in dieser Beziehung früher die größte Zurückhaltung beobachtet hat[2]), erklärt z. B. jetzt (RGZ. Bd. 103, S. 415) die Auslegung der Klausel „Preise freibleibend" in gewissen Grenzen für revisibel: „Es handelt sich um eine im heutigen Verkehr typisch gewordene Klausel, welche der Vorderrichter nicht auf Grund konkreter Umstände des Falles nach der auf irgendeine Weise festgestellten Meinung der Vertragschließenden, auch nicht an Hand eines bestehenden Handelsgebrauchs, sondern ausschließlich nach Logik und allgemeinen Rechtsgrundsätzen ausgelegt hat. Die Auslegung unterliegt demnach der Prüfung in der Revisionsinstanz." Den Sprachgebrauch, wenigstens soweit er sich als allgemeiner deutscher Sprachgebrauch darstellt, prüft der V. Zivilsenat in RGZ. Bd. 105, S. 417 = J. W. 1924, S. 1712, Nr. 3 nach.

Die Loslösung der Zivilsenate von den Fesseln der „bindenden tatsächlichen Feststellung" ist in den letzten Jahren so weit gegangen, daß

[1]) Es will hierzu freilich wenig passen, daß sowohl der III. als auch der VII. Senat es für „wesentlich tatsächlich" erklären, ob das Festhalten an einem Vertrage für eine Partei „ruinös" wäre (J. W. 1921, S. 24, Nr. 3 und S. 833, Nr. 7).

[2]) Vgl. Boyens, a. a. O., S. 174ff., insbes. S. 175, Anm. 25. Stein, Grundriß des Zivilprozeßrechts 2. Aufl. 1924, S. 328, erkennt an, daß die Zivilsenate sich der Arbeit der Subsumierung unter unbestimmte Begriffe „großzügig und hingebungsvoll" unterzogen haben; nur in einem Punkte stehe das RG. seinem Verdienste selbst im Wege: hinsichtlich der Auslegung von Rechtsgeschäften.

sie sogar den Widerspruch STEINS (J. W. 1922, S. 1489ff.), der diese Entwickelung durch sein „Privates Wissen“ zum großen Teile selbst angeregt und dann jahrzehntelang beifällig beobachtet hatte, hervorrief. Der berühmten Pachtinventarentscheidung des III. Zivilsenats (RGZ. Bd. 104, S. 402) versagte STEIN die Gefolgschaft. M. E. zu Unrecht, wobei natürlich die Frage der sachlichen Richtigkeit jener Entscheidung gänzlich unberücksichtigt zu bleiben hat. Freilich hat der III. Zivilsenat diesen Zusammenstoß durch seine unglückliche Ausdrucksweise teilweise selbst verschuldet. Es heißt nämlich am Schlusse der Entscheidung: „Der Senat verkennt nicht, daß im vorstehenden nicht immer rein rechtliche Grundsätze aufgestellt sind, sondern auch wirtschaftlich-rechtliche. In den Fällen aber, in denen das tatsächliche und rechtliche Moment so eng verschmolzen sind, daß sie nicht voneinander getrennt werden können, hat das Reichsgericht das Recht für sich in Anspruch genommen, nicht nur selbst die Entscheidung zu treffen, sondern auch maßgebende Grundsätze für den Tatrichter aufzustellen.“ Demgegenüber mußten sich selbstverständlich sofort die Fragen erheben: Was sind „wirtschaftlich-rechtliche“ Grundsätze? Und: Inwiefern ist eine Trennung des tatsächlichen und rechtlichen Moments unmöglich? In Wahrheit handelte es sich aber überhaupt nicht um „wirtschaftlich-rechtliche“, sondern um „rein-rechtliche“ Grundsätze; wäre es anders, so hätte das Reichsgericht sich ihrer gar nicht bedienen dürfen. Der Gegensatz von „wirtschaftlich-rechtlich“ und „rein-rechtlich“ ist, wie STEIN mit Recht betonte, ganz schief. Und lediglich deshalb, weil es sich um (vielleicht falsche, jedenfalls aber) rein-rechtliche Sätze handelte, nicht weil die Trennung des rechtlichen vom tatsächlichen Moment undurchführbar gewesen wäre, war das Reichsgericht zu seinem Vorgehen befugt. Der Ansicht STEINS, da hier eine Verwendung von Erfahrungssätzen bei Ausübung des richterlichen Ermessens vorliege, sei eine Nachprüfung durch das Revisionsgericht unzulässig, kann nicht beigepflichtet werden. Die Aufstellung einer Schätzungsmethode wird dadurch allein, daß das richterliche Ermessen dabei eine Rolle spielt, noch nicht zur Tatsachenfeststellung (vgl. oben § 4 und unten § 8).

Unsere Übersicht beschränkt sich, wie gesagt, auf die strafrechtlichen Entscheidungen des Reichsgerichts. Aber auch innerhalb dieses Rahmens können nur Stichproben gegeben werden. Absolute Vollständigkeit, wie sie sich bei anderen Problemen erreichen läßt, wird hier durch die Natur des behandelten Gegenstandes wohl ausgeschlossen. Handelt es sich doch bei der Begrenzung der Revisibilität um eine Frage, die bei jedem Urteil eines Revisionsgerichts auftaucht. Aus tatsächlichen Gründen war daher eine Auswahl unumgänglich. Der Verfasser hat sich bemüht, diese Auswahl so zu treffen, daß sie ein möglichst objektives Bild vom Stande der reichsgerichtlichen Rechtsprechung bietet. Trotzdem mag es sein, daß hier und da die Urteile, die der Nachprüfungsbefugnis des Reichsgerichts enge Grenzen ziehen, unwillkürlich in den Vordergrund gerückt sind.

A. Die Subsumtion.

I. Die Subsumtion unter spezifische Wertbegriffe.

1. Wert.

a) Wer unsere Auffassung von der Revisibilität der Tatsachenbewertung teilt, der wird vor allem die Subsumtion unter alle von dem Begriff des Wertes selbst beherrschte Begriffe für unbeschränkt nachprüfbar halten. Der Wertbegriff spielt in zahlreichen Gesetzesbestimmungen und in den verschiedenartigsten Zusammensetzungen eine Rolle, sei es, daß der Wertbegriff im Gesetzeswortlaut selbst enthalten ist (wie z. B. im § 370 Ziffer 5 StGB.), sei es, daß er unausgesprochen im Gesetze steckt. In allen Fällen, in denen es sich um die Beurteilung des Wertes eines Gegenstandes oder einer Leistung handelt, ist die Feststellung des Geldwertes zwar bedeutsam, aber keineswegs immer und allein entscheidend. Es wäre an sich zwar denkbar, daß z. B. nicht die Entwendung geringwertiger Gegenstände, sondern etwa die Entwendung von Gegenständen „im Geldwerte von weniger als zwanzig Mark" als milder zu bestrafendes Delikt vom Gesetze herausgehoben würde. Dann wäre die Subsumtion mit der Beurteilung des Geldwertes der Sache beendet. Der § 370 Ziffer 5 StGB. hat diesen Weg begreiflicherweise nicht eingeschlagen; er stellt vielmehr auf „Geringwertigkeit" ab[1]). Für die Subsumtion unter diesen Begriff hat die Subsumtion unter einen bestimmten Geldwert lediglich die Bedeutung einer Hilfsoperation, d. h. es wird zunächst der Geldwert des Gegenstandes beurteilt und alsdann wird geprüft, ob ein solcher Geldwert unter den gegebenen Umständen als gering anzusehen ist. Die Ermittelung des Geldwertes ist aber nicht unentbehrlich. Vielmehr ist es sehr wohl möglich, die Subsumtion unter den Begriff „geringwertig" auch ganz ohne Zuhilfenahme des Geldwertes zu vollziehen. Beide Gedankentätigkeiten — die Subsumtion unter den Geldwert und die Subsumtion unter den Begriff „geringwertig" — sind nun vom Standpunkt der Revisibilität durchaus gleichartig, d. h. beide unterliegen der Nachprüfung durch das Revisionsgericht. Freilich wird die erstgenannte Subsumtion in der Regel weniger umstritten sein als die meistens eigentlich entscheidende zweite. Ob der entwendete Gegenstand zur Zeit und am Orte der Tat 5 oder 10 Mark gekostet hat, wird oft weniger Anlaß zu Zweifeln geben, als die Frage, ob ein Gegenstand im Werte von 5 oder 10 Mark im gegebenen Falle als geringwertig anzusprechen ist. Die erstere Frage kann auch viel unbedenklicher der endgültigen Beurteilung durch die Untergerichte überantwortet werden als die zweite. Für diejenigen Fälle aber, in denen ausnahmsweise gerade über die Höhe des Geldwertes Streit besteht, muß daran festgehalten werden, daß auch dieser Punkt revisibel ist. Denn auch er enthält nicht eine Tatsachenfeststellung, sondern eine Tatsachenbeurteilung. Ob man, um einen bestimmten Gegenstand kaufen zu können, eine bestimmte Summe Geldes aufwenden muß, das ist ein nur

---

[1]) Vgl. auch BIRKMEYER, Ger.Saal Bd. 77, S. 300, Anm. 1.

auf Grund der Kenntnis komplizierter Lebensverhältnisse zu gewinnender Erfahrungssatz.

Diese Erörterungen mußten vorausgeschickt werden, weil einerseits das Reichsgericht mitunter seine Ablehnung der Nachprüfung der gesamten Subsumtion unter den Wertbegriff damit verteidigt, daß es nicht seine Aufgabe sei, den Geldwert des betreffenden Gegenstandes festzustellen (so wohl der III. Strafsenat in RGSt. Bd. 55, S. 182) — und andererseits, weil von KÖHLER in seiner Besprechung dieses Urteils (J. W. 1921, S. 750, Anm. zu Nr. 1) die Ansicht vertreten wird, die Abschätzung des Geldwerts sei Tatsachenfeststellung; Gegenstand der rechtlichen Beurteilung sei nur die Frage, ob ein bestimmter Geldwert gering sei.

b) Wenn wir zunächst von der unter c zu behandelnden Judikatur zu § 370 Ziffer 5 absehen, so sind die Strafsenate sich einig darüber, daß die Beurteilung des Wertes einer Sache oder Leistung ausschließlich Sache des Tatrichters sei. So der I. Strafsenat in RGSt. Bd. 52, S. 298: „Wie hoch dieser Wert im Einzelfall und im Hinblick auf die Anzahl der Karten einzuschätzen ist, darüber hat ausschließlich der Tatrichter zu befinden." Desgleichen RGSt. Bd. 55, S. 175: „Auf welche Weise sie — d. h. die Strafkammer — den Wert ermittelte, stand ganz in ihrem tatsächlichen Ermessen (§ 260 StPO.); das Ergebnis der Wertfestsetzung entzieht sich daher auch der Nachprüfung durch das Revisionsgericht (§ 376 StPO.)." Im Urteil RGSt. Bd. 34, S. 295 handelt es sich um die Frage, ob die Tötung eines aufsichtslosen Hundes durch den Jagdberechtigten unter dem Gesichtspunkte des Notstandes straflos ist. Hierbei kommt es auf das Verhältnis zwischen dem Werte des Hundes und der Größe der von dem Hunde drohenden Gefahr an: „Die Abschätzung des so verursachten Schadens ist Ermessenssache auf Grund tatsächlicher Erwägungen, und wenn die Strafkammer ihn im Verhältnisse zum Werte des Hundes ‚minimal' findet, so kann dies unrichtig sein, aber vom Revisionsgerichte nicht geprüft werden." Nur in zwei Urteilen hat, soweit ich sehe, der I. Strafsenat einen entgegengesetzten Standpunkt eingenommen. In seinem zu § 4 I UnlWG. vom 27. 5. 96 ergangenen Urteil RGSt. Bd. 37, S. 362 heißt es: „Die Strafkammer glaubt zwar eine Schuhwarenmenge im Werte von nahezu 11000 Mk. als ‚geringfügig' betrachten zu können, weil sie gegenüber dem 150000 Mk. betragenden Inventurwerte der ursprünglich vorhandenen Lagerbestände in den Hintergrund trete. Allein es ist nicht angängig, eine, absolut betrachtet, so bedeutende Warenmenge, wie die hier in Frage stehende, als geringfügig anzusehen, weil sie es im Vergleich zur Größe des ursprünglichen Lagerbestandes sein mag." Und noch schärfer erklärt der Senat in dem zu § 263 StGB. ergangenen Urteil RGSt. Bd. 28, S. 311, die Feststellung des Wertunterschiedes zwischen zwei Leistungen, die nicht schon aus ihrem anderweitig feststehenden Geldwerte hervorgehe, sei keine tatsächliche, sondern ein Urteil und daher revisibel.

Derartige Ausnahmen finden sich in der Rechtsprechung der anderen Senate nicht. Der III. Strafsenat sagt in der Entscheidung RGSt Bd. 43,

S. 172: „Ob... der Gleichwert von Leistung und Gegenleistung, dessen Fehlen die Vermögensbeschädigung begründet, vorhanden ist, das hat die Strafkammer im wesentlichen nach den tatsächlichen Verhältnissen des Einzelfalles zu beurteilen. Rechtsirrtümlich wäre es allerdings gewesen, wenn sie angenommen hätte, ein Minderwert der Gegenleistung des Angeklagten sei rechtsgrundsätzlich und ohne weiteres schon deshalb gegeben gewesen, weil Angeklagter, obwohl zur Zeit des Empfangs des Darlehns zahlungsfähig, doch schon zu jener Zeit nicht zahlungswillig gewesen sei... So wenig aber rechtsgrundsätzlich mangelnder Zahlungswille bei vorhandener Zahlungsfähigkeit Vermögensbeschädigung ohne weiteres bedingt, so wenig kann es dem Tatrichter verwehrt sein, bei Prüfung der Frage nach dem Werte der Forderung auf Rückzahlung des Darlehns den mangelnden Zahlungswillen des Schuldners zu berücksichtigen und in Würdigung der Umstände des Einzelfalles zu der tatsächlichen Feststellung zu gelangen, daß gerade wegen der mangelnden Zahlungswilligkeit die Forderung... minderwertig war"[1]). Aus der Judikatur des II. Strafsenats ist die Entscheidung RGSt. Bd. 36, S. 368 zu erwähnen, wonach es auf tatsächlichem Gebiete liegt, ob für eine Genossenschaftsbank ein Austauschwechsel schwer verwertbar ist. Der IV. Strafsenat bezeichnet es in RGSt. Bd. 52, S. 301 als „im wesentlichen Sache der tatsächlichen Beurteilung", wie hoch der Verkaufswert einer Sache zu bemessen ist. Ebenso erklärt er in RGSt. Bd. 53, S. 285 „die lediglich auf dem Gebiete der Beweiswürdigung liegende Schätzung des Mietwerts der Wohnung auf 15 bis 20 Mk." für irrevisibel. Desgleichen RGSt. Bd. 55, S. 49: „Zu vergleichen ist der Wert des Stoffes... mit dem Werte der Verarbeitung oder Umbildung, d. h. dem Wert der auf die Herstellung der neuen Sache verwendeten Arbeit. Ihr Wert war hier aber, wie das Landgericht feststellt, ganz unerheblich gegenüber dem Werte des zum Schutze gegen Fälschung besonders hergestellten ‚Spezialpapiers'. Es handelt sich dabei um eine tatsächliche Feststellung, die von Rechtsirrtum nicht beeinflußt und daher für das Revisionsgericht maßgebend ist." In der bedeutsamen Entscheidung des V. Strafsenats RGSt. Bd. 49, S. 21 handelt es sich um einen Betrugsfall, für dessen Beurteilung der Wert gewisser Bezugsrechte maßgebend war. Der Senat erklärt in eingehenden Ausführungen zwar die allgemeinen rechtlichen Gesichtspunkte der Strafkammer hinsichtlich der Ermittelung dieses Wertes für unrichtig oder wenigstens unzulänglich. Aber: „Steht in einem Einzelfall fest, nach welchen tatsächlichen und rechtlichen Gesichtspunkten der Wert einer Sache zu bestimmen ist, so ist die Frage, wie hoch der Wert zu schätzen sei, allerdings eine rein tatsächliche. Die zu entscheidende Vorfrage ist

---

[1]) Zweifel scheint der III. Senat dagegen in RGSt. Bd. 54, S. 144 zu hegen: „Dahingestellt kann bleiben, ob eine für das Revisionsgericht bindende tatsächliche Annahme der Strafkammer in der Feststellung enthalten ist, daß der Geldwert als ein dauernder zu gelten hat und daß er nur den 3. Teil des Wertes beträgt, den das Geld im Jahre 1880 hatte." Vgl. auch HACHENBURG, D. J. Z. 1922 S. 550.

dagegen nicht lediglich tatsächlich, sondern zugleich rechtlicher Natur. ." In seinen weiteren Ausführungen kommt das Urteil der oben erwähnten Unterscheidung KÖHLERS zwischen dem Geldwert, der als „objektiv" betrachtet wird, und den sonstigen Wertbegriffen nahe.

c) Besonders reichhaltig ist die Judikatur des Reichsgerichts über die Begriffe „unbedeutender Wert" und „geringe Menge" des § 370 Ziffer 5 StGB.

Bereits eine der ersten Entscheidungen des Reichsgerichts griff hier fehl; der III. Strafsenat erklärte in der Entscheidung vom 21. 9. 81 (R. III, S. 516): „So auffallend nun aber auch die Annahme der vorigen Richter ist, daß eine Quantität von 15 Flaschen Wein eine geringe Menge und deren Wert ein unbedeutender sei, so kann doch hiergegen im Wege der Revision mit Erfolg nicht angekämpft werden." Die Gründe des Vorderurteils bezeichneten kurzweg die 15 Flaschen Wein als ein Genußmittel von geringer Menge und unbedeutendem Wert uud böten daher keinen Anhalt für das Vorliegen eines Rechtsirrtums. Hiergegen wandte sich sogleich GEYER[1]) in einer alle wesentlichen Punkte richtig erkennenden und würdigenden Besprechung, in der er darauf hinwies, daß die Entscheidung Subsumtion sei und daher zur Rechtsfrage gehöre. Auch STEIN[2]) bekämpfte das Reichsgerichtsurteil, ohne freilich die Ansicht GEYERS, daß hier eine Rechtsfrage vorliege, zu teilen. Seitdem hat das Reichsgericht seinen damaligen Standpunkt mehrfach eingeschränkt. Zu einer grundsätzlichen und eindeutigen Bejahung der Revisibilität der ganzen Subsumtion ist es aber niemals gekommen. Nicht nur ältere Entscheidungen wie die des 1. Strafsenats vom 10. 5. 83[3]) oder die des II. Strafsenats vom 25. 4. 85[4]), sondern sogar noch manche der neueren Entscheidungen arbeiten ganz und gar mit dem alten Schlagwort von der „tatsächlichen Natur" der in Frage stehenden Begriffe[5]), so z. B. die Entscheidung des II. Strafsenats vom 21. 2. 19[6]) und die des III. Strafsenats vom 16. 12. 20[7]). Besonders in dem letztgenannten Urteil wird das Reichsgericht ängstlich gegen den Verdacht in Schutz genommen, als könne es in der selbständigen Nachprüfung hier und da vielleicht zu weit gegangen sein: „Gegenüber der Berufung des Verteidigers auf die RGE. Bd. 10, S. 308 (betr. 46 Heringe) und R. Bd. 3, S. 516 (betr. 15 Flaschen Wein), wie sie sich in Revisionsbegründungen häufig findet, ist hervorzuheben, daß in jenen Fällen das Reichsgericht nicht etwa selbst einen unbedeutenden Wert oder eine geringe Menge angenommen, sondern nur die dahingehende Feststellung der Vorinstanz als auf tatsächlichem Gebiete liegend bezeichnet hat, wobei zwar die Annahme hinsichtlich der 15 Flaschen Wein auffallend sei, aber doch

---

1) ZStW. Bd. II, S. 308/9. 2) Privates Wissen, S. 125.

3) RGStr. Bd. 8, S. 406 = R. Bd. 5, S. 352. 4) RGStr. Bd. 10, S. 308.

5) Die Ansicht v. LILIENTHALS, J. W. 1919, S. 47, Anm. zu Nr. 1, das dort besprochene Urteil bestätige nur die bisherige Praxis, wonach die Tatbestandsmerkmale des § 370 Ziffer 5 Rechtsbegriffe seien, ist insofern nicht ganz zutreffend, als von einer feststehenden Praxis des Reichsgerichts eben nicht gesprochen werden kann.

6) Lpz. Ztschr. 1919, S. 813, Nr. 31 II. 7) RGStr. Bd. 55, S. 182.

keinen Rechtsirrtum erkennen lasse. Das Reichsgericht ist nach der ihm im Gesetz zugewiesenen Aufgabe nicht in der Lage, hinsichtlich des Wertes der entwendeten Butter Feststellungen zu treffen, sondern hat lediglich zu prüfen, ob bei der Beurteilung des festgestellten Sachverhalts das Strafgesetz richtig angewendet oder Rechtsbegriffe verkannt worden sind." Wenn das Reichsgericht hier betont, es sei nicht seine Aufgabe, hinsichtlich des Wertes des entwendeten Gegenstandes Feststellungen vorzunehmen, so trifft es damit nicht den Kern der Frage. Das Reichsgericht mag es — wenn auch nach der hier vertretenen Auffassung zu Unrecht — ablehnen zu prüfen, wieviel Mark 1 Pfund Butter zur Zeit und am Orte der Entwendung gekostet hat — hierauf werden die vorhandenen Zweifel sich in der Regel aber auch kaum beziehen. Die Schwierigkeiten, deren Lösung vom Reichsgericht erwartet wird, liegen vielmehr darin, ob soundsoviel Pfund Butter im Werte von soundsoviel Mark als Gegenstand von unbedeutendem Werte oder geringerer Menge anzusehen sind. Und vor der Beantwortung derartiger Fragen schreckt das Reichsgericht meistens eben sogar in solchen Entscheidungen zurück, die unserer Auffassung von der Revisibilität der ganzen Subsumtion scheinbar verhältnismäßig nahe kommen. Das Reichsgericht hat nämlich wiederholt Urteile zu § 370 Ziffer 5, deren Ergebnis es offenbar nicht billigte, mit der Begründung aufgehoben, die Annahme der Strafkammer, es handle sich bzw. es handle sich nicht um Gegenstände von unbedeutendem Werte oder geringer Menge, erscheine so auffällig, daß eine besonders sorgfältige Begründung verlangt werden müsse, die das Urteil jedoch vermissen lasse. Es sei daher unmöglich nachzuprüfen, ob die Strafkammer überall von zutreffenden rechtlichen Erwägungen ausgegangen sei. Das Reichsgericht beschränkt sich in diesen Fällen darauf, der Strafkammer für ihre neue Entscheidung gewisse Richtlinien zu geben. Keineswegs aber erklärt es von sich aus eine von der Strafkammer getroffene Subsumtion für unrichtig. Es prüft also sozusagen nur den theoretischen, nicht auch den praktischen Teil der Subsumtion nach[1]). Besonders klar geht diese Selbstbeschränkung des Reichsgerichts aus der Wendung im Urteil J. W. 1919, S. 47 hervor: „In der neuen Verhandlung wird zu prüfen sein, ob..., wenn etwa die... entwendeten Mengen nicht mehr als ‚geringe' im Sinne jener Vorschrift sollten zu gelten haben, nicht der Wert der jedesmal entwendeten Menge ein unbedeutender war...." Das Reichsgericht will also auch hier die endgültige Subsumtion dem Tatrichter überlassen und verlangt nur eine ausführliche Begründung von ihm. Wenn es in der Begründung des Vorderurteils irrige allgemeine Gesichtspunkte (den sog. „Rechtsirrtum") zu finden glaubt, so hebt es auf. In dem Urteil RGStr. Bd. 48, S. 52ff. hatte der Tatrichter z. B. den entwendeten Gegenständen — es waren 7 Mark bares Geld und

[1]) So insbesondre die Urteile des II. Strafsenats vom 13. 6. 84 (R. Bd. 6, S. 424) und vom 21. 1. 13 (E. Bd. 46, S. 408), sowie des III. Strafsenats vom 8. 7. 18 (J. W. 1919, S. 47, Nr. 1) und vom 6. 2. 19 (Lpz. Ztschr. 1919, S. 813, Nr. 31 I). Vgl. auch das Urteil des OLG. Kiel vom 5. 1. 24, ZStW. Bd. 45, S. 93.

für 80 Pfennig Wurst — die Eigenschaft der Geringwertigkeit aberkannt, da der Täter sich in schlechten Verhältnissen befunden habe und das Entwendete für ihn daher jedenfalls wertvoll gewesen sei. Mit Recht erklärt der V. Strafsenat es für unzulässig, die Tatsachen, aus denen sich die Notlage des Angeklagten ergibt, zur Verneinung der Geringwertigkeit zu verwenden. „Allerdings ist die an sich tatsächliche Feststellung vorausgeschickt, ein Betrag von 7,80 Mk. sei kein geringwertiger Gegenstand, aber das Urteil bietet keine Gewähr dafür, daß der im unmittelbaren Anschluß daran mit ‚jedenfalls' eingeführte irrige Erwägungsgrund nicht eine Begründung der vorangehenden Feststellung, sondern eine reine Hilfserwägung darstellt, auf der das Urteil nicht beruhen könnte."

Praktisch kommt diese Rechtsprechung des Reichsgerichts natürlich auf eine recht einschneidende Kontrolle der Untergerichte hinaus, insofern als sie gezwungen werden, ihre Urteile ausführlich und mit haltbaren Erwägungen zu begründen. Darin liegt unleugbar ein erheblicher Fortschritt gegenüber dem Urteil R. Bd. 3, S. 516, das vor der 15 Flaschen Wein kurzweg ohne jede Begründung als „geringe Menge" bezeichnenden Vorentscheidung haltmachen zu müssen glaubte. Wenn aber die Vorentscheidung mit in abstracto einigermaßen haltbaren Gründen versehen ist, so kümmert das Reichsgericht sich nicht darum, ob diese allgemeinen Erwägungen auch wirklich auf den konkreten Fall passen. Es bleibt trotz aller Ansätze auf halbem Wege stehen. Hieran ist in der Hauptsache die unglückliche Vorstellung von der „wesentlich tatsächlichen Natur" der Begriffe „unbedeutender Wert" usw. schuld[1]).

Ebenso verhält es sich übrigens mit den anderen Begriffsmerkmalen des Mundraubs, dem Zweck des „alsbaldigen Verbrauchs" (vgl. Kommentar der RGRäte, Anm. 7 zu § 370) und der „Not" im § 248a (vgl. RGStr. Bd. 46, S. 408).

2. angemessen, übermäßig, unverhältnismäßig, erforderlich, geringfügig[2]).

Besonders bedeutsam ist hier die Rechtsprechung des IV. und V. Strafsenats. So z. B. RGStr. Bd. 51, S. 146: „Die Annahme, daß die — sc. für Vermittlertätigkeit — zugebilligte Entschädigung von 3% angemessen sei, beruht lediglich auf der in der Revisionsinstanz nicht nachprüfbaren Beweiswürdigung." (IV. Senat.) RGStr. Bd. 51, S. 294 (IV): „Die Frage, ob der Reingewinn angemessen ist oder nicht, liegt im wesentlichen auf tatsächlichem Gebiete." RGStr. Bd. 52, S. 3 (IV.): „Die Berechnung des angemessenen und zulässigen Verkaufspreises muß alle Umstände berücksichtigen, die für die Berechnung eines an-

---

1) Von dieser Vorstellung können sich auch Olshausen, Anm. 7 zu § 370, Ziffer 5 (die Frage sei wesentlich, „obschon nicht unbedingt", tatsächlich) und der Kommentar der RGRäte, Anm. 6 daselbst, trotz mancher Zugeständnisse nicht gänzlich freimachen.

2) Diese Begriffe spielen bekanntlich im Kriegswucherstrafrecht eine Hauptrolle. Leider hat Alsberg in seiner ausgezeichneten Darstellung dieses Gebiets gerade unsere Frage nur gelegentlich kurz gestreift (vgl. z. B. Preistreibereistrafrecht 1919, S. 46, und 89.).

gemessenen Preises maßgebend sind. In welcher Höhe diese einzelnen Rechnungsposten dabei festgesetzt werden, ist im wesentlichen Tatfrage und entzieht sich der Nachprüfung des Reichsgerichts; das Erfordernis der Berücksichtigung aller maßgebender Rechnungsposten ist aber ein rechtliches."

Die Subsumtion unter den Begriff „übermäßig" wird vom III. Strafsenat in RGStr. Bd. 29, S. 348 und vom IV. Strafsenat in RGStr. Bd. 27, S. 182 als irrevisible Tatfrage bezeichnet. Dagegen geht der V. Strafsenat in der Nachprüfung des Begriffs „übermäßiger Gewinn" verhältnismäßig weit. So rechnet er in RGStr. Bd. 51, S. 335 die Entscheidungsgründe der Strafkammer zahlenmäßig durch und findet dabei einen Rechnungsfehler. Die Entscheidung J. W. 1922, S. 298, Nr. 12 hebt das Strafkammerurteil auf und spricht den Angeklagten frei, weil die Strafkammer den Reingewinn für übermäßig erklärt hat, ohne ihre Ansicht weiter zu begründen[1]).

Über den Begriff „auffälliges Mißverhältnis" spricht sich der III. Strafsenat in der zu § 302a StGB. ergangenen Entscheidung RGStr. Bd. 4, S. 392 folgendermaßen aus: „Das Mißverhältnis zwischen dem gewährten Vorteile und der Leistung des Gläubigers ist zunächst wesentlich eine Tatfrage; die vorgeschriebene Berücksichtigung des Einzelfalles und die Feststellung eines ‚auffallenden' Mißverhältnisses kann eben nur auf Grund der konkreten tatsächlichen Verhältnisse erfolgen". Dieser Satz enthält, wie das Wort „eben" zeigt, eine typische Verwechslung von Tatfrage und Frage des Einzelfalles; daraus, daß hier die Verhältnisse des Einzelfalles zu berücksichtigen sind, folgt keineswegs, daß es sich um eine Tatfrage handelt. Trotzdem folgt der IV. Strafsenat in RGStr. Bd. 53, S. 285 jener Entscheidung des III. Senats unbedenklich und ohne eigene Begründung.

Ob eine Verteidigung bei der Notwehr sich im Rahmen des „Erforderlichen" hält, ist nach der Entscheidung des I. Strafsenats RGStr. Bd. 55, S. 85 Tatfrage. Trotzdem unterzieht dieses Urteil sich aber in gewissem Umfange der Nachprüfung und erklärt dann, durch gewisse „tatsächliche Nachweise" (die indessen nicht durchweg tatsächlicher Natur waren), sei die Annahme gerechtfertigt, daß der Waffengebrauch zur Verteidigung erforderlich war. Der II. Strafsenat hält es für eine tatsächliche Feststellung, daß „von den Angeklagten die Waffen zu keinem anderen Zwecke als zu dem der persönlichen Verteidigung des Bürgertums, d. h. der ruhigen Bevölkerung im Wohnbezirk des Angeklagten, angeschafft sind, hierzu auch in vollem Umfang notwendig waren und tatsächlich so verwendet worden sind"[2]).

In der zu § 4 HGB. ergangenen Entscheidung des IV. Strafsenats RGStr. Bd. 34, S. 102 heißt es: „Daß die Strafkammer einen Umsatz von durchschnittlich 1600 Mk. im Jahre nicht für einen geringfügigen

[1]) Eine Nachprüfung der Kalkulation nimmt auch der I. Strafsenat in der Entscheidung J. W. 1922, S. 1589, Nr. 12 vor (vgl. auch die Anmerkung ALSBERGS dazu).

[2]) J. W. 1922, S. 1582, Nr. 1.

ansehen will, muß befremden. Allerdings fällt die Beantwortung dieser Frage zunächst in das Gebiet der tatsächlichen Würdigung und ist insoweit der Nachprüfung des Revisionsgerichts entzogen. Allein bei Berechnung des Umsatzes, den der Angeklagte in seinem Handelsbetriebe gehabt habe, scheint die Strafkammer teilweise von nicht zutreffenden Gesichtspunkten ausgegangen zu sein..." Einen erheblich freieren Standpunkt nimmt der gleiche Senat in RGStr. Bd. 19, S. 253 ein: „Zur Begründung der Rüge führt die Revision aus, es treffe das Gesetz darüber, wo nach allgemeiner gesellschaftlicher Anschauung ein Vermögenswert aufhöre, so geringfügig zu sein, daß er als solcher nicht in Frage komme, keine Entscheidung. Sie folgert hieraus, daß ein Irrtum über diese Grenze ein lediglich tatsächlicher sei und unter den § 59 falle. . . Die Ausführung ist als begründet nicht anzuerkennen... Ob die Qualität und der Wert des Gegenstandes, um welchen gespielt wird, ausreiche, damit das Spiel den Charakter eine Glücksspiels im Sinne des § 285 StGB. annimmt, ob etwa der Gegenstand nach allgemeiner gesellschaftlicher Anschauung überhaupt einen Vermögenswert hat, ist keine Frage rein tatsächlicher Natur, deren Entscheidung aus den konkreten Umständen des Einzelfalles zu schöpfen ist.... Sie ist vielmehr, da der Wert des Spielobjekts einen wesentlichen Bestandteil des Rechtsbegriffs des Glücksspiels im strafrechtlichen Sinne darstellt, zu entscheiden bei der rechtlichen Prüfung der Sachlage und bei der Subsumtion der Tatsachen unter das Strafgesetz." Wie schade, daß dieser von uns — bis auf die übliche Verwechselung von Tatfrage und Frage des Einzelfalles — vollkommen gebilligte Satz in einem nicht zur Frage der Revisibilität, sondern zu § 59 StGB. ergangenen Urteil steht!

Ob eine Hypothek als „gut und sicher" anzusehen ist, fällt nach RGStr. Bd. 29, S. 83 (IV.) „im wesentlichen in den Bereich der tatsächlichen Würdigung der Verhandlungsergebnisse und entzieht sich deshalb der Nachprüfung des Revisionsrichters."

3. Gleichheit und Ähnlichkeit[1]).

Auch hier finden sich erhebliche Unterschiede zwischen den Straf- und Zivilsenaten, welch letztere die Frage der Gleichartigkeit von Waren usw. regelmäßig selbständig nachprüfen (vgl. z. B. II. Zivilsenat RGZ. Bd. 95, S. 229 und 293 sowie J. W. 1922, S. 388, Nr. 2). Hingegen sagt z. B. der I. Strafsenat in RGStr. Bd. 41, S. 33: „Die Ähnlichkeit im Sinne der angeführten Stelle des Gesetzes vom 15. 6. 97 setzt nach dem Zwecke des Gesetzes gerade die Möglichkeit einer Täuschung des Publikums voraus und ist danach immer dann als vorhanden zu erachten, wenn eine Zubereitung Eigenschaften besitzt, zufolge deren im allgemeinen

[1]) Hierzu und zum folgenden vgl. VAIHINGER, a. a. O., 4. Aufl., S. 4 und das dort gegebene Zitat aus LAAS, Kants Analogien der Erfahrung, S. 247: „Die Begriffe Gleichheit, Ungleichheit, Einheit, Vielheit, Allheit, Kausalität (also eben die Kategorien) sind wahrhafte Schöpfungen, allerdings aus gegebenem Material, aber ‚doch Schöpfung von etwas als solchem in den gegebenen Vorstellungen gar nicht Liegendem'." Ferner SIMMEL, Einleitung in die Moralwissenschaft Bd. II, S. 122: „Die Gleichheit ist also nichts Objektives, nichts Seiendes...."

Verkehr eine Verwechselung mit Milchbutter oder Butterschmalz möglich ist. Ob diese Voraussetzungen gegeben sind, ist im einzelnen Falle eine Frage tatsächlicher Art, und es besteht kein Anhalt dafür, daß die Strafkammer den gesetzlichen Begriff der Ähnlichkeit verkannt hätte, indem sie eine solche im Hinblick auf die der Milchbutter oder dem Butterschmalz ‚gleiche Farbe', ‚dieselbe Konsistenz', das ‚annähernd gleiche Aussehen' der Erzeugnisse des Angeklagten und auf die hiernach gegebene Möglichkeit einer Verwechselung angenommen hat." Freilich erklärt der I. Senat in RGStr. Bd. 27, S. 336 zutreffend: „Der Revision kann zugegeben werden, daß die Feststellung, ob im Sinne des § 147 Ziffer 3 GewOrdnung ‚ein dem Arzte ähnlicher Titel' gebraucht worden, nicht rein tatsächlicher Natur ist, da der Begriff des Arztes aus § 29 a. a. O. zu entnehmen und es insoweit einer rechtlichen Prüfung bedarf, ob jener im Gesetze fixierte Begriff, ebenso auch der Begriff der Ähnlichkeit richtig erfaßt ist." Aber sehr bald lenkt auch dieses — weiter unten sub 4 noch zu besprechende — Urteil wieder in die alten Bahnen ein. Der IV. Strafsenat bezeichnet es in RGStr. Bd. 53, S. 212 als „wesentlich Sache der tatsächlichen Würdigung", ob eine größere Gefahr einer vorausgegangenen geringeren Gefahr gegenüber als die gleiche oder als eine andere anzusehen sei. Endlich sei hier noch die Entscheidung des V. Strafsenats RGStr. Bd. 38, S. 440 erwähnt: „Die Annahme des ersten Richters, die als Ausstattung gewählte Bezeichnung sei derjenigen Ausstattung, die die Nebenklägerin für ihre Waren oder deren Umhüllungen verwende, zum Verwechseln ähnlich, beruht auf tatsächlichen Erwägungen, die der Nachprüfung des Revisionsgerichts entzogen sind."

4. Irrevisibel ist nach Ansicht des Reichsgerichts auch die in engem Zusammenhange mit den unter 3 besprochenen Begriffen stehende Entscheidung der Frage, ob gewisse Vorkommnisse „geeignet" sind, bestimmte Wirkungen hervorzurufen[1]). So schon RGStr. Bd. 1, S. 117 vom 10. 12. 77: „Daß die Führung dieser Bezeichnung — sc. Zahntechniker und Doktor — den betreffenden Glauben erwecken kann — sc. der Inhaber sei eine geprüfte Medizinalperson —, ist eine von den Instanzgerichten aus tatsächlichen Unterlagen, insbesondere der öffentlichen Ankündigung und der provinziell mit dem Doktortitel verbundenen Anschauung entwickelte Feststellung, welche... der Nachprüfung in gegenwärtiger Nichtigkeitsinstanz entzogen ist." Sodann außer der bereits oben zu Ziffer 3 erwähnten Entscheidung RGStr. Bd. 27, S. 336 (I. Sen.) RGStr. Bd. 27, S. 295 (IV. Senat): Ob eine Boykotterklärung geeignet sei, gewisse Personen zu beunruhigen, sei Sache der tatsächlichen Feststellung. RGStr. Bd. 35, S. 127 (IV. Senat): Ob eine Tatsache geeignet sei, jemand verächtlich zu machen, RGStr. Bd. 36, S. 166 (I. Senat): „Ob die getroffenen Maßnahmen in der Tat geeignet sind, die Pfändung derart ersichtlich zu machen, daß jedermann klar und deutlich ersehen kann, welche einzelnen Sachen, und daß diese Sachen ge-

[1]) Trotz dieses Zusammenhanges gehören die hier unter Ziffer 4 erörterten Entscheidungen größtenteils unter die Rubrik „Auslegung menschlicher Gedankenäußerungen" (vgl. unten B).

pfändet sind, ist im wesentlichen Tatfrage... Das Revisionsgericht, welchem die Erörterung der Tatfrage entzogen ist, wird im Einzelfalle nur nachzuprüfen haben, ob die rechtlichen Voraussetzungen einer Pfändung... zutreffend festgestellt worden sind." Desgleichen RGStr. Bd. 37, S. 178: „Ob die Beweisergebnisse die Feststellung zuließen, daß die gewählte Bezeichnung geeignet war, bei dem Publikum den Glauben zu erwecken, daß die Beschwerdeführerin zu dem geprüften Heilpersonal im Sinne der mehrerwähnten Verordnung gehöre, war wesentlich Beweisfrage deren Entscheidung durch den Vorderrichter der Nachprüfung des Revisionsgerichts gemäß § 376 StPO. entzogen ist." Ferner RGStr. Bd. 38, S. 160 (III. Senat), Bd. 38, S. 244 und J. W. 1924, S. 100, Nr. 1 (IV. Senat), Bd. 52, S. 260 (V. Senat). Auch RGStr. Bd. 42, S. 25 (III. Senat) wendet sich nur gegen die grundsätzliche Auffassung des Vorderrichters: „Das Vordergericht hält im vorliegenden Falle allein den Umstand für ausschlaggebend, daß in dem betreffenden Inserate zur linken Seite ein Bienenkorb dargestellt war, der von Bienen umschwärmt wird. Nun kann allerdings auch eine bildliche Darstellung als Mittel zur Bezeichnung einer Ware dienen. Aber liegt ein solcher Fall vor, während die Ware zugleich noch in anderer Weise bezeichnet worden ist, dann kann die Frage, ob jene unter einer zur Täuschung geeigneten Bezeichnung feilgehalten worden, nicht, wie die Worte des Urteils ‚schon allein' ergeben, ausschließlich auf Grund der bildlichen Darstellung, sondern nur in Berücksichtigung aller in Betracht kommenden Umstände beantwortet werden. Das hat das Vordergericht nicht beachtet."

5. Versuch.

Hinsichtlich der Abgrenzung von Versuch und Vorbereitungshandlung findet sich bei Hugo Meyer[1]) folgende Erörterung: „Übrigens ist es nicht eine bloße Subsumtion einer konkreten Tatsache unter die gesetzliche Norm, wenn der Richter darin, daß der Angeklagte dem X Gift in die für ihn bestimmte Speise streut, eine Versuchshandlung erkennt, denn es ist jene Handlung durchaus nicht immer und notwendig eine Versuchshandlung, sondern kann den Umständen nach recht wohl bloße Vorbereitungshandlung sein". Hier hat sich also auch Hugo Meyer trotz seiner eindringenden Untersuchungen über das Wesen der Rechts- und Tatfrage einer Verwechselung von Tatfrage und Frage des Einzelfalles schuldig gemacht. Denn aus der durchaus richtigen Beobachtung, daß eine bestimmte Handlungsweise nicht immer und notwendig Versuch sein muß, folgt keineswegs, daß der Richter ihr gegenüber keine bloße Subsumtionsaufgabe zu erfüllen hat. Die Senate des Reichsgerichts haben jene Verwechselung zwar theoretisch mitgemacht, indem sie dem Revisionsangriffe gegenüber betonen, es sei „vielfach" oder „im wesentlichen" Sache tatrichterlichen Ermessens, die Grenze zwischen Versuch und Vorbereitung abzustecken (so insbesondere RGStr. Bd. 52, S. 282 — IV. Senat, Bd. 53, S. 217 — II. Senat

[1]) A. a. O., S. 62, Anmerkung 1.

und Bd. 58, S. 359 — I. Senat). Im praktischen Ergebnisse aber prüfen sie fast durchweg unter dem Vorwande, der Rechtsbegriff des Versuchs sei nicht richtig erfaßt, die ganze Subsumtion nach (so der II. Senat in R. Bd. 2, S. 179 und Bd. 4, S. 44, sowie in RGStr. Bd. 9, S. 81; der III. Senat in Bd. 13, S. 212 und Bd. 53, S. 340 — enger in Bd. 54, S. 43 —; der IV. Senat in Bd. 55, S. 244, in J. W. 1922, S. 1019, Nr. 17 und J. W. 1923, S. 388, Nr. 23; der V. Senat in Bd. 54, S. 332).

Die Abgrenzung des Versuchs von der Vollendung erklärt der IV. Senat in RGStr. Bd. 47, S. 74 für Tatfrage.

6. Gefahr, Möglichkeit, Wahrscheinlichkeit.

Ebenso wie alle anderen bisher erwähnten Begriffe ist auch der Begriff der Gefahr wertender Natur. Selbstverständlich kann aber nur die sorgsame Abwägung aller Umstände des Einzelfalles ein Urteil darüber ermöglichen, ob eine Gefährdung im Sinne eines der konkreten Gefährdungsdelikte vorliegt. Infolgedessen lag auch hier die Verwechselung zwischen Einzelfall und Irrevisibilität sozusagen in der Luft. Sonderbar ist nur, daß auch diejenigen Schriftsteller, die den wertenden Charakter des Gefahrbegriffs anerkennen, mitunter nicht den unabweisbaren Schluß auf seine Revisibilität ziehen[1]). In der Judikatur wiederum ist die Unklarheit so groß, daß im Schrifttum hier und da Zweifel über die Stellungnahme gewisser höchster Gerichte entstehen konnten. So glaubt z. B. FRIEDRICHS[2]) einen Gegensatz zwischen dem Reichsgericht, das die Verwechselungsgefahr für etwas Tatsächliches halte, und dem Preußischen Oberverwaltungsgericht feststellen zu können. Dagegen beruft SCHOLZ (früher Senatspräsident am Oberverwaltungsgericht) sich zur Bekräftigung seiner Ansicht von der Irrevisibilität des Gefahrbegriffs gerade auf die Rechtsprechung des OVG.[3]). In den von SCHOLZ zitierten Entscheidungen des OVG., insbesondere Bd. 4, S. 371 und Bd. 73, S. 327, ist jedenfalls die Ansicht von der rein tatsächlichen Natur des Gefahrbegriffs klar ausgesprochen.

Die Stellung der Zivilsenate des Reichsgerichts ist nicht einheitlich. Nach KANN[4]) wird die Verwechselungsgefahr als Tatfrage behandelt, die Wiederholungsgefahr dagegen meistens nachgeprüft. Doch läßt sich ein allgemeiner Satz hier nicht aufstellen. Der II. Zivilsenat geht z. B. in RGZ. Bd. 103, S. 388 in der Nachprüfung der Verwechselungsgefahr recht weit, erklärt dagegen in RGZ. Bd. 96, S. 245 die Frage, ob eine Wiederholungsgefahr bestehe, für „im wesentlichen tatsächlicher Natur". Die gleiche Formel verwendet der II. Zivilsenat auch in RGZ. Bd. 98, S. 269, um dann aber in eine eingehende Würdigung des konkreten Falles, insbesondere auch der Frage der Verwechselungsfähigkeit einzutreten. Die beiden Urteile des II. Zivilsenats RGZ. Bd. 95,

---

1) So z. B. KERN, Äußerungsdelikte S. 83 („eine auf tatsächlichem Gebiete liegende Beurteilung, eine Wertung"). FRIEDRICHS, Preuß. Verw. Bl. Bd. 42, S. 52, sagt zutreffend: „Das Urteil darüber, ob die Gefahr bestanden hat, gehört zu einer Klasse von Urteilen, die sich als Werturteile zusammenfassen lassen", läßt seine Ansicht über die Frage der Nachprüfbarkeit dieses Werturteils aber nicht erkennen.

2) A. a. O., S. 52. 3) Verw. Arch. Bd. 27 (1919), S. 39. 4) Zu § 550 ZPO.

S. 230 und 293, aus denen FRIEDRICHS[1]) schließt, das Reichsgericht halte die Verwechselungsgefahr für etwas Tatsächliches, enthalten m. E. eine recht weitgehende selbständige Nachprüfung (vgl. auch oben unter 3), ebenso das von WASSERMANN zu Unrecht beanstandete Urteil J. W. 1925, S. 51, Nr. 6. Wenn WASSERMANN in seiner Anmerkung meint, ob eine Verwechselungsgefahr bestehe, sei weniger Rechtsfrage als Gefühlssache, Gefahr sei kein „mathematisch feststehender Begriff", so verkennt er, daß die Rechtsfrage es wohl überhaupt kaum jemals mit mathematisch feststehenden Begriffen zu tun hat und sehr häufig nicht anders als gefühlsmäßig zu lösen ist[2]). Der VII. Zivilsenat erklärt die Gefahr im Sinne des § 1401 BGB. für eine Tatfrage (RGZ. Bd. 103, S. 128).

Vom strafrechtlichen Standpunkt aus ist die Frage zunächst in der Entscheidung des II. Strafsenats RGStr. Bd. 10, S. 173 ausführlich erörtert worden: „Eine feste, für die unendliche Zahl aller denkbaren Fälle durchgreifende Abgrenzung zwischen der Möglichkeit und der Wahrscheinlichkeit eines Schadens läßt sich nicht ziehen; es muß daher im allgemeinen dem Tatrichter überlassen werden, unter Erwägung aller Umstände des Einzelfalles zu entscheiden, ob eine Gefahr als vorhanden anzunehmen ist. Das hat der erste Richter im vorliegenden Falle getan, indem er die Distanz, die Fahrgeschwindigkeit, die Helligkeit, das Signalwesen etc. in Betracht gezogen hat. Ob sein Schluß ein tatsächlich richtiger war, unterliegt nach § 376 StPO. nicht der Nachprüfung des Revisionsgerichts. Zu prüfen bleibt nur, ob der erste Richter von unrichtigen rechtlichen Grundlagen ausgegangen ist". Also auch hier wieder die übliche Verwechselung zwischen Irrevisibilität und Berücksichtiguug der Umstände des Einzelfalles. Eine leise Abweichung von diesen Grundsätzen enthält aber bereits die Entscheidung des gleichen Senats Bd. 14, S. 135: Der erste Richter fasse den Begriff Eisenbahntransport zu eng auf, indem er seine Untersuchung darauf beschränke, ob die 5 verbundenen Eisenbahnwagen einer Beschädigung ausgesetzt waren. „Zum Transporte gehörten auch die auf den Eisenbahnwagen befindlichen Bremser, von denen das Urteil spricht und welche gefährdet sein konnten, auch wenn es den Eisenbahnwagen im Momente des Zusammenstoßes gelang und gelingen mußte, den leichteren M.schen Wagen ohne eigene Beschädigung aus dem Wege zu räumen." Die Wendung, daß die Bremser „gefährdet sein konnten, auch wenn...", scheint eine gewisse Selbständigkeit zu verraten. Noch weiter geht der II. Senat in RGStr. Bd. 52, S. 129: „In dem Schreiben vom 30. 7. 17 findet die Strafkammer eine Preisforderung, die unter Berücksichtigung der gesamten Verhältnisse einen übermäßigen Gewinn enthalte und daher unter die PreissteigerungsVO. falle. Diese Ansicht kann als zutreffend nicht erachtet werden... Zweck der PreissteigerungsVO. ist, eine Gefährdung der Allgemeinheit der Verbraucher durch Handlungen zu verhüten,

[1]) A. a. O., S. 52.

[2]) Ganz verkehrt neuestens aber J. W. 1924, S. 698, Nr. 26, vgl. die treffenden Anmerkungen MATTHIESSENS u. ROSENTHALS.

die ihrer Art nach dazu dienen können, die Preise für Gegenstände täglichen Bedarfs hoch zu halten und zu steigern (RGStr. Bd. 51, S. 260). Eine derartige Gefährdung kann aber nicht eintreten, wenn der Kriegsausschuß oder die höhere Verwaltungsbehörde... die Höhe der zuzubilligenden Entschädigung nach eigenem billigen Ermessen festzusetzen haben." Auch der I. Senat betont in RGStr. Bd. 29, S. 246 zwar, der Begriff der Gefährdung unterliege wesentlich tatsächlicher Beurteilung, kann sich ein gewisses Eindringen in die concreta des Falles aber schließlich doch nicht versagen: „Nachdem die Strafkammer im vorliegenden Falle tatsächlich festgestellt hat, daß die fragliche Stange als Stütze des Leitungsdrahts... erforderlich war, ... konnte die Möglichkeit als naheliegend betrachtet werden, daß eine Betriebsstörung... eintrat."

Der III. Senat behandelt in RGStr. Bd. 41, S. 373 die Frage: „Kann die durch einen Gütermakler arglistig erlangte Kenntnis von Aufträgen, die ein anderer Gütermakler erhalten hat, als Vermögensbeschädigung im Sinne des § 263 StGB. erachtet werden?" und prüft hierbei das Vorhandensein einer Vermögensgefährdung unbeschränkt nach: „Wenn nunmehr auch nach Inkrafttreten des BGB. gemäß § 252 anzunehmen ist, daß als entgangen der Gewinn gilt, der nach dem gewöhnlichen Laufe der Dinge... mit Wahrscheinlichkeit erwartet werden konnte, so ist doch für den vorliegenden Fall nicht genügend erkennbar gemacht und festgestellt, daß und weshalb der Zeuge B auch nur mit Wahrscheinlichkeit auf die Erfüllung der ihm erteilten Aufträge... rechnen konnte... Kann nach den erstrichterlichen Feststellungen nicht davon gesprochen werden, daß der Zeuge B ‚mit Wahrscheinlichkeit' einen Gewinn erlangt haben würde, so kann auch nicht für nachgewiesen erachtet werden, daß eine als Vermögensbeschädigung i. S. des § 263 StGB. sich darstellende Vermögensgefährdung eingetreten war... Das angefochtene Urteil war demgemäß aufzuheben[1])." Der IV. Strafsenat prüft in der Kriegswucherentscheidung RGStr. Bd. 51, S. 102 ganz selbständig, ob die Gefahr einer Beschlagnahme des verkauften Garns bestand, die den Angeklagten berechtigt hätte, eine ihm von der Strafkammer nicht zugebilligte Risikoprämie zu verlangen. In Bd. 53, S. 212 erklärt der IV. Senat den Begriff der Gefahr i. S. der §§ 315/16 RStG. ausdrücklich für einen Rechtsbegriff. Auch die Entscheidung des V. Senats RGStr. Bd. 51, S. 77 spricht auf Grund eigener Lebenserfahrung, allerdings in Übereinstimmung mit der Strafkammer, aus, daß ein Steinwurf auf einen Eisenbahnzug geeignet sei, die Sicherheit des Transports zu gefährden. Der gleiche Senat erklärt in RGStr. Bd. 40, 244 die Frage, ob die vorhandenen Abweichungen zwischen 2 Warenzeichen imstande seien, die Verwechselungsgefahr zu beseitigen, zwar für „Sache der tatsächlichen Prüfung des Einzelfalles", geht dann aber in der selb-

1) Anders der gleiche Senat in RGStr. Bd. 25, S. 329: „Hat das Urteil hierbei die Bedeutung der angekohlten Stellen für die Möglichkeit oder Wahrscheinlichkeit selbständigen Fortbrennens der Gebäudeteile unterschätzt, so handelt es sich um eine Unrichtigkeit der Beurteilung von Tatsachen, deren Nachprüfung nicht in die Rev.-Instanz gehört."

ständigen Nachprüfung recht weit: „Wenn die Strafkammer bei dieser Feststellung die Pferdebesitzer als die unmittelbaren Verbraucher berücksichtigt hat, so würde daraus an sich kein durchgreifendes rechtliches Bedenken herzuleiten sei, da bei Beurteiluug der Frage der Verwechselungsgefahr auf die Anschauungen derjenigen Verkehrskreise Rücksicht genommen werden darf, für welche die Ware als Gegenstand des Verbrauchs bestimmt ist. Es bleibt indes zu beachten, daß auch die Zwischenhändler, wenngleich diese eher als die eigentlichen Verbraucher in der Lage sein werden, sich vor Täuschungen zu schützen, nicht grundsätzlich von der Berücksichtigung auszuschließen sind. Wenn es daher, wie die Strafkammer annimmt, gerade Pferdekenntnis sein sollte, welche die Verschiedenheit der Zeichen sicher erkennen ließe und die Verbraucher vor Täuschung bewahren könnte, so würde dieser Schutz bei dem etwa vorauszusetzenden Mangel solcher Kenntnis gegenüber Zwischenhändlern jedenfalls versagen."

Ob etwas durchgeführt werden kann und daher „möglich" ist, unterzieht der IV. Senat in RGStr. Bd. 52, S. 5 einer eigenen Beurteilung: „Wie verfehlt der Einwand der Angeklagten ist, es sei unmöglich, die alte und die neue Ware auseinanderzuhalten, lehrt gerade das eingeschlagene Verfahren, wonach vielmehr erst neue Aufschriften (Etiketten) auf die Flaschen mit alter Ware geklebt werden mußten, um sie mit den höheren Preisen auszuzeichnen. Nichts leichter also, als die alten Aufschriften mit den niedrigen Preisen zu lassen, um eine Sonderung zwischen alter und neuer Ware zu erzielen".

7. Kausalität.

Nahe verwandt mit dem Gefahrbegriff ist das Problem des Kausalzusammenhanges. Es bedarf kaum der Erwähnung, daß wir die Kausalitätsfrage als Bestandteil der Tatsachenbewertung ansehen und ausnahmslos der Nachprüfung durch das Revisionsgericht unterworfen wissen wollen. Auffallenderweise stellt STEIN[1]) das Kausalproblem auf eine Stufe mit der Beweiswürdigung; er erklärt die Annahme, eine Ohrfeige habe einen 8 Tage später eingetretenen Herzschlag verursacht, für ebensowenig nachprüfbar wie die Annahme, der Besitz der gestohlenen Sache sei kein Indiz für den Diebstahl. Aber STEIN läßt hier m. E. wesentliche Verschiedenheiten unberücksichtigt. Wenn aus der Tatsache, daß A am 12. März im Besitze einer Uhr gefunden wurde, geschlossen wird, daß er es gewesen ist, der am 6. März diese Uhr von einem bestimmten Platze fortgenommen und zu sich gesteckt hat, so wird hier lediglich von einer Tatsache auf eine andere Tatsache geschlossen; eine rechtliche Bewertung, ja eine Bewertung überhaupt wird in diesem Stadium noch nicht vorgenommen. Wenn dagegen die Tatsache, daß A dem B am 6. März eine Ohrfeige gegeben hat, mit der Tatsache, daß B am 12. März gestorben ist, in diejenige Verbindung gebracht wird, die das Urteil gestattet, A habe dem B eine zum Tode führende Verletzung beigebracht, so liegt hierin ein rechtliches Werturteil. Die

[1]) Priv. Wissen, S. 111.

Beweisfrage, ob aus einer bekannten auf eine unbekannte Tatsache geschlossen werden kann, dient lediglich der Tatsachenfeststellung. Sie ist daher anders zu beurteilen als die Rechtsfrage, ob zwischen zwei bekannten Tatsachen ein ursächlicher Zusammenhang besteht. Diese letztere Frage dient nicht mehr der Tatsachenfeststellung, sondern der Bewertung festgestellter Tatsachen. Die Vorstelluug eines Kausalzusammenhanges ist eine Fiktion. „Gegeben ist uns immer nur ein Vorgang, ein Prozeß; wenn wir das Vorhergehende Ursache, das Folgende Wirkung nennen, so ist damit im Grunde nichts erreicht als ein Anthropomorphismus" (VAIHINGER, a.a. O. S. 309). In Wahrheit hat denn auch das Reichsgericht den Begriff der Kausalität und seine richtige Anwendung auf den konkreten Fall nicht selten bewußt oder unbewußt nachgeprüft. Es seien insbesondere folgende Entscheidungen angeführt: RGStr. Bd. 29, S. 304 (IV. Senat): Der Kausalzusammenhang zwischen der falschen Aussage des Angeklagten und der Verurteilung des B sei tatsächlich festgestellt. „Diese Feststellung kann auch nicht dadurch erschüttert werden, daß B auch in der Berufungsinstanz, nachdem der Beschwerdeführer anders ausgesagt, verurteilt worden ist; denn hieraus folgt nicht notwendig, daß daß Schöffengericht ebenso wie das Berufungsgericht erkannt haben würde, wenn der Beschwerdeführer nicht die bestimmten Angaben.. gemacht hätte." — RGStr. Bd. 52, S. 136 (IV. Senat): „Ursächlich für die schädigenden Verfügungen war die Täuschungshandlung R.s selbst dann, wenn man den von der Revision behaupteten Sachverhalt unterstellt." — RGSt. Bd. 53, S. 74 (V. Senat): „Zur Verneinung der Frage, ob der vom Angeklagten für den Hengst erzielte Kaufpreis von 3650 Mk. einen übermäßigen Gewinn... enthalten habe, gelangt das Landgericht, indem es erwägt, der Einkaufspreis von 2165 Mk. beruhe zum Teil auf einer Freigebigkeit der Landwirtschaftskammer... diese Begründung erscheint... von Rechtsirrtum beeinflußt. Einen ausnahmsweisen günstigen Erwerbspreis und damit einen Teil ungewöhnlich hohen Gewinns scheidet das Reichsgericht in ständiger Rechtsprechung... nur unter der Voraussetzung aus, daß der Erwerbspreis auf Umstände zurückzuführen ist, die in keinem unmittelbaren Zusammenhange mit der Kriegsnot stehen, sich auf den Erwerber und die Person, von der er erworben hat, beschränken und auf die Preisbildung gegenüber der Allgemeinheit nicht einwirken... so aber liegt die Sache hier nicht..." Ähnlich auch Bd. 53, S. 96 (V. Senat) und hinsichtlich der Frage der „Unterbrechung des Kausalzusammenhanges" Bd. 54, S. 179 (III. Senat). — Aber auch hier ist das Reichsgericht wieder nicht konsequent gewesen, es hat vielmehr in einer ganzen Anzahl von Urteilen an der Auffassung des Vorderrichters über die Kausalitätsfrage nicht zu rütteln gewagt. Im wesentlichen hat es in diesen Fällen mit der in der Literatur herrschenden Ansicht[1]) die Grenze zwischen Revisibilität und

[1]) Vgl. z. B. BIERLING, Jur. Prinzipienlehre, Bd. 3, S. 40, Anm. 9; BIRKMEYER, Gerichtssaal Bd. 37, (1885), S. 281, Anm. 3. S. auch v. BAR, Recht u. Beweis, S. 45.

Irrevisibilität ebenso wie bei der Anwendung des § 370 Nr. 5 StGB. gezogen, d. h. die allgemeine Begriffsbestimmung der Kausalität für nachprüfbar, die Anwendung des Kausalbegriffs auf den Einzelfall aber für nicht nachprüfbar erklärt. So z. B. R. Bd. IV, S. 365 (I. Senat): „Die rein tatsächliche Frage, ob der Kausalzusammenhang zwischen Beschädigung durch Vertragsabschluß und Täuschung vorhanden sei..."; RGStr. Bd. 39, S. 5 (I. Senat); Bd. 32, S. 439 (II. Senat); Bd. 32, S. 155 (IV. Senat)[1]. Wir halten demgegenüber auch hier daran fest, daß die Frage, ob der Vorfall X den Vorfall Y im Rechtssinne verursacht hat, eine Tatsachenbewertung enthält, die der Revision nicht entzogen werden darf. Das tritt bei Anwendung der adäquaten Kausalitätstheorien deutlicher in die Erscheinung als vom Standpunkt der Bedingungstheorie aus, gilt aber grundsätzlich auch für die letztere.

8. Fahrlässigkeit, Pflichtwidrigkeit.

Den Zivilsenaten rühmt Boyens, auf dessen ausführliche Darstellung[2] besonders verwiesen sei, nach, daß sie mit Ausnahme des II. Zivilsenats sich durchweg eine freie Beurteilung der Fahrlässigkeitsfrage zur Aufgabe gemacht hätten. Aus den letzten Jahren sind hier noch die Entscheidungen J. W. 1921, S. 396, Nr. 7, S. 1237, Nr. 14 und D. J. Z. 1922, S. 573 bemerkenswert. Die letztgenannte Entscheidung behandelt den instruktionswidrigen Schreckschuß des Polizeibeamten. Das Berufungsgericht hat ausgeführt, der Beamte M habe den Schuß in der Richtung einer menschenleeren Straße abgeben wollen; wenn der Schuß fehlgegangen sei, so sei ihm das bei der begreiflichen Erregung, in der er sich befunden habe, nicht zum Verschulden anzurechnen. Hiergegen wendet sich das Reichsgericht: Die Abgabe von Schreckschüssen sei überhaupt ein völlig ungeeignetes Mittel. Weiter aber sei es eine auch durch die Erregung nicht zu entschuldigende grobe Fahrlässigkeit des M gewesen, daß er die Schüsse anstatt nach oben in der Richtung einer Straße abgab[3].

In Strafsachen ist das Bild weniger erfreulich. Fast alle Strafsenate betonen die Irrevisibilität des Urteils über das Voraussehen-Müssen und -Können. So z. B. RGStr. Bd. 1, S. 373; Bd. 30, S. 252; Bd. 32, S. 155, Bd. 41, S. 121; Bd. 54, S. 350 (I. Senat); Bd. 5, S. 311 (III. Senat); Bd. 30, S. 28; Bd. 32, S. 220; Bd. 51, S. 140; Bd. 52, S. 331 (IV. Senat);

[1]) Vgl. ferner auch die Entscheidung des VI. Zivilsenats vom 28. 5. 19 (J. W. 1919, S. 729, Nr. 17) nebst Anmerkung von Heilberg, die des III. Zivilsenats vom 4. 11. 21 (RGZ. Bd. 103, S. 144). Dagegen prüft das berühmte Urteil des VI. Zivilsenats RGZ. Bd. 54, S. 73ff. den Kausalzusammenhang doch recht selbständig nach. Vgl. auch RGZ. Bd. 96, S. 246 (II.): „Das Berufungsgericht nimmt an, daß die Bestellung durch die unwahre Ankündigung verursacht worden sei... Auch dies kann nicht für rechtsirrig erachtet werden. Wird freilich der Leser der Ankündigungen durch die unwahren Angaben zunächst nur angelockt, ein Kaufangebot zu stellen, und erfährt er noch vor Abschluß des Kaufvertrags die wahre Eigenschaft der angebotenen Ware, so wird der ursächliche Zusammenhang zwischen Angebot und Kaufabschluß nicht hergestellt..."

[2]) A. a. O., S. 157ff.; ebenso Kann, a. a. O., zu § 550.

[3]) In RGZ. Bd. 104, S. 191 prüft der I. Zivilsenat selbständig nach, ob ein Vertragsteil den Mangel der Vertretungsmacht des Gegners „kennen mußte".

Bd. 54, S. 36 (V. Senat). Interessant ist aber Bd. 53, S. 142 (IV. Senat): „Die Strafkammer stellt ferner fest, die Angeklagte habe nicht voraussehen können, daß das Kind sterben werde, wenn es nicht Vollmilch erhalte. Diese Feststellungen schließen nicht aus, daß die Angeklagte den Tod des Kindes durch Mangel an der gebotenen Sorgfalt verschuldet hat, wiewohl sie den Tod als Folge ihres pflichtwidrigen Verhaltens voraussehen konnte... Die Strafkammer hat zwar festgestellt, daß die Angeklagte den Tod des Kindes nicht habe voraussehen können, aber nur als Folge davon nicht, daß das Kind nicht Vollmilch erhielt. Daß sie den Tod auch nicht voraussehen konnte als Folge des fast völligen Nahrungsmangels..., ist dagegen nicht festgestellt." Man fühlt: hier bewegt sich das Reichsgericht sozusagen schon auf der Grenzscheide zwischen Gebundenheit und Freiheit. Auch das Urteil des gleichen Senats Bd. 53, S. 4 läßt eine freiere Auffassung bei der Nachprüfung, ob eine Unkenntnis entschuldbar ist, erkennen[1]).

Ob Pflichtwidrigkeit vorliegt, ist nach RGStr. Bd. 24, S. 417 (I) und Bd. 53, S. 135 (V) ebenfalls eine wesentlich tatsächliche Frage. Ebenso erklärt der IV. Senat in dem berühmten „Leinenfängerurteil" Bd. 30, S. 25, die Entscheidung der Frage, ob Pflichtwidrigkeit vorliege, liege im wesentlichen auf dem Gebiete der tatsächlichen Würdigung der vorliegenden Verhältnisse. Es ist daher unrichtig, wenn GROSSMANN[2]) dem Reichsgericht vorwirft, es habe die Frage, ob dem Angeklagten eine solche Rücksichtnahme auf das „Allgemeinwohl" zugemutet werden könne, verneint. Das RG. hat diese Frage hier überhaupt nicht selbständig geprüft. Dagegen verneint der IV. Senat — wie schon in Bd. 36, S. 78 — in seinem überhaupt erfreulichen Urteil Bd. 57, S. 172 auf Grund selbständiger Beurteilung die Pflichtwidrigkeit, obgleich die Strafkammer ohne Nachprüfung dieses Punktes wegen fahrlässiger Tötung verurteilt hatte.

9. Öffentliches Interesse.

Der Begriff des öffentlichen Interesses ist stets ein Rechtsbegriff[3]). Ob etwas im öffentlichen Interesse liegt oder nicht, ist typische Wertung und vom Revisionsgericht unbeschränkt nachprüfbar. Die Strafsenate des Reichsgerichts haben, soweit ich sehe, wenig Gelegenheit gehabt, sich mit diesem Begriff zu beschäftigen. In RGStr. Bd. 40, S. 213 heißt es: „Ob das Urteil mit dem mehrfachen Hinweise auf das öffentliche Interesse, dem die Ausführung des Werks diente, eine selbständige Feststellung tatsächlichen Inhalts treffen oder nur eine aus der Natur der Anlage abgeleitete Schlußfolgerung aussprechen will, die rechtlich belanglos wäre, ist nicht klar." Das klingt an die HOFACKERsche Lehre

[1]) Vgl. auch das Urteil des I. Senats J. W. 1923, S. 758, Nr. 3, das freilich weniger den Einzelfall selbst, als einen vom Vorderrichter aufgestellten Erfahrungssatz nachprüft; vor allem aber die Urteile Bd. 57, S. 148 (I.), Bd. 58, S. 271 (Feriensenat), J. W. 1924, S. 1993, Nr. 2 (I.) u. J. W. 1923, S. 380, Nr. 14 (IV.).

[2]) Die Grenze von Vorsatz und Fahrlässigkeit (Hamburger Abhandlungen, Heft 6) 1924, S. 9.

[3]) W. JELLINEK, a. a. O., S. 71. Auf die Ausführungen v. LAUNS, a. a. O., S. 67ff. kann hier nicht eingegangen werden (vgl. unten § 8).

vom Doppelsinn des Begriffs „öffentliches Interesse“ an[1]). Neuestens hätte der VI. Strafsenat in seiner Entscheidung vom 15. 6. 22 (Gewerbe- und Kaufmannsgericht, 27. Jahrgang, S. 274) Gelegenheit gehabt, die Subsumtion der Strafkammer unter den Begriff des öffentlichen Interesses nachzuprüfen. Es handelt sich in diesem Urteil darum, ob in einem Bankgeschäft Überstunden geleistet werden durften, weil die Arbeiten im öffentlichen Interesse unverzüglich vorgenommen werden mußten (§ 4 Ziffer 2 der Verordnung vom 18. 3. 19, RGBl. S. 315). Das Reichsgericht erklärt hier, der Begriff der im öffentlichen Interesse zu erledigenden Arbeiten bedürfe einer rechtlichen Untersuchung, nimmt diese Untersuchung auch in eingehender Weise vor, unterläßt es aber nachzuprüfen, ob im konkreten Falle eine Erledigung der Arbeiten mit Hilfe von Überstunden erforderlich war. Besondere Bedeutung wird die Frage gewinnen, wenn nach dem Vorschlage des Entwurfs von 1925 bei der Wahrnehmung berechtigter Interessen das öffentliche Interesse ausdrücklich dem privaten gleichgestellt werden sollte (§ 286 II des Entwurfs eines Allg. Deutschen StGB.).

Zu § 193 StGB. erklärt das Reichsgericht die Auslegung, daß eine bestimmte Äußerung zur Wahrnehmung berechtigter Jnteressen getan sei usw., für tatsächlich (vgl. hierüber unten B).

10. Fortgesetzte Handlung.

Rumpf behauptet, die Praxis des Reichsgerichts schwanke hinsichtlich der Frage, ob die Annahme einer fortgesetzten Handlung revisibel sei oder nicht[2]). An einer anderen Stelle dagegen erklärt er, nur einmal — nämlich in J. W. 1901, S. 277, Nr. 18 — blitze in einer Reichsgerichtsentscheidung „der gesunde Gedanke auf, daß es der Tatrichter ist, der ohnehin zunächst dazu berufen ist, zu ermessen, ob eine fortgesetzte Handlung als gegeben zu erachten ist[3])“. Das Gegenteil dieser letzteren Behauptung ist richtig. In der überwiegenden Mehrzahl seiner Entscheidungen hat das Reichsgericht die Frage, ob Realkonkurrenz oder fortgesetzte Handlung vorliege, für irrevisibel erklärt. Man lese etwa die Entscheidungen RGStr. Bd. 28, S. 352; Bd. 30, S. 68; Bd. 32, S. 384; Bd. 39, S. 243; Bd. 51, S. 4, S. 135, S. 174, S. 253, S. 305, S. 321; Bd. 55, S. 135, nach. Freilich hat das Reichsgericht sich mit Recht gegen allzu formelhafte Feststellungen der Strafkammer gewandt; so z. B. Bd. 32, S. 394: „Eine zutreffende Lösung der dem Tatrichter hiernach zufallenden Aufgabe kann jedoch darin nicht erkannt werden, daß die Strafkammer ohne individualisierende Begründung, lediglich in der schematischen Form der sog. Schlußfeststellung, eine Mehrheit selbständiger Handlungen angenommen hat.“ Der III. Senat betont ferner in Bd. 26, S. 175 zutreffend, der Begriff der Fortsetzung sei ein Rechtsbegriff, dessen richtige Anwendung ebenso durch Revision angefochten werden könne wie die Anwendung oder Nichtanwendung des § 74 StGB. Das reicht aber alles nicht im entferntesten aus, um von

---

[1]) Staatsverwaltung und Strafrechtsreform S. 189.
[2]) Strafrichter Bd. 2, S. 328. [3]) A. a. O., S. 327.

einer wirklichen Nachprüfung der konkreten Subsumtion unter den Begriff der fortgesetzten Handlung durch das Reichsgericht zu sprechen[1]).

II. Subsumtion unter „bestimmte Begriffe".

Wenn wir nunmehr das Verhalten des Reichsgerichts gegenüber einer Reihe von Begriffen betrachten, die nicht mehr als Wertbegriffe oder unbestimmte Begriffe im gewöhnlichen Sinne bezeichnet werden können, so dürfen wir vor allem nicht vergessen, daß die Grenze zwischen den Kategorien der bestimmten und unbestimmten Begriffe, wie oben ausgeführt, sehr schwankend ist, und daß kein Grund vorliegt, hinsichtlich der Nachprüfbarkeit eine unterschiedliche Behandlung der beiden Gruppen eintreten zu lassen. Daß auch hier nur einige Stichproben gegeben werden können, versteht sich wohl von selbst.

1. Geheimnis.

RGStr. Bd. 38, S. 110 (III.): „Wie groß die Zahl der Interessenten, welchen gegenüber eine Aufdeckung des Geheimnisses stattgefunden hat, sein muß, um dem Geheimnis seine Eigenschaft als solches zu nehmen, ist im wesentlichen Tat- und Beweisfrage".

2. Menschenmenge.

RGStr. Bd. 40, S. 76 (II.): „Unter welchen Umständen eine Mehrheit von Personen im Sinne der §§ 110 und 111 StGB. eine Menschenmenge darstellt, unterliegt wesentlich der Beurteilung im Einzelfalle. Das angefochtene Urteil, läßt jedoch ersehen, daß der Vorderrichter bei der Prüfung von rechtsirrigen Voraussetzungen ausgegangen ist..."

3. Versammlung.

RGStr. Bd. 29, S. 168 (II.): Die Frage, wieviel Personen erforderlich sind, um eine Versammlung zu bilden, sei tatsächlicher Art.

4. Geschlossener Personenkreis.

RGStr. Bd. 40, S. 263 (III.): „Zutreffend legt das Urteil Gewicht auf die Größe der Mitgliederzahl und auf die Leichtigkeit, mit der sich nicht bloß... der Eintritt in den Verein, sondern auch der Zutritt zu der hier in Frage kommenden Versammlung vollzog... Die hierauf gegründete Annahme, daß der Angeklagte nicht vor einem vermöge der besonderen Umstände in sich verbundenen und bestimmt abgeschlossenen Personenkreise sprach..., ist, ... da sie auf tatsächlichem Gebiete liegt, mit der Revision nicht angreifbar."

---

[1]) Wenn Frank (Anm. Vd zu § 74) betont, es liege im freien Ermessen des Richters, ob er eine fortgesetzte Handlung annehmen wolle oder nicht, so wäre damit nach der üblichen Terminologie gleichzeitig die Frage der Revisibilität verneint. In Wahrheit wird man jedoch unterscheiden müssen. Soweit es sich um die Gestaltung des Willens handelt, liegt allerdings eine der Nachprüfung entzogene Beweisfrage vor. Hinsichtlich der übrigen Merkmale der fortgesetzten Handlung (z. B. Gleichheit des angegriffenen Rechtsgutes) gilt dieser Satz jedoch nicht. — Im wesentlichen richtig Doerr, Das fortgesetzte Delikt, 1908, S. 232ff., der allerdings S. 234 die Ermessensfragen („ob z. B. der zwischen der Verübung der Einzelhandlungen jeweils liegende Zeitraum derart ist, daß noch von Fortsetzung und Kontinuität der Handlungen gesprochen werden kann") als „tatsächliche" der Nachprüfung des Revisionsgerichts entziehen will.

5. Ort.

RGStr. Bd. 29, S. 408 (III.): „Eine allgemeine, nach allen Seiten hin fest abgegrenzte und erschöpfende Bestimmung dieses Begriffsmerkmales ist jedoch weder möglich noch auch nur erforderlich. Die tatsächlichen Verhältnisse des Lebens sind zu mannigfaltig und oft zu verwickelt, um eine befriedigende allgemeine Begriffsbestimmung zu gestatten. Es wird daher in jedem einzelnen zu entscheidenden Falle Sache des ...richterlichen Ermessens sein, ob angenommen werden dürfte, daß der aus § 237 StGB. angeklagte Täter die Frauensperson von ihrem bisherigen Aufenthaltsorte nach einem anderen Orte gebracht... habe, und die Beantwortung dieser Frage durch den erkennenden Richter wird rechtlicher Beanstandung entzogen sein, wenn hierbei der Richter ersichtlich als entscheidenden Gesichtspunkt den festgehalten hat, daß durch die Veränderung des Aufenthaltsortes der minderjährigen Frauensperson nach den Umständen des Falles eine... erfolgreiche Betätigung des elterlichen Schutzrechtes vereitelt erscheinen müsse... Innerhalb dieses allgemeinen Rahmens liegt die nähere Abwägung der einzelnen Umstände und damit auch die Feststellung, daß die bezeichnete Voraussetzung im zu entscheidenden Falle zutreffe, wesentlich auf dem nach § 376 StPO. der Revision verschlossenen Gebiete des Tatsächlichen". — Die von uns bekämpfte Auffassung kommt wohl nirgends so klar zum Ausdruck wie in diesem Urteil.

6. Unlautere Machenschaft.

Der I. Senat subsumiert in RGStr. Bd. 53, S. 158 den Tatbestand — es handelt sich um die Aufstellung von Scheinbietern — ganz selbständig unter den Begriff der unlauteren Machenschaft und kommt dabei abweichend von der I. Instanz zu dem Ergebnisse: „Sollte die Machenschaft tatsächlich, wie die Strafkammer annimmt, im Moselgebiet verbreitet und üblich sein..., so verliert dadurch die Machenschaft nicht an Unlauterkeit." Ebenso der II. Senat in RGStr. Bd. 52, S. 311: „Das Landgericht sieht die unlautere Machenschaft des Angeklagten allein darin, daß er den Zwischenhandel mit den Motoren betrieben hat, während vom Waffen- und Munitionsbeschaffungsamt eine Maschinenausgleichsstelle ins Leben gerufen war... Bei der Schwierigkeit des Handels mit gebrauchten Gegenständen läßt aber das Vorhandensein einer Art der Vermittelung nicht ohne weiteres jede andere Vermittelungsweise als unlauter erscheinen..." Anders der V. Senat in RGStr. Bd. 52, S. 227: „Ob sich eine gewisse Geschäftsgebarung als unlautere Machenschaft darstellt, hängt im wesentlichen von den Umständen des Einzelfalles ab, deren Beurteilung dem Tatrichter unterliegt. Das Revisionsgericht kann nur nachprüfen, ob er die hierfür maßgebenden rechtlichen Gesichtspunkte in Betracht gezogen hat und ob seine tatrichterliche Beurteilung nicht von Rechtsirrtum beeinflußt erscheint."

7. Glücksspiel.

Eine verhältnismäßig befriedigende Entwickelung hat nach manchen Abirrungen die Rechtsprechung des Reichsgerichts über den Begriff des Glücksspiels genommen. Im ersten Jahrzehnt des Bestehens des Reichgerichts ereignete es sich bekanntlich, daß ein und derselbe Senat — es war der IV. Strafsenat — zunächst durch Entscheidung vom 22. 5. 85 ein Landgerichtsurteil aufrechterhielt, das dem „Mauscheln" den Charakter des Glücksspiels absprach, und dann durch Entscheidung vom 15.2.89 (Goltd. Arch. Bd. 37, S. 159) ein Urteil bestätigte, das dieses Spiel als Glücksspiel ansah. Der Senat glaubte sich eben jedesmal an die „tatsächliche Feststellung" des Landgerichts darüber gebunden, ob beim Mauscheln die Geschicklichkeit der Spieler oder der Zufall vorwiegend den Ausfall des Spiels bedingt. Im erstgenannten Urteil hatte das Landgericht der Geschicklichkeit, im zweiten Falle dem Zufall das Übergewicht zugeschrieben. Hieran hatte das Reichsgericht nicht zu rütteln gewagt. Die Angelegenheit muß unliebsames Aufsehen erregt haben; denn ein Mitglied des Reichsgerichts, MEVES, der damalige Herausgeber von Goltdammers Archiv, sah sich veranlaßt, zweimal zur Verteidigung der Entscheidungen die Feder zu ergreifen[1]). Diese Verteidigung ist merkwürdig matt ausgefallen; sie setzt nämlich das eigentliche Beweisthema als feststehend voraus: weshalb das Reichsgericht an die Auffassung der Instanzgerichte über die Subsumierbarkeit des „Mauschelns" unter den Begriff Glücksspiel gebunden sein soll. Es wäre natürlich dagegen garnichts einzuwenden gewesen, wenn das Reichsgericht etwa auf Grund der konkreten Tatumstände in dem einen Falle zur Verneinung, im anderen Falle zur Bejahung des Glücksspielcharakters gelangt wäre. So liegt die Sache aber, wie gerade aus der Darstellung MEVES' deutlich hervorgeht, hier nicht. Vielmehr hat das Reichsgericht lediglich vor der Subsumtion der Untergerichte haltgemacht. Wenn MEVES aber in seinem zweiten Aufsatze sogar soweit ging, zu erklären, derartig gegensätzliche Entscheidungen gleichgearteter Fälle könnten sich jederzeit wiederholen[2]), so hat er mit dieser Prophezeiung wenigstens für das Gebiet des Glücksspiels wohl unrecht behalten. Vielmehr ist gerade hier seit jener Zeit eine merkliche Änderung in der Rechtsprechung des Reichsgerichts zu verzeichnen. Unbefriedigend sind freilich noch die Urteile des I. Senats vom 19. 3. 94 (RGStr. Bd. 25, S. 192) und des V. Senats vom 26. 5. 08 (Bd. 41, S. 331); der II. Strafsenat aber war bereits in den Urteilen vom 1. 4. 84 (Bd. 10, S. 245) und vom 29. 9. 85 (Bd. 12, S. 388) in der Nachprüfung recht weit gegangen[3]). Und sehr eingehend prüft dann auch der 1. Strafsenat in der Entscheidung vom 14. 2. 01 (Bd. 34, S. 140) nach, ob die sog. Hydra- oder Schneeballengeschäfte Ausspielgeschäfte sind, wobei er auch die Bedingungen des gedruckten Prospekts selbständig beurteilt. Hierbei geht der Senat von dem allgemeinen Satze aus, bei der Ausspielung solle der Erwerb der Ware von dem Eintritt mehr oder weniger zufälliger Bedingungen abhängen. „Solcher Art sind aber, wie die Strafkammer richtig erkannt hat, die Bedingungen des im Prospekt

[1]) Goltd. Arch. Bd. 67, S. 159 und Bd. 45, S. 1ff. [2]) A. a. O., Bd. 45, S. 8.

[3]) Vgl. jetzt auch das interessante Urteil des II. Strafsenats J. W. 1923, S. 125, Nr. 5, das die Ansicht der Strafkammer, es sei in concreto nicht der Zufall entscheidend gewesen, verwirft.

verheißenen Erwerbs." In diesem „wie die Strafkammer richtig erkannt hat" (anstatt: „wie die Strafkammer bindend festgestellt hat") liegt die selbständige Subsumtion. Derselbe Senat prüft dann in RGStr. Bd. 43, S. 155 nach, ob im Betriebe eines Geldautomaten im konkreten Falle ein Glücksspiel zu erblicken sei (ebenso der IV. Senat in RGStr. Bd. 41, S. 218). Diese Praxis ist auch von den Oberlandesgerichten als Revisionsgerichten übernommen worden, wie das Urteil des OLG. Kiel vom 19. 10. 21 (ZStW. Bd. 43, S. 253) beweist: „Wenn auch das Skatspiel als solches ein Geschicklichkeitsspiel ist, weil es im wesentlichen auf das Verständnis und die Aufmerksamkeit, also auf die Geschicklichkeit des Spielers ankommt, so war doch bei dem in Rede stehenden Preisskat der einzelne Spieler nicht in der Lage, das Spiel an den übrigen Tischen durch seine Geschicklichkeit zu beeinflussen, weil er mit diesen Spielern nicht unmittelbar in Wettbewerb trat..."

8. Zum Begriffe der „künstlichen und schwer zu entdeckenden Art des Verbergens" nach § 11 des Preuß. Gesetzes vom 23. 1. 38 und § 144 VZG. sagt der V. Senat (Bd. 52, S. 251): „Wenn auch die Frage, ob ein verborgener Gegenstand mehr oder weniger schwer zu entdecken ist, an sich auf dem Gebiete der Tatsachen liegt, so erlangt doch der Begriff ‚schwer zu entdecken' im Rahmen der vorliegenden Gesetzesbestimmung seine rechtliche Begrenzung durch den Zweck der Vorschrift und das Bedürfnis des zu schützenden öffentlichen Interesses... Weshalb diese Begriffsbestimmung auf die Verstauung eines verhältnismäßig kleinen Fasses in einer ganzen Waggonladung Grubenholz nicht zutreffen sollte, läßt das Urteil nicht erkennen."

9. Politische Demonstration.

In RGStr. Bd. 45, S. 86 (V. Senat) wurde der Angeklagte aus §§ 9 II, 18 Nr. 2 des Vereinsgesetzes verurteilt, weil er bei einem Leichenbegängnis einen Kranz mit roter Schleife getragen hatte: „Was unter einer ‚politischen Demonstation' zu verstehen ist, ob eine solche von dem Angeklagten B beabsichtigt war und ausgeführt wurde, ist wesentlich Tatfrage... Insbesondere berührt auch die Frage, ob ‚ein westfälischer Industrieort an die rote Farbe' von Kranzschleifen ‚gewöhnt sein dürfte', nur das Gebiet des Tatsächlichen".

10. Lärm.

RGStr. Bd. 37, S. 150 (I. Senat): „Sodann erscheint als verfehlt..., daß die Strafkammer das Spiel eines Orchestrions ohne weiteres für Lärm erklärt. Hierüber entschied die Intensität der Töne und die Qualität der Musik, nicht etwa die Empfindung oder gar die Empfindlichkeit jedes einzelnen, sondern normale Schallempfindungen. Wenn die Beantwortung dieser Fragen auch mehr dem tatsächlichen Gebiete angehörte, so läßt das Urteil doch jede nähere Darlegung über Stärke und Art der Musik vermissen und kann den Rechtsbegriff Lärm verkannt haben".

11. Gehörige Bedeutung, wiederholtes Supplizieren.

RGStr. Bd. 32, S. 243 (IV.): „Das Urteil erwähnt ‚ablehnende Bescheide mit eingehender Begründung', gibt jedoch über den Inhalt weder der Eingaben noch der Bescheide eine der revisionsrichterlichen

Nachprüfung zugängliche Auskunft. Als lediglich tatsächlich können die im § 30 aufgestellten Begriffe der ‚Klage', des ‚Supplizierens' sowie der ‚gehörigen Bedeutung' nicht aufgefaßt werden."

12. Brücke.

RGStr. Bd. 24, S. 27 (III. Senat): „Ob im Einzelfalle einer auf Grund von § 305 StGB. erhobenen Beschuldigung die zerstörte Anlage eine Brücke sei, ist wesentlich Tatfrage. Bei deren Beantwortung muß aber der Richter von dem richtigen Rechtsbegriffe, den der Gesetzgeber mit jenem Ausdrucke verbunden hat, ausgehen".

13. Teilweise Zerstörung.

RGStr. Bd. 54, S. 205 (II. Senat) prüft selbständig nach, ob eine „teilweise Zerstörung eines Gebäudes" nach § 305 StGB. vorliegt. In dem Urteil des gleichen Senats, Bd. 20, S. 182, dagegen heißt es, der Tatrichter habe im vorliegenden Falle angenommen, daß die Dampfmaschine als solche beschädigt worden sei. „Die gegen diese Annahme gerichteten Ausführungen der Revision beweisen allerdings, daß die Grenze, innerhalb welcher, wenn ein kompliziertes Sachganzes in Frage steht, eine Verletzung der Sachsubstanz angenommen werden kann, eine flüssige ist und dem Ermessen des Tatrichters Raum läßt; der Revisionsrichter ist aber auf eine Prüfung der rechtlichen Gesichtspunkte der vorinstanzlichen Entscheidung beschränkt."

14. Maschine.

RGStr. Bd. 28, S. 185 (I. Senat) prüft selbständig nach, ob eine Vorrichtung zur Anfertigung von Rohrdecken für Gärtnereien als „Maschine" oder nur als „Arbeitsgerät" zu gelten habe.

15. Zusammengesetzte Sache. Gegenstände, die zum öffentlichen Nutzen dienen (§ 304 StGB.).

RGStr. Bd. 31, S. 329 (II. Senat): Der Angeklagte hat einen zur Bezeichnung des Wasserstandes dienenden Stein unbefugt umgeworfen. Die Strafkammer verneint die Anwendbarkeit des § 304, weil der Stein nicht beschädigt, die Nivellementsanlage aber zwar beschädigt sei, jedoch „nur aus einzelnen körperlichen Sachen bestehe, deren Beziehung zueinander allein auf technischen Begriffen beruhe". Hierzu sagt das Reichsgericht, das sei „unverständlich und es muß deshalb als ausgeschlossen erscheinen, daß etwa das Vorliegen einer zusammengesetzten Sache aus rein tatsächlichen Gründen verneint worden sei". — In RGStr. Bd. 58, S. 346 verneint der I. Senat entgegen der Vorinstanz die Eigenschaft einer Quellfassungsanlage als eines zum öffentlichen Nutzen dienenden Gegenstandes wenigstens für den Fall, daß ein allgemein benutzbarer Brunnen nicht vorhanden ist.

16. Umschlossener Raum.

RGStr. Bd. 56, S. 97 (IV. Senat) prüft, ob der Freihafenbezirk Stettin ein umschlossener Raum im Sinne des § 243 I Nr. 2 ist: „Diese Anlage zeigt deutlich die mit dem Zwecke des Freihafens notwendig verbundene Absicht des Eigentümers und zugleich die Eignung der Umfriedigung, das Eindringen Unberechtigter in den Freihafen durch Bereitung eines nicht unerheblichen Hindernisses abzuhalten." (Ähnlich auch derselbe Senat in Bd. 54, S. 20 und der III. Senat in Bd. 55, S. 153.)

17. Nach RGStr. Bd. 27, S. 361 (I. Senat) ist die Frage, ob jemandem durch einen verschlossenen Raum der Ausgang verwehrt, ob er an der freien Bewegung im Raume gehindert wird, wesentlich tatsächlicher Natur.

18. Beweglicher Gegenstand.

RGStr. Bd. 24, S. 375 (I. Senat): „Dem Urteile ist darin beizupflichten, daß das Werkzeug des § 223a StGB. ein beweglicher Gegenstand sein muß. Seine weitere Feststellung, daß der in Rede stehende Kochherd ein beweglicher Gegenstand nicht gewesen, ist tatsächlicher Natur."

19. Verdorben.

RGSt. Bd. 23, S. 409 (I. Senat): „Die tatsächliche Feststellung, dem Biere habe die objektive Eigenschaft des Verdorbenseins nicht angehaftet, ist nicht unanfechtbar. Denn sie beruht ausschließlich auf der Aneignung der im Urteile angeführten Sätze aus dem Gutachten des Sachverständigen. Liegt daher diesem Gutachten ein Rechtsirrtum zugrunde, so ist auch die darauf gebaute Feststellung hinfällig. In der Tat unterlegt dasselbe dem Begriff ‚verdorben' einen anderen Sinn als das Gesetz."

20. Nach RGStr. Bd. 30, S. 59 (II. Senat) ist die Frage, wann ein Exemplar eines Modelles für vollständig hergestellt zu erachten sei, wesentlich tatsächlich.

21. Beweiszeichen und Kennzeichen. RGStr. Bd. 34, S. 439 (I. Senat): „Die Unterscheidung zwischen Beweiszeichen und Kennzeichen mag oft schwierig sein; sie muß die Umstände des Falles ins Auge fassen und ist darum Sache der tatsächlichen Feststellung."

22. Grausam. RGStr. Bd. 49, S. 389 (III. Senat) meint, die Reichstagsverhandlungen ergäben, daß der Rechtsbegriff grausam der Anlegung des Tatrichters überlassen bleiben müsse.

23. Beschimpfung. RGStr. Bd. 31, S. 411 (I. Senat): „Es gehört dazu neben den allgemeinen Merkmalen des Unfuges auch der Ausdruck der Verachtung in besonders roher Form und dessen erkennbare Richtung gegen die Heiligkeit des Ortes oder gegen die religiösen Gefühle Anderer. Diese festzustellen, ist zwar Sache der tatsächlichen Beurteilung und entzieht sich der Prüfung des Revisionsgerichts, aber nur, soweit nicht Anhaltspunkte dafür gegeben sind, daß der rechtliche Begriff der Beschimpfung verkannt sei".

24. Störung. RGStr. Bd. 23, S. 201 (II. Senat): „Tatsächlicher Art und deshalb in dieser Instanz nicht nachzuprüfen ist die in dem Urteile enthaltene Feststellung, daß der Angeklagte durch sein Verhalten, indem er in der Kirche an die Kommunionbank herantrat, eine Frage an den Pfarrer richtete, dann von dem Altare zurücktrat, die ganze Kirche bis zu dem gegenüberliegenden Hauptausgang durchschritt und durch denselben hinausging, Unordnung erregt und so den Akt der Beeidigung und Einführung der Kirchenvorsteher gestört hat."

25. Vorspiegelung. RGStr. Bd. 20, S. 332 (III. Senat): „Mindestens bleibt es eine dem Revisionsangriffe entzogene Tatfrage, ob der Instanzrichter in jenen Handlungen, welche zunächst nur das Benutzen des J.schen Irrtums enthalten, das auf Täuschung berechnete Manöver des Angeklagten E finden wollte.“ Ebenso RGStr. Bd. 25, S. 96 (IV. Senat): Ob ein positives, auf Verdeckung der Wahrheit gerichtetes Handeln in der Annahme der irrtümlich geleisteten Zahlung gefunden werden konnte, sei eine nach der konkreten Sachlage zu entscheidende tatsächliche Frage.

26. Aufsichtslos. RGStr. Bd. 24, S. 225 (I. Senat): „Aufsichtslos... sind Hunde offenbar nur dann, wenn sie sich der Beobachtung und Einwirkung ihrer Herren dauernd oder zeitweise gänzlich entzogen haben. Ob aber dieses der Fall ist, ist eine Frage wesentlich tatsächlicher Natur und der Nachprüfung des Revisionsgerichts entzogen.“ Ebenso für die ähnlich liegende Frage der „Gewohnheit der Rückkehr“ bei Katzen der IV. Senat in Bd. 50, S. 183.

27. Unrichtige Namensangabe. RGStr. Bd. 30, S. 231 (IV. Senat): „Die Namensangabe, welche der Beschwerdeführer dem Polizeisergeanten R. gegenüber gemacht hat, ist eine unrichtige insofern gewesen, als er sich Herbert S. genannt hat, während er, wie der Vorderrichter festgestellt hat, in Wahrheit ‚Erich‘ mit Vornamen heißt. Wenn in der Revisionsschrift unter Bezugnahme auf den beigefügten Taufschein geltend gemacht ist, dem Beschwerdeführer komme der Vorname ‚Herbert‘ wirklich zu, so mußte dieses Vorbringen unberücksichtigt bleiben, weil es sich nur gegen die oben hervorgehobene Feststellung der Strafkammer richtet, welche bei ihrer tatsächlichen Natur in der Revisionsinstanz nicht nachgeprüft werden kann.“ Ob jemandem die Führung eines bestimmten Namens zusteht, kann niemals ausschließlich Sache der tatsächlichen Feststellung sein.

28. Auf der Stelle. RGStr. Bd. 38, S. 339 (IV.) prüft in auffallend selbständiger Weise nach, ob eine Beleidigung im konkreten Falle im Sinne des § 199 StGB. „auf der Stelle“ erwidert worden ist.

29. Verführung. RGStr. Bd. 41, S. 392 (V. Senat) behandelt die Frage der Wirksamkeit einer Einwilligung bei tätlicher Beleidigung durch unsittliche Handlung. Die Strafkammer nimmt an, daß der Angeklagte die Urteilsfähigkeit der jungen Leute so geschwächt habe, daß ihre Einwilligung unwirksam gewesen sei. Das Reichsgericht sagt: „Die Erwägungen, in denen die Strafkammer zu ihren Schlußfolgerungen gelangt ist, sind rein tatsächlicher Art. Vom Revisionsgericht kann daher insbesondere auch nicht nachgeprüft werden, ob die Tatumstände, die insoweit zur Bildung der richterlichen Überzeugung verwendet worden sind, hinreichend schlüssig waren, d. h. die aus ihnen gezogenen Forderungen rechtfertigen. Das Urteil hat danach namentlich nicht verkannt, daß bloße Schwächung der sittlichen Widerstandskraft... nicht hätte ausreichen können, die Beachtlichkeit der Einwilligung in Frage zu stellen... Wo die Grenze liegt zwischen bloßer Verführung und einer Schwächung der Urteilsfähigkeit..., hat bei Berücksichtigung der Lage

des Einzelfalles ebenfalls der Tatrichter zu ermessen. Daß die Strafkammer hierbei rechtlich geirrt hätte, ist nicht erkennbar."

30. Ob in concreto Gewahrsam vorliegt, prüft der I. Senat in Bd. 56, S. 115 ganz selbständig (vgl. dagegen etwa das Urteil des III. Senats J. W. 1923, S. 1584, Nr. 3).

31. Verpflichtung. RGStr. Bd. 23, S. 264 (IV. Senat): „Was die Qualität des Angeklagten als Beamten dieser Kasse anlangt, so hat die Vorinstanz tatsächlich und deshalb für diese Instanz unanfechtbar festgestellt, daß der Angeklagte als Gemeindevorsteher bei Versicherungsanträgen die Taxen der Gebäude zu prüfen oder aufzunehmen, die Policen auszuhändigen und die Gebühren... zu erheben und an die Kasse abzuführen habe... Da nun die Vorinstanz tatsächlich festgestellt hat, daß dem Angeklagten diese Verpflichtung obliegt...."

32. Beginn einer gottesdienstlichen Verrichtung. R. Bd. 9, S. 169: „Die Frage, zu welchem Zeitpunkte und mit welchem Akte der Beginn einer gottesdienstlichen Verrichtung, hier also des kirchlichen Begräbnisses, eintrete..., diese Frage ist nicht eine rechtliche, sondern eine tatsächliche, nach den liturgischen Vorschriften und Einrichtungen der betr. Religionsgesellschaft zu beantwortende."

33. Lehrer und Schüler (§ 174 Nr. 1 StGB.). Ob im konkreten Falle ein „natürliches Unterordnungsverhältnis" bestanden hat, prüft der I. Senat in J. W. 1925, S. 365, Nr. 3 in vorbildlicher Weise nach. Dieses Urteil ist keineswegs „befremdlich", wie v. LILIENTHAL in seiner Anmerkung es nennt, sondern zeigt, daß der I. Senat immer mehr auf den richtigen Weg kommt.

III. Erfahrungssätze.

Bereits verschiedene der oben unter I und II erwähnten Entscheidungen streiften das Gebiet der von STEIN eigentlich erst entdeckten Erfahrungssätze, dem wir uns nunmehr zuwenden.

In der Theorie und in der Praxis der Zivilsenate des Reichsgerichts hat die Lehre STEINS von der Revisibilität der Erfahrungssätze sich allmählich durchgesetzt[1]). Die Strafsenate dagegen sind hier noch recht weit zurückgeblieben. STEIN hob s. Zt. das tiefe Eindringen der Strafsenate in technische Fragen und auf dem Gebiete „alltäglicher Wahrheiten" liegende Erfahrungssätze rühmend hervor[2]). Aber schon drei Jahre nach dem Erscheinen seiner Schrift, am 20. 10. 96, fällte der IV. Strafsenat hinsichtlich des sog. Elektrizitätsdiebstahls eine Entscheidung, die alle bisherigen Fortschritte in Frage stellte: „Eine Rechtsfrage — heißt es dort (RGStr. Bd. 29, S. 114) — ist es, ob der Begriff der ‚Sache' im Sinne der §§ 242, 246 StGB. Körperlichkeit voraussetzt oder nicht; aber die Entscheidung darüber, ob Elektrizität ein Stoff, ein Körperliches oder eine bloße Kraft, eine Bewegung kleinster Teile ist, die an oder in Körpern unter gewissen Bedingungen statt-

---

[1]) Vgl. hierüber z. B. BOYENS, a. a. O., S. 156; KANN, Anm. 2a zu § 550 und neuestens das Urteil des V. Z. S. J. W. 1924, S. 1712, Nr. 3.

[2]) Privates Wissen, S. 124.

findet, kann nicht auf Grund von Rechtsnormen, sondern lediglich auf Grund naturwissenschaftlicher Forschung getroffen werden... Ob die Ansicht der Vorinstanz vom Standpunkte der heutigen Naturwissenschaft das Richtige trifft, darüber kann nach den bestehenden Gesetzen (§ 376 StPO.) das Reichsgericht eine autoritative Entscheidung nicht treffen." Allerdings stellte bereits vor Ablauf weiterer 3 Jahre der I. Strafsenat durch seine berühmte Entscheidung vom 1. 5. 99 (RGStr. Bd. 32, S. 165) die Lage wieder her; es sei uns gestattet, aus diesem einen Höhepunkt der reichsgerichtlichen Rechtsprechung bildenden Urteil[1]) die hauptsächlich in Frage kommenden Stellen wörtlich wiederzugeben: „Ungleichheiten in der Rechtsprechung werden sich freilich nie ganz vermeiden lassen, ein und derselbe konkrete Tatbestand wird ein verschiedenes prozessuales Schicksal haben können... Daß aber die Frage, ob eine in der ganzen Welt gleiche und allen gebildeten Menschen gleichmäßig bekannte (oder unbekannte) Naturkraft die Eigenschaften habe, welche sie befähige, Gegenstand einer strafbaren Handlung zu sein, der örtlich und zeitlich wandelbaren Feststellung des Unterrichters überlassen sein soll, wird man nur anerkennen können, wenn die positiven Vorschriften der Prozeßgesetze mit Notwendigkeit zu einem solchen Schlusse hinführen... Allgemeine Erfahrungssätze hat der Richter, auch wenn er, um sie zu erkennen, sich der Hilfe Sachverständiger bedient, nicht festzustellen, sondern nur anzuwenden auf die festgestellten konkreten Einzeltatsachen; nur letztere sind der Nachprüfung durch das Revisionsgericht entzogen... nicht nur die Frage, welche Eigenschaften eine Sache haben muß, um als Diebstahlsobjekt in Betracht zu kommen, sondern auch die Feststellung, ob die Elektrizität diese Eigenschaften habe, unterliegt der Nachprüfung durch das Revisionsgericht." Indessen hat das Reichsgericht in zahlreichen späteren Entscheidungen diesen Standpunkt, daß Erfahrungssätze niemals zur Tatsachenfeststellung gehören können, leider wieder aufgegeben[2]). Besonders deutlich zeigt sich das in der Rechtsprechung in Wettbewerbs- und Warenzeichensachen. WEHLI[3]) hat an dem Beispiel des „Pilsener Bieres" treffend dargelegt, daß die Frage, ob Bier, das nur nach Pilsener Art, nicht in Pilsen, gebraut ist, „Pilsener Bier" genannt werden dürfe, allgemeine Tatfrage, d. h. letzten Endes Rechtsfrage sei. Der II. Strafsenat jedoch erklärt in dem ähnlich liegenden Falle RGStr.

[1]) Selbstverständlich handelt es sich für uns hier nicht um die Frage, ob der I. Strafsenat darin recht hatte, daß er die Elektrizität als Sache behandelte (vgl. hierüber z. B. RADBRUCH, Grundzüge der Rechtsphilosophie, S. 200). Der Fortschritt lag vielmehr lediglich darin, daß der Senat die konkrete Subsumtion unter den Begriff der Sache selbständig nachprüfte.

[2]) Übrigens haben auch andere höchste Gerichtshöfe hier in ähnlicher Weise geirrt. So erklärt z. B. das Preuß. OVG. IX. Senat (Preuß. VBl., Bd. 38, S. 360/61) die Feststellung, daß Grudekoks sich nicht selbst entzünden könne, für eine „objektive Feststellung" eines „tatsächlichen Zustandes". Daß das Fischgewerbe die „Marinaden" nicht zu den „Konserven" rechne, und daß Bismarckheringe Marinaden seien, ist nach Ansicht des OLG. Hamburg (ZStW. Bd. 45, S. 90) unanfechtbare tatsächliche Feststellung.

[3]) A. a. O., S. 2ff.

Bd. 28, S. 372, als rein tatsächlich müsse unerörtert bleiben, ob man unter „Braunschweigischen Konserven" nur solche Konserven zu verstehen habe, die in Braunschweig selbst lediglich aus braunschweigischem Material gefertigt sind. Der IV. Strafsenat (RGStr. Bd. 29, S. 363) weigert sich, die Frage, ob der Name „Dr. Lahmann" eine Individual- oder nur noch eine Qualitätsbezeichnung für Baumwollwaren darstelle, in der Revisionsinstanz nachzuprüfen. Desgleichen der I. Strafsenat in RGStr. Bd. 28, S. 356: Der Vorderrichter habe für Schaumwein tatsächlich festgestellt, daß die Benennung eines Ortes auf Weinkarten und Etiketten von dem Orte, wo der Wein hergestellt wird, dem Fabrikationsorte, verstanden werden müsse. Das sei tatsächlicher Natur und nicht nachprüfbar. Ebenso der V. Senat in RGStr. Bd. 39, S. 411: „Wenn die Strafkammer feststellt, daß der Name ‚Habana' nicht den Ort der Herkunft der Zigarren, sondern die Art der Bearbeitung des Tabaks... dartun sollte und daß dies der im Tabakverkehr bestehenden Gewohnheit entspreche, so wollte sie offenbar zum Ausdruck bringen, daß der Name nach Handelsgebrauch zur Benennung von Zigarren diene, ohne deren Herkunft bezeichnen zu sollen... Diese auf wesentlich tatsächlichen Erwägungen beruhende Annahme ließ sich rechtlich nicht beanstanden. Die Strafkammer hat indessen darin rechtlich geirrt, daß sie gegenüber den sonst getroffenen Feststellungen das Wort Habana für sich allein in Betracht zog. Ortsbezeichnungen, die im Verkehr ihre örtliche Beziehung verloren haben..., können durch Zusätze... wieder zu Herkunftsangaben werden. Ob dies im Einzelfalle zutrifft, ist zunächst Sache der Beurteilung des Tatrichters." Vgl. hierzu auch RGStr. Bd. 31, S. 34 (II. Senat).

In dem bekannten Urteil des I. Strafsenats Bd. 24, S. 16, das den Heiligen Rock zu Trier betrifft, findet sich die Wendung: das Urteil gehe „von der dem tatsächlichen Gebiete angehörenden Auffassung aus, daß der Regel nach der, der nur eine Einzelerscheinung in der Reliquien-Verehrung als solche kritisieren will, auch Besonderheiten derselben hervorheben wird, und daß, wenn dies nicht geschehen, der Annahme Raum gegeben werde, er habe dieselbe nicht als Einzelerscheinung, sondern nur als Ausfluß des Reliquienkultus im allgemeinen besprechen wollen". Hier wird ein typischer Erfahrungssatz zur Tatsachenfeststellung gestempelt. Ebenso macht es derselbe Senat in RGStr. Bd. 40, S. 69 hinsichtlich der Frage, ob in dem zur Verzögerung der Gärung vorgenommenen Zusatz von Salizylsäure zu süßem Traubenmost eine Verfälschung liege: „Die Revision zieht ein Reichsgerichtsurteil heran, worin ausgesprochen sein soll, daß die Anwendung eines Erhaltungsmittels, das nur geeignet ist, den Zeitpunkt für den Eintritt der Verschlechterung hinauszuschieben, sich nicht als Fälschung darstelle. Ob dieser Satz dem Urteil zu entnehmen ist, mag unerörtert bleiben; jedenfalls ist das von dem Angeklagten in so erheblicher Menge verwendete Salizyl nach der maßgebenden tatsächlichen Auffassung kein solches Erhaltungsmittel gewesen, welches nur geeignet war, die Verschlechterung des Mostes hinauszuschieben." Ähnlich auch Bd. 41, S. 36

(I. Senat): „Ob Glyzerin in der Darstellung, in der es im Einzelfall zur Verwendung gelangt, noch als solches zu gelten hat, ist eine wesentlich tatsächliche Frage, die in dem Urteil ohne Rechtsirrtum auf wissenschaftlicher Grundlage für das ‚verästete Glyzerin', das der Angeklagte verwendete, bejahend entschieden ist."

Aus der Rechtsprechung des II. Senats ist vor allem das kuriose Liebestrank-Urteil Bd. 8, S. 351 als würdiger Vorgänger des Elektrizitätsurteils des IV. Senats hervorzuheben: „Der erste Richter spricht sich in den Urteilsgründen nicht darüber aus, ob nach seiner Meinung ein Mittel existiert, wie solches in der gefälschten Urkunde vom Apotheker F. verlangt wurde. Dies Schweigen läßt nur eine doppelte Deutung zu. Entweder der erste Richter ist davon ausgegangen, es gäbe ein Medikament, durch dessen Gebrauch seitens einer Person in ihr eine Zuneigung zu einer anderen Person hervorgerufen werde, oder er hat angenommen, es sei unerheblich, ob ein solches Mittel existiere oder nicht. Im 1. Falle würde die Revision zu verwerfen sein, da unter dieser Voraussetzung die Begründung der Feststellung nirgends einen Rechtsirrtum erkennen lassen würde, die Richtigkeit oder Unrichtigkeit dieser tatsächlichen Voraussetzung aber hier nicht nachgeprüft werden könnte." (sic!) Vor jedem, auch dem krassesten Aberglauben also hat der Senat damals haltmachen zu müssen geglaubt.

Der II. Senat erklärt ferner in dem sonst sehr eingehenden Urteil Bd. 50, S. 37 (Fall Nuscha Butze): „Das Gericht hat die Angeklagte H. der fahrlässigen Tötung der Hofschauspielerin N. B. und die Angeklagte A. der fahrlässigen Tötung der Hofschauspielerin Al. v. A. schuldig erklärt. Die Entscheidung ist rechtlich nicht zu beanstanden. Soweit es sich bei ihrer Beurteilung um die Anschauungen der Lehre der ‚christlichen Wissenschaft' handelt, hatte das Revisionsgericht ausschließlich die hierüber im Urteile getroffenen Feststellungen zu berücksichtigen." In politischer wie juristischer Hinsicht interessant ist RGStr. Bd. 54, S. 308 (II. Senat): „Nach der weiteren Feststellung der Strafkammer hat die Reichsregierung alles getan, was in ihren Kräften stand, um den Gewaltfrieden zu verhindern, und hat sich... erst dann zur Unterzeichnung entschlossen, als alle deshalb bei der Entente unternommenen Bemühungen vergeblich geblieben waren. Die Revision widerspricht dem, denn, anstatt sich mit mündlichen und papiernen Protesten zu begnügen, habe die Reichsregierung vielmehr das Maß von Kraft aufwenden müssen, das zur Ablehnung des Vertrages unbedingt nötig gewesen sei. Was damit gemeint sein soll, ist nicht klar. Eines Eingehens auf diese Ausführungen bedarf es nicht, da sie den gegenteiligen Feststellungen des Urteils gegenüber in der Revisionsinstanz ohnehin keine Berücksichtigung finden können." (Vgl. dagegen das oben §4 a. E. zit. Urteil Bd. 53, S. 65.)

Aus der Rechtsprechung des III. Senats gehören folgende Urteile hierher: Bd. 40, S. 150: „Der Angeklagte hat den Namen ‚Honi-Butti". in den Ankündigungen erläutert durch den Vermerk ‚Honigbutter (hergestellt aus Kokosnußbutter und Honig)'. Die Feststellung, daß im Verkehr hierunter ein Gemisch von Kokosnußbutter und Naturhonig verstanden werde, ist dem Revisionsangriff entzogen; sie gründet sich auf die Erwägung, daß in den Ankündigungen die Verwendung eines Ersatzmittels für den einen Bestandteil, die Butter, nicht aber für den anderen, den Honig, ersichtlich gemacht ist. Wenn die Revision aus diesem Umstande den entgegengesetzten Schluß zieht, betritt sie das ihr verschlossene Tatsachengebiet." Ferner Bd. 53, S. 211: „Rohsalzsäure stellt nach der tatsächlichen Annahme der Strafkammer ein Gift dar, das geeignet ist, auch in kleinen Gaben die Gesundheit eines Menschen zu zerstören..."

Der IV. Strafsenat erklärt in RGStr. Bd. 50, S. 81: „Die Strafkammer sieht für erwiesen an, daß ‚in den jetzigen Zeiten, wo die Nahrungsmittel im ganzen knapp werden, Feigen ganz allgemein und besonders auch in den unteren Schichten des Publikums der Volksnahrung dienen'. Diese Feststellung bewegt sich ausschließlich auf tatsächlichem Gebiete und kann von dem Verteidiger mit der Revision nicht angefochten werden (§ 376 StPO.)". Ebenso Bd. 52, S. 5: „Ob ein Gegenstand ein solcher des täglichen Bedarfs ist, ist vorwiegend eine Frage tatsächlicher Feststellung einer vorhandenen wirtschaftlichen Beziehung des Gegenstandes zu seinen Verbrauchern". Ferner Bd. 52, S. 175: „Ohne Rechtsirrtum hat die Strafkammer den Düngekalk (gebrannten, gemahlenen Kalk) zu den Gegenständen des täglichen Bedarfs gerechnet. Die Ausführung des Verteidigers, der Düngekalk stelle kein allgemein und regelmäßig von den Landwirten angewandtes Düngemittel dar, tritt in Widerspruch zu den Feststellungen des angefochtenen Urteils, wonach der Düngekalk zur erfolgreichen Bestellung der Äcker unentbehrlich ist und in den weitesten Kreisen der Landwirtschaft ein umfangreicher, immer wiederkehrender Bedarf danach besteht."

Der V. Senat spricht in RGStr. Bd. 40, S. 249 von einer „an sich tatsächlichen Feststellung der Strafkammer, daß den Käufern der Salbe, die naturgemäß viel mit Pferden zu tun und daher für Unterscheidungen der nachgewiesenen Art bei diesen einen geschärften Blick hätten, die Verschiedenheiten sofort auffallen müßten." Und in RGStr. Bd. 51, S. 177 heißt es: „Nach der erstrichterlichen Annahme handelte es sich bei der Myrrholinseife... nicht um eine ‚speziell medizinische' Seife, sondern um ein Schönheitsmittel, das allgemein als solches bekannt ist und gekauft wird und gleich dem Myrrholin selbst in Drogengeschäften und anderwärts frei erhältlich ist; auch wurde sie vom Angeklagten als ‚Kosmetikum', nicht als Arzneimittel, aufgefaßt und dementsprechend in seinem Haushalt verwendet. Angesichts dieser für das Revisionsgericht maßgebenden tatsächlichen Feststellung begegnet es keinem Rechtsbedenken, daß das Landgericht die deutsche Arzneitaxe... im vorliegenden Falle nicht für anwendbar erachtet."

Nur in verhältnismäßig wenigen Urteilen haben die Strafsenate sich der selbständigen Nachprüfung von Erfahrungssätzen unterzogen. So insbesondre der I. Senat in folgenden Urteilen:

RGStr. Bd. 38, S. 308: „Der Annahme, daß die Aufschrift ‚Konsumgeschäft' oder ‚Konsumanstalt' bei einem großen Teil des Publikums den Anschein genossenschaftlicher Einrichtung erwecke, könnte von den Verteidigern nicht wirksam entgegengetreten werden, wenn sie über die Feststellung einer scharf begrenzten einzelnen Tatsache nicht hinausginge. Sie beruht aber nach dem Zusammenhang der Urteilsgründe möglicherweise auf Erwägungen allgemein sprach- und denkgesetzlicher Art, und solche allgemeine, von den Sonderumständen des Einzelfalles völlig absehende Erwägungen sind grundsätzlich einer Nachprüfung durch das Revisionsgericht zugänglich. Der Ausgangspunkt der Urteilsgründe ruht nämlich in den anscheinend von den örtlichen Verhältnissen losgelösten Sätzen, die fremdsprachliche Bezeichnung ,Konsum' allein oder in Verbindungen wie ,Konsumgeschäft', ,Konsumanstalt' für gewerbliche Verkaufsstellen... sei zuerst bei Entstehung der... Einkaufsgenossenschaften aufgetaucht, und es habe sich nun beim Volk, dem die Bedeutung des Fremdworts unbekannt sei, der Name ,Konsum', ,Konsumanstalt', ,Konsumgeschäft' als Bezeichnung für derartige genossenschaftliche Einkaufsvereinigungen eingebürgert..."[1]). RGStr. Bd. 45, S. 143 prüft selbständig Erfahrungssätze der chemischen Wissenschaft betreffend Traubenmost, ebenso Bd. 53, S. 158 betreffend das Aufstellen von Scheinbietern. Widerspruchsvoll ist dagegen Bd. 41, S. 205; hier heißt es zunächst: „Hiernach spitzt sich die zur Entscheidung stehende Frage darauf zu, ob die von dem Angeklagten infolge Zuckerfütterung bei seinen Bienenvölkern gewonnene Ausbeute an Süßsaft dem Wesen und Gehalt oder nur dem äußern Anschein nach ,Honig' gewesen ist. Diese Frage gehört an sich dem Gebiete der reinen Tatsachen an und die Urteilsgründe halten sich, soweit sie jener Ausbeute das Wesen und den Gehalt von Honig beilegen, frei von Rechtsirrtum und von Verstößen gegen die Denkgesetze oder allgemeine Erfahrungstatsachen." Diesem immerhin schon recht vorsichtigen Satze folgt eine Darstellung und Würdigung des von der Wissenschaft pp. eingenommenen Standpunkts: „Allerdings wird vielfach, namentlich in Wörterbüchern, der Begriff des Honigs dahin bestimmt, daß es der Stoff oder Saft sei, welchen die Bienen aus den Honiggefäßen (Nektarien) von Blüten sammeln... Indessen will der Hinweis auf das Sammeln aus Blütengefäßen kein wesentliches Begriffsmerkmal an die Hand geben, sondern nur über die regelmäßige und gewöhnlichste Herkunft des Honigs aufklären. In anderen Werken findet sich jener Hinweis nicht... Hieraus folgt, daß dem landläufigen Begriffe des Honigs das Merkmal der Herkunft aus den Honiggefäßen der Blüten nicht innewohnt... Nach alledem leiden die Urteilsgründe an keinem inneren Widerspruch, wenn sie den Angeklagten nicht des Nachmachens von Honig schuldig erachten." Unbegreiflicherweise verläßt das Urteil zum Schlusse jedoch diesen verhältnismäßig freien Standpunkt ganz und gar mit dem Satze: „Mit dem urteilsmäßigen Sachverhalt unvereinbar und deshalb nach § 376 unbeachtlich ist der Einwand des Staatsanwalts, der Angeklagte habe

[1]) Selbständige Erfahrungssätze bezüglich der Tätigkeit der Konsumvereine stellt jetzt auch der II. Senat in RGStr. Bd. 58, S. 363 auf.

durch seine Zuckerfütterung nichts anderes getan, als wenn er dem bereits ausgeschiedenen Honig Zuckerlösung beigesetzt hätte[1])." In RGStr. Bd. 57, S. 257 nimmt der I. Senat für sich das Recht in Anspruch, „aus seiner eigenen Kenntnis der Verhältnisse heraus... die Frage zu beurteilen, ob zur Zeit der Tat im Mehlhandel eine regelrechte Marktlage herrschte... Eine solche Beurteilung ist dem Revisionsgericht dann gestattet, wenn die tatsächlichen Verhältnisse allgemein offenkundig sind, also nicht erst einer tatsächlichen Feststellung durch einen Tatrichter bedürfen und es sich nur noch um deren rechtliche Würdigung handelt[2])."

Im Gegensatze zu den oben wiedergegebenen drei Urteilen des IV. Senats prüft der II. Senat in RGStr. Bd. 52, S. 8 selbständig, ob Seemuscheln Gegenstände des täglichen Bedarfs sind. Ebenso erklärt der Feriensenat in Bd. 51, S. 211, Schuhwaren seien Gegenstände des täglichen Bedarfs, „denn ihrer bedarf nach Gewohnheit und Sitte jeder im Volke unausgesetzt, auch wenn seine Lebenshaltung noch so einfach gestaltet ist. Keiner im Volke kann ihrer entbehren, jeder täglich in die Lage kommen, sie anschaffen zu müssen." Aber auch der IV. Senat selbst prüft diese Frage mitunter nach, so in Bd. 52, S. 323: „Kuchen ist keineswegs im allgemeinen ein derartiger Luxusgegenstand, daß er nur selten und um einem besonders verfeinerten Bedürfnis zu genügen, genossen wird. Jedenfalls kann das nicht von Kuchen gesagt werden, der mit solchem Eiweißschaumersatz gefüllt ist." In RGStr. Bd. 58, S. 319 erklärt der I. Senat, Hennessy-Kognak sei im Frühjahr und Sommer 1922 nicht mehr als Gegenstand des täglichen Bedarfs anzusehen gewesen, wohl dagegen im Kriege und in der ersten Zeit nach dem Kriege[3]).

Bedeutsam ist auch RGStr. Bd. 44, S. 64 (IV. Senat): „Ob ein Ausverkauf in diesem Sinne ein Saisonausverkauf und im ordentlichen Geschäftsverkehr üblich ist, kann nur mit Rücksicht auf die besonderen Umstände des Einzelfalles entschieden werden. Dieser Prüfung an der Hand der hier gegebenen Umstände hat sich die Strafkammer völlig entschlagen. Sie verneint die Anwendbarkeit des § 9 II lediglich mit der allgemeinen Erwägung, daß... Weihnachtsausverkäufe... begrifflich den Saison- und Inventurausverkäufen nicht gleichzustellen seien. Der dieser Ausführung zu entnehmende, als ganz allgemeingültig hingestellte Ausspruch, daß Weihnachtsausverkäufe unter keinen Umständen die vorbezeichnete Bestimmung haben könnten, vielmehr ‚eine ganz andere Voraussetzung und einen anderen Zweck hätten', kann als eine tatsächliche Feststellung, die den hier gegebenen zur Anklage stehenden Weihnachtsausverkauf beträfe, nicht angesehen werden, erscheint vielmehr lediglich als ein allgemeiner (theoretischer) Satz, der ohne nähere Begründung gelassen wird, und

[1]) Vgl. jetzt auch das Urteil des I. Strafsenats J. W. 1922, S. 1681, Nr. 4 und die Anmerkung Alsbergs dazu, sowie J. W. 1923, S. 758, Anm. 3.

[2]) Vgl. auch Stein, a. a. O., S. 124 u. 136.

[3]) Vgl. auch das Urteil des I. Zivilsenats J. W. 1922, S. 1722, Nr. 4 (Kraftwagen nicht Gegenstände des täglichen Bedarfs.)

in der Allgemeinheit, wie er hingestellt ist, im Gesetze keinen Halt findet."

In RGStr. Bd. 57, S. 361 erklärt der IV. Senat, bei Entscheidung der Frage, ob ein bestimmtes gewerbliches Unternehmen als Bankiergeschäft (oder Bank) anzusehen sei, dürfe die Verkehrsauffassung nicht unberücksichtigt bleiben; sie sei „nicht lediglich Gegenstand tatsächlicher Feststellung, sondern — ebenso wie der allgemeine Sprachgebrauch... — der rechtlichen Nachprüfung zugänglich".

Wird in der Rechtsprechung des Reichsgerichts die oben § 4 abgelehnte Unterscheidung von „allgemeingültigen" und nur „örtlich begrenzten" Erfahrungssätzen durchgeführt? Andeutungen finden sich in einigen der soeben erwähnten Urteile sicherlich (so z. B. in Bd. 38, S. 308 und Bd. 44, S. 64). Zu einer klaren Durchführung ist es jedoch nicht gekommen. Insbesondre fehlt die Unterscheidung in solchen Urteilen, in denen man sie am allerersten erwarten könnte (vgl. z. B. RGStr. Bd. 31, S. 185). Es besteht auch kein Anlaß dazu, sie zur Grundlage der revisionsgerichtlichen Rechtsprechuug zu machen. Es mag zwar mitunter schwierig sein, einen „örtlich begrenzten" Erfahrungssatz oder Sprachgebrauch nachzuprüfen; das kann aber keine Rechtfertigung dafür bieten, dem Revisionsgericht eine derartige Nachprüfung abzunehmen.

B. Die Auslegung.

Das Ergebnis unserer Ausführungen oben § 5 war, daß der Zweck der Auslegung für die Frage der Revisibilität entscheidend ist. Die Auslegung ist unangreifbar, soweit sie der Feststellung einer Willensrichtung, eines Wissens u. dgl. dient; soweit sie dagegen den objektiven Sinn einer Gedankenäußerung ermitteln will, ist sie nachprüfbar. In der Rechtsprechung des Reichsgerichts in Strafsachen ist dieser Unterschied — wie bereits oben angedeutet wurde — zwar in sehr zahlreichen Entscheidungen durchgeführt, häufig aber auch nicht genügend beachtet worden.

I. Die Auslegung zwecks Feststellung der Willensrichtung usw.

1. In zutreffender Weise wird die Nachprüfung u. a. in folgenden Entscheidungen abgelehnt:

I. Strafsenat: RGStr. Bd. 23, S. 68: „Die Revision bestreitet noch das Bewußtsein der Pflichtwidrigkeit auf seiten des Angeklagten. Allein der erste Richter hat dieses Bewußtsein tatsächlich festgestellt und gegen diese tatsächlichen Feststellungen richtet sich der Revisionsangriff, ist also nicht beachtlich." Ferner Bd. 39, S. 169: „Nach der das Revisionsgericht bindenden tatsächlichen Auffassung des Gerichts ist der Beweggrund des Angeklagten zu seinem Vorgehen darin gelegen gewesen, daß..." Vgl. auch Bd. 21, S. 77; Bd. 28, S. 87 und Bd. 52, S. 351 (Bewußtsein); Bd. 33, S. 305 (Absicht).

II. Strafsenat: Bd. 29, S. 418: „Welche Willensmeinung des Angeklagten... seinem nachherigen Haben des Sparkassenbuchs in seiner tatsächlichen Gewalt (!) zugrunde gelegen hat, das ist eine auf dem Gebiete des Tatsächlichen liegende, in Berücksichtigung der konkreten Umstände zu beantwortende Frage, deren Lösung dem Gerichte der Vorinstanz überlassen werden muß.“ Bd. 30, S. 54: „Andererseits ist — was hinsichtlich seiner Richtigkeit in dieser Instanz nicht nachgeprüft werden kann — tatsächlich angenommen, daß Angeklagter bei Leistung des Zeugeneides dieses Teils seiner Aussage sich nicht mehr bewußt gewesen sei.“ Ferner Bd. 40, S. 375 (Überzeugung, Willen), Bd. 41, S. 425 (Willen), Bd. 50, S. 321 (Willensrichtung). Bedenklicher schon Bd. 55, S. 132: „Es ist Aufgabe des Tatrichters, im Einzelfall festzustellen, ob eine Äußerung...etwas wirklich Vorhandenes behauptet oder nur ein persönliches Urteil, eine Meinung in sich schließt.“ Bd. 57, S. 379ff.: Das Landgericht „stellt rechtlich einwandfrei fest, daß die Kundgabe einer solchen Billigung der Zweck... des Angeklagten gewesen ist... Insoweit verfehlen alle Angriffe der Revision, die von einem abweichenden Tatbestand ausgehen, ihr Ziel (§ 376 StPO.)“.

III. Strafsenat: Bd. 26, S. 137 und Bd. 41, S. 257 (Bewußtsein), Bd. 27, S. 221 (Absicht), Bd. 29, S. 410 (Einverständnis), Bd. 54, S. 116 (Zweck).

IV. Strafsenat: Bd. 24, S. 7 (Bewußtsein), Bd. 28, S. 269 (Vermutung), Bd. 30, S. 261 (Absicht), Bd. 51, S. 168 und S. 162 (Bewußtsein), Bd. 54, S. 247 (Vorsatz), Bd. 55, S. 207 (Überzeugung), Bemerkenswert ist folgende im letztgenannten Urteil enthaltene Wendung: „Die Strafkammer hat zwar eine Reihe von Umständen festgestellt, die an sich geeignet sein mögen, dem Beschwerdeführer die Überzeugung von dem strafbaren Erwerbe der Treibriemen aufzudrängen, aber sie hat diesen Schluß nicht gezogen, und das Revisionsgericht seinerseits kann ihn, so nahe er vielleicht liegt, nicht ziehen, weil es sich lediglich um eine Beweisfrage handelt.“

V. Strafsenat: Bd. 51, S. 279 (Kenntnis), Bd. 51, S. 340 (Zweck), Bd. 53, S. 112 (Willen), Bd. 55, S. 69 (Willen), J. W. 1923, S. 396, Nr. 39 (Kenntnis).

2. Daneben aber finden wir eine erhebliche Anzahl von Entscheidungen, die in mehr oder weniger unverhüllter Weise die Feststellung der Willensrichtung pp. durch den Tatrichter selbständig nachprüfen. Der I. Strafsenat hat hierbei die Führung übernommen: Bereits das Urteil Bd. 21, S. 305 ist in dieser Hinsicht bemerkenswert: es handelt sich um eine Aufforderung zum Streik unter Vertragsbruch. Die Strafkammer hatte freigesprochen mit der Feststellung, die Absicht der Angeklagten sei nur dahin gerichtet gewesen, die Arbeiter zu einem konkreten Vertragsbruch aufzufordern, nicht dagegen hätten sie die Autorität eines Gesetzes mißachten wollen. Das Reichsgericht hebt auf: die Strafkammer scheine weiter anzunehmen, den Angeklagten sei die Vorschrift des Gesetzes, nach welcher der Niederlegung der Arbeit eine 14tägige Kündigung vorauszugehen habe, bekannt gewesen; in diesem Falle aber seien ihre Äußerungen mit dem Bewußtsein erfolgt, daß sie auf die Verletzung eines Gesetzes ab-

zielten. Mehr sei subjektiv nicht nötig, insbesondere brauche keine Absicht vorzuliegen. Hier schließt das Reichsgericht aus der Tatsache, daß den Angeklagten eine bestimmte Rechtsvorschrift bekannt war, selbständig auf ein von der Strafkammer jedenfalls nicht festgestelltes „Bewußtsein". Vorsichtiger, aber ebenfalls nicht ganz einwandfrei ist das Urteil Bd. 30, S. 249: „Der angeklagte Notar ist von der Anklage aus § 352 StGB. freigesprochen, weil es ihm an dem Bewußtsein gefehlt habe, daß die von ihm geforderten Gebühren nicht geschuldet würden. Dieser Entscheidungsgrund scheint zwar tatsächlicher Natur zu sein, er ist aber mit dem Rechtsmittel der Revision angreifbar, weil sich ergibt, daß er auf Verwechselung jenes Bewußtseins mit der Absicht, sich rechtswidrig zu bereichern, beruht, welche letztere nicht zum Tatbestande des § 352 erforderlich ist." In der Entscheidung Bd. 44, S. 111 zweifelt der I. Strafsenat die Feststellung der Strafkammer, es handele sich um eine bewußte Ehrenkränkung, zwar an, trifft jedoch selbst keine gegenteiligen Feststellungen. Einen interessanten Vorläufer des sogleich zu besprechenden Urteils J. W. 1922, S. 1017, Nr. 13 finden wir jedoch schon in Bd. 37, S. 324: ein Verteidiger erklärt den Angehörigen seines verurteilten Klienten auf Befragen, sie könnten für ihre Hilfeleistung bei der Flucht des Klienten nicht bestraft werden. Die Strafkammer verurteilt, das Reichsgericht hebt auf. Der Verteidiger könne nur dann wegen Beihilfe bestraft werden, wenn sein Wille auf Förderung der Straftat gerichtet gewesen sei. Nun bezeichne die Strafkammer es allerdings als erwiesen, daß M. „sich auch bewußt war, wie er durch Rat die zur Hilfeleistung bei der Flucht ihres Ehemannes und Vaters bereits entschlossenen Mitangeklagten in ihrem Entschlusse befestigt und bestärkt hat, und daß sein Wille darauf gerichtet war,... seinerseits... Beihilfe zu leisten... diese Feststellung aber wird — wie mangels jeder in einem so subtilen Falle doch unbedingt erforderlichen Angabe von Gründen angenommen werden muß — lediglich auf die unmittelbar vorhergehende Darlegung des Beweises des ‚Bewußtseins' des Angeklagten von den fraglichen Folgen seiner Ratserteilung gegründet, und somit ist es nicht ausgeschlossen, nach Lage des erwiesenen Sachverhalts sogar höchstwahrscheinlich, daß die Strafkammer den Begriff des ‚Bewußtseins' in dem vorstehend gemißbilligten Sinne aufgefaßt hat... Somit wäre das Tatbestandsmerkmal der ‚Wissentlichkeit' im Sinne des § 49 verkannt." Das Reichsgericht prüft hier also die von der Strafkammer ausdrücklich getroffene Feststellung des Vorhandenseins einer bestimmten Willensrichtung selbständig nach, und zwar an Hand der sonstigen Urteilsbegründung und des allgemeinen Erfahrungssatzes, das Bewußtsein richte sich in derartigen Fällen „präsumtiv" lediglich darauf, Rat zu erteilen, nicht aber darauf, auf das, was der Beratene in Folge des Rats tut, einzuwirken.

Den Höhepunkt dieser gelegentlichen Übergriffe des I. Strafsenats in die Tatsachenfeststellung bildet das Urteil J. W. 1922, S. 1017, Nr. 13, das ebenso wie das vorher besprochene die Berufstätigkeit des Rechtsanwalts zum Gegenstande hat: Die Strafkammer nimmt an, der Anwalt habe so gut wie sein Klient gewußt, daß der Vergleich vorbehalts- und bedingungslos abgeschlossen worden sei und daß daher seine Abänderung unmöglich. „Läßt sich diese Feststellung auch mit Einwendungen tatsächlicher Art in dieser Instanz nicht mehr bekämpfen, so muß doch dem damit zugleich erhobenen Vorwurf der Verkennung bürgerlich-rechtlicher Grundsätze wenigstens insofern Beachtung geschenkt werden, als die Strafkammer die Behauptung G.s A. gegenüber, es sei neben dem schriftlichen Vergleich auch vereinbart worden, wenn einer weiterhin noch über die Sache rede, dürfe sie weitergehen, als widersinnig bezeichnet hat, weil es sich dabei um die Erledigung einer Geldangelegenheit gehandelt habe. Warum es vom Standpunkt rechtsunkundiger Beteiligter aus geradezu unsinnig gewesen sein sollte..., bleibt schlechthin unerfindlich... Durch die Hinfälligkeit der Erwägung, A. habe schon aus der Widersinnigkeit der fraglichen Behauptung G.s deren Unwahrheit erkennen müssen, ist aber bei ihrer überragenden Bedeutung gegenüber den von der Strafkammer sonst noch für ihre Überzeugung vom Bewußtsein A.s von der Unanfechtbarkeit des Vergleichs angeführten Beweisgründen auch der daraus gezogenen Schlußfolgerung eine ihrer wesentlichsten Grundlagen entzogen und muß daher... diese selbst ebenfalls als hinfällig erscheinen..." In seiner Anmerkung zu diesem Urteil erkennt ALSBERG an, daß die Aufhebung hier lediglich wegen verfehlter Beweiswürdigung erfolgt sei; er meint aber, man dürfe das Reichsgericht deshalb doch nicht schelten, denn es habe dem wahren Recht gegenüber dem nur formalen Recht zum Siege verhelfen wollen. Aber: so symphathisch dieses Bestreben des Reichsgerichts auch sein mag und so sehr es auch gerade mit der Grundauffassung unserer Arbeit übereinstimmt, so müssen wir dennoch betonen, daß das Reichsgericht hier die der Revision nun einmal vom Gesetze gesteckten Schranken vollständig niedergerissen hat. Es handelt sich dabei nicht, wie ALSBERG meint, nur darum, daß das Reichsgericht sich von der Überschätzung der Tragweite des § 261 StPO. frei macht.

Auch in der Entscheidung J. W. 1922, S. 1585, Nr. 5 rüttelt der I. Senat, wenn auch in sehr verschleierter Weise, an der Feststellung der Strafkammer, der Angeklagte sei sich nicht bewußt gewesen, daß der Brief zum Beweise einer rechtserheblichen Tatsache dienlich sei. Alle Schranken durchbricht aber wieder das Urteil J. W. 1923, S. 398, Nr. 44 (vgl. auch die Besprechung von LÖWENSTEIN). Hierher gehört schließlich noch das auch in materieller Hinsicht mit Recht vielfach getadelte Urteil J. W. 1923, S. 1031, Nr. 4: Die Strafkammer „hat... sich damit begnügt, dem Angeklagten den tatsächlichen Irrtum zuzubilligen, daß der von ihm eingeschlagene Weg der allein mögliche sei. Dieser Irrtum konnte aber folgerichtig erst dann zugebilligt werden, wenn die Strafkammer sich selbst klargemacht hatte, welche anderen Wege in Betracht kommen konnten, denn nur dann konnte die Strafkammer sich darüber schlüssig machen, ob der Angeklagte sich nicht auch der einen oder anderen dieser anderen Möglichkeiten bewußt gewesen sein mußte und bewußt gewesen ist." Diese Ausführungen enthalten nicht nur einen handgreiflichen Denkfehler, sondern — wie HEGLER in seiner Anmerkung a. a. O. mit Recht betont — auch einen Angriff auf die tatsächliche Feststellung des Untergerichts, daß der Angeklagte sich wirklich in dem irrigen Glauben befunden habe, der von ihm eingeschlagene Weg sei der einzig mögliche.

In Bd. 35, S. 150 unterzieht sich der III. Strafsenat einer Auslegung des Inhalts eines Mietvertrages behufs Entscheidung der Frage, ob die Interessenten stillschweigend damit einverstanden gewesen seien, daß dem vertraglich bestellten Zurückbehaltungsrecht die unpfändbaren Sachen des Mieters nicht unterliegen sollten. Er verneint die Frage. „Es hätte gewiß sehr nahe gelegen, dafern die Beteiligten eine Beschränkung des Zurückbehaltungsrechts... vertragsmäßig hätten festsetzen wollen, dies im Mietvertrage zum Ausdruck zu bringen. Da dies nicht geschehen ist, so erscheint die Schlußfolgerung begründet, daß die Interessenten eine solche Einschränkung... auch nicht gewollt haben." In Bd. 39, S. 207 sagt derselbe Senat, die Strafkammer halte „in subjektiver Richtung die Angabe des Angeklagten nicht für widerlegbar, den Stein für einen alten Flurstein gehalten und nicht gewußt zu haben, daß er ein trigonometrischer Markstein sei... Der Vorderrichter hat wohl auch kein Gewicht darauf gelegt, daß es sich um einen mit auffallenden Zeichen versehenen, 1 m hohen Stein handelte, so daß für die Angabe des Angeklagten, in ihm nur einen ‚alten Flurstein' gesehen zu haben, eine nähere Begründung erforderlich gewesen wäre."

Der IV. Strafsenat verwirft in Bd. 25, S. 228 die Feststellung der Vorinstanz, die Angeklagte sei sich der Widerrechtlichkeit ihrer Handlungsweise bewußt gewesen, weil diese Feststellung den zu ihrer Begründung getroffenen Feststellungen, die nur auf Fahrlässigkeit deuten (sie „mußte wissen..."), widerspricht.

Aus der Rechtsprechung des Kammergerichts sei hier die bemerkenswerte Entscheidung des II. Strafsenats J. W. 1922, S. 1466 erwähnt, die den Prozeß von Kessel behandelt. Es heißt dort: „Allgemein ist zunächst hervorzuheben, daß es sich bei den Angeklagten, was die Strafkammer anscheinend gar nicht beachtet hat, um noch junge Offiziere handelt, die, wie ihr Alter ergibt, ihre militärische Ausbildung offenbar erst während des Krieges erhalten haben... Der innere Tatbestand durfte unter diesen Umständen nicht mit der allgemeinen ‚tatsächlichen Feststellung' abgetan werden, die Angeklagten hätten gewußt, daß der Befehl ihres Vorgesetzten kein Befehl in Dienstsachen sei, und daß der Befehl eine Handlung betreffe, welche ein militärisches Vergehen bezwecke... Diese Feststellung würde an sich... geeignet sein,... die Schuld der Angeklagten... zu begründen. Indes beruht auch diese Feststellung der Strafkammer auf einer nicht erschöpfenden Würdigung aller in Betracht kommenden rechtlichen Gesichtspunkte..., so daß der Verdacht besteht, daß auch diese Feststellung von Rechtsirrtum beeinflußt ist. Die Strafkammer hat nämlich gar nicht berücksichtigt, daß nach ihren tatsächlichen Feststellungen die Angeklagten... sich in einem Widerstreit der ihnen obliegenden Pflichten befinden mußten... Die Frage, ob die Angeklagten mit Rücksicht auf diesen Pflichtenwiderstreit nicht doch berechtigt waren, anzunehmen, und ob sie infolgedessen nicht auch angenommen haben, die... Flucht stelle keine strafbare Handlung dar, hätte von dem Tatrichter unbedingt geprüft werden müssen. Daß eine solche Prüfung zu einem den Angeklagten günstigen Ergebnis geführt hätte, erscheint durchaus naheliegend und jedenfalls keineswegs ausgeschlossen." ALSBERG billigt in seiner Anmerkung auch dieses Urteil.

Das Oberlandesgericht Dresden hebt in der Entscheidung J. W. 1922, S. 1053, Nr. 8 eine Entscheidung der Vorinstanz auf, weil diese aus dem Umstande, daß der Angeklagte seinen Anwalt befragt hatte, ob Kopfschützer Gegenstände des täglichen Bedarfs seien — was dieser verneint — geschlossen hatte, er müsse Zweifel gehabt haben. Hierin liegt nach Ansicht des OLG. ein Verstoß gegen Denkgesetze; denn der Angeklagte habe sehr wohl nur deshalb fragen können, um seine eigene Ansicht bestätigt zu hören. ALSBERG meint hierzu: „Es ist zu billigen, wenn aus einem Verstoß gegen die Regeln des Denkens, der darin besteht, daß von mehreren gleich nahen Möglichkeiten tatsächlicher Schlüsse nur eine erwogen, alle anderen offenbar als ungeprüft nicht berücksichtigt werden, vom Revisionsgericht gefolgert wird, daß die rechtliche Würdigung unzureichend und damit auch das materielle Recht verletzt ist." Sollte hier der Begriff des Verstoßes gegen Denkgesetze nicht allzu weit gefaßt sein? Die Auffassung der Strafkammer mag der Erfahrung des täglichen Lebens nicht gerecht geworden sein; denn diese Erfahrung sagt, daß der Sachverhalt sich nicht nur zuungunsten, sondern auch zugunsten des Angeklagten deuten läßt. Denkgesetze aber werden dadurch, daß die Deutung in der erstgenannten Richtung erfolgt, ohne die andere zu erwähnen, wohl kaum verletzt. Es handelt sich lediglich um eine unvollkommene, vielleicht auch verkehrte Beweiswürdigung.

II. Die Auslegung zwecks Ermittelung des objektiven Sinnes von Gedankenäußerungen.

Mit der Frage, inwiefern der objektive Sinn der Gedankenäußerung selbständig von Bedeutung ist, haben die Strafsenate des Reichsgerichts sich nur selten beschäftigt. Am häufigsten enthalten noch Urteile in Beleidigungsprozessen Ausführungen über das Verhältnis der objektiven zur subjektiven Tatbestandsseite. Hier vertritt das Reichsgericht insbesondre in den Entscheidungen Bd. 18, S. 144 und Bd. 41, S. 51, die auch KERN (a. a. O., S. 20) anführt, die Ansicht, der objektive und subjektive Tatbestand lasse sich bei der Beleidigung „nur in sehr beschränktem Umfange" trennen. Regelmäßig entscheide in erster Linie Sinn und Absicht des Urhebers darüber, ob gewisse Worte den Tatbestand einer Beleidigung objektiv einschließen. Gegen diese Auffassung läßt sich insofern nicht viel einwenden, als sie — wie die Einschränkungen „regelmäßig" und „in erster Reihe" zeigen — den objektiven Tatbestand immerhin nicht unter allen Umständen von der subjektiven Seite abhängig machen will. Zutreffender freilich betont das Urteil Bd. 23, S. 40, daß die Anwendung des § 193 eine selbständige Feststellung der objektiven Merkmale einer Beleidigung voraussetze; die Feststellunng der Beleidigungsabsicht allein genüge nicht. Auch das zu § 110 StGB. ergangene Urteil Bd. 24, S. 189 hält sich von einer Überschätzung der Willensseite fern: „Zutreffend hat das Urteil dasjenige, was der Angeklagte, der seine Äußerung in der Mitte des Satzes unterbrochen, noch weiter etwa hat sagen wollen, für seine Entscheidung nicht als maßgebend erklärt. Denn wenn auch für die Deutung einer in die äußere Erscheinung getretenen Kundgebung die sonstige Gesinnung des Täters von Einfluß werden kann, so bleibt doch immer nur die wirklich erfolgte Äußerung die alleinige Grundlage der Beurteilung."

In der Frage der Revisibilität freilich befinden sich die den objektiven Sinn der Gedankenäußerung selbständig nachprüfenden Entscheidungen stark in der Minderheit.

1. Nur folgende Urteile machen den Versuch, zu eigener Auslegung zu gelangen:

I. Strafsenat: Bd. 33, S. 80: „Aus der Haftung der Boten für die Bezahlung der ihnen ausgehändigten Zeitungsexemplare zieht die Strafkammer den Schluß, daß sie als Käufer der Zeitungen anzusehen seien und als solche dem Verleger... hafteten, folgeweise aber auch Eigentümer des aus dem Wiederverkaufe der Zeitung an die Abnehmer gelösten Geldes geworden seien. Die Angeklagten... sind darum von der Anklage der Unterschlagung freigesprochen, weil jene Gelder ihr Eigentum... gewesen seien. Die von der Revision bekämpfte Freisprechung beruht bei dieser Begründung nicht auf einer bloßen Auslegung des von dem Verleger und den Angeklagten erklärten Vertragswillens, sondern auf einer Schlußfolgerung, die sich auf die Beurteilung der rechtlich notwendigen Folgen aus dem festgestellten Vertragsinhalt stützt. Darum liegt nicht eine dem Angriffe in dieser Instanz entzogene tatsächliche Feststellung vor, sondern es sind Rechtsgrundsätze ausgesprochen, die der Nachprüfung unterliegen." Obwohl das Urteil ängstlich den Verdacht selbständiger Vertragsauslegung abwehrt, nimmt es tatsächlich doch eine solche vor.

Ferner Bd. 39, S. 399: „Indessen stellt der 3 Tage vor der Wahl erschienene Aufsatz nach seinem Wortlaute nicht eine allgemeine für die Leser bestimmte Mitteilung über den vermeintlichen Akt von Beamtenwillkür und eine daran etwa sich knüpfende allgemeine Betrachtung dar, wie es nach den erwähnten Ausführungen des Urteils scheinen könnte, vielmehr wendet er sich ausschließlich an die Parteigenossen... und fordert sie zu eifriger Werbearbeit... auf. Das Gericht durfte vom Standpunkt des § 193 aus diesen Zweck des Aufsatzes nicht unbeachtet lassen. Handelt es sich um einen Wahlaufruf, so war die Stellung des Angeklagten... eine wesentlich verschiedene von derjenigen, welche ihm vom Urteil bei der rechtlichen Würdigung entgegen den vorausgegangenen tatsächlichen Annahmen unterstellt wird..." Schließlich ist hier neuerdings das Urteil J. W. 1923, S. 398, Nr. 44 zu erwähnen.

II. Strafsenat: Bd. 30, S. 375 (Falschbeurkundung durch einen Notar): „Die Auslegung dieser Beurkundung gebührt zwar an sich dem Vorrichter als Richter der Tatfrage (§ 376 StPO.), allein seine Auslegung bewegt sich in einem Widerspruch, wenn er... in jener Stelle einerseits zwar die Beurkundung der vor B abgegebenen Erklärung... andererseits aber die Beurkundung der Tatsache findet..." Auch hier wird trotz Betonung des unrichtigen Grundsatzes die Auslegung der Urkunde selbständig vorgenommen. Auch in Bd. 55, S. 274 prüft der II. Senat die Bedeutung eines gedruckten Rundschreibens nach.

Der III. Strafsenat prüft in J. W. 1922, S. 1021, Nr. 22 nach, ob in der Äußerung des Angeklagten, er könne den Klienten die gleichen Dienste leisten wie der Rechtsanwalt Dr. L., die Vorspiegelung einer falschen Tatsache oder nur ein Urteil liegt. Zu Unrecht beanstandet Drucker in seiner Anmerkung diese Nachprüfung — ob das Urteil sachlich billigenswert ist, mag hier dahingestellt bleiben. — Auch in J. W. 1925, S. 368, Nr. 8 finden sich Ansätze zu einer selbständigen Auslegung eines Zeitungsartikels.

IV. Strafsenat: Bd. 54, S. 265 (zu § 110 StGB.): „Der wesentliche Mangel des Urteils ist, daß die Strafkammer es an einer ausreichenden und hinlänglich bestimmten Auslegung der vom Angeklagten verteilten Aufrufe fehlen läßt... Die Strafkammer beschränkt sich im wesentlichen auf eine Wiedergabe allgemeiner politischer Schlagworte, wie Sturz der Regierung, Errichtung der Räterepublik, Beseitigung der Nationalversammlung usw...., um daran die Ausführung zu knüpfen, daß der Angeklagte nicht zur grundsätzlichen Auflehnung gegen die Rechtsordnung aufgefordert habe. Diese Ausführung enthält aber nicht die notwendige tatsächliche Auslegung, sondern nur eine rechtliche Würdigung, die das Revisionsgericht nicht bindet, sondern der Nachprüfung unterliegt."

Der V. Strafsenat prüft in Bd. 40, S. 439 die Auslegung einer Zeitungsannonce nach: bei der Auslegung einer Annonce komme es nicht nur auf den Wortlaut, sondern auch auf die Auffassung des Publikums an. Die Strafkammer hatte freigesprochen, weil dem Publikum der Unterschied zwischen „reinseiden" und „seiden" nicht bekannt sei. Das Reichsgericht hebt auf, weil die Angabe geeignet sei, im Publikum die Vorstellung eines besonders günstigen Angebots zu erwecken.

Der VI. Strafsenat sagt in Bd. 56, S. 128: „Die im Urteil kundgegebene Auffassung der Strafkammer, daß die den Worten ‚blutrünstigen, haßgeblähten Gotte' folgenden Zeilen nicht eine Lästerung Gottes... enthielten, ist nicht eine bloße Feststellung tatsächlicher Art, sondern enthält zugleich eine rechtliche Würdigung, und diese ist nicht bedenkenfrei.... Rechtlich zu beanstanden ist aber auch die Würdigung der hervorgehobenen Eigenschaftswörter dahin, daß sie die Grenze zwischen kränkender Nichtachtung und roher Beschimpfung nicht überschritten. Das LG. verneint nicht, daß die bezeichneten Ausdrücke wohl als rohe Beschimpfungen beurteilt werden könnten,... lehnt diese Beurteilung aber mit der Begründung ab, ‚daß die zulässige Grenze in der heutigen Zeit der allgemeinen Gärung und Nervosität dadurch noch nicht überschritten ist'.

Daß aber gegenwärtig ... Ausdrücke, wie die in Frage kommenden, nicht als roh beschimpfend aufgefaßt würden, nimmt das LG. nicht an ...". Die Entscheidung, die am Anfang eine selbständige Auslegung enthält, scheint sich also schließlich doch wieder von der Auffassung des LG. darüber, ob gewisse Ausdrücke „roh beschimpfend" seien, abhängig machen zu wollen!

2. In der überwiegenden Mehrheit der Entscheidungen wird die selbständige Auslegung abgelehnt:

I. Strafsenat: Bd. 23, S. 347: „Der Revision ist zuzugeben, daß eine und dieselbe Äußerung je nach den Umständen, unter welchen sie gemacht worden, beleidigender oder nicht beleidigender Natur sein kann. Ob die Umstände im einzelnen Falle dazu angetan sind, die eine oder die andere Wirkung herbeizuführen, ist Tatfrage, die das aburteilende Gericht feststellt." Bd. 24, S. 189: „Der gegen die Freisprechung des Angeklagten von dem Vergehen gegen § 130 StGB. gerichtete Revisionsangriff muß an der tatsächlichen Feststellung des Urteils scheitern, wonach letzteres der Äußerung des Angeklagten... nicht den Sinn beigelegt hat, daß darin eine Anreizung der Bergleute zu Gewalttätigkeiten gegen andere Klassen der Bevölkerung zu finden sei." Bd. 27, S. 431 (zu § 130a): „Das Urteil stellt in tatsächlicher Beziehung fest, daß der Angeklagte, indem er das Ergebnis der Wahl in den vom Urteile angeführten Worten seiner Kritik unterzog, in die Freiheit der Wahlausübung selbst eingegriffen habe, da zufolge der Kundgebung die von ihr betroffenen Wähler befürchten mußten, bei Wiederkehr einer Wahl von geweihter Stelle aus abermals der Mißachtung ihrer Mitbürger preisgegeben zu werden. Diese Auslegung der vom Angeklagten zur Kritik gebrauchten Worte fällt in das Gebiet der tatsächlichen Feststellung und ist mit der Revision nicht anfechtbar." Bd. 33, S. 170: „Das Urteil stellt fest, daß der Artikel vom 24. 9. 98 lediglich eine Wiederholung jenes Artikels... sei, und es wird sich diese an sich tatsächliche Feststellung in der Revisionsinstanz nicht beanstanden lassen." Bd. 36, S. 198: „Freilich ist die Auslegung des Vermerks ‚Nachdruck verboten' nach Sinn und Tragweite an sich tatsächlicher Natur. Es unterliegt aber der Nachprüfung des Revisionsgerichts, ob ihr ein Rechtsirrtum zugrunde liegt." Bd. 39, S. 267: „Die Revision kämpft in unzulässiger Weise gegen tatsächliche Feststellungen an, wenn sie aus der Form der Äußerungen und den Umständen, unter denen sie erfolgten, den Nachweis für die Richtigkeit der Behauptung herzuleiten unternimmt, daß der Angeklagte nur Kritik an dem Verfahren des Amtsgerichts geübt, nicht Nötigung zu einer Amtshandluug versucht habe; das Urteil geht von der gegenteiligen tatsächlichen Annahme aus, daß der Angeklagte dem mit der Sache befaßten Richter Beschwerden... als bevorstehend in Aussicht gestellt und daß er dabei den Zweck verfolgt habe, den genannten Beamten zur Anordnung der Auszahlung... zu bestimmen." Hier wird die Nachprüfung mit Recht abgelehnt, soweit ein bestimmter Zweck festgestellt ist; im übrigen aber handelt es sich um die Ermittelung des objektiven Sinnes.

Bd. 40, S. 185: „Das angefochtene Urteil hat aus dem Inhalte der Äußerungen des Angeklagten bedenkenfrei hergeleitet, daß diese nicht die Stadtverordnetenversammlung... ‚getroffen' hätten, sondern daß darin Vorwürfe ehrenrühriger Art gegen einzelne Mitglieder der Versammlung enthalten seien. Diese Entscheidung ist, weil rein tatsächlicher Art, für das Revisionsgericht maßgebend...". Bd. 41, S. 59: „Der Angeklagte hat in einer Strafanzeige wider besseres Wissen behauptet, die Zeugin J. habe sich ihm gegen Entgelt hingegeben. Sonach hängt die Strafbarkeit der Unzuchtverübung begrifflich von bestimmten weiteren Tatumständen ab. Ob solche Umstände in der Anzeige ausreichend erkennbar gemacht sind, ist Auslegungsfrage, die der Tatrichter zu entscheiden hatte..." Bd. 41, S. 79: „Allerdings gehört die Auslegung der in Betracht kommenden Geschäftskarten, Preislisten, Rechnungen und Briefe zu den Aufgaben des ersten Richters. Soweit deshalb eine Auslegung der von dem Angeklagten gebrauchten Ausdrücke: ‚Imprägnierung mit Wasserperle', ‚patentamtlich geschützt', ‚Kamelhaarstrichloden impr. mit Wasserperle' u. a. in Frage kommt, bewegen sich die Erwägungen des Urteils auf tatsächlichem Gebiete; sie lassen einen irrigen Rechtsstandpunkt, einen Verstoß gegen Auslegungsregeln oder die Denkgesetze nicht erkennen." J. W. 1923, S. 1589, Nr. 12: „Die Ablehnung des Ansatzes eines Betrages für Bruchrisiko ist durch die nicht anfechtbare tatsächliche Feststellung gerechtfertigt, die Offerte des Angeklagten sei nach dem Gutachten der Sachverständigen dahin zu verstehen, daß das Glas ‚ab Hütte' angeboten sei."

II. Strafsenat: Bd. 25, S. 158: „Bei der Prüfung, ob die auf Verletzung der §§ 185/186 StGB. gestützte Revision der Staatsanwaltschaft begründet ist, muß davon ausgegangen werden, daß die Ermittelung des Sinnes und der Bedeutung der Kundgebung des Angeklagten dem Tatrichter oblag..." Bd. 28, S. 64: „Die Verurteilung des Angeklagten wegen Erpressungsversuches stützt sich auf den Brief vom 5. 9. 1894, welchen der Angeklagte an den Tischlermeister S. gesendet hat. Dieser Brief enthielt, wie der Vorderrichter feststellt, die Drohung einer öffentlichen Bloßstellung des S. als schlechten Zahlers und bezweckte wenigstens insoweit die Erlangung eines objektiv und subjektiv rechtswidrigen Vermögensvorteiles... Soweit diese Annahme sich über den Sinn und die Bedeutung des Inhalts des Briefes verhält, kann sie nach § 376 StPO. nicht zum Gegenstande eines Angriffs in der Revisionsinstanz gemacht werden." Bd. 38, S. 184: „Was versteht § 1 der Preußischen Verordnung über die Verhütung eines die gesetzliche Freiheit und Ordnung gefährdenden Mißbrauchs des Versammlungs- und Vereinigungsrechts vom 11. 3. 1850 unter ‚Erörterung' öffentlicher Angelegenheiten?... die Strafkammer verneint das Vorliegen einer ‚Erörterung' solcher Angelegenheiten, da in den fraglichen Vorträgen keine Angelegenheit nach ihrem Grund und Wesen auseinandergesetzt werde. Wenn die Revision demgegenüber geltend macht, in den Vorführungen werde auseinandergesetzt, daß und nach welcher Richtung die heutigen gesellschaftlichen Verhältnisse und staatlichen Einrichtungen verrottet und faul... seien,... so muß diese Ausführung unbeachtet bleiben, da für das Revisionsgericht nur dasjenige maßgebend ist, was der Vorderrichter als Inhalt der Vorträge tatsächlich festgestellt hat." Bd. 43, S. 229: „Der Angeklagte ist wegen Nachdrucks des Vertragsformulars der Firma... verurteilt, das diese Firma bei allen Vertragsschlüssen mit Bauunternehmern benutzt... Die Abfassung des Vertragsvordrucks... erforderte (nach Ansicht des Landgerichts) ein erhebliches Maß geistiger Arbeit und setzte reiche Erfahrungen und Kenntnisse... voraus... Diese tatsächliche Würdigung des Landgerichts ist mit dem Rechtsmittel der Revision nicht anfechtbar." (Es darf allerdings nicht verkannt werden, daß es sich in diesem Urteil nicht um die Ermittelung des Sinnes der Urkunde, sondern um die Bewertung der zu ihrer Abfassung erforderlichen geistigen Arbeit handelt.) Bd. 55, S. 130: „Es ist Sache des Tatrichters, die Bedeutung der Äußerungen des Angeklagten zu ermitteln. An seine Feststellungen ist, soweit sie ohne Rechtsirrtum getroffen worden sind, das Revisionsgericht gebunden. So muß es auch im vorliegenden Falle seiner Beurteilung die Auslegung der Schriften des Angeklagten zugrunde legen, die sie in der Vorinstanz gefunden haben. Das gilt nicht nur hinsichtlich des Inhalts jeder einzelnen, in ihnen sich findenden Äußerung. Zu ihrer tatsächlichen Würdigung gehört ebenso die Feststellung des Verhältnisses der verschiedenen Behauptungen zueinander. Auch sie hat bindend der Tatrichter zu treffen." Bd. 55, S. 132: „Es ist Aufgabe des Tatrichters, im Einzelfall festzustellen, ob eine Äußerung... etwas wirklich Vorhandenes behauptet oder nur ein persönliches Urteil, eine Meinung in sich schließt." Lpz. Zeitschrift 1924, Sp. 339 (zu § 8 Nr. 1 Rep Schutzges.): „Die Strafkammer versteht das vom Angeklagten verfaßte Flugblatt dahin, daß es zwar eine Beleidigung der heutigen... Regierung... enthalte, jedoch in keiner Weise die verfassungsmäßige republikanische Staatsform als solche für diese vermeintlichen Mißgriffe... ihrer derzeitigen Vertretungen verantwortlich mache. Diese Inhaltsauslegung, die keinen Rechtsirrtum erkennen läßt, war Sache des Tatrichters...".

III. Strafsenat: Bd. 30, S. 194: „Es ist auch anzuerkennen, daß die Beantwortung der Frage, ob im gegebenen einzelnen Falle eine bestimmte Äußerung sich durch Roheit des Ausdruckes kennzeichne und dadurch zu einer beschimpfenden werde, wesentlich auf tatsächlichem, der Revision unzugänglichem Gebiete liegt. Immer aber müssen die Urteilsgründe ergeben, daß der erste Richter den Rechtsbegriff der beschimpfenden Äußerung richtig und nicht etwa mit Einschränkungen verstanden hat, die diesem Begriffe fremd bleiben müssen... Das Urteil hat... sonst aber Inhalt, inneren Zusammenhang und Tendenz der fraglichen Erzählung völlig im Dunkeln gelassen. Wenn die Urteilsgründe hierbei den Satz einfließen lassen: ‚Es ergeben dies insbesondre die mit Rotstift angestrichenen Stellen des Artikels', so kann hierin gegenüber der durch die Vorschrift im § 266 I dem ersten Richter auferlegten Verpflichtung... eine genügende... Feststellung nicht gefunden werden.“ Bd. 41, S. 178: „Nach der das Revisionsgericht bindenden Auslegung, welche die Strafkammer den beiden in Frage kommenden Artikeln gegeben, hat der Angeklagte gegen den Regenten von Braunschweig den Vorwurf erhoben, er habe sich aus Geldrücksichten zur Übernahme der Stellung als Regent bereit finden lassen.“ Bd. 33, S. 87: „Die Frage, ob in einem gegebenen konkreten Falle nur Auskunft auf Anfrage oder eine den Abschluß des Beförderungsvertrages vorbereitende und vermittelnde Handlung vorliegt, ist eine nach der gesamten Sachlage des Einzelfalles zu beurteilende Tatfrage. Auch im vorliegenden Falle sind es wesentlich tatsächliche, aus dem Inhalte der gepflogenen Korrespondenz und deren Auslegung hergeleitete Erwägungen gewesen, welche den Vorderrichter zu der Überzeugung geführt haben, daß der Angeklagte bei seiner hier in Rede stehenden Korrespondenz nicht auf die Erteilung von Auskunft sich beschränkt habe... Die Richtigkeit dieser dem Bereiche der vorderrichterlichen Beweiswürdigung angehörigen Erwägungen... kann in der Revisionsinstanz im Hinblick auf § 376 StPO. nicht untersucht und nachgeprüft werden.“ Bd. 53, 261: „Das fälschlich angefertigte Schriftstück vom 30. 11. 15 stellt sich, wenngleich in die Form einer Mitteilung an einen Dritten gekleidet, nach der erkennbaren und maßgebenden Auslegung der Strafkammer als eine letztwillige Verfügung dar....“ Ferner J.W. 1924, S. 312, Nr. 22: „Die Auslegung einer Urkunde ist Aufgabe des Tatrichters und insoweit der Nachprüfung des Revisionsgerichts entzogen.“

IV. Strafsenat: Bd. 22, S. 240: „Ob die Bedeutung des Wortes ‚Humbug‘ vom ersten Richter zutreffend nach den vorliegenden Umständen beurteilt worden, ist keine Rechtsfrage. Dem Revisionsgericht steht somit eine Nachprüfung der betreffenden Feststellung nicht zu...“ (vgl. hierzu auch STEIN, Priv. Wissen, S. 135). Bd. 25, S. 404: „Der erste Richter stellt fest, es sei der Leserkreis des ‚Breslauer Generalanzeigers‘ durch den in dem Artikel enthaltenen Hinweis darauf belästigt und beunruhigt worden, daß selbst der Ausspruch eines Arztes von der Bedeutung eines Oberstabsarztes keine Garantie für den wirklichen Eintritt des Todes gebe und man es an der zuständigen Stelle schuldbar an der Einrichtung einer obligatorischen Totenschau ermangeln lasse. Ob diese tatsächliche Würdigung des Sinnes, der Tragweite und der Wirkungen des Artikels zutreffend ist, unterliegt nicht der Prüfung des Revisionsgerichtes.“ Bd. 29, S. 41: „Die Bemängelung der erstrichterlichen Auslegung des unter Anklage gestellten Artikels kann, da sie sich lediglich auf dem tatsächlichen Gebiete bewegt, nach § 376 StPO. keinen Erfolg haben.“ Bd. 30, S. 39: „Der Vorderrichter... hat die vom Angeklagten... geäußerten Worte... ‚ich werde Ihnen Beine machen‘... als eine rechtswidrige, die Mißachtung des Angeredeten zum Ausdruck bringende Kundgebung bezeichnet, und damit ist der Rechtsbegriff der Beleidigung nicht verkannt, während die Frage, ob die Äußerung eine solche vorsätzliche Kundgebung enthielt, als eine tatsächliche dem Revisionsangriffe entzogen ist.“ Bd. 31, S. 185: „Die Feststellungen, welche der erste Richter betreffs der in dem den Gegenstand der Anklage bildenden Gedichte zum Ausdrucke gebrachten Gedanken getroffen hat, sind wesentlich tatsächlicher Natur und entziehen sich insoweit der Anfechtung in der Revisionsinstanz... Die Ausführung der Revision, die den Inhalt des Gedichtes bildende Fabel sei von der Strafkammer in unrichtiger, der Logik widersprechender und die Ergebnisse der Beweisaufnahme beiseite lassender Weise interpretiert, kann daher keine Berücksichtigung finden." Bd. 35, S. 94: „Soweit die Strafkammer hiernach die Schlußworte des Telegramms ‚P.er Bauernschaft' dahin ausgelegt hat, daß hierunter die Gesamtheit der in P. wohnenden Bauern zu verstehen sei, liegt eine tatsächliche Feststellung vor, welche für die Revisionsinstanz bindend ist." Bd. 38, S. 342: „Der Vorderrichter... hat die spätere Äußerung K.'s ausschließlich mit der tatsächlichen und darum der Nachprüfung des Revisionsgerichts entzogenen Erwägung abgetan, daß sie sich nicht als Beleidigung darstelle." Bd. 48, S. 153: „Welchen Sinn die in Rede stehende Vertragsbestimmung für andere erkennbar hatte und nach dem Willen der Vertragschließenden haben sollte, ist Tatfrage." Bd. 50, S. 147: „Die Strafkammer hat den vom Beschwerdeführer... verbreiteten Aufruf: ‚Nieder mit dem völkermordenden Weltkrieg! Hoch die Revolution!' dahin ausgelegt, daß darin die Anreizung zur tätlichen Widersetzlichkeit... enthalten sei, insofern als daraus auch hervorgehe, daß den Vollstreckungsbeamten... Widerstand geleistet werden solle. Diese Auslegung ist im wesentlichen tatsächlich und insoweit der Nachprüfung des Revisionsgerichts entzogen." Bd. 50, S. 325: „Wenn der Verteidiger endlich bestreitet, daß die von der Strafkammer hervorgehobenen Bevölkerungsklassen im Flugblatt in diesem Sinne einander gegenübergestellt seien, so wendet er sich lediglich gegen die Auslegung des Flugblattes durch das Landgericht, die insoweit rein tatsächlicher Natur und deshalb der Nachprüfung des Revisionsgerichts entzogen ist." Bd. 51, S. 106: Der Angeklagte hat sich bei der Preisforderung vorbehalten, die Angebote und Preise hätten nicht zu gelten, wenn sie gegen behördliche Maßnahmen oder Höchstpreise verstoßen sollten. „Wenn deshalb die Strafkammer den ganzen Vorbehalt als nicht ernstlich gemeint, hiernach also die Preisforderung in der Höhe, wie sie aufgestellt ist, als ernstliche erachtet hat, so gehört dies dem Gebiete der Auslegung und Beweiswürdigung an (§ 376 StPO.)." Die Beurteilung dieser Entscheidung ist übrigens davon abhängig, ob man annimmt, die Erwartung, der Mangel der Ernstlichkeit werde nicht verkannt werden, müsse bei der Abgabe der Willenserklärung zum Ausdrucke kommen, damit das Geschäft nach § 118 BGB. nichtig sei, oder ob man auch die rein innerliche Erwartung genügen läßt (vgl. Staudinger, Anm. 3 zu § 118). Bd. 54, S. 266: „Allerdings ist es wesentlich Sache der tatsächlichen Auslegung, ob eine zu einer bestimmten Rechtsverletzung auffordernde Äußerung gleichzietig eine Auflehnung gegen das Gesetz schlechthin einschließt..., wennschon auch diese Feststellung nicht völlig der rechtlichen Nachprüfung entzogen ist" (ähnlich Bd. 54, S. 264). Vgl. endlich J. W. 1922,

S. 297, Nr. 10: die Auslegung des Sinnes einer Äußerung sei im wesentlichen tatsächlich, und J. W. 1924, S. 304, Nr. 12: es sei in einer Eingabe „nach der für das Revisionsgericht bindenden Auslegung der Strafkammer gegen die abgelehnten Richter der Vorwurf erhoben worden, daß ihre Behandlung der von dem Angeklagten gestellten Anträge einen gröblichen Mangel an Objektivität... verrate."

V. Strafsenat: Bd. 39, S. 118 (121): Den Umfang und Inhalt eines Vertragsverhältnisses zu bestimmen, sei Sache des Tatrichters. Bd. 47, S. 313: „Die Strafkammer stellt fest, daß im vorliegenden Falle zwischen H., der den Diebstahl begangen hatte, einerseits und O. und J. andererseits vereinbart worden ist, das noch vorhandene aus dem Diebstahl herrührende Geld im Betrage von 90 Mk. zu teilen, daß zu diesem Zwecke ein 50 Mk.-Schein und ein 20 Mk.-Schein gewechselt würden und, daß sodann jeder von den dreien 30 Mk. von dem teils eingewechselten teils ursprünglich vorhandenen Gelde erhielt. Die festgestellte Vereinbarung faßt die Strafkammer in dem Sinne auf, daß dadurch bereits in bezug auf das noch in seiner ursprünglichen Gestalt vorhandene, unmittelbar aus dem Diebstahle herrührende Geld... unter den drei Angeklagten eine ‚Gemeinschaft zu ideellen Anteilen' begründet worden und daß die Umwechslung... nur zum Zwecke der Realteilung... erfolgt sei. Soweit diese Auffassung eine Auslegung des in der Vereinbarung zum Ausdruck gekommenen Vertragswillens enthält, beruht sie auf tatsächlicher Würdigung, die der Nachprüfung des Revisionsgerichts entzogen ist." Bd. 48, S. 244: „Die Strafkammer geht davon aus, daß der Angeklagte der Frau G... seinen Staubsauger mit der Vereinbarung übergeben und übereignet hat,... Sie nimmt also Übereignung des Staubsaugers znm Zwecke einer Sicherung... an... Ihre Annahme beruht auf rein tatsächlicher Auslegung der Vereinbarung und läßt einen Verstoß gegen die Auslegungsvorschrift des § 133 BGB. nicht erkennen..." Bd. 51, S. 319: die Annahme, das ganze Milchgeschäft sei für gemeinschaftliche Rechnung der Teilnehmer gegangen, sei tatsächlich und binde das Revisionsgericht.

§ 7. Der Begriff der Rechtsnorm.

In welchem Maße eine Untersuchung des Wesens der Revision zu den tiefsten Fragen der Rechtswissenschaft überhaupt hinabführt, zeigt sich auch dann, wenn wir uns einem weiteren Bestandteile des Revisionsbegriffs, dem Begriff der Rechtsnorm zuwenden.

Nur wenn eine Rechtsnorm nicht oder nicht richtig angewendet ist, ist das Gesetz verletzt und die Revision gegeben[1]). Wenn der § 322 des Entwurfs eines Gesetzes über den Rechtsgang in Strafsachen von 1920 anstatt „Rechtsnorm" „Rechtssatz" sagte, so sollte hierdurch

[1]) Nach § 448 der neuen StPO. kann die Revision in Militärstrafsachen auch darauf gestützt werden, daß eine „allgemeine militärische Dienstvorschrift" nicht oder nicht richtig angewendet worden ist (so auch schon § 11 III des Gesetzes vom 17. 8. 20, RGBl. 1579).

sachlich kaum etwas geändert werden[1]). Die durch den so gefaßten Begriff der Revision geforderte Scheidung von revisiblem und irrevisiblem Recht hat der Literatur und auch der Rechtsprechung verhältnismäßig wenig Verlegenheit bereitet. Wir finden in fast allen in Frage kommenden Lehrbüchern und Kommentaren[2]) als revisibel die Auslegung von Gesetz, Gewohnheitsrecht, Autonomie und Observanz, als irrevisibel dagegen die der Vereinssatzungen, Dienstanweisungen, Patenturkunden, Gefängnisordnungen, richterlichen Urteile, polizeilichen Verfügungen und vor allem der Rechtsgeschäfte, insbesondere Verträge und Testamente, endlich auch hier und da ortsstatutarischer Bestimmungen bezeichnet. Damit ist dieser Teil des Revisionsproblems in der Regel abgetan. Von den 2 Seiten, die z. B. v. KRIES ihm widmet[3]), ist das meiste durch die Erörterung der Frage, „wie es mit dem ausländischen Recht zu halten sei", in Anspruch genommen. Die Erschütterungen, denen die Rechtsquellenlehre ausgesetzt war[4]), pflanzten sich nur selten bis in dieses Gebiet fort. Immerhin hat es auch hier nicht gänzlich an Zweifeln gefehlt. Und zwar ist streng zu unterscheiden zwischen der Betrachtung de lege lata und der de lege ferenda.

I. De lege lata.

1. Hier sind zunächst nach zwei Richtungen hin gewisse Bedenken gegen eine bedingungslose Abhängigmachung der Revisibilität von dem Begriff der Rechtsnorm zu beobachten:

a) Es werden gewisse Gebilde als Normen des objektiven Rechts bezeichnet, und trotzdem wird ihnen — aus theoretischen Erwägungen,

---

[1]) Nach Artikel 107 des Ges. betr. Zusätze zur VO. vom 3. 1. 1849 über die Einführung des mündlichen und öffentlichen Verfahrens mit Geschworenen in Untersuchungssachen vom 3. 5. 1852 (Preuß. Ges.-S. S. 209ff.) fand die Nichtigkeitsbeschwerde statt „I. wegen Verletzung oder unrichtiger Anwendung eines Gesetzes oder eines Rechtsgrundsatzes". Sehr viel weiter geht der unten in § 10 erwähnte Entwurf eines Arbeitsgerichtsgesetzes.

[2]) Vgl. z. B. LÖWE, Anm. 3a zu § 337; LÖWENSTEIN, a. a. O., S. 106; KANN, Anm. 1b zu § 549. BRAUCHITSCH, Bd. I (22. Aufl. 1918), Anm. 2 zu § 94 erklärt mit Recht Ortsstatuten und Polizeiverordnungen für revisibel; dagegen sei das Bestehen eines Ortsgebrauchs Tatfrage. Vgl. auch FRIEDRICHS Verwaltungsrechtspflege, Bd. 2, § 487; HELLWIG. Lehrbuch, Bd. 2, § 88, Anm. 4, sowie über Ortsgebrauch und Ortsüblichkeit SCHULTZENSTEIN, J. W. 1922, S. 72.

[3]) Rechtsmittel, S. 215/16.

[4]) Übrigens muß an dieser Stelle gegen die einleitenden Bemerkungen des geistvollen Aufsatzes HEDEMANNS: „Gesetz, Minister und Reichsgericht" (D. J. Z. 1922, S. 291ff.) in gewisser Hinsicht Einspruch erhoben werden: HEDEMANNS Darstellung könnte den Anschein erwecken, als ob die Rechtsquellenlehre erst seit der Verordnungsflut der Kriegszeit ins Wanken geraten sei, vorher dagegen unangetastet dagestanden habe. „Wie monumental — sagt HEDEMANN — war das, was etwa die Pandektisten des 19. Jahrhunderts oder die Enzyklopädisten vom Anfang des 20. Jahrhunderts über die beiden großen und einzigen Quellen des objektiven Rechts, das Gesetz und die gefestigte Gewohnheit zu sagen hatten!" Es mag genügen, demgegenüber auf die skeptischen Bemerkungen BERGBOHMS in der Einleitung zu „Jurisprudenz und Rechtsphilosophie" (1892) zu verweisen, wo es u. a. heißt: „Und wie lange wird sich überhaupt unsere ganze poröse Lehre von den ‚Rechtsquellen' so hin und her schütteln lassen, ohne zu zerfallen?" (A. a. O., S. 24; vgl. auch S. 40ff.)

nicht auf Grund positiver Rechtsvorschrift — die Revisibilität abgesprochen. So bezeichnet GIERKE das Vereinsstatut als objektives Recht, als Vereinsgesetz, „womit natürlich nicht gesagt ist, daß es an den Eigenschaften des ‚Gesetzes' im technischen Sinne... ebenfalls Teil haben müsse"[1]). Die Praxis habe mit Recht verneint, daß solche Statuten „Gesetzesvorschriften in dem Sinne seien, daß ihre Verletzung Nichtigkeit des Urteils begründen könnte[2])". Eine Begründung dafür, weshalb die Verletzung dieser Rechtsnormen nicht revisibel sein soll, gibt GIERKE nicht. Andere Schriftsteller, wie z. B. OERTMANN[3]), verweisen zur Begründung auf die Bestimmung des § 549 ZPO. und meinen, daß das, was den Landesgesetzen recht, den Vereinsstatuten billig sein müsse. Aber es gibt sehr zahlreiche Vereine, deren Mitglieder über ganz Deutschland verbreitet sind — weshalb soll ihren Statuten die Beschränkung des § 549 ZPO. anhaften?

b) Umgekehrt wird die Auffassung, daß die Auslegung der sog. typischen Verträge und ähnlicher Rechtsgebilde revisibel sei, in Theorie und Praxis des Privatrechts auch dort ziemlich allgemein[4]) geteilt, wo der Satz von dem Rechtsnormcharakter der Rechtsgeschäfte (unten 2) verworfen wird. Insbesondre die Zivilsenate des Reichsgerichts stehen in ständiger Rechtsprechung auf diesem Standpunkte. Aus der Entscheidung des VII. Zivilsenats RGZ. Bd. 81, S. 117, die diese Rechtsprechung einleitet, ist freilich noch nicht klar ersichtlich, ob die Revisibilität der dort behandelten Allgemeinen Versicherungsbedingungen trotz oder vielmehr wegen ihrer Rechtsnormeigenschaft anerkannt wird; es wird dort von „Vertragsbestimmungen, die als allgemeine Norm festgestellt sind", gesprochen[5]). In der Entscheidung des V. Zivilsenats RGZ. Bd. 86, S. 283 heißt es jedoch hinsichtlich eines für ein Bergwerk erlassenen Gewerkschaftsstatuts ausdrücklich: „Das Statut enthält die Verfassung, die sich innerhalb der vom Gesetze zugelassenen Grenzen das Bergwerk selbst beilegt. Es ist nicht, wie das knappschaftliche

---

[1]) Deutsches Privatrecht Bd. I, § 19, S. 150/51.

[2]) A. a. O., S. 151, Anm. 40.

[3]) Arch. f. Rechts- und Wirtschaftsphilosophie Bd. 7, S. 132. Aus besonderen Gründen hat übrigens das Reichsgericht (V. Zivilsenat) in RGZ. Bd. 38, S. 126 die Satzung eines Knappschaftsvereins für eine revisible Rechtsnorm erklärt: „Die Knappschaftsvereine sind Zwangsgenossenschaften öffentlichen Rechts, dazu bestimmt, die Bergarbeiter gegen die Gefahren zu versichern, denen sie infolge ihres Berufes ausgesetzt sind... Die Satzungen des Vereins, die gesetzmäßig unter Bestätigung des Oberbergamts zustande gekommen sind, bilden nicht den Inhalt eines Versicherungsvertrages (lex contractus), dem sich die Beitretenden freiwillig unterwürfen, sondern eine singuläre Norm des öffentlichen Rechts."

[4]) Vgl. hierüber BOYENS, a. a. O., S. 183ff. Gegen die Revisibilität typischer Verträge insbesondere MENDELSSOHN-BARTHOLDY, J. W. 1919, S. 189, Anm. zu Nr. 11; RICHARD SCHMIDT, Lehrbuch des Deutschen Ziv.Proz., 2. Aufl., 1910, S. 798, Anm. 1. Auch das Preuß. OVG. ist dieser Auffassung nicht gefolgt; vgl. FRIEDRICHS, a. a. O., Bd. 2, § 488, S. 982.

[5]) OERTMANN, Rechtsordnung und Verkehrssitte, S. 516, der die Revisibilität der Auslegung typischer Verträge pp. anerkennt, will anscheinend hinter dem einzelnen typischen Rechtsgeschäft eine allgemeine Norm annehmen, die durch den Vertrag pp. nicht geschaffen wird, sondern nur rechtliche Wirkung erhält.

Statut (RGZ. 38, S. 126) eine Rechtsnorm, sondern es liegt auf privatrechtlichem Gebiet und hat durchweg Vertragsnatur. Aber es gibt Vorschriften nicht nur für einen Einzelfall, sondern es ist dazu bestimmt, für die inneren und äußeren Rechtsbeziehungen der Gewerkschaft in der Gegenwart und in der Zukunft ein für allemal eine den besonderen Verhältnissen angepaßte feste Grundlage zu schaffen. Das Statut, das an die Stelle des Legalstatuts, also gesetzlicher Normen, tritt, hat damit eine über den Einzelfall weit hinausreichende Bedeutung. Deshalb können die Erwägungen, die bei Verträgen dazu geführt haben, der Nachprüfung durch das Revisionsgericht engere Grenzen zu ziehen, bei Bergwerksstatuten ebensowenig Platz greifen wie bei Verträgen sog. typischen Inhalts und insbesondre bei allgemeinen Versicherungsbedingungen..." Seither haben die Zivilsenate m. W. in derartigen Fällen keine besonderen Untersuchungen über den Rechtsnormcharakter der auszulegenden Bestimmung angestellt, weil ihre Revisibilität ja ohnehin anerkannt wurde. Wie sehr diese Anerkennung bereits zur anscheinend keiner Begründung mehr bedürfenden Selbstverständlichkeit geworden ist, zeigt etwa das Urteil des I. Zivilsenats RGZ. Bd. 98, S. 122: „Die Schleppbedingungen sind von einer erheblichen Anzahl von Reedereien festgesetzt worden. Die Reedereien tätigen Abschlüsse nur unter Zugrundelegung der Bedingungen. Diese haben also den Charakter typischer Vertragsbestimmungen, so daß die Nachprüfung der Auslegung in der Revisionsinstanz auf jeden Fall zulässig ist." Hier tritt also bereits ein kategorisches „so daß" an die Stelle der Begründung. Der IV. Zivilsenat bejaht in RGZ. Bd. 106, S. 120 die Revisibilität eines „zur Regelung aller Beziehungen zwischen den Ärzten und Krankenkassen eines Landes geschlossenen Vertrags des Landesärzteverbandes mit der Arbeitsgemeinschaft der Krankenkassenverbände", weil es sich hier um eine Vertragsauslegung handele, die „sich nicht in der tatsächlichen Feststellung des... von den Beteiligten gefaßten und mittels der Vertragserklärungen kundgegebenen Willens erschöpft, sondern die Bedeutung einer über den Kreis der Vertragschließenden hinaus Geltung beanspruchenden allgemeinen Norm betrifft."

c) In entschiedenem Gegensatze hierzu halten die Strafsenate des Reichsgerichts fast ausnahmslos und ohne näheres Eingehen auf die oben berührten Fragen daran fest, daß nur eine Rechtsnormverletzung die Revision begründen könne, und legen gleichzeitig den Begriff der Rechtsnorm so eng wie nur möglich aus. „Unfallverhütungsvorschriften einer Berufsgenossenschaft — sagt der V. Strafsenat in RGStr. Bd. 52, S. 42 — sind keine Rechtsnormen im Sinne des § 376 StPO. Sie regeln lediglich die Pflichten, die für die Mitglieder gegenüber der Berufsgenossenschaft bestehen, und haben keine verbindliche Kraft gegenüber der Allgemeinheit. Sie können daher auch nur in tatsächlicher Beziehung für die Frage, ob eine fahrlässige Handlung vorliegt, von Bedeutung sein und unterliegen deshalb insoweit nicht der Nachprüfung des Revisionsgerichts. Es kommt demzufolge hier nicht darauf an, ob die Strafkammer den § 22 der Unfallverhütungsvorschriften der Hannoverschen Baugewerksberufsgenossenschaft zutreffend ausgelegt... hat." Ebenso hinsichtlich der Eisenbahner-Dienstanweisung der III. Strafsenat in RGStr. Bd. 1, S. 125 und der V. Strafsenat in Bd. 53, S. 134, ferner der I. Strafsenat in Goltd. Arch. Bd. 68, S. 364. Der I. Strafsenat hat schließlich in einem die Verletzung eines Patents betreffenden Urteil den Charakter der Patenturkunde dahin gekennzeichnet: „Diese ist nicht als Rechtssatz der Auslegung auch in der Revisionsinstanz zugänglich, sondern, wie die Rechtsprechung der Strafsenate annimmt, als behördliche Entscheidung über den Patentanspruch vom Tatrichter nach Sinn und Bedeutung zu ermitteln und festzustellen." (J. W. 1914, S. 698, Nr. 67.) Auch das die Auslegung einer polizeilichen Verfügung betreffende Urteil des II. Senats RGStr. Bd. 58, S. 224 gehört wohl hierher.

Nur in Goltd. Arch. Bd. 68, S. 274 — wo übrigens auch die Wendung „Unfallverhütungsvorschriften oder sonstige Schutzgesetze" vorkommt — scheint der V. Strafsenat stillschweigend einen anderen Standpunkt einnehmen zu wollen.

2. Zu einer bedeutsamen Erweiterung des Begriffs der Rechtsnorm und damit auch der Revisibilität würde eine Anerkennung der Ansicht führen, die Rechtsnorm und Rechtsgeschäft nicht als Gegensatz betrachten, sondern jedes Rechtsgeschäft als Rechtsnorm auffassen und hieraus die unbeschränkte Revisibilität der Vertragsauslegung ableiten will. Zu diesem Standpunkte neigt bekanntlich vor allem Danz[1]). Noch weitergehend nennt Sternberg[2]) jede richtige rechtswissenschaftliche Aussage gleichzeitig einen Rechtssatz — eine Auffassung, gegen die sich unter anderen sogar Bierling[3]) gewandt hat, der der Annäherung von objektivem und subjektivem Recht sonst verhältnismäßig wohlwollend gegenübersteht[4]). Bierling hat stets dem Gedanken Ausdruck verliehen, daß auch Vertrags- und Testamentsnormen, Gemeinde- und Vereinsstatuten an sich Rechtsnormen seien, ebensogut wie das Gesetz, und sich von diesem nur durch das Fehlen der Allgemeingültigkeit sowie durch ihre Eigenschaft als „subordinierte" Rechtsnormen unterschieden. Die praktische Bedeutung der Frage für das Problem der Revisibilität ist schon deshalb nicht erheblich, weil auch Bierling[5]) in jedem einzelnen Falle prüfen will, ob der von ihm gewonnene Begriff der Rechtsnorm dem Sinne, den das Gesetz im konkreten Falle mit dem Worte „Rechtsnorm" verbindet, nicht widerspricht. Ohne auf die Erörterungen, die sich an die Danzsche und Bierlingsche Lehre geknüpft haben, im übrigen

[1]) Vgl. neben den verschiedenen Auflagen der „Auslegung der Rechtsgeschäfte" Jherings Jahrb. Bd. 38, S. 457, Anm. 1 und über die Danzsche Lehre Oertmann, a. a. O., S. 511.

[2]) Allgemeine Rechtslehre Bd. 1, S. 123; dazu Somló, Jur. Grundlehre 1917, S. 17, Anm. 3 und S. 359.

[3]) Jur. Prinzipienlehre Bd. 4, S. 202, Anm. 5.

[4]) A. a. O., Bd. 1, S. 157ff., Bd. 2, 195, Anm. 8 und Bd. 5, S. 207ff. Vgl. auch Gierke, Deutsches Privatrecht Bd. 1, S. 250, Anm. 2.

[5]) A. a. O., Bd. 2, S. 190, Anm. 6.

eingehen zu können, müssen wir uns doch gegen ein Argument wenden, dessen sich OERTMANN in seiner Polemik gegen DANZ bedient: nämlich den Hinweis auf die Bestimmung des § 549 ZPO., wonach die Revision nur auf die Verletzung „eines Reichsgesetzes oder eines Gesetzes, dessen Geltungsbereich sich über den Bezirk des Berufungsgerichts hinaus erstreckt", gestützt werden kann. Wenn — so folgert OERTMANN[1]) — jeder Vertrag Rechtsnorm sein soll, so käme man zu dem „geradezu ungeheuerlichen Ergebnis", daß „zwar eine partikularrechtliche Norm der Sächsischen oder Hessischen Gesetze nicht revisibel wäre, wohl aber die von zwei sächsischen oder hessischen Untertanen vereinbarte Vertragsnorm", „die Regeln des Hausgesetzes würden als Vertragsnorm revisibel sein, während sie, wenn zu wahren Hausgesetzen erhoben, diese Revisibilität nach ZPO. § 549 wieder verlieren würden" (S. 513). Das ist m. E. nicht einleuchtend. Wenn man die Vertragsnormen als Rechtsnormen im Sinne des § 550 ZPO. auffaßt, so muß man für sie sinngemäß doch ebenso wie für die Gesetze im engeren Sinne die einschränkende Bestimmung des § 549 ZPO. gelten lassen. Man darf nicht mit OERTMANN argumentieren, Verträge seien deshalb überhaupt keine objektiven Rechtsnormen, weil sie sonst den stärksten Rechtsnormen, nämlich den reichsgesetzlichen gleichstehen und den Vorrang vor den Landesgesetzen haben müßten. Vielmehr scheint m. E. der natürlichere Gedankengang dahin zu lauten, daß die Verträge, wenn ihnen die Eigenschaft objektiver Rechtsnormen beizulegen sein sollte, jedenfalls nur den schwächeren, nämlich den landesgesetzlichen Rechtsnormen gleichgestellt werden können. Ihre Verletzung könnte die Revision also nur dann begründen, wenn ihr Geltungsbereich sich über den Bezirk des Berufungsgerichts hinaus erstreckt. Eine solche Geltung aber wird den Vertragsnormen nur insofern zukommen, als es sich etwa um Tarifverträge, die für größere Gebiete abgeschlossen sind, um Allgemeine Versicherungsbedingungen der bekannteren Gesellschaften oder um ähnliche typische Verträge handelt. § 549 ZPO. beweist also nichts gegen die DANZsche Ansicht[2]). Überdies wäre es auch mißlich, wenn man durch die Sondervorschrift des § 549 gezwungen würde, auch allen denjenigen Verfahrensarten, die eine dem § 549 ZPO. entsprechende Bestimmung nicht kennen, eine lediglich aus zivilprozessualen Gesichtspunkten sich ergebende Auslegung des Begriffs Rechtsnorm — falls man diesem nicht etwa die gleiche Wandlungsfähigkeit verleihen will wie dem Tatsachenbegriff — aufzunötigen. Den Nachweis dafür, daß Rechtsgeschäfte keine Rechtsnormen sind, wird man mit Hilfe positivrechtlicher Vorschriften wie des § 549 ZPO. kaum erbringen können. Die Begründung liegt tiefer[3]).

[1]) Rechtsordnung und Verkehrssitte, S. 512ff.

[2]) STEIN, Zeitschr. Ziv. Proz. Bd. 23, S. 496 argumentiert übrigens ähnlich wie OERTMANN, wenn er die Gleichsetzung von Rechtsnorm und Rechtsgeschäft auch deshalb für gefährlich hält, weil § 549 dann erst recht die Revision unmöglich mache.

[3]) Vgl. hierzu WACH, Vorträge, 2. Aufl., S. 290, Anm. und J. W. 1881, S. 79; HELLWIG, Lehrbuch Bd. 2, § 89, Anm. 3 und § 88, Anm. 4; W. JELLINEK, a. a. O., S. 94, Anm. 19; PETERSEN, D.J.Z. 1899, S. 282.

Ganz kurz sei in diesem Zusammenhange noch die Frage gestreift, ob dem richterlichen Urteil ebenfalls der Charakter einer Rechtsnorm beizulegen ist. Der Streit, ob und inwieweit die richterliche Tätigkeit „neues" Recht schafft, muß an und für sich selbstverständlich gänzlich außerhalb des Rahmens dieser Arbeit bleiben. Es knüpft sich an ihn jedoch eine Auseinandersetzung zwischen HELLWIG und HECK, in der Grundfragen der Revisionslehre behandelt werden. HELLWIG verwendet nämlich die Revision als Argument gegen die Theorie von der rechtsschöpferischen Kraft des richterlichen Urteils. Er geht [1]) von der Regel aus, daß jeder Rechtssatz erst von seiner Entstehung an wirksam sei. „Wie könnte er — sc. der „neue" Rechtssatz — dann aber auf den in der Vergangenheit liegenden Tatbestand angewendet werden — was doch zweifellos geschieht — weil er schon damals gegolten und von den Parteien Beachtung geheischt habe? Wie könnte davon die Rede sein, daß die Urteile von dem Revisionsgericht, das doch nur darauf sieht, ob gesetzmäßig geurteilt ist, auf ihre Richtigkeit nachgeprüft und wegen Gesetzesverletzung aufgehoben werden? Und nach welchem Gesichtspunkte sollte die Frage beantwortet werden, ob eine revisible oder nicht revisible Rechtsnorm verletzt ist?" HECK erblickt hierin nicht mit Unrecht „ein gutes Stück altvertrauter Begriffsjurisprudenz..., wie sie bei HELLWIG nicht selten auftritt. Wenn die Nachprüfung im Wege der Revision eine Konsequenz aus dem Begriffe ‚altes Recht' wäre..., dann müßten wir nach der alten Konstruktionsmethode unsere Richtersätze in den Begriff ‚altes Recht' einstellen... Aber Revision und Rückwirkung sind nicht Begriffskonsequenzen, sondern Interessenkonsequenzen, die nicht wegen Begriffszugehörigkeit oder Begriffsfremdheit, sondern wegen der Interessenlage bei den Richtersätzen eintreten [2])." Der hier von HECK ausgesprochene Gedanke könnte, deutlicher ausgedrückt und allgemeiner gefaßt, das Motto unserer gesamten Untersuchungen über den Revisionsbegriff bilden.

II. De lege ferenda.

Ein Stück „Begriffsjurisprudenz", wie es hier HECK an HELLWIG tadelt, steckt aber m. E. in den gesamten zu I behandelten Erörterungen. Denn kaum jemals wird dabei der Punkt, auf den alle Schwierigkeiten letzten Endes doch hinauslaufen und auf den es im Grunde doch allein ankommt, berührt: ob es nämlich de lege ferenda billigenswert sei, die Revision durch eine Beschränkung auf Rechtsnormverletzungen im engsten Sinne einzuschnüren. Mit anderen Worten: der Umstand, daß gerade diesem engen Begriff der Rechtsnorm entscheidende Bedeutung für die Zulässigkeit der Revision zukommen soll, bedarf selbst erst der Rechtfertigung [3]). Diese Rechtfertigung kann jedenfalls nicht darin liegen, daß die Verträge, Testamente usw. lediglich „tatsächliche Verhältnisse" seien [4]), deren Behand-

[1]) Lehrbuch Bd. 2, S. 167. [2]) ArchzivPrax. Bd. 112, S. 248, Anm. 379.

[3]) Überflüssig wäre eine derartige Erörterung freilich dann, wenn die oben § 5 vertretene Auffassung, daß die Auslegung ohne Rücksicht auf den Rechtsnormcharakter der Rechtsgeschäfte pp. revisibel ist, herrschend wäre.

[4]) So z. B. LÖWENSTEIN, a. a. O., S. 106.

lung des spezifisch juristischen Interesses entbehre. Gegen diese Auffassung hat sich insbesondre EUGEN EHRLICH mit ausgezeichneten Ausführungen gewandt: „Die auf die staatliche Rechtsauffassung und die Vorstellung von der Einheit des Rechts gegründete Jurisprudenz geht in der Regel so vor, daß sie alles sonstige gesellschaftliche Geschehen als bloße ‚Tatsache' der in den Rechtssätzen beschlossenen Ordnung entgegengesetzt. Für sie sind also die gesellschaftlichen Übungen, Besitzformen, Verträge, Satzungen, Erbteilungen, letztwilligen Anordnungen nicht, wie in jeder urwüchsigen Rechtsbildung, wie etwa in Rom, im mittelalterlichen Europa und jetzt noch im angloamerikanischen Rechtsgebiete, der Stoff, aus dem der Richter seine Entscheidungsnormen für die Interessengegensätze, die sich darin abspielen, formt, sondern Tatsachen, die der Richter den Rechtssätzen unterordnen soll. Auf diese ungemein einfache Weise wird das ganze gesellschaftliche Recht zu einer bloßen Tatsache abgestempelt und so außerhalb des Rechts gestellt: als Recht erscheint infolgedessen nur der Inbegriff der Rechtssätze, und dieser allein hat sich der Vorstellung von der Einheit des Rechts zu fügen. Die unmittelbare Fühlung des Richters mit der Gesellschaft wird ausgeschaltet: nicht gesellschaftliche Verhältnisse liegen ihm vor, damit er ihnen seinen Schutz angedeihen lasse, er hat bloß über Tatsachen nach den Rechtssätzen zu urteilen. So gelangt man allerdings dazu, das Wesentliche der richterlichen Tätigkeit im logischen Schließen zu finden. Aber der Rechtsschutz kommt nicht den Tatsachen, sondern den menschlichen Rechtsverhältnissen zugute, von denen er Störungen abwehrt. Was den Juristen als Tatsache gilt, das sind teils Übungen, Besitzformen oder Willenserklärungen (Verträge, Satzungen, letztwillige Anordnungen), die Grundlagen der Rechtsverhältnisse, in denen der Interessenkampf vor sich geht, zum anderen Teil sind es die Störungen selbst, denen die menschlichen Interessen in der Gesellschaft ausgesetzt sind. Durch den Gegensatz von Tatsache und Recht wird daher nur erreicht, daß die gesellschaftliche Rechtsbildung in der Jurisprudenz sich als ewiger Wechsel der Tatsachen... darstellt und daß den wechselnden ‚Tatsachen' der Rechtssatz als etwas verhältnismäßig Festes, was nur durch die Gesetzgebung geändert werden kann, gegenübersteht. Die staatliche Rechtsauffassung und die Vorstellung von der Einheit des Rechts haben die Rechtsbildung, die in der Entwicklung der gesellschaftlichen Rechtseinrichtungen vor sich geht, nicht aus der Welt geschafft; aber sie versagen ihr die Anerkennung als Rechtsordnung, drücken sie zu einer bloßen Tatsache herab und weisen der juristischen Logik die Aufgabe zu, sie durch feststehende Rechtssätze zu meistern[1])." Das sind Gedanken, wie sie EHRLICH schon früher in seiner „Grundlegung der Soziologie des Rechts"[2])

[1]) Jur. Logik, ArchzivPrax. Bd. 115, S. 316ff.

[2]) Vgl. z. B. S. 286 und oft. Durch die sich in dieser Schrift häufig findende Bezeichnung der Verträge, Satzungen pp. als „Tatsachen des Rechts" darf man sich nicht beirren lassen. Vgl. auch NUSSBAUM, Die Rechtstatsachenforschung 1914, S. 7/8.

zum Ausdruck gebracht hatte — Gedanken, die ihren Wert behalten, auch wenn man die Kritik, denen die EHRLICHsche Grundauffassung begegnet ist[1]), im wesentlichen als berechtigt anerkennen muß, und wenn man vor allem auch EHRLICHS Forderungen hinsichtlich der richterlichen Ermessensfreiheit — wenigstens für das Strafrecht — als zu weitgehend ablehnt.

Die Stellung des geltenden Rechts in dieser Frage läßt sich vielmehr lediglich daraus erklären und damit rechtfertigen, daß es die soziale Tragweite aller Rechtsverhältnisse, die nicht Rechtsnormen im engsten Sinne sind, für zu unbedeutend hält, als daß die Gewährung des Rechtsmittels der Revision erforderlich wäre, wenn gegen den Geist dieses „gesellschaftlichen Geschehens" verstoßen wird. Die Auslegung des Gesetzes ist — so meint ein modernen Rechtserscheinungen sonst so verständnisvoll gegenüberstehender Jurist wie OERTMANN — „von viel größerer grundsätzlicher und praktischer Tragweite" als die Vertragsauslegung[2]). Das traf schon früher nicht immer zu; heute ist es ganz gewiß nicht richtig. Es ist eine ständig von neuem zu beobachtende Wahrheit, daß große Teile des geltenden Gesetzesrechts nahezu jeder praktischen Bedeutung entbehren, während umgekehrt dem Gesetze unbekannte Rechtsgebilde im Rechtsverkehr eine große Rolle spielen[3]). „Wie das Kirchenrecht — so sagt z. B. einer der besten Kenner des Aktienrechts, FLECHTHEIM[4]) — so hat auch das Aktienrecht seine vigens disciplina, die lebendige Praxis in Gegensatz zur starren Doktrin. Zahlreiche Bestimmungen des Gesetzes führen nur noch ein Leben in den Paragraphen. So z. B. die Sukzessivgründung. Andere sind nur noch Fußangeln für das notarielle Protokoll. Ihre Daseinsberechtigung ist problematisch. Hinwiederum kennt die Praxis aktienrechtliche Gebilde, die im Gesetz überhaupt nicht oder nur ganz embryonal behandelt sind. So die Genußscheine und vor allem die neuerdings so bedeutsam gewordenen Vorzugsaktien." Ebenso wie im Aktienrecht verhält es sich aber auf sehr vielen anderen Rechtsgebieten, und zwar findet oft gerade dort, wo das Recht in der innigsten Berührung mit den lebendigen Kräften des Volkes und Staates steht, eine solche außergesetzliche Entwickelung in stärkstem Umfange statt, ohne daß deshalb geradezu überall schon von einer Gewohnheitsrechtsbildung, also von der Entstehung objektiver Rechtsnormen gesprochen werden könnte[5]). Unermüdlich hat EHRLICH immer wieder darauf hingewiesen, wie einerseits das objektive Recht sich aus den „gesellschaftlichen Rechtsver-

---

[1]) Vgl. z. B. BINDER, Philosophie des Rechts 1925, S. 897, Anm. 13, 999ff. und oft.

[2]) Rechtsordnung und Verkehrssitte, S. 513.

[3]) Vgl. auch EHRLICH, Die Erforschung des lebenden Rechts, Schmollers Jahrb. 1911 (35. Jahrg.) S. 140.

[4]) Recht und Wirtschaft 11. Jahrgang (1922), S. 21. Vgl. auch OTTO SCHREIBER, Handelsbräuche (1922), S. 49.

[5]) DANZ hat bekanntlich insbesondre an dem Beispiel des Verlagsrechts zu zeigen versucht, wie die Verkehrssitte Gewohnheitsrecht erzeuge, das schließlich gesetzlich fixiert werde (Auslegung der Rechtsgeschäfte, 3. Aufl. 1911, S. 120ff.).

hältnissen" erst herausgebildet hat und wie andererseits die das Rechtsleben eigentlich beherrschenden Verhältnisse sich von Grund aus ändern können, ohne daß das objektive Recht selbst sich mit ihnen zu ändern braucht[1]). EHRLICHS Bestreben geht vor allem dahin, die verbreitete Überschätzung des staatlichen Gesetzesrechts zu beseitigen und dem lebenden Recht, dessen wichtigste Erkenntnisquellen die Rechtsurkunde sei[2]), die gebührende Stellung zu verschaffen. Nicht als ob nun die aus diesen Quellen fließenden Normen von Anbeginn sämtlich Rechtsnormen sind; gegen diese Annahme hat sich EHRLICH ausdrücklich ausgesprochen[3]). Es kommt hier eben nicht auf den Rechtsnormcharakter, sondern auf die Bedeutsamkeit dieser Erscheinungen an. Wann derartige Neubildungen zu objektivem Rechte werden, das hängt mehr oder weniger vom Zufall ab — ebenso wie es umgekehrt oft vom Zufall abhängt, ob und wann überflüssige, für die Wirklichkeit ohnehin bereits tote Äste des „geltenden" Rechts auch formell beseitigt werden.

Der Gesichtspunkt der mangelnden Tragweite für das Rechtsleben ist daher jedenfalls nicht imstande, de lege ferenda die Beschränkung der Revision auf die Verletzung von Rechtsnormen zu rechtfertigen. Sehr bemerkenswert ist gerade unter diesem Gesichtspunkte das bereits oben erwähnte Urteil RGZ. Bd. 106, S. 120. Dort heißt es: „Auch dieses an dem Vertrage in weitgehendem Maße bestehende öffentliche Interesse muß dazu führen, die freie Auslegung des Vertrags durch das Revisionsgericht zuzulassen." — Interessante Ausführungen über den Begriff des objektiven Rechts hat neuerdings RÜMELIN in seinen Münchener Vorträgen gemacht[4]). Er gibt zu, daß man hier von den verschiedenartigsten Vorstellungen ausgehen könne. Seinen sachlichen Erwägungen wird man in vielen Punkten beipflichten können. Nicht richtig ist es aber, wenn er die hier bestehenden Meinungsverschiedenheiten für einen „unfruchtbaren Formulierungsstreit" erklärt. Solange z. B. die Revisibilität davon abhängt, ob etwas als „Rechtsnorm" anerkannt wird, handelt es sich eben um mehr als um einen bloßen Formulierungsstreit. RÜMELINS Auffassung wird indessen verständlich, wenn man beachtet, daß sein Weg dem unseren mitunter gerade entgegengesetzt verläuft. RÜMELIN meint nämlich (S. 161), wo eine Norm prozessual dem Gesetzes- und Gewohnheitsrecht gleichgestellt sei (z. B. hinsichtlich der Revision), da empfehle es sich, sie dem objektiven Recht zuzurechnen. Wir aber wollen ja gerade wissen, ob eine bestimmte Norm im Sinne des Revisionsrechts dem Gesetze usw. gleichzustellen ist.

Ganz kurz sei hier noch auf den besonders interessanten Weg hingewiesen, den der Tarifvertrag bei der Entwickelung vom Rechtsgeschäft zur objektiven Rechtsnorm eingeschlagen hat. Auf diesem

---

1) Grundlegung der Soziologie des Rechts, S. 108, 315ff, 317. Vgl. auch LUDWIG SPIEGEL, Jurisprudenz u. Sozialwissenschaft (in „Gesetz und Recht", 1913).

2) Grundlegung, S. 399. 3) Grundlegung, S. 136.

4) Archziv Prax. N. F. Bd. 2, S. 152ff., 157ff.

Gebiete war vor allem SINZHEIMER der Vorkämpfer des Gedankens, daß die Arbeitstarifnormen objektives Recht werden müßten[1]). Aber er hat stets mit erfreulicher Bestimmtheit betont, daß die Erhebung zur objektiven Rechtsnorm nur durch einen Gesetzesakt erfolgen könne, und daß ohne einen solchen der Tarifvertrag eben Vertragsrecht und nicht objektives Recht darstelle: „Die Regelung, die uns alle umfängt, ist tatsächlich in weitem Umkreise gesellschaftlichen Ursprungs. Sie wirkt wie objektives Recht, wenn sie auch formell kein solches ist. Formell hat sie nur rechtsgeschäftlichen Charakter[2])." Die SINZHEIMERsche Auffassung ist denn auch in dem von SINZHEIMER beeinflußten bereits früher erwähnten Entwurf eines Arbeitstarifgesetzes zur Herrschaft gelangt. Hier wird dem Tarifvertrage zum Teil wenigstens normative Wirkung beigelegt; dieser normative Teil des Tarifvertrages wird als Tarifsatzung bezeichnet. In der Begründung dieses Entwurfs aber wird wiederum betont, daß „der Tarifvertrag nur insoweit objektives Recht erzeugen kann, als der Staat ihm die Freiheit zur objektiven Rechtsbildung einräumt[3])." Auch hier wird also die allgemeine Unterstellung der Tarifverträge unter den Rechtsnormbegriff abgelehnt. Nach § 90 des Entwurfs des Arbeitsgerichtsgesetzes von 1923 (RABl. 1923, Amtl. Teil, S. 368ff.) gilt als Rechtsnorm im Sinne des § 550 ZPO. auch die Tarifsatzung, soweit sie über den Bezirk eines Landesarbeitsgerichts hinaus gilt. Daß der Tarifvertrag durch Verbindlicherklärung bereits nach geltendem Recht innerhalb seines räumlichen und beruflichen Geltungsbereichs zur zwingenden objektiven Rechtsnorm wird, ist übrigens ziemlich allgemein — wenn auch mit gewissen Einschränkungen — anerkannt[4]).

Allgemein läßt sich sagen, daß die Unterscheidung zwischen Rechtsnorm und Vertrag in puncto Revisibilität immer unhaltbarer wird, je mehr die Verträge typischen Charakter annehmen.

III. Für den Strafprozeß haben die in diesem § behandelten Fragen sicherlich nicht die gleiche Bedeutung wie für den Zivilprozeß, weil die Stellung des Strafgesetzes der sonstigen Rechtsentwickelung gegenüber ungleich stärker ist als die der Privatrechtsnormen. Demgemäß ist auch die Zahl der strafgerichtlichen Revisionsurteile, die sich mit der Auslegung des Begriffs Rechtsnorm befaßt haben, verhältnismäßig klein. Einige dieser Urteile sind oben zu I 1 c zusammengestellt worden. Immerhin darf aber nicht verkannt werden, daß von der Auslegung von Verträgen, Statuten, allgemeinen Versicherungsbedingungen, Testamenten, Patenturkunden usw. sehr oft auch strafrechtliche Folgen abhängig sein können, die die Frage, ob es sich hier um die Auslegung von Rechtsnormen

1) Vgl. z. B. J. W. 1919, S. 467.

2) Ein Arbeitstarifgesetz 1916, S. 187; vgl. auch S. 49.

3) Die Begründung ist unter anderem in der Sozialen Praxis, 30. Jahrgang (1921), S. 387ff. abgedruckt.

4) Vgl. z. B. HUECK, Gruch. Beitr. Bd. 65, S. 25; SINZHEIMER, J. W. 1922, S. 565; KASKEL, Neue Zeitschrift f. Arbeitsrecht, 2. Jahrg., S. 402, Anm. 11. Dagegen HOENIGER, J. W. 1922, S. 563. Vgl. zu der ganzen Frage besonders NIPPERDEY, Beiträge zum Tarifrecht 1924, S. 138ff. und 179ff.

handelt, bedeutsam werden lassen. Insbesondere Betrugs-, Wucher- und ähnliche Prozesse entwickeln sich leicht auf dieser Grundlage.

Gerade auf dem Gebiete der Strafrechtsprechung kann es ferner zu unerträglichen Ergebnissen führen, wenn einem den Strafprozeß beherrschenden allgemeinen Rechtsgrundsatz von den Strafgerichten der Charakter der Rechtsnorm abgesprochen wird, wie es z. B. dem Satze „in dubio pro reo" — den BIRKMEYER eine „bekannte Rechtsregel" nennt [1]) — widerfahren ist. Der I. Strafsenat des Reichsgerichts erklärt in RGStr. Bd. 52, S. 319: „Der Grundsatz in dubio pro reo ist keine Rechtsnorm im Sinne des § 376 StPO., wie der erkennende Senat bereits wiederholt ausgesprochen hat. Er enthält eine von der Wissenschaft aufgestellte Beweisregel, deren Anwendung nur dann in Frage kommen kann, wenn der Tatrichter Zweifel an der Schuld eines Angeklagten hat... Die Behauptung, daß der Grundsatz in dubio pro reo verletzt sei, enthält in Wirklichkeit nur einen unzulässigen Angriff gegen die Beweiswürdigung, deren Nachprüfung durch § 376 ausgeschlossen ist [2])." Die Begründung des Reichsgerichts kann um so weniger als ausreichend anerkannt werden, als der Ausdruck „Rechtsnorm" im § 337 nach der vielzitierten Äußerung der Motive (S. 202) „im weitesten Umfange" verstanden werden und insbesondre auch alle Grundsätze, welche sich aus dem Sinn und Zusammenhang der gesetzlichen Vorschriften ergeben, umfassen soll. Die Argumentation des Reichsgerichts geht aber auch deshalb fehl, weil die Behauptung, der Satz in dubio pro reo sei verletzt, durchaus nicht immer einen Angriff gegen die Beweiswürdigung zu bedeuten braucht. Wie würde sich das Reichsgericht zu einem Urteil stellen, das ausdrücklich erklären würde: „Wir halten zwar den Schuldbeweis nicht für erbracht, wir befinden uns im Zweifel über die Schuld des Angeklagten; er erscheint aber immerhin so stark belastet, daß seine Freisprechung von der Öffentlichkeit nicht verstanden werden würde — daher verurteilen wir ihn"? Würde das Reichsgericht sich in einem derartigen Falle wirklich damit begnügen zu sagen: Der Satz in dubio pro reo ist zwar verletzt, er ist aber keine „Rechtsnorm", das Urteil kann daher nicht aufgehoben werden? Wir können also nur soviel zugeben, daß das Revisionsgericht nicht nachzuprüfen hat, ob der Satz in dubio pro reo in concreto verletzt ist — das wäre in der Tat ein unzulässiger Angriff auf die Beweiswürdigung. Wo er aber zugestandenermaßen verletzt ist, da muß Aufhebung erfolgen.

Ein besonders trübes Kapitel in der Strafrechtsprechung bilden ferner, wie oben § 3 bereits erwähnt wurde, die Sollvorschriften, deren Hauptdomäne freilich das Prozeßrecht bildet. Hier geht eine verbreitete Ansicht, die auch vom Reichsgericht geteilt wird [3]), dahin, daß

---

[1]) Deutsches Strafprozeßrecht, S. 380.

[2]) Vgl. ferner die bei LÖWE-ROSENBERG, Anm. 2b zu § 337, zit. Urteile. Auch STEIN, J. W. 1921, S. 841, Anm. 7, gibt dem Reichsgericht gegenüber zu, daß der Satz „in dubio pro reo" kein Rechtssatz sei. SAUER, Grundlagen des Prozeßrechts, S. 426, hält den Satz für einen Bestandteil nicht des materiellen, sondern des „richtigen Rechts".

[3]) Vgl. RGStr. Bd. 6, S. 27; vor allem aber Bd. 42, S. 168.

die Sollvorschriften keine Rechtsnormen seien. So z. B. Löwe[1]) und Geyer[2]). Diese Auffassung ist m. E. gänzlich unhaltbar. Was sollen diese Bestimmungen, deren Einhaltung durch den Richter vom Gesetzgeber doch zweifellos gewünscht wird, denn sonst vorstellen? Gegen die obige Lehre haben sich denn auch mit Recht bereits Bierling[3]), Mezger[4]) und vor allem Wach[5]) ausgesprochen. Man mag die Revisibilität der Sollvorschriften mit der herrschenden Meinung aus anderen Gründen — die wir ebenfalls nicht billigen — anzweifeln; ihre Rechtsnormeigenschaft aber wird man nicht in Frage stellen können[6]). Auch hier hat wohl der Gedanke von der geringeren sozialen Tragweite eine Rolle gespielt; es ist aber durchaus nicht richtig, daß eine Sollvorschrift des geltenden Rechts immer und unter allen Umständen weniger wichtig ist als eine Mußvorschrift. Der Unterschied liegt nur darin, daß die Einhaltung der Mußvorschriften dem Gesetze stets ohne Ansehen des Einzelfalles erforderlich erscheint — von der Frage des „Beruhens" sehen wir hierbei ab —, während es bei den Sollvorschriften immerhin Ausnahmen geben kann. Wo die Beobachtung einer Sollvorschrift aber im Einzelfalle erforderlich ist, da kann sie von viel größerer Tragweite sein als die Beobachtung mancher Mußvorschriften. Ob nun ein Ausnahmefall, in dem die Beobachtung der Sollvorschrift nicht erforderlich ist, vorgelegen hat, darüber haben letzten Endes die Revisionsgerichte zu entscheiden. Bei der Sollvorschrift ist eben lediglich eine gewisse Lockerung zugunsten des Richters — aber nicht einseitig des Richters der unteren Instanzen, sondern des Richters aller Instanzen — erfolgt Der die communis opinio wiedergebende Ausspruch des II. Senats (RGStr. Bd. 42, S. 168): „Ein Gesetz kann nur verletzt werden, soweit es befolgt werden muß" widerspricht nicht nur dem Grundgedanken dieses Urteils, wonach eine Sollvorschrift keine Rechtsnorm ist, sondern ist auch gänzlich nichtssagend. In der Regel muß eben auch die Sollvorschrift befolgt werden; wenn die Vorinstanz sie ohne ausreichenden Grund nicht befolgt, verletzt sie das Gesetz. Daher liegt die Irrevisibilität keineswegs — wie die herrschende Lehre und Praxis annehmen — notwendigerweise im Begriffe der Sollvorschrift enthalten. Unrichtig ist auch die Auffassung, daß die Befolgung der Sollvorschriften im freien Ermessen des Richters liege[7]). Ohne der Erörterung des Begriffs des freien Ermessens (unten § 8) vorzugreifen, muß doch schon an dieser Stelle auf den scharfen Gegensatz zwischen Sollvorschrift und freiem Ermessen

[1]) Löwe-Rosenberg, Anm. 3a zu § 337.
[2]) Lehrbuch, S. 818, Nr. 2. Vgl. auch Kelsen, Hauptprobleme, S. 243.
[3]) Jur. Prinz.-Lehre, Bd. 2, S. 190, Anm. 6.
[4]) Mezger, a. a. O., S. 200. [5]) J. W. 1881, S. 78.
[6]) Vgl. auch W. Jellinek, a. a. O., S. 113/4.
[7]) So z. B. hinsichtlich des § 109 des Entwurfs 1919 Gerland, Kritische Bemerkungen, S. 99. — Der IV. Senat scheint neuerdings wenigstens stillschweigend in J.W. 1924, S. 1754, Nr. 16 (unter dem Widerspruche Mezgers) die Revisibilität einer Sollorschrift — des § 26 II JGG. — anerkennen zu wollen (anders der I. Senat daselbst S. 1753, Nr. 15).

hingewiesen werden. Wenn der Richter etwas Bestimmtes „soll", so kann man, ohne der Sprache Gewalt anzutun, unmöglich sagen, daß er zwischen der Befolgung und Nichtbefolgung dieses Sollens nach freiem Ermessen wählen dürfe[1]). Das hieße eine jedem Rechtsbewußtsein zuwiderlaufende Laxheit zum Grundsatz erheben. Der Unterschied zwischen Muß- und Sollvorschriften liegt vielmehr nur darin, daß ein auf der Verletzung einer Mußvorschrift beruhendes Urteil stets der Aufhebung unterliegt, während ein gegen eine Sollvorschrift verstoßendes lediglich aufgehoben werden kann. Nun handelt es sich freilich bei den Sollvorschriften häufig um reine Formvorschriften, bei deren Nichteinhaltung es für die Revisionsgerichte mitunter nicht leicht sein wird zu entscheiden, ob sie von ihrem Rechte der Aufhebung Gebrauch machen sollen. Hier wird aber schon das Bewußtsein von der Möglichkeit der Aufhebung die Untergerichte zur sorgfältigen Beobachtung der Sollvorschriften veranlassen, während bei der jetzigen Praxis der Revisionsgerichte von den Untergerichten munter gesündigt werden kann. Soweit es sich nicht um bloße Formvorschriften handelt, sollte die Gesetzgebung die Sollvorschriften überhaupt ausmerzen. Wenn der II. Senat in RGStr. Bd. 42, S. 168 die Sollvorschrift geradezu als eine Vorschrift definiert, deren Befolgung nach Lage des Falles unterlassen werden darf, ohne daß die Abweichung mit irgendwelchen rechtlichen Folgen verknüpft wäre, andererseits aber z. B. in RGStr. Bd. 40 S. 157 eine Vorschrift, die äußerlich überhaupt nicht als Sollvorschrift kenntlich ist, nämlich den § 68 (früher 67) StPO. als solche behandelt, so schlägt er der Autorität des Gesetzes damit lebensgefährliche Wunden. Auf diese Weise kann schließlich jeder Gesetzesvorschrift die Rechtsnormeigenschaft abgesprochen werden.

Rechtsnormen sind selbstverständlich auch die Kannvorschriften. Die Schwierigkeiten, die sie der Revisionslehre bereiten, liegen hier ebenso wie bei den Sollvorschriften auf einem ganz anderen Gebiete (vgl. unten § 8).

Ein besonders lehrreiches Beispiel für die fast allgemein herrschende Unklarheit über die Bedeutung der Sollvorschriften bilden die Erörterungen des gesetzgeberischen Gedankens, daß bei Verhängung einer Geldstrafe die wirtschaftlichen Verhältnisse des Angeklagten zu berücksichtigen seien. Bekanntlich hat § 4 des Geldstrafengesetzes vom 21.12.21 (jetzt § 27c StGB.) hierbei aus der Sollvorschrift des § 30 VE. und des § 109 des Entwurfs von 1919 eine Mußvorschrift gemacht. Wir finden nun z. B. folgende Betrachtungen zu den genannten Vorschriften: Stooss (zum VE.): „Daß sie erfolgen ‚soll', bedeutet, daß sie in der Regel stattzufinden hat, daß aber Ausnahmen zugelassen sind, in denen sie unterbleibt, nämlich dann, wenn andere Gründe so beherrschend hervortreten, daß neben ihnen die Besitz- und Erwerbsverhältnisse von keinem Gewicht sind. Es ist also nicht in jedem Falle die Aufklärung der Vermögensverhältnisse erforderlich"[2]). Gerland (zu § 109): „Auf-

[1]) Unzutreffend in dieser Hinsicht Herrnritt, Grundlehren, S. 300, Anm. 12.

[2]) ZStW. Bd. 37, S. 695.

fallend im höchsten Grade ist es nun, daß die Vorschrift keinen obligatorischen Charakter hat, sondern daß auch bei ihr wieder alles in das freie Ermessen des Gerichtes gestellt werden soll... die Schwierigkeit der Ermittlung kann für die Frage des Prinzips nicht von Bedeutung sein... Es ist auch nicht richtig, daß die Ermittelung der wirtschaftlichen Verhältnisse das Verfahren allzusehr belasten wird... Schließlich darf nicht übersehen werden, daß das Ermessen des Gerichtes nach der Richtung natürlich stets frei bleibt, daß es zu bestimmen hat, wie weit, d. h. in welchem Umfang die wirtschaftlichen Verhältnisse zu berücksichtigen sind. Der Grundsatz der Berücksichtigung selbst muß aber obligatorisch aufgestellt werden, soll er überhaupt einen Sinn haben[1])." Die Denkschrift zu § 109: „Selbstverständlich kann es nicht Aufgabe des Gerichts sein, jedesmal besondere Ermittelungen über die wirtschaftliche Lage des Täters anzustellen; das Verfahren würde dadurch zum Schaden aller Beteiligten unnötig belastet. Der Entwurf schreibt daher die Berücksichtigung der wirtschaftlichen Verhältnisse nicht zwingend vor, sondern überläßt es dem pflichtmäßigen Ermessen des Gerichts, zu entscheiden, wieweit es in besondere Ermittelungen über die wirtschaftlichen Verhältnisse des Täters eintreten will." Oetker (zu § 109): „Das Ermessen des Gerichts entscheidet nicht darüber, ob die wirtschaftlichen Verhältnisse zu berücksichtigen sind, sondern nur in welchem Maße es zu diesem Zweck der Ermittelungen bedarf[2])." Hellwig (zu § 4): „Die Berücksichtigung der wirtschaftlichen Verhältnisse ist jetzt also zwingend vorgeschrieben. Es wird daraus aber nicht die Folgerung zu ziehen sein, daß nunmehr in jedem einzelnen Falle besondere eingehende Ermittelungen über die wirtschaftlichen Verhältnisse des Täters angestellt werden müssen. In leichteren und einfacher liegenden Sachen wird es vielmehr genügen, wenn durch Befragen des Angeklagten und etwaiger Zeugen das Gericht sich einen ungefähren Einblick in die wirtschaftlichen Verhältnisse des Angeklagten verschafft[3])." Gerland (zu § 4): „Da die Novelle über die Durchführung des Satzes nichts weiteres bestimmt, so ist auch in dieser Hinsicht das freie Ermessen des Gerichts im wesentlichen ausschlaggebend[4])." Es herrscht also Zweifel darüber, wie weit die durch das Wort „soll" dem Richter angeblich gewährte Freiheit geht und vor allem darüber, worauf sie sich bezieht. Und zwar dreht sich der Streit darum, ob dem Richter nur eine prozessuale Freiheit in der Ermittelung der wirtschaftlichen Verhältnisse eingeräumt ist, so daß er das in dieser Hinsicht Ermittelte stets zu berücksichtigen hat (so Oetker), oder ob er auch darin frei ist, ob und inwieweit er die ermittelten wirtschaftlichen Verhältnisse sachlich berücksichtigen will. Während das „Soll" nach Gerland eine sachliche Freiheit gewährt, gibt es nach Oetker nur eine prozessuale Freiheit der Ermittelung. M. E. ergibt sich die Richtigkeit

---

1) Kritische Bemerkungen, S. 99/100.
2) Gerichtssaal Bd. 88, S. 182, Anm. 2.
3) Anm. 61 zum Geldstrafengesetz.
4) Deutsches Reichsstrafrecht 1922, S. 544.

der OETKERschen Ansicht gerade aus dem von der Denkschrift hervorgehobenen Zweck, das Verfahren nicht unnötig durch Ermittelungen zu belasten. Gibt man aber die Richtigkeit der OETKERschen Ansicht zu, so verschwindet der auf den ersten Blick so bedeutend erscheinende Unterschied zwischen der Sollvorschrift des Entwurfs (nach GERLAND: „freies Ermessen") und der Mußvorschrift der Novelle (nach HELLWIG: „zwingend vorgeschrieben"). Wir finden dann eine fast vollkommene Übereinstimmung zwischen beiden; das „Soll" gibt nach OETKER dem Richter nur Freiheit zu bestimmen, in welchem Maße er Ermittelungen anzustellen hat — dieselbe Freiheit aber, nur um eine Nuance vorsichtiger, will ihm HELLWIG ja auch auf Grund des § 4 einräumen. Und trotzdem wird dann, sobald es sich um die Revisibilität handelt, alles auf den Kopf gestellt: „Sind die wirtschaftlichen Verhältnisse bei der Strafzumessung nach ausdrücklichem Ausspruch der Gründe nicht berücksichtigt worden, so bildet dies einen Revisionsgrund, da ihre Berücksichtigung nicht wie nach dem früheren Entwurf in dem pflichtgemäßen Ermessen des Gerichts steht" (HELLWIG, Anm. 66 a. a. O.). Es wäre also nach HELLWIG auf Grund des § 109 des Entwurfs niemals möglich gewesen, gegen ein Urteil im Wege der Revision anzukämpfen, das die wirtschaftlichen Verhältnisse ausdrücklich unberücksichtigt läßt, obgleich sie im konkreten Falle bekannt und von ausschlaggebender Bedeutung waren! All' diese Unstimmigkeiten ließen sich vermeiden, wenn man auf die Sollvorschriften überhaupt verzichten wollte, was gesetzestechnisch sehr wohl möglich ist. Glaubt man z. B. den § 27c StGB. im Sinne des § 109 E. 1919 mildern zu müssen, so braucht man ihm nur die Worte „soweit nicht durch ihre Ermittelung der Fortgang des Verfahrens übermäßig behindert wird" hinzuzusetzen. — Der Entwurf von 1925 will im § 68 I die bisherige Mußvorschrift beibehalten und nur durch das Wort „auch" verdeutlichen.

Drittes Kapitel.

Die Revisibilität des freien Ermessens und der Strafzumessung.

§ 8. Die Revisibilität des freien Ermessens.

I. Um die Klärung des Begriffs des freien Ermessens hat sich die Wissenschaft und Praxis des Verwaltungsrechts — wie wir HOFACKER[1]) zugeben müssen — bisher erheblich mehr bemüht, als die Strafrechtswissenschaft. Das ist begreiflich; denn während das freie Ermessen seit jeher als ein weite Gebiete der Verwaltung beherrschendes Element betrachtet wurde, bildete es im Strafrecht eine seltene Erscheinung. Das scheint sich völlig zu ändern, wenn wir die Strafrechtsreform betrachten. Es sei nur an das Wort KAHLS erinnert, die Freiheit des richterlichen Ermessens sei die Stelle, wo der „Herzschlag des neuen Strafrechts" pulsiere[2]). So sehr auch die Ansichten über den Wert oder Unwert dieser Neuerung geteilt sind, so sehr besteht doch über die Tatsache selbst, daß die Strafgesetzentwürfe dem freien Ermessen des Richters größeren Spielraum gewähren wollen, Einigkeit. Da nun aber freies Ermessen und Irrevisibilität durchweg als untrennbare Begriffe angesehen werden, so ginge die Tendenz der Strafrechtsreform hiernach auf eine erhebliche Einschränkung der Revisionsmöglichkeiten. Wir sind daher genötigt, im Rahmen unserer Untersuchung zu prüfen, welche Rolle das freie Ermessen im geltenden Strafrecht spielt bzw. im künftigen aller Voraussicht nach spielen wird und in welchem Verhältnis es zur Revision steht — Fragen, deren Beantwortung jedoch erst möglich wird, sobald wir über den Begriff der Ermessensfreiheit selbst Klarheit gewonnen haben. Hierbei dürfen wir nun freilich nicht so verfahren, daß wir uns einen a priori geltenden Begriff des freien Ermessens auf spekulativem Wege suchen und dann aus ihm allerlei vermeintlich von jeher in ihm enthaltene praktische Folgerungen, wie z. B. Irrevisibilität usw. herausholen, die wir in Wahrheit selbst erst in ihn hineingelegt haben. Wir müssen uns vielmehr über die Folgen, die wir an den Begriff des freien Ermessens knüpfen wollen, bereits bei der Arbeit des Definierens klar werden. Denn zur Definition gehören auch die Folgen; es geht nicht an, sie zunächst scheinbar außer acht zu lassen und hinterdrein zu erklären, sie ergäben sich „aus der Natur der Sache", während die „Natur der Sache" sich ebensogut mit einem anders gestalteten

---

1) Staatsverwaltung und Strafrechtsform, S. 185.

2) ZStW. Bd. 42, S. 215.

Begriff und anderen Folgen vertragen würde. So dürfen wir denn auch an der Frage nicht vorübergehen, ob die Irrevisibilität des freien Ermessens sich wirklich „aus der Natur der Sache" ergibt, ohne Rücksicht darauf, wie wir das freie Ermessen definieren — oder ob die Irrevisibilität nicht nur mit einer bestimmten Definition des freien Ermessens untrennbar verbunden ist.

Die herrschende Theorie und Praxis des Strafrechts, die nicht nur das Wesen des freien Ermessens, sondern auch speziell sein Verhältnis zur Revision nur recht stiefmütterlich behandelt haben[1]), nehmen es seit langem ohne weitere Untersuchung als Dogma hin, daß „gegen die Betätigung richterlichen Ermessens die Revision ausgeschlossen und nur Berufung (bzw. Beschwerde) möglich" sei [2]). Aber dem könnte man mit ebensoviel oder ebensowenig Berechtigung die Behauptung entgegensetzen, daß die Einräumung freien Ermessens zunächst doch nur die Zuständigkeitsgrenze zwischen Richter bzw. Verwaltungsbehörde einerseits und Gesetz andererseits zuungunsten des letzteren verschiebe. Die Kompetenzverteilung zwischen höherem und niederem Gericht bzw. zwischen Verwaltungsgericht und Verwaltungsbehörde könnte trotzdem hier die gleiche bleiben wie bei den starren Vorschriften. Ist ja doch der Gegensatz des freien Ermessens die gesetzliche Gebundenheit, d. h. die Gebundenheit durch das Gesetz, nicht die Kontrolle durch höhere Gerichte u. dgl. Trotzdem hat man geglaubt, die Unkontrollierbarkeit des freien Ermessens aus der Natur der Sache ableiten zu müssen. v. LAUN [3]) begründet das, soweit es sich um das Verhältnis zwischen Verwaltungsgericht und Verwaltungsbehörde handelt, damit, daß die Gerichte ihrer Natur nach nicht geeignet seien, über Fragen der Opportunität zu entscheiden. Aber diese Erwägung wird jedenfalls dort gegenstandslos, wo die betreffenden Opportunitätsfragen von Anbeginn an von Gerichten entschieden werden und es sich nur darum handelt, ob sie nur von einem oder von zwei oder gar drei Gerichten nacheinander geprüft werden sollen. v. LAUN selbst wendet sich übrigens an anderer Stelle (S. 32) gegen die

[1]) Es ist bezeichnend, daß z. B. BIRKMEYER unter dem Titel: „Das richterliche Ermessen im deutschen Entwurf verglichen mit dem österreichischen", GerSaal Bd. 77, S. 353ff. (vgl. auch denselben, Österr. Ztschr. f. Strafrecht Bd. II, S. 316ff.) zwar die Fragen: Kasuistik oder Generalisierung, Enge oder Weite der Strafrahmen, richterliche Strafänderungsbefugnis, das Absehen von Strafe, die Leitung des richterlichen Ermessens, Legalitäts- oder Opportunitätsprinzip, aber nicht das Verhältnis des freien Ermessens zur Revision untersucht. Auch die Arbeit von JACQUES STERN, GerSaal, Bd. 77, S. 197ff., über das freie Ermessen im Vorentwurf bringt nichts über unser Thema.

[2]) Vgl. z. B. BIRKMEYER, Beiträge zur Kritik des Vorentwurfs Nr. 3, S. 79 und S. 120, Anm. 115.

[3]) Freies Ermessen, S. 103ff., 107. Vgl. auch W. JELLINEK, a. a. O., S. 114: „Soweit das freie Ermessen reicht, wäre eine Rechtskontrolle ein Widerspruch in sich." Schon SAVIGNY, Prinzipienfragen, S. 95, spricht „von der richtigen Ansicht daß die Entscheidung eines höheren Richters bei denjenigen Punkten geringere Bedeutung habe, bei welchen der vorige Richter nicht nach bestimmten Normen oder Begriffen, sondern mehr nach einem verständigen Ermessen zu entscheiden hatte, weil hierbei eine Unrichtigkeit nie mit Evidenz nachzuweisen ist." Für das englische Recht vgl. GERLAND, Englische Gerichtsverfassung, Bd. 1, S. 567.

Ansicht, welche als Akte freien Ermessens jene bezeichnet, die verwaltungsgerichtlich nicht oder doch nicht aus materiellrechtlichen Gründen überprüfbar sind. Er meint, die Behörde könne auch dort gebunden sein, wo es kein Verwaltungsgericht gibt, und umgekehrt könne „nicht ohne weiteres an der Frage vorbeigegangen werden, ob nicht auch freie Verwaltungsakte kontrollierbar sind". Richtig ist zwar, daß eine solche Nachprüfung in der Regel nicht zur Berichtigung der Vorinstanz im eigentlichen Sinne, sondern nur dazu führen kann, daß das Ermessen der höheren Instanz an die Stelle des Ermessens der Unterinstanz tritt. Aber liegt es denn nicht bei sehr vielen scheinbar nach strengem Recht ergehenden Entscheidungen im Grunde genommen genau ebenso? Notwendige Voraussetzung der Nachprüfbarkeit ist nur, daß wenigstens die Möglichkeit vorhanden ist zu beurteilen, ob die Ermessensentscheidung des höheren Gerichts besser als die des unteren dem Zwecke des Gesetzes entspricht. Wo diese Möglichkeit nicht besteht, wo man also nicht wissen kann, ob das höhere Gericht dem Geiste des Gesetzes nähergekommen ist als das untere, wo jeder Maßstab fehlt, da hat es keinen Sinn, die Revision zuzulassen. Wenn wir also im Gegensatz zu den meisten Theorien nicht einen aprioristischen Begriff des freien Ermessens konstruieren, um aus ihm dann Folgerungen hinsichtlich der Revisibilität des freien Ermessens zu ziehen, sondern umgekehrt zunächst danach fragen, welche Grenzen der Revision — abgesehen von der „Tatfrage" — ihrem Wesen nach gezogen sind, und alles außerhalb dieser Grenzen liegende als freies Ermessen bezeichnen, so kommen wir zu dem Ergebnisse, daß freies Ermessen da waltet, wo das Gesetz jeden Fingerzeig über die Richtung, in der sich eine Nachprüfung zu bewegen hätte, vermissen läßt.

Wie verhält sich diese zunächst nur sehr oberflächliche Argumentation zu den verwaltungsrechtlichen Theorien vom freien Ermessen? Kommen diese, die sich auf ganz anderen Grundlagen aufbauen und ganz andere Ziele verfolgen, vielleicht zum gleichen Ergebnisse?

II. Die an Umfang und Inhalt so überaus reiche neuere verwaltungsrechtliche Literatur über den Begriff des freien Ermessens hat uns völlige Klarheit und Einhelligkeit über das Wesen dieser Rechtserscheinung leider nicht gebracht. Es gibt wohl kaum eine Aussage darüber, was freies Ermessen ist, oder auch darüber, was freies Ermessen nicht ist, die sich allgemeiner Anerkennung rühmen könnte. Hofacker glaubt als Ergebnis der neueren Forschung auf diesem Gebiete „die Ausscheidung der Tätigkeit bei der Auslegung unbestimmter Gesetzesbegriffe aus der freien Ermessenstätigkeit" feststellen zu können[1]. Das wäre ja in der Tat ein wesentlicher Gewinn, wenn wir wüßten, daß und worin sich die Anwendung der oben besprochenen unbestimmten Begriffe von dem freien Ermessen dem Wesen nach unterscheidet. Aber Hofacker irrt, wenn er den Unterschied für allgemein anerkannt hält. So zählt Stier-Somlo[2] die Subsumtion unter unbestimmte Be-

---

[1] A. a. O., S. 188. [2] Festgabe für Laband 1908, S. 466ff., 496.

griffe gerade als einen Hauptfall des freien Ermessens auf. Und W. JELLINEK[1]) definiert das freie Ermessen als „die vom Recht mit Maßgeblichkeit ausgestattete, fehlerfrei zustande gekommene, individuelle Abgrenzung eines unbestimmten Begriffs innerhalb seiner Grenzen, soweit er in Beziehung steht zu dem inneren Wert oder Unwert einer Verwirklichung." Von anderen Schriftstellern wie insbesondere v. LAUN wird allerdings das ganze Gebiet der unbestimmten Begriffe vollständig von dem des freien Ermessens getrennt[2]). Bei v. LAUN hängt das zusammen mit seiner Lehre, daß freies Ermessen nur dort vorliege, wo das Gesetz außerstande sei, der Behörde den Zweck ihres Handelns vorzuzeichnen, und ihr daher die Freiheit einräume, zwischen verschiedenen Zwecken selbständig zu wählen. Hier könne die Behörde also so oder auch anders handeln, ohne behaupten zu müssen, daß der von ihr eingeschlagene Weg der allein richtige, der von ihr verschmähte dagegen dem Rechte zuwiderlaufend sei (vgl. z. B. S. 259/60). Aus dem so gefaßten Begriff des freien Ermessens glaubt v. LAUN die Subsumtion unter unbestimmte Begriffe deshalb ausscheiden zu müssen, weil der Richter, der in einem konkreten Falle etwa das Vorliegen der Begriffsmerkmale des „gefährlichen" Werkzeugs bejahe, nicht zugeben könne, daß die entgegengesetzte Lösung ebenso richtig sei. Der einzige Begriff, der der Behörde wahre Ermessensfreiheit einräumt, ist nach v. LAUN der des öffentlichen Interesses. Eine Schranke freilich setzt v. LAUN auch innerhalb des freien Ermessens der Ausübung der Zweckwahl: es ist die Norm, nicht vorsätzlich gegen das zu handeln, was nach Ansicht des betreffenden Staatsorgans das öffentliche Interesse erfordert[3]). Als Beispiele für das freie Ermessen erwähnt v. LAUN die Ernennung der öffentlichen Beamten, die politische Ausweisung von Ausländern, die Begnadigung u. a.

Auf die Gesamtheit der in der Literatur für und wider die LAUNsche Lehre vorgebrachten Gründe, über die v. LAUN selbst in der Festschrift für ZITELMANN eine gute Übersicht gibt, kann hier nicht eingegangen werden. Es sei lediglich bemerkt, daß wir der LAUNschen Unterscheidung zwischen dem Begriff des öffentlichen Interesses und allen anderen Begriffen nicht folgen und auch keineswegs anerkennen können, daß in den von v. LAUN gewählten Beispielen der Beamtenernennung, Begnadigung usw. dem Staatsorgan freie Zweckwahl eingeräumt ist. Jedenfalls ist nicht recht einzusehen, weshalb die gleiche Freiheit dann nicht auch bei

---

[1]) A. a. O., S. 89, vgl. auch S. 36. Bezeichnend ist auch der von BIRKMEYER Ger.Saal 77, S. 377, Anm. 3 zitierte Satz der Begründung des Vorentwurfs, S. 601: „Ob die herbeigeführte Gefahr im einzelnen Falle einen ‚bedeutenden Umfang' hatte, kann zwar nur nach freiem richterlichen Ermessen entschieden werden..."

[2]) Ebenso STAMMLER, Lehrbuch der Rechtsphilosophie § 143; MEZGER, a. a. O., S. 187; BÜHLER, Die subjektiven öffentl. Rechte 1914, S. 28; HERRNRITT, Grundlehren des Verwaltungsrechts 1921, S. 297 betont, daß der Unterschied zwischen freiem und gebundenem Ermessen nur quantitativ sei, und meint (S. 300, Anm. 12), bei den unbestimmten Begriffen werde in der Regel auf gebundenes, bei den Kann-, Darf- und Sollvorschriften meist auf freies Ermessen zu schließen sein.

[3]) Festschrift für ZITELMANN, S. 273. 1913.

vielen unbestimmten Begriffen vorhanden sein soll. Trotzdem enthält die LAUNsche Lehre einen richtigen Kern, den wir so ausdrücken möchten: Wahre Ermessensfreiheit, d. h. Freiheit, in verschiedener Weise und doch gleich richtig im Rechtssinne zu handeln, kann es nur in zwei Fällen geben: einmal dort, wo es dem Gesetz gleichgültig ist, wie das Staatsorgan sich in einer bestimmten Hinsicht verhält, und sodann, wenn das Gesetz sich über seine eigenen Zwecke nicht im klaren ist bzw. die Verfolgung verschiedener miteinander nicht vereinbarer Zwecke nebeneinander für zulässig hält. Alles das trifft aber bei den Beispielen der Beamtenernennung usw. nicht zu. Dagegen fragt es sich, ob etwas derartiges nicht auch bei Anwendung eines unbestimmten Begriffs möglich ist. Wirklich stichhaltige Gründe dagegen hat v. LAUN m. E. nicht angeführt. Auch die TEZNERsche Unterscheidung: eine Wahlfreiheit könne nur bestehen zwischen Handeln und Unterlassen, nicht aber zwischen diesem und jenem Urteil[1]), beweist nichts. Denn nahezu jede Wahl zwischen Handeln und Unterlassen erfolgt erst auf Grund eines Urteils. Man kann nicht sagen, daß bei der Subsumtion unter den Begriff „Gefahr" nur ein Urteil, dagegen bei der Entscheidung, ob der Angeklagte unter Aufenthaltsverbot zu stellen sei, nur eine Wahl zwischen Handeln und Unterlassen in Frage stehe. Vielmehr hat im 1. Falle die Bejahung oder Verneinung der Gefahr eine Handlung, nämlich Verurteilung, Freisprechung oder dergleichen zur Folge, während andererseits im 2. Falle der Entscheidung eine Beurteilung der tatsächlichen Verhältnisse vorausgehen muß. Äußerlich freilich tritt der unbestimmte Begriff, weil zum gesetzlichen Tatbestande gehörig, nicht in so enger Verbindung mit der Rechtsfolge auf, wie etwa die die Rechtsfolge selbst bildende Kannvorschrift. Es ist aber oft nur eine Frage der Gesetzestechnik, ob dem Richter in der Weise Spielraum gewährt wird, daß in den gesetzlichen Tatbestand ein unbestimmter Begriff eingeschaltet wird, oder dadurch, daß man die Rechtsfolge als Kannvorschrift ausgestaltet. Der Unterschied zwischen unbestimmtem Begriff und Ermessensfreiheit scheint also auf recht schwachen Füßen zu stehen. Daraus folgt freilich, daß der oben § 4 gewonnene Satz von der Revisibilität der Subsumtion unter unbestimmte Begriffe dort eine Einschränkung erleiden muß, wo das Gesetz den Sinn des unbestimmten Begriffs so im unklaren läßt, daß es nicht möglich ist, eine vom Untergericht vorgenommene Subsumtion als dem Gesetze zuwiderlaufend zu bezeichnen. Ob diese Voraussetzung vorliegt, darüber hat im Einzelfalle das Ermessen des Revisionsgerichts zu entscheiden; sie wird sicherlich nur in ganz seltenen Fällen gegeben sein.

Auch TEZNER macht in seiner neuesten, sehr verdienstvollen Schrift[2]), mit deren Ergebnissen wir bis auf ganz wenige Ausnahmen durchweg übereinstimmen, zwischen freiem Ermessen und unbestimmten Begriffen

[1]) Vgl. z. B. Jahrbuch d. öffentlichen Rechts der Gegenwart, Bd. 5, S. 105.

[2]) TEZNER, Das freie Ermessen der Verwaltungsbehörden 1924 (Wiener Staatswissenschaftl. Studien; Neue Folge, Bd. VI). Vgl. auch KELSEN, Archiv f. Rechts- u. Wirtschaftsphilosophie, Bd. 17, S. 393/4.

hinsichtlich der Überprüfbarkeit keinen Unterschied mehr (vgl. z. B. S. 17ff., 141/2, 145, 149, 161 u. oft). Vor allem aber hält er mit erfreulicher Entschiedenheit an dem Grundsatze fest, daß auch die Handhabung des Begriffs des öffentlichen Interesses der Rechtskontrolle unterliege. Die Befugnisse, die TEZNER für den Verwaltungsrichter in Anspruch nimmt, dürfen dem Revisionsgericht in Strafsachen aber nicht versagt werden. Auch für dieses gilt TEZNERS Satz (S. 145): „Kein Richter darf so Recht sprechen, daß der Mann aus dem Volke mit Recht sagen kann, was der Richter nicht wissen und beurteilen zu können vorgibt, weiß und versteht der allerdümmste Kerl."

Wir gehen also im folgenden von einem auf das äußerste eingeschränkt ten Begriff des freien Ermessens aus und halten nur in den ganz seltenen Fällen, in denen freies Ermessen in diesem Sinne vorliegt, die Revision für ausgeschlossen[1]).

III. Prüfen wir an Hand dieses Maßstabes die Rolle, die das freie Ermessen im geltenden Strafrecht und in den Entwürfen spielt!

1. Es ist ziemlich allgemein anerkannt, daß die äußere Fassung der Rechtsnormen nicht ausschlaggebend dafür ist, ob freies Ermessen vorliegt. Insbesondere ist das Vorkommen des Zeitworts „können" kein untrügliches Kennzeichen dafür[2]). Das ist auf allen Rechtsgebieten in gleicher Weise zu beachten[3]). Es wäre sogar ein Irrtum, wenn man annehmen wollte, daß das Gesetz mit dem Gebrauch des Wortes „kann" auch nur in der Regel freies Ermessen einführen will. Nur dort, wo das Können sich auf eine einer Privatperson eingeräumte Befugnis bezieht, bedeutet es stets freies Ermessen[4]), das uns dann aber nicht interessiert, da wir nur die Handlungen von Staatsorganen zu untersuchen haben. Wo das BGB. von dem „können" des Richters spricht, meint es regelmäßig ein Müssen[5]). Ebenso steht es — wie v. LAUN (Freies Ermessen S. 82ff.) an vielen Beispielen nachweist — im Verwaltungsrecht. Ein von v. LAUN nicht erwähntes Beispiel bietet § 20 des Preußischen Ansiedlungsgesetzes vom 25. 8. 76 nach der ihm in der Entscheidung des OVG. Bd. 48. S. 401 gegebenen Deutung: „Die Bestimmung im § 20 stellt das Einschreiten gegen nicht genehmigte Anlagen keineswegs in das freie Ermessen der Polizeibehörde, sondern soll nur zum Ausdruck bringen, daß neben der... Bestrafung... der Polizei auch das Recht zusteht, gegen die nicht genehmigten Anlagen einzuschreiten." Es handelt sich hier also meistens um unechte Kannvorschriften, wie wir sie nennen wollen, d. h. solche Kannvorschriften, die der Sache nach

---

[1]) Zu den wenigen Schriftstellern, die die Ermessensfragen für Rechtsfragen erklären, gehört auch HEIN, J. W. 1924, S. 2065.

[2]) Daß eine Sollvorschrift nicht freies Ermessen gewährt, ist bereits oben § 7 betont worden.

[3]) Freilich heißt es bei OLSHAUSEN Anm. 3 zu § 32: „Die Aberkennung der bürgerlichen Ehrenrechte ist ausweislich des Wortes ‚kann' nur freigestellt und somit nach richterlichem Ermessen zu verhängen."

[4]) LÖWENFELD bei Staudinger, Anm. D 1 u. 2 zu § 6 BGB.; ENDEMANN, Lehrbuch (8. Aufl.) Bd. I, S. 52, Anm. 9.

[5]) Vgl. z. B. PFIZER DJZ. 1899, S. 234.

Mußvorschriften sind. Wir beschäftigen uns im folgenden nur mit den echten Kannvorschriften. Von den Sollvorschriften (oben § 7) unterscheiden sie sich dadurch, daß die Verletzung einer Sollvorschrift in der Regel eine Gesetzesverletzung bedeutet, während eine Kannvorschrift naturgemäß nicht überall da verletzt ist, wo der Richter von einer ihm gewährten Befugnis nicht Gebrauch macht, sondern nur dann, wenn er sie in einer dem Zwecke des Gesetzes widersprechenden Weise handhabt. Hier ist also für das Verhältnis der Regel zur Ausnahme, das die Sollvorschriften beherrscht, kein Raum. Für das Strafrecht ist die Frage nach der Bedeutung der Kannvorschriften bisher nur wenig untersucht worden. v. LAUN[1]) erwähnt als unechte Kannvorschrift den § 4 II StGB.; W. JELLINEK[2]) hält das für ein Mißverständnis. M. E. bedeutet das „Kann" des § 4 II kein echtes freies Ermessen des Staatsanwalts, weil von einer Freiheit der Zweckwahl hier keine Rede sein kann. Indessen mag dieser Fall außer Betracht bleiben, da wir nur die Rolle, die das freie Ermessen innerhalb der richterlichen Tätigkeit spielt, untersuchen wollen[3]). Die wichtigsten Kannvorschriften des geltenden Strafrechts — Bestimmungen wie die §§ 264 II, 265, 266 II StGB. bieten weniger Interesse — sind in dieser Hinsicht folgende:

a) § 32 StGB.: Ob der Richter von der Befugnis zur Aberkennung der bürgerlichen Ehrenrechte Gebrauch machen will, ist seinem Ermessen überlassen[4]).

b) § 40 StGB.: Hinsichtlich der Einziehung des § 40 meint der RGR.-Kommentar (Anm. 2 zu § 40), sie sei „in das Ermessen des Richters" gestellt[5]). v. LAUN erwähnt den § 40 dagegen als Beispiel für gebundenes Ermessen[6]); ob zu Recht, das hängt von dem Charakter der Einziehung ab, d. h. davon, ob das Gesetz dem Richter bei Handhabung des § 40 freie Zweckwahl gelassen hat. In der Theorie herrscht Streit darüber, ob die Einziehung Strafe oder polizeiliche Präventivmaßnahme sei. Die herrschende Lehre hält sie dort nicht für Strafe, wo sie von den Eigentumsverhältnissen unabhängig ist, im Regelfalle dagegen für Strafe. Andere legen ihr durchweg Strafcharakter, wieder andere durchweg polizeilichen Charakter bei[7]). Soweit die Vertreter der verschiedenen Ansichten davon überzeugt sind, die Auffassung des Gesetzes unzweifelhaft entdeckt zu haben, kann für sie von freiem Ermessen des Richters hier nicht die Rede sein. So sagt denn auch KÖBNER[8]) ausdrücklich: „Soweit... die Einziehungsbestimmungen des StGB. einen polizeilich-präventiven Grundcharakter tragen, ergeben sich nach allem

[1]) Freies Ermessen, S. 85, Festschrift, S. 12.

[2]) Gesetz, S. 191, Arch. für öff. Recht Bd. 27, S. 467.

[3]) Auch der eine rein prozessuale Befugnis enthaltende § 93 StGB. interessiert hier wenig.

[4]) OLSHAUSEN, Anm. 3 zu § 32; RGR.-Kommentar Anm. 2 zu § 32.

[5]) FRIEDRICHS, J. W. 1924, S. 263: „Wenn die Einziehung bloß zugelassen ist, so kann das Ermessen des Untergerichts in der Revision nicht nachgeprüft werden."

[6]) Freies Ermessen, S. 85, Anm. 2.

[7]) Vgl. GOLDSCHMIDT, Vergl. Darst. Allg. T. Bd. 4, S. 282.

[8]) Die Einziehung (Berl. Dissert. 1891), S. 67.

bisher Angeführten deutlich die Maximen, welche den Richter in den Fällen zu leiten haben, wo die Maßregel in sein Ermessen gestellt ist." Nur wenn man wie z. B. GOLDSCHMIDT[1]) zu der Auffassung neigt, daß das StGB. sich über Wesen und Zweck der Einziehung im unklaren gewesen ist, wird man dem Richter hier echte Ermessensfreiheit einräumen müssen.

c) Die Entscheidung über die Zuerkennung einer Buße wird von der herrschenden Lehre zu Unrecht in das freie Ermessen des Richters gestellt. Die richtige Ansicht vertritt dagegen OETKER[2]).

d) §§ 199/233 StGB.: Die sog. Kompensationsbefugnis ist, soweit ich sehe, in der Literatur über das freie Ermessen nicht berücksichtigt worden. Die strafrechtliche Wissenschaft und Praxis erblickt in der Anwendung dieser Bestimmungen ohne weiteres einen Akt freien Ermessens, wie sie ja überhaupt dazu neigt, das Vorkommen des Wortes ,,kann" als untrügliches, jede Untersuchung überflüssig machendes Zeichen für die Gewährung von Ermessensfreiheit anzusehen. So sagt das OLG. Dresden: ,,Ob die Vorinstanz den Angeklagten für straffrei erklären wollte, oder nicht, lag in ihrem Ermessen. Dessen Ergebnis aber — die Anwendung des § 199 StGB. — ist, da es keine Gesetzesverletzung enthielt, nach § 376 StPO. dem Revisionsangriff unzugänglich[3])."

e) Wichtig sind ferner die Kannvorschriften der §§ 9 IV und 10 I JGG. und 362 StGB., sowie des allerdings in das Prozeßrecht gehörigen § 467 II (früher 499 II) StPO.[4]). Hinsichtlich der letztgenannten Bestimmung hat sich neuestens das OLG. Breslau dahin ausgesprochen: ,,Die Entscheidung darüber, ob und in welchem Umfange das Gericht von der Befugnis des § 499 II StPO. zugunsten des freigesprochenen Angeklagten Gebrauch machen will, hängt lediglich von seinem Ermessen ab (LÖWE, Anm. 3 zu § 499), ist damit aber auch dem Revisionsangriff nach § 376 daselbst entzogen, weil die Ausübung dieses Er-

---

[1]) A. a. O., S. 415.

[2]) OETKER, GerSaal Bd. 66 (1905), S. 347/8. Mit Recht bezeichnet OETKER hier die Ansicht, daß die Abweisung des Bußantrags nicht mit der Revision angreifbar sei, als unhaltbar. Vgl. auch das von Graf DOHNA, Vergl. Darst. Allg. Teil Bd. I, S. 240 zitierte Urteil des Schweizer Bundesgerichts.

[3]) Goltd. Arch. Bd. 63, S. 472; ebenso OLSHAUSEN, Anm. 9 zu § 199 und der RGR.Kommentar Anm. 8 zu § 199, der sogar ausdrücklich von freiem Ermessen spricht. FRANK, Anm. IV zu § 199 erklärt die Kompensationsbefugnis ebenfalls für Ermessenssache, beschränkt sich jedoch auf die Folgerung, daß keiner der Beteiligten einen Rechtsanspruch auf Gewährung von Straffreiheit habe. Nun ist aber Verneinung des Rechtsanspruchs keineswegs gleichbedeutend mit Irrevisibilität.

[4]) Hinsichtlich der Kannvorschrift des § 70 II StPO. neuestens RG. in J. W. 1922, S. 1393 und Anm. dazu von ALSBERG. Hinsichtlich des § 362 StGBRGR.-Kommentar Anm. 14 zu § 362. Bezeichnend ist es, daß das Bayrische ObLG. sich in dem 1. Bande seiner Entscheidungssammlung nicht weniger als dreimal, später dagegen nur ganz selten mit der Frage zu beschäftigen gehabt hat, ob die Ausübung des richterlichen Ermessens im § 362 mit der Revision angreifbar ist. Überraschend schnell hat man sich leider damit abgefunden, auf die Überprüfung einer Maßnahme, die so grundlegende Bedeutung für den Betroffenen besitzt, durch die höchste Instanz zu verzichten.

messens dem tatsächlichen Gebiete angehört (LÖWE, Anm. 5 daselbst)"[1]). Man sieht: zu den verschiedensten Texten immer die gleiche Melodie! Was das OLG. Breslau übrigens damit meint, daß „die Ausübung dieses Ermessens dem tatsächlichen Gebiete angehört", ist nicht ganz klar. Vermutlich schwebt ihm der Gedanke vor, daß die Vergünstigung des § 467 II nur dann gewährt werden solle, wenn die Freisprechung nicht lediglich negativ aus Mangel an Beweisen, sondern wegen bewiesener Unschuld erfolgt ist, und daß es Sache der Beweiswürdigung sei, festzustellen, welcher der beiden Fälle vorliegt. Aber darum handelt es sich für uns ja gar nicht. Das ausschließliche Recht des Tatrichters, darüber zu entscheiden, ob die Unschuld erwiesen oder nur die Schuld nicht bewiesen ist, steht außer Zweifel. Aber wenn der Tatrichter die Unschuld für erwiesen hält, dann wird er nicht ohne zwingende Gründe die Vorschrift des § 467 II unangewendet lassen dürfen. Hier kann noch von Bedeutung sein, ob der Freigesprochene sich durch unvorsichtiges Verhalten u. dgl. selbst in den falschen Verdacht gebracht hat und daher keinen Anspruch auf Kostenerstattung erheben darf. Dagegen kann bei der Entscheidung der fiskalische Gesichtspunkt, dem Staat möglichst keine Kosten zu verursachen, ebensowenig eine Rolle spielen wie etwa die Vermögenslage des Freigesprochenen, seine Vorstrafen usw. Das alles ergibt sich aber unausgesprochen aus der Vorschrift des § 467 II mit solcher Eindeutigkeit, daß man auch hier die Freiheit der Zweckwahl und damit auch die Freiheit des richterlichen Ermessens wird verneinen müssen.

Kannvorschriften enthalten neuerdings auch die §§ 28, 28a und 28b StGB., die daher auch von der Literatur und Rechtsprechung einmütig als Fälle freien richterlichen Ermessens behandelt werden[2]).

Alles in allem spielen die Kannvorschriften im geltenden Strafrecht hiernach eine verhältnismäßig geringe Rolle, und auch die wenigen vorhandenen Kannvorschriften bedeuten zum großen Teil nicht Einräumung wahren freien Ermessens.

2. Wie steht es nun in dieser Hinsicht im Strafgesetzentwurf von 1919?

Äußerlich fällt zunächst sofort auf, daß der Entwurf ähnlich wie seine Vorgänger gerade dort, wo die grundlegenden Neuerungen gegenüber dem geltenden Recht ihren Sitz haben, eine Fülle von Kannvorschriften aufweist (vgl. z. B. die §§ 55/58, 61, 63, 65/66, 75, 81, 83, 91, 95, 103, 133, 135 u. a. m.). Nur an einer Stelle, im § 92 (Unterbringung in einer Trinkerheilanstalt) hat der Entwurf von 1919 an die Stelle der Kannvorschrift des § 43 I,2 des Vorentwurfs und des § 98 I des Kommissionsentwurfs eine zwingende Norm gesetzt — eine Änderung, über die die Denkschrift übrigens kein Wort verliert. Einmal, im § 116 (besonders leichte Fälle), braucht der Entwurf auch den Ausdruck „freies Ermessen" (vgl. auch den damit zusammenhängenden § 61).

---

1) ZStW. Bd. 43, S. 517.

2) Vgl. z. B. Oberlandesgericht Dresden, J. W. 1922, S. 1055; HELLWIG, Anm. 76 zum Geldstrafengesetz.

Man hat nun — ebenso wie es gegenüber dem geltenden Recht geschehen ist — auch die Kannvorschriften des Entwurfs ohne nähere Untersuchung im Sinne der Einräumung freien Ermessens gedeutet und diese Vorschriften daher je nach der kriminalpolitischen Stellung des Beurteilers zum Gegenstande bald höchsten Lobes, bald schärfsten Tadels gemacht[1]). Es wird indessen erforderlich sein, auch dem Entwurf gegenüber zunächst die kritische Sonde anzulegen und zu untersuchen, was es mit seinem ,,Kann" auf sich hat[2]). Wir hatten oben den Satz aufgestellt, daß freies Ermessen im strengen Sinne nur dort vorliegt, wo es dem Gesetze gleichgültig ist, wie das Staatsorgan sich in einer bestimmten Hinsicht verhält, und ferner dann, wenn das Gesetz sich über seine eigenen Zwecke nicht klar ist bzw. die Verfolgung verschiedenartiger, miteinander unvereinbarer Zwecke gleichzeitig für zulässig hält. Zur Vermeidung von Mißverständnissen sei hier besonderer Ton auf das Wort gleichzeitig gelegt. Wenn ein Gesetz im § x den Zweck a, im § y den Zweck b verfolgt, so ist das, wenn a und b unvereinbare Gegensätze bedeuten, wohl nicht schön. Eine Unklarheit für den Richter aber ergibt sich hieraus weder bei Anwendung des § x, noch bei Anwendung des § y. Der Richter weiß vielmehr, daß er mit § x den Zweck a, mit § y den Zweck b zu verfolgen hat. Unklarheit entsteht erst dann, wenn das Gesetz für die Anwendung des § x sowohl den Zweck a als auch den Zweck b freistellt. Der letztgenannte Fall trifft für den Entwurf von 1919 in nicht unerheblichem Umfange zu. Bereits dem Vorentwurf hatte insbesondere BIRKMEYER, obgleich er ihn grundsätzlich für die klassische Schule in Anspruch nahm, ein bedauerliches Schwanken zwischen Vergeltungsstrafe und Gesinnungsstrafe[3]), eine ,,Vermengung und Verwirrung" der Begriffe Strafe und sichernde Maßnahme[4]) und ähnliche Unklarheiten vorgeworfen. Die gleichen Vorwürfe sind auch gegenüber dem Entwurf von 1919 am Platze. An einer Stelle erhebt die Denkschrift mit verblüffender Offenherzigkeit die Prinzipienlosigkeit zum Grundsatze: ich denke an ihren mit vollem Recht allgemein getadelten Ausspruch zu § 84: ,,Ob die Einziehung im einzelnen Falle als Strafe oder als polizeiliche Maßnahme anzusehen ist, bleibt nach wie vor der Wissenschaft und Rechtsprechung überlassen" (S. 80). Die Denkschrift offenbart hier zunächst einen sonderbaren Mangel an Verständnis gegenüber den wirklichen Aufgaben der Gesetzgebung[5]). Wir haben an anderer Stelle dieser Arbeit rügen zu müssen geglaubt, daß der Begriff der Tatsache vielfach als etwas unabänderlich

---

[1]) In letzterer Hinsicht vgl. z. B. HOFACKER, a. a. O., S. 40.

[2]) Daß die Denkschrift keinen Aufschluß hierüber gibt, bedarf kaum der Erwähnung. Beachtenswert sind die Untersuchungen LOBES (Gutachten für den 32. Deutschen Juristentag 1914 Bd. I, S. 150) zu § 116 des Entwurfs; mit Recht erklärt er das dort gewährte ,,freie" Ermessen für gebunden im Sinne v. LAUNS.

[3]) Beiträge zur Kritik des Vorentwurfs Nr. 1, S. 53ff.

[4]) A. a. O., Nr. 2, S. 36ff.

[5]) HAFTER, ZStW. Bd. 30, S. 746, spricht sich m. E. mit Recht dafür aus, daß zwischen den beiden Arten der Einziehung schon im Gesetz unterschieden werde.

Gegebenes, notwendigerweise Feststehendes und Einheitliches betrachtet wird. Diese Auffassung ist unrichtig, aber doch wenigstens entschuldbar; denn dem Tatsachenbegriff haftet immerhin etwas „Metajuristisches" an, das ihn dem Juristen unnahbar erscheinen läßt. Wenn aber ein Gesetzgeber einen so spezifisch juristischen Begriff wie den der Einziehung als ein noli me tangere betrachtet, so fehlt hierfür jede Entschuldigung — und das um so mehr, als den Verfassern des erst am 21. 11. 19 vollendeten Entwurfs die schlagende Kritik, die HOFACKER in seiner mehrerwähnten 1919 erschienenen Schrift [1]) bereits an dem Standpunkt der Begründung zum Vorentwurf geübt hatte, bekannt sein konnte. Trotzdem zogen die Verfasser des Entwurfs von 1919 es vor, sich dem gleichen Tadel, diesmal von seiten BELINGS [2]), auszusetzen. EBERMAYER [3]) legt die Bestimmung des § 84 allerdings dahin aus: „Je nach Natur und Zweck der einzelnen Strafbestimmung ist dieEinziehung bald Strafe, bald polizeiliche Maßnahme." Das könnte so verstanden werden, als ob der vom Entwurf gewährte Spielraum sich nur darauf beziehe, daß die Einziehung im Sinne des § x Strafe, im Sinne des § y polizeiliche Maßnahme sein könne, was eine einwandfreie, wenn auch vielleicht nicht ideale Lösung bedeuten würde. Die Denkschrift meint aber nachweislich der Worte „im einzelnen Falle" etwas ganz anderes: nach dem Entwurf soll es dem Richter überlassen bleiben, ob er die Einziehung bei Anwendung des § x als Strafe oder als Sicherungsmaßnahme verwenden will. Damit wäre ihm freie Zweckwahl, also echte Ermessensfreiheit eingeräumt. — Handelt es sich hier nun um ein vereinzeltes Fehlgreifen bei der Regelung einer verhältnismäßig wenig bedeutsamen Sondervorschrift oder um eine symptomatische Erscheinung? Will der Entwurf lediglich bei der Einziehung [und bei der Urteilsbekanntmachung [4])] dem Richter freie Hand lassen, ob er die ihm vom Gesetze zur Verfügung gestellte Maßregel als Strafe oder als Sicherungsmaßnahme handhaben will? Oder läßt er es auch sonst im unklaren, was er als Strafe, was als sichernde Maßnahme betrachtet wissen will, bzw. gibt er vielleicht jede Unterscheidung zwischen Strafe und Sicherungsmaßnahme als überflüssig auf? BELING bejaht die ersten Fragen und verneint die letztere. In seiner ausgezeichneten Schrift über die „Methodik der Gesetzgebung" (vgl. oben Anm. 2), deren Bedeutung sich keineswegs auf das Strafrecht oder gar auf die jetzige Strafrechtsreform beschränkt, bilden m. E. einen schwachen Punkt die Ausführungen, die dem Nachweise gewidmet sind, daß der Entwurf von 1919 „methodisch ein Vergeltungsrecht und ein reines Vergeltungs-

---

[1]) A. a. O., S. 447ff.

[2]) Methodik der Gesetzgebung usw. 1922, S. 116; vgl. auch GERLAND, Kritische Bemerkungen, S. 69.

[3]) ZStW. Bd. 42, S. 326. — v. HIPPEL, ZStW. Bd. 30, S. 901, meint, wenn der Gesetzgeber nur das Anwendungsgebiet einer Maßnahme praktisch mit genügender Schärfe bestimme, so könne er die theoretische Frage, ob eine Strafe oder eine andere Unrechtsfolge vorliege, ruhig der Wissenschaft überlassen. Ganz recht — aber diese scharfe Bestimmung vermissen wir eben in den meisten Fällen.

[4]) BELING, a. a. O., S. 115/16.

recht wie das bisherige Strafrecht" ist[1]). Nach BELING unterscheidet der Entwurf sachlich scharf zwischen Strafe und sichernder Maßnahme, wenn er auch gesetzestechnisch beide Teile oft durcheinander bringe (S. 114). Das würde also bedeuten, daß der Richter — wenn auch nur mit einiger Mühe — Klarheit darüber gewinnen kann, ob eine bestimmte ihm vom Entwurf zur Verfügung gestellte Maßnahme Strafe oder Sicherungsmaßnahme ist. Eine solche Klarheit aber ist unbedingt erforderlich, wenigstens solange die Auffassung, daß Strafe und Sicherungsmaßnahme dasselbe seien und den gleichen Zweck verfolgten, nicht allgemein geteilt wird[2]). DELAQUIS[3]) meint freilich: „Strafe und sichernde Maßnahme haben ein und denselben Hauptzweck: Schutz der Rechtsordnung". Es könnte scheinen, als ob von diesem Standpunkte aus auch dort keine freie Zweckwahl vorliege, wo dem Richter die Wahl zwischen Strafe und Sicherung gelassen wird. Indessen ist der von DELAQUIS angegebene Endzweck „Schutz der Rechtsordnung" zu allgemein und selbstverständlich, als daß sich überhaupt etwas mit ihm anfangen ließe. v. LAUN bemerkt mit Recht[4]), daß gewisse letzte und höchste Staatszwecke überhaupt nicht zur Wahl gestellt werden könnten. Die Frage, ob echte Ermessensfreiheit vorliegt, wird daher niemals lediglich mit Rücksicht darauf verneint werden dürfen, daß die beiden dem Richter zur Verfügung stehenden Maßnahmen in gleicher Weise den Schutz der Rechtsordnung zum Ziele hätten. Sofern nur die Wege, auf denen dieser letzte selbstverständliche Zweck erreicht werden soll, verschieden sind, steht der Richter vor der Notwendigkeit, unter ihnen seine Wahl zu treffen, und diese Wahl ist „frei", wenn das Gesetz die Gesichtspunkte, nach denen sie getroffen werden soll, nicht erkennen läßt. Wenn es aber schon Sache des Richters sein soll, mit sich ins reine darüber zu kommen, ob er im Einzelfalle die Rechtsordnung durch Strafe oder durch Sicherungsmaßnahmen zu schützen hat, oder auch ob er zunächst den einen, dann den anderen Weg zu gehen hat, so muß es Aufgabe des Gesetzes sein, ihm Maßnahmen von unzweideutigem Charakter zur Verfügung zu stellen, damit er wenigstens weiß, wonach er zu greifen hat, wenn er strafen, wonach, wenn er sichern will.

Diesen Anforderungen entspricht der Entwurf von 1919 insofern nicht, als er den Unterschied zwischen Strafe und Sicherungsmaßnahme

---

1) A. a. O., S. 110. Vgl. dazu LIEPMANN, ZStW. Bd. 43, S. 714.

2) Hiermit soll keineswegs gegen die „Sicherungsstrafe" Front gemacht werden (vgl. KOHLRAUSCH, ZStW. Bd. 44, S. 21ff., und Graf DOHNA, ZStW. Bd. 44, S. 39ff.). Uns kommt es an dieser Stelle nur darauf an zu zeigen, daß dem Richter nicht Maßnahmen, über deren Tendenz er im unklaren gelassen wird, zur Auswahl freigestellt werden dürfen.

3) ZStW. Bd. 32, S. 682.

4) Freies Ermessen S. 64/65, 202/3, und Festschrift für ZITELMANN, S. 30ff., 36ff. Vgl. übrigens auch v. HIPPEL, ZStW. Bd. 30, S. 880: „‚Schutz der Gesellschaft' ist kein Strafzweck neben anderen; sondern die Strafe schützt die Gesellschaft, indem sie z. B. abschreckt, bessert, unschädlich macht. Schutz der Gesellschaft ist also das weitere Ziel, welches wir erreichen bzw. erstreben, indem wir die Strafe zu bestimmten näheren Zwecken verwenden." Das stimmt mit dem Gedankengang der im gleichen Jahre erschienen Arbeit v. LAUNS genau überein.

nicht klar genug herausgearbeitet hat. LIEPMANN bemerkt treffend: die Behandlung des Problems „Strafe und Sicherungsmaßnahmen" im Entwurf sei in der Sache unfertig geblieben und habe Lücken und Widersprüche zur Folge gehabt; der Entwurf neige gerade dort zu dem beliebten Mittelwege, wo er am wenigsten angebracht sei[1]). Um einige Beispiele herauszugreifen: der Entwurf stellt dem Richter im § 95 IV frei, zwischen Strafe und Sicherungsmaßnahme zu wählen: „Wird auf eine Strafe von nicht mehr als 3 Monaten erkannt, so kann das Gericht anordnen, daß die Unterbringung an die Stelle der Strafe tritt." Nach welchen Gesichtspunkten soll der Richter hierbei vorgehen? Wenn er der Auffassung ist, daß die Gesellschaft auf strafbare Handlungen nicht allein mit Sicherung, sondern auch mit Strafe reagieren muß, so wird er geneigt sein, die Unterbringung im Arbeitshause, da sie nach § 95 IV die einzige Reaktion gegen eine strafbare Handlung bilden kann, als Strafe anzusehen und demgemäß zu verwenden. In dieser Ansicht wird er dadurch bestärkt werden, daß die Unterbringung nach § 95 II nur dann ausgesprochen werden darf, wenn eine strafbare Handlung von bestimmter Schwere vorliegt[2]). Ein anderer Richter hingegen wird sich vielleicht auf die Überschrift des 12. Abschnitts „Maßnahmen der Besserung und Sicherung" berufen[3]). Unbedingt zwingend ist keine der beiden Folgerungen. Und ähnlich steht es mit den meisten anderen Maßnahmen des 12. Abschnitts. HOFACKER[4]) hatte so Unrecht nicht, wenn er schon dem Vorentwurf gegenüber behauptete, irgendwelche Gründe dafür, daß das Wirtshausverbot usw. die Natur einer Nebenstrafe nicht hätten, seien nicht beigebracht; die Bezeichnung als Sicherungsmaßnahme allein sei nicht ausschlaggebend, jedenfalls bestehe Unklarheit über das Wesen dieser Einrichtungen. Die Denkschrift zum Entwurf von 1919 schwankt denn auch häufig genug zwischen Strafzweck und Sicherungszweck bei ein und derselben Maßnahme hin und her. So sagt sie z. B. zur Rechtfertigung des § 95 II (S. 86): „Personen, die sich einen geringfügigen Rechtsbruch haben zuschulden kommen lassen, werden einer besonderen Arbeitshauserziehung in der Regel nicht bedürfen." Diese Behauptung ist indessen gänzlich beweislos geblieben und auch unbeweisbar. Wenn die Überweisung ins Arbeitshaus wirklich keine Strafe, sondern eine sichernde Maßnahme ist, so kann selbstverständlich ein Bettler, Landstreicher u. dgl. ihrer auch dann bedürfen, wenn die Bettelei pp., wegen welcher er gerade abgeurteilt wird, keine zweiwöchige Gefängnisstrafe (§ 281 des Entwurfs) verdient. Der Erfolg

---

[1]) LIEPMANN, Die Reform des deutschen Strafrechts (Heft 2 der Hamburger Abhandlungen 1921), S. 28.

[2]) Das tadelte bereits BIRKMEYER (Beiträge Nr. 2, S. 36ff. am Vorentwurf. Vgl. auch KRIEGSMANN, Monatsschrift Krim. Psych. Bd. 6, S. 555 hinsichtl. d. österreichischen Entwurfs.

[3]) Daß § 95 IV eine Verwischung der Grenze zwischen Strafe und s. M. bedeutet, gibt übrigens auch EBERMAYBR, ZStW. Bd. 42, S. 338 zu. Über § 42 VE. vgl. BIRKMEYER, a. a. O., Nr. 1, S. 54; v. HIPPEL, ZStW. Bd. 30, S. 899ff.; v. LILIENTHAL, M.SchrKrimPsych. Bd. 6, S. 536.

[4]) A. a. O., S. 457.

der Einschränkung des § 95 II wird lediglich der sein, daß das Gericht, um auf Arbeitshaus erkennen zu können, notgedrungen zu einer Strafe von 2 Wochen greifen, d. h. die Strafe nach Sicherungszwecken bemessen und dann von der Befugnis des § 95 IV lediglich zur Korrektur der unpraktischen Vorschrift des § 95 II Gebrauch machen wird. Genau dasselbe gilt hinsichtlich des Aufenthaltverbots des § 103. Auch hier wird das Gericht, wenn es das Verbot aus Sicherungsgründen für erforderlich hält, die Mindeststrafe des § 103 II verhängen, wo sie vom Vergeltungsstandpunkte aus zu hart wäre — allerdings mit dem Unterschiede, daß es die Korrekturmöglichkeit des § 95 IV hier nicht gibt. Umgekehrt wird das Gericht, wo es das Wirtshausverbot des § 91 für angebracht hält, über das Strafmaximum des § 91 II mitunter auch dann nicht hinausgehen, wenn es aus Vergeltungsgründen nötig wäre.

Wenn nun aber die Entwürfe selbst eine eindeutige Durchführung der Vergeltungsidee oder des Sicherungsgedankens innerhalb einer und derselben Vorschrift vermissen lassen, so können sie auch dem Richter nicht die großen Richtlinien liefern, deren er bedarf. Wo der Richter im Einzelfalle vor der oft unendlich schweren Entscheidung steht, ob er zu so einschneidenden Maßnahmen wie Arbeitshaus, Aufenthaltsverbot usw. greifen soll, da läßt ihn das Gesetz im Stiche[1]). „Der Führer ist sich des rechten Weges nicht bewußt", er gewährt Freiheit der Zweckwahl. Hier hätte das Revisionsgericht daher keine Möglichkeit des Eingreifens; es könnte niemals behaupten, daß die Entscheidung des Untergerichts dem Sinne des Gesetzes zuwiderlaufe, da es diesen Sinn ja selbst nicht kennt. Gerade bei den neuen Kannvorschriften des Entwurfs, bei deren Handhabung eine vereinheitlichende, ausgleichende Kontrollinstanz am dringendsten vonnöten wäre[2]), würde auf sie verzichtet werden müssen, wenn der Entwurf von 1919 Gesetz wird. „Kann sich der Richter nicht ebensogut irren bei der Erkenntnis auf Vollzug sichernder Maßnahmen wie bei der Verurteilung zur Strafe?" ruft mit Recht DELAQUIS[3]) — freilich in anderem Zusammenhange und anderer Absicht.

Die Frage DELAQUIS', ob die Verhängung einer sichernden Maßnahme im Gegensatz zur Strafzumessung im freien Ermessen liege[4]), ist demnach dahin zu beantworten: Wenn das Strafgesetz den Charakter der einzelnen in Frage kommenden Maßnahme scharf und eindeutig — sei es als Strafe, sei es als sichernde Maßnahme — herausgearbeitet hat, dann ist auch bei der echten Kannvorschrift trotz Verwendung des

---

1) HOFACKER, a. a. O., S. 451.

2) Gut BIRKMEYER, Ger.Saal Bd. 77, S. 410: „Je mehr freier Spielraum dem richterlichen Ermessen zwecks Individualisierung gelassen werden soll, desto mehr muß dafür gesorgt werden, daß dem Richter ein einheitlicher letzter Strafzweck des Gesetzgebers erkennbar ist, der geeignet ist, das Ermessen aller Richter im Reich in allen ihrem arbitrium überlassenen Fragen bis zu einem gewissen Grade einheitlich zu lenken." Auch GOLDSCHMIDT, ZStW. Bd. 43, S. 423, Anm. 16, macht mit Recht darauf aufmerksam, daß die Freiheit des richterlichen Ermessens die der Strafgesetzentwurf bringe, ein Bedürfnis nach Berufung gegen Schwurgerichtsurteile in der Straffrage auslösen könne.

3) A. a. O., S. 677. 4) A. a. O., S. 696.

Wortes „können" das Ermessen des Richters nicht frei, sondern durch die Ziele des Gesetzes gebunden und unterliegt der Nachprüfung durch das Revisionsgericht. Nur wo das Gesetz keine klaren Ziele hat oder seine Ziele nicht klar erkennen läßt, da ist Revision unmöglich.

Nachtrag. Lange Zeit nach Vollendung und unmittelbar vor der Drucklegung dieser Arbeit wird nunmehr der Amtliche Entwurf eines Allgemeinen Deutschen Strafgesetzbuchs von 1925 veröffentlicht. Ich halte es trotzdem nicht für angezeigt, die vorstehenden den früheren Entwürfen gewidmeten Bemerkungen zu unterdrücken, weil sie m. E. ihre grundsätzliche Bedeutung durch diese Veröffentlichung nicht verlieren. Wohl aber ist es erforderlich, nunmehr in aller Kürze zu den Bestimmungen des neuen Entwurfs Stellung zu nehmen. An „Kannvorschriften" ist er naturgemäß ebenso reich wie seine Vorgänger — kein modernes Strafgesetzbuch wird ohne sie auskommen können. Es ist sogar in dem vielleicht wichtigsten Falle (Sicherungsverwahrung gefährlicher Gewohnheitsverbrecher) an die Stelle der Mußvorschrift des § 100 des Entwurfs von 1919 eine neue Kannvorschrift (§ 45) getreten. Jedoch ist mit vielen der oben getadelten Halbheiten des Entwurfs von 1919 aufgeräumt worden. Ich meine damit weniger den Umstand, daß Einziehung, Urteilsbekanntmachung und Verlust der Amtsfähigkeit sowie des Wahl- und Stimmrechts aus dem Abschnitt „Nebenstrafen und Nebenfolgen", der ganz verschwunden ist, in den Abschnitt „Maßregeln der Besserung und Sicherung" versetzt worden sind. Das ist schließlich doch nur eine rein äußerliche Änderung. Aber die künstliche Aneinanderkoppelung von Strafen und Sicherungsmaßnahmen, wie sie z. B. die §§ 91 II, 95 II und 103 II des Entwurfs von 1919 enthielten, ist wenigstens an den meisten Stellen beseitigt worden. Die Zulässigkeit des Wirtshausverbots ist nicht mehr an eine bestimmte Mindeststrafhöhe gebunden (§ 52). Die Möglichkeit, die Sicherungsverwahrung gänzlich an die Stelle der Strafe treten zu lassen, ist nicht mehr wie im § 95 IV des Entwurfs von 1919 (Arbeitshaus) davon abhängig, daß die Strafe ein bestimmtes Höchstmaß nicht übersteigt[1]). Insofern ist also eine schärfere Trennung von Strafe und Sicherungsmaßnahme erreicht. Der Grundcharakter jeder Maßnahme tritt klarer hervor. Daraus ergibt sich, daß die Entscheidungen, die die Anordnung einer Maßregel der Besserung oder Sicherung betreffen, nicht nach freiem Ermessen in dem hier gebrauchten Sinne zu erfolgen haben und daß sie daher mit der Revision angreifbar sind.

Zusammenfassend sei an dieser Stelle noch einmal betont: Die Stellung, die man gegenüber den Kannvorschriften der Entwürfe, wie sie sich insbesondere in dem Abschnitt über die Besserungs- und Sicherungs-

---

[1]) Vgl. §§ 44, 47, 378ff. Befremdlich wirkt freilich das Prinzip des § 48 I. Hiernach muß das Gericht zunächst die Strafe aussprechen und kann dann erst anordnen, daß die Sicherungsverwahrung an ihre Stelle tritt. Wozu dieser Umweg? Verlangt die strafende Gerechtigkeit diese Formalität wirklich? Oder soll durch den neuen Strafausspruch lediglich die Möglichkeit, bei der nächsten Gelegenheit wieder nach den §§ 45 und 77 vorgehen zu können, gewahrt werden (vgl. § 77 III)?

maßnahmen finden, einzunehmen hat, ist in entscheidender Weise davon abhängig zu machen, ob die hier dargelegte Ansicht von der Revisibilität dieser Vorschriften zur Herrschaft gelangt. Unterwirft man die Maßnahmen, die die Gerichte auf Grund dieser Bestimmungen zu treffen haben, in vollem Umfange der Nachprüfung durch die Revisionsgerichte, so kann der Versuch gewagt werden, die Freiheit des Richters in der vorgeschlagenen Weise auszudehnen. Beharrt man dagegen auf dem bisherigen Standpunkte, alle diese Vorschriften als „Kannvorschriften" für irrevisibel zu erklären, soweit es sich nicht um abstrakte Rechtsfragen handelt — dann ist ihnen gegenüber unbedingte Ablehnung geboten. Derartig schwere Eingriffe in die Freiheit des Einzelnen sind nur dann erträglich, wenn sie in jeder Beziehung der Nachprüfung der höchsten Gerichte unterliegen.

§ 9. Die Strafzumessung.

Von größter Wichtigkeit für die gesamte Handhabung des Strafrechts ist die Frage, ob und inwieweit die richterliche Strafzumessung der Nachprüfung durch das Revisionsgericht unterworfen ist. Die Strafzumessung wird zwar von der Strafrechtsliteratur immer mehr in ihrer außerordentlichen Tragweite für das Rechtsleben erkannt und gewürdigt, so daß LIEPMANNS Wort[1]), die Strafzumessung bilde ein Gebiet von Problemen, mit denen die Berufsjuristen bisher nicht fertig geworden seien, für die wissenschaftliche Behandlung dieser Disziplin hoffentlich nicht mehr lange gelten wird[2]). Trotz aller Bemühungen der Strafrechtswissenschaft aber müßte die Strafzumessungslehre blutlos werden und verkümmern, wenn die Revisionsgerichte sich allen Strafzumessungsfragen grundsätzlich verschließen würden. Daß die Behandlung der Strafzumessung bei den unteren Gerichten manches zu wünschen übrig läßt, wird wohl ziemlich allgemein zugegeben. Die Wissenschaft allein ist offensichtlich nicht imstande, hier Abhilfe zu schaffen. Die Mitarbeit einer vereinheitlichenden, die großen Gesichtspunkte überschauenden und herausarbeitenden Revisionsinstanz kann bei der Schaffung des „Allgemeinen" und des „Besonderen" Teils der Strafzumessungslehre[3]) daher am allerwenigsten entbehrt werden[4]). Das gilt auch nach der letzten Strafprozeßreform, insbesondere mit Rücksicht auf § 313 StPO.

I. Die recht spärliche Literatur behandelt das Problem teils unter dem Gesichtspunkt der Revisibilität von Sollvorschriften und Ermessensentscheidungen, teils wiederum mit Hilfe der Formel „Rechts- oder Tatfrage". Man kann in ihr im wesentlichen drei Ansichten unterscheiden:

---

[1]) Reform des Schwurgerichts, S. 255.

[2]) Vgl. auch KAHL, D. J. Z. 1906, Sp. 896, der die Verdienste der Wissenschaft um die Strafzumessungslehre betont.

[3]) Vgl. ROSENFELD, Vergl. Darst. Allg. Teil Bd. 3, S. 153, und meine Abhandlung „Über Gleichmäßigkeit und Systematik in der richterlichen Strafzumessung", ZStW. Bd. 42 (1921), S. 40ff.

[4]) Gut v. KRIES, Rechtsmittel, S. 276—279.

1. Die eine Ansicht verneint die Revisibilität der Strafzumessung schlechthin uud ohne Unterschied. „Die Strafzumessungsgründe — erklärt bereits WALTHER[1]) — sind rein faktische Umstände und Verhältnisse, deren Annahme oder Nichtannahme wie die der Schuld selbst dem richterlichen Gutdünken überlassen werden muß, nicht an ein bestimmtes quantum und quale von Beweis gebunden sein darf. In der Strafausmessung liegt immer die Entscheidung von einer größeren oder geringeren Zahl von Tatfragen, z. B. ob der Angeklagte einen guten oder schlechten Leumund besitzt, ob der Reiz zum Verbrechen ein starker oder schwacher war. Auf eine angeblich unrichtige Ausmessung der Strafe innerhalb des gesetzlichen Strafrahmens kann also eine Anfechtung des Urteils ebenso wenig gegründet werden, als auf eine angeblich unrichtige Entscheidung der Schuldfrage." Diese Ansicht wird von BINDING[2]) geteilt, der die Zulässigkeit eines Rechtsmittels gegen unrichtige Strafzumessung innerhalb des gesetzlichen Strafrahmens ebenfalls mit der Begründung verneint: „Die Feststellung der Strafzumessungsgründe bildet einen Teil der Beantwortung der Beweisfrage, und die unterrichterliche Schätzung beispielsweise von der Intensität des Vorsatzes ist unverbesserlich." Auch BELING und STEIN sind im Ergebnisse wenigstens darüber einig, daß für eine Nachprüfung durch das Revisionsgericht hier kein Raum sei, obgleich sie hinsichtlich der Frage, ob eine falsche Strafzumessung eine „Gesetzesverletzung" enthält, entgegengesetzter Meinung sind. BELING führt nämlich die falsche Strafzumessung als Beispiel dafür an, daß Fälle denkbar seien, „in denen anerkanntermaßen Revision ausgeschlossen ist, wiewohl eine unverkennbare Gesetzesverletzung im Urteil liegt"[3]). STEIN dagegen bestreitet hier das Vorliegen einer Gesetzesverletzung: „Das Urteil ist ungerecht, aber das Gesetz ist nicht verletzt, wenn der Richter das hohe Objekt des Diebstahls als Milderungsgrund oder den einzigen benannten ‚mildernden Umstand' des § 213 StGB. bei der Körperverletzung als einen Erschwerungsgrund ansieht... Eine Nachprüfung durch das Revisionsgericht ist unzweifelhaft und unbestrittenermaßen ausgeschlossen"[4]).

Auch WALTER JELLINEK[5]) gehört — wenn ich ihn recht verstehe — hierher, da er die Auffassung vertritt, daß bei der Strafzumessung nicht die „Freiheit der Schätzung, des Augenmaßes", sondern das „echte freie Ermessen" walte. Allerdings hält JELLINEK diese Auffassung von der Strafzumessung nicht für die einzig mögliche. „Die Strafe befindet sich bei uns noch im Stadium des Experiments. Von den zahlreichen Strafrechtstheorien hat sich bisher keine aufschwingen können zur anerkannten Alleinherrschaft. Solange das Reichsgericht es ab-

[1]) Die Rechtsmittel pp. Bd. 2, S. 42/43.

[2]) Grundriß des deutschen Strafprozeßrechts, 5. Aufl. 1904, § 119, S. 239. Ebenso ZITELMANN, Lücken im Recht, S. 31. — HUGO STERN, a. a. O., S. 282/3, faßt die Strafzumessung mit unzureichender Begründung als eine Art Beweiswürdigung auf, die sich nicht auf den Sachverhalt, sondern auf die Person des Angeklagten beziehe.

[3]) Festschrift für BINDING Bd. II, S. 137; vgl. auch S. 105, 128, 155.

[4]) Privates Wissen, S. 135/6. [5]) Gesetz pp., S. 193.

lehnt, die Anwendung einer der möglichen Strafrechtstheorien seitens der Unterinstanz, etwa der Abschreckungstheorie, als Revisionsgrund anzuerkennen, steht die Wahl des Strafzwecks im pflichtmäßigen individuellen Ermessen des Strafgerichts, ist also ein Akt des echten freien Ermessens. Dieser Zustand wird sich später möglicherweise ändern; vielleicht wird dann z. B. die Befriedigung des gesellschaftlichen Sühnebedürfnisses der einzig zulässige Strafzweck"[1]). Da nun gegenüber einem Akte des freien Ermessens die Revision gemeinhin versagt sein soll, so wäre mit dieser Einreihung der Strafzumessung auch die Frage ihrer Nachprüfbarkeit im Revisionsverfahren in verneinendem Sinne entschieden.

2. Diesem extremen Standpunkt gegenüber erkennt eine Anzahl von Schriftstellern an, daß auch bei der Strafzumessung Rechtsirrtümer vorkommen können, die im Wege der Revision beseitigt werden müssen. So meint z. B. Löwe[2]) zunächst zwar auch, die Straffestsetzung sei „etwas Tatsächliches", will aber eine Nachprüfung durch das Revisionsgericht dann zulassen, „wenn auf eine im vorliegenden Falle unzulässige Strafe erkannt ist oder wenn die Strafzumessung oder die Verhängung oder Nichtverhängung einer gewissen Strafe auf rechtsirrtümlichen Erwägungen beruht."

Mezger wendet sich mit Recht gegen die Löwesche Auffassung, die Festsetzung der Strafe sei etwas Tatsächliches, und betont den Werturteilscharakter der Strafzumessung, gelangt aber trotz dieser Verschiedenheit des Ausgangspunktes im wesentlichen zum gleichen Ergebnisse. Er bezeichnet nämlich die Strafzumessung als revisibel, „wenn auf eine im vorliegenden Falle unzulässige Strafe erkannt ist oder wenn die Strafzumessung oder die Verhängung einer gewissen Strafe auf sonstigen rechtsirrtümlichen Erwägungen beruht. Eine nur die Strafzumessungsfrage beeinflussende ‚verminderte Zurechnungsfähigkeit' wird daher in der Regel den Revisionsrichter nicht beschäftigen. Festsetzung einer nicht angemessenen Strafe ist Rechtsverstoß, aber ein Rechtsverstoß, der die Revision regelmäßig nicht begründet"[3])

Löffler[4]) betont in seiner Polemik gegen den oben wiedergegebenen Standpunkt Bindings zutreffend, es finde bei der Strafzumessung auch eine rechtliche Würdigung statt, allerdings handle es sich bei den Strafzumessungsgründen meistens um „Quantitätsbegriffe, die das Gesetz als veränderliche und steigerungsfähige auffaßt und zum Ausdruck bringt... Hier gibt es keine Erledigung mit Ja oder Nein, sondern nur eine Abschätzung des Gewichts der einzelnen Strafzumessungs-

---

[1]) Vgl. hierüber auch unten II 3 und IV.

[2]) Löwe, 16. Aufl., Anm. 2a zu § 337.

[3]) A. a. O., S. 201. v. Bar, Recht u. Beweis im Geschworenengericht, S. 246ff., bes. Anm. 185, rechnet die Strafzumessung sowohl zur Tat- wie zur Rechtsfrage, betont aber ausdrücklich, daß der Richter innerhalb der relativen Strafrahmen nicht „nach einem freien (willkürlichen) Ermessen schalten dürfe, sondern daß „der Geist des ganzen Gesetzbuchs zum Anhaltspunkt der Anwendung auf die konkrete Tat werden muß."

[4]) Oesterr. Z. f. StR. 8. Jahrgang, S. 202.

gründe, aber auch diese Abschätzung erfolgt nach rechtlichen Gesichtspunkten; insbesondre werden dabei die Anschauungen über die Zwecke der Strafrechtspflege eine große Rolle spielen. Daher ist auch hier eine Überprüfung nach rechtlichen Gesichtspunkten möglich und notwendig, obwohl zuzugeben ist, daß in derartigen Fällen die tatsächliche Feststellung und ihre rechtliche Würdigung oft in eine fast unlösliche Verschlingung geraten."

LAUN unterscheidet in seiner bereits mehrfach genannten Schrift über „Das freie Ermessen und seine Grenzen"[1]) zwischen dem „freien" und dem „gebundenen" Ermessen oder auch dem „freien Ermessen im engeren, eigentlichen Sinn und der gesetzlichen Gebundenheit"[2]). Auf dem Gebiete des gebundenen Ermessens hat der Beamte „ohne Rücksicht auf das, was er selbst für zweckmäßig, billig usw. hält, lediglich das zu vollziehen, was nach seinem besten Wissen und Gewissen der Gesetzgeber angeordnet hätte, wenn er den konkreten Fall statt durch eine abstrakte Norm durch ein Individualgesetz geregelt hätte". Er darf hier also nicht zugeben, daß ein anderes Urteil darüber ebenso richtig wäre. „Theoretisch ist die gefundene Lösung die allein richtige[3])." In den Fällen des eigentlichen freien Ermessens dagegen wählt der Beamte zwischen zwei oder mehreren vom Gesetz als gleich richtig hingestellten Arten des Verhaltens nach Opportunitätsrücksichten[4]). Nach dieser Unterscheidung fällt die Strafzumessung nach geltendem Recht in das Gebiet der gesetzlichen Gebundenheit. Denn der Richter, der z. B. innerhalb eines gesetzlichen Strafrahmens von 1—5 Jahren 2 Jahre verhängt, darf nicht zugeben, daß eine Strafe von 3 oder 4 Jahren ebenso gerecht sei und ebenso dem Gesetz entspreche[5]). LAUN wendet sich daher auch gegen die Ausdrucksweise des Art. 14 II des Schweizer Strafgesetzentwurfs, weil er von einem „freien Ermessen" des Richters bei der Strafzumessung spreche[6]).

Infolge dieser Stellungnahme ist LAUN geneigt, dis Überprüfbarkeit der Strafzumessung in nicht unwesentlichen Punkten zu bejahen. Im Gebiete der gesetzlichen Gebundenheit statuiert er eine doppelte Pflicht für das öffentliche Organ: „es darf erstens keinen anderen Zweck im Auge haben als der Gesetzgeber; zweitens hat es bei Verfolgung dieses Zweckes nicht den eigenen Beurteilungs- und Wertmaßstab anzulegen, sondern jenen des Gesetzes." Aus der ersten Pflicht ergibt sich für LAUN beispielsweise, daß der Richter bei der Strafzumessung nicht etwa die Dauer der Freiheitsstrafe von der Überfüllung der Strafanstalten abhängig machen darf, aus der zweiten, daß er nicht sein eigenes Rechtsgefühl oder Mitleid über das des Gesetzes stellen darf. Sonst verletze er das Gesetz, „wenn auch nicht in seinem klaren Wortlaut, so doch in seinem Geiste"[7]).

---

[1]) Leipzig und Wien 1910. [2]) A. a. O., S. 257ff. [3]) A. a. O., S. 258.
[4]) A. a. O., S. 260. [5]) A. a. O., S. 259.
[6]) A. a. O., S. 81. Richtig auch HERRNRITT, Grundlehren des Verwaltungsrechts 1921, S. 291, Anm. 1.
[7]) A. a. O., S. 58/59.

3. Am weitesten in der Zulassung der Revision geht wohl v. KRIES, der der Strafzumessung eingehende und großenteils zutreffende Ausführungen widmet. Seine Erkenntnis, daß es sich bei der Strafzumessung „weder um Prüfung der Richtigkeit, noch um Abänderung oder Ergänzung der tatsächlichen Feststellungen, sondern allein um Anwendung des Strafgesetzes auf den festgestellten Sachverhalt" handle[1]), führt ihn zu dem Ergebnisse, es sei aus den allgemeinen Regeln über die Revision kein Grund dafür zu entnehmen, daß das Revisionsgericht die Strafe nicht selbst zumessen solle. Die Tätigkeit des Revisionsrichters sei bei der Strafzumessung keine andere als die des Richters erster Instanz. Auch dieser habe sich am Schlusse der Verhandlung drei Fragen vorzulegen: Welche Umstände sind erwiesen? Ist überhaupt zu verurteilen? Und zu welcher Strafe? Nur die erste dieser 3 Fragen sei dem Revisionsrichter entzogen[2]). Auf Einzelheiten der v. KRIESschen Auffassung werden wir noch bei der Darlegung unserer eigenen Ansicht (unten III) einzugehen haben.

II. Die Zahl der sich mit Strafzumessungsfragen beschäftigenden revisionsgerichtlichen, insbesondre reichsgerichtlichen Entscheidungen war bis in die Nachkriegszeit hinein, etwa bis zum Erlasse des Geldstrafengesetzes, verhältnismäßig gering. Diese Tatsache ist für die Behandlung, die das Reichsgericht der Strafzumessung zuteil werden läßt, m. E. viel bezeichnender als der Inhalt der in Frage kommenden Urteile selbst. Sachlich teilt das Reichsgericht, wo es sich zu unserem Problem überhaupt äußert, den mittleren Standpunkt (oben zu I 2). Aber soll man denn wirklich annehmen, daß die Instanzurteile, die — soweit sie Verurteilungen enthalten — an Strafzumessungserwägungen nicht vorübergehen können (selbstverständlich mit Ausnahme der seltenen Fälle, in denen das Strafgesetz eine absolut bestimmte Strafe androht), nur so außerordentlich wenig Veranlassung zum Einschreiten gegeben haben? Liegt die Vermutung nicht näher, daß das Reichsgericht eben nur in den allerärgsten Fällen eingeschritten ist? Das dem Urteil RGStr. Bd. 23, S. 91 (unten zu 5) zugrunde liegende Instanzurteil z. B. ist derart, daß das Reichsgericht dazu nicht gut stillschweigen konnte[3]).

1. Bereits in einer der älteren Entscheidungen, dem Urteil des III. Strafsenats vom 11. 1. 83[4]), wird betont, daß die Strafzumessung zwar Ermessenssache, trotzdem aber nicht gänzlich irrevisibel sei. Es heißt hier: „Wenn die Beschwerde darüber, die erkannte Strafe sei zu hoch, sich auf die durch Erwägungen tatsächlichen Inhalts gestützte Straf-

---

[1]) A. a. O., S. 277; vgl. auch S. 100, Anm. 45. [2]) A. a. O., S. 278.

[3]) Am eigenartigsten ist wohl das Verhalten der Strafkammer in RGStr. Bd. 47, S. 115: Der Angeklagte wird wegen schweren Diebstahls im Rückfalle zu der Mindeststrafe von 1 Jahre Gefängnis (unter Zubilligung mildernder Umstände) verurteilt. Bei der Abfassung der schriftlichen Urteilsgründe stellt es sich heraus, daß Rückfall nicht vorliegt. Nunmehr stellt die Strafkammer, um eine Aufhebung zu verhüten, die Behauptung auf, für die Strafzumessung sei „einzig und allein" maßgebend gewesen, daß Einbruchsdiebstahl vorgelegen habe. Das RG. hob selbstverständlich auf.

[4]) RGStr. Bd. 8, S. 76ff.

zumessung bezöge, so würde sie in die Revisionsinstanz überhaupt nicht gehören, da die Strafzumessung eine Sache des Ermessens des Instanzrichters ist, sofern sie sich innerhalb der gesetzlichen Strafdrohung hält und nicht von rechtsirrtümlichen Voraussetzungen ausgeht. Eine solche Beschwerde kann nach ihrer Fassung aber auch den Sinn haben, der Instanzrichter sei zu dem von ihm erkannten Strafmaße durch rechtsirrtümliche Voraussetzungen und nicht bloß durch Würdigung tatsächlicher Verhältnisse gelangt... So verhält es sich im vorliegenden Falle in zweifacher Richtung. Der Instanzrichter... geht von der Annahme aus, 8 Monate Gefängnis seien 6 Monaten Zuchthaus gleichzuachten. Das gesetzliche Verhältnis von Gefängnis zu Zuchthaus ist aber nicht $8:6 = 4:3$, sondern $12:8 = 3:2$ (§ 21 StGB.)... Nun stand es zwar an sich im Ermessen des Instanzrichters, eine Gesamtstrafe von 15 Monaten Zuchthaus, wie er es getan hat, für die erwähnten drei Einzelstrafen eintreten zu lassen, da sich diese Gesamtstrafe innerhalb des gesetzlichen Rahmens hält; nachdem der Instanzrichter jedoch ausdrücklich ausgesprochen hat, er lege... $8:6$ zugrunde, unterliegt die Normierung... dem Bedenken, daß dabei die Annahme jenes unrichtigen Verhältnisses zum Nachteile des Angeklagten eingewirkt haben wird."

2. Ähnlich das Urteil des I. Strafsenats vom 23. 5. 1908[1]): „Der Angeklagte ist wegen schweren Diebstahls im strafschärfenden Rückfall verurteilt worden. Die Ausführungen des Urteils über die Strafzumessung geben zu Bedenken Anlaß. Nach Anführung von Straferschwerungsgründen wird dort gesagt: ‚Diese Gründe waren bestimmend, über die ordentliche Strafe, die nach § 244 StGB. 8 Jahre 6 Monate Zuchthaus betragen würde, hinauszugehen, so daß eine Zuchthausstrafe von 10 Jahren für angemessen erachtet wurde'. Nach der Fassung dieser Stelle muß angenommen werden, daß die Strafkammer hier einen Rechtssatz aufstellen wollte, wonach auf das rechnerische Mittel des Strafrahmens von 2 bis 15 ($2 + 6^1/_2$) Jahren zu erkennen wäre, wenn nicht tatsächliche Strafzumessungsgründe eine Abweichung nach oben oder unten angezeigt erscheinen lassen. Ein solcher Rechtssatz besteht nicht. Der Richter hat nach dem Willen des Gesetzes die für den einzelnen Fall gebotene Strafe unter Berücksichtigung und Abwägung der für die Strafzumessung in Betracht kommenden Umstände innerhalb des vorgeschriebenen Strafrahmens nach freiem Ermessen zu bestimmen. Es ist rechtsirrtümlich und widerspricht dem Geiste des Gesetzes, wenn er dabei rein rechnerisch das Mittel des angedrohten Strafrahmens ziehen, diesen kraft des Gesetzes zunächst als maßgebend und sich hieran bei der Strafzumessung, sei es nach oben oder unten irgendwie für gebunden erachten wollte. Das angegriffene Urteil mußte deshalb hinsichtlich der Strafzumessung aufgehoben werden." Gegen die Auffassung, der zwischen Maximum und Minimum in der Mitte liegende Strafsatz sei für den Regelfall oder für den Fall berechnet, daß weder

[1]) D. J. Z. 1908, Sp. 1108.

Erschwerungsgründe noch Milderungsgründe vorliegen, wenden sich mit Recht auch MERKEL[1]), ROSENFELD[2]) und KAHL[3]).

Während diese beiden Urteile Irrtümer bei der mehr rechnerischen Handhabung des Strafrahmens betreffen, handelt es sich bei den im folgenden zu besprechenden Urteilen darum, ob und inwiefern bei der Bemessung der Strafe der Strafzweck, das Verhalten des Angeklagten im Strafverfahren (z. B. hartnäckiges Leugnen) u. a. verwertet werden dürfen:

3. Die Berücksichtigung des Abschreckungszwecks der Strafe betrifft das Urteil des I. Strafsenats vom 23. 3. 1908[4]), das in der Literatur lebhaft erörtert worden ist: „Der Tatrichter — heißt es hier — hat dadurch, daß er die Abschreckung anderer von der Begehung gleicher Straftaten bezweckt und darum zu einer empfindlichen Strafe gegriffen hat, seine Befugnis, die Strafe nach freiem Ermessen innerhalb des gesetzlichen Strafrahmens zu bemessen, nicht rechtsirrig überschritten. Kein Rechtsatz besteht, daß für das Gericht beim Ausmaß der Strafe grundsätzlich nur der Gesichtspunkt der Sühne des Verbrechens die Richtschnur bilden darf, und daß nicht in den Bereich der Strafzumessung ein Umstand gezogen wird, der zwar in keiner unmittelbaren Beziehung zur Tat oder zum Täter steht, wohl aber, ohne mit dem inneren Wesen der Strafe unvereinbar zu sein, sich als ihre notwendige, gegen außen wirksame Folge darstellt. Wer sich des Bruches der Rechtsordnung schuldig gemacht hat, kann sich mit Grund nicht beschweren, wenn ihm gegenüber bei Wiederherstellung der von ihm mißachteten Rechtsordnung durch Ausspruch einer Strafe auch das allgemeine Interesse der Zurückdrängung und Verhinderung des Verbrechens zur Geltung kommt."

WALTER JELLINEK folgert — wie oben zu I 1 bereits erwähnt — aus diesem Urteil, daß die Strafzumessung zur Zeit noch als Akt freien richterlichen Ermessens anzusehen sei, da das Reichsgericht dem Richter nicht vorschreibe, welchen Strafzweck er zu berücksichtigen habe. M. E. ist das Urteil indessen wohl anders aufzufassen. Das Reichsgericht will hier die Wahl des Strafzwecks durchaus nicht für irrevisibel erklären — es prüft vielmehr sachlich die Haltbarkeit des vom Vorderrichter gewählten Strafzwecks und kommt bei dieser Prüfung zu dem Ergebnisse, daß der Strafzweck der Abschreckung, „ohne mit dem innern Wesen der Strafe unvereinbar zu sein, sich als ihre notwendige, gegen außen wirksame Folge darstellt..." M. E. MAYER hat also recht, wenn er meint, das Reichsgericht habe die Frage, ob der Zweck der Abschrekkung anderer zu einer Erhöhung der Strafe führen dürfe, bejaht[5]).

---

[1]) MERKEL in Holtzendorffs Handbuch des Strafrechts, Bd. 2 (1871), S. 558/59.

[2]) ROSENFELD, a. a. O., 142, Anm. 3.

[3]) KAHL, a. a. O., Sp. 900. [4]) D. J. Z. 1908, Sp. 763.

[5]) Verhandlungen des 29. Deutschen Juristentags Bd. 5, 535. — Sehr interessante Ausführungen über den Strafzweck enthält übrigens das Urteil des I. Senats, RGStr. Bd. 58, S. 106ff.; danach sind für die Strafzumessung innerhalb des ordentlichen und außerordentlichen Strafrahmens, sowie für die Zubilligung oder Versagung

Daraus würde sich aber die Folgerung ergeben, daß das Reichsgericht das Urteil hätte aufheben müssen, wenn es den Strafzweck der Abschreckung gemißbilligt hätte, d. h. das Reichsgericht prüft die der Strafzumessung der Untergerichte ausdrücklich zugrunde gelegten Strafzwecke zum wenigsten auf ihre „Vereinbarkeit mit dem Wesen der Strafe" nach.

4. Mit dem Strafzumessungsgrunde des „hartnäckigen Leugnens" beschäftigen sich die beiden interessanten Entscheidungen RGStr. Bd. 38, S. 207 (Urteil des I. Strafsenats vom 13. 11. 1905) und in Goltd. Arch. für Strafr. u. Strafpr. Bd. 68 (1920), S. 360 (Urteil des I. Strafsenats vom 23. 10. 1919).

a) RGStr. Bd. 38, S. 207 besagt: „Bei der Strafzumessung hat das Gericht dieses ‚hartnäckige Leugnen' des Angeklagten als erschwerenden Umstand berücksichtigt. Auf die Revision des Angeklagten ist das Urteil der Strafkammer wegen Rechtsirrtums bei der Strafzumessung... aufgehoben. . Die Gründe für die Strafzumessung unterliegen, soweit sie nicht auf Rechtsirrtum beruhen, nicht der Prüfung des Revisionsrichters. Vgl. E. Bd. 8, 76; 23, 91. Im vorliegenden Falle indessen ergeben die Strafzumessungsgründe, daß in der Tat der Strafausspruch auf einem Rechtsirrtum zuungunsten des Beschwerdeführers beruht. Zwar darf im allgemeinen das Gericht, nachdem es eine vom Angeklagten geleugnete Straftat für erwiesen erachtet hat, in dem hartnäckigen Leugnen dieser erwiesenen Tat seitens des Angeklagten einen Anlaß zur Verhängung einer schweren Strafe wohl erblicken. Hier aber ist ja gar nicht festgestellt, daß der Angeklagte wider besseres Wissen die... beleidigenden Behauptungen aufgestellt hatte... Hat nun der Angeklagte in gutem Glauben die von ihm für wahr gehaltenen Behauptungen ‚hartnäckig aufrecht gehalten', so war dies offenbar kein hartnäckiges Leugnen einer erwiesenen Straftat und mit einem solchen nicht zu verwechseln."

b) In der Entscheidung vom 23. 10. 1919 (Goltd. Arch. Bd. 68, S. 360) heißt es: „Die Gründe für die Strafzumessung unterliegen der Nachprüfung des Revisionsgerichts nur insoweit sie auf Rechtsirrtum beruhen (RGStr. 8, 77; 23, 91). Auch wird in der Rechtsprechung des Reichsgerichts anerkannt, daß hartnäckiges Leugnen ein erschwerender Umstand sein kann (RGStr. 38, 207). Im vorliegenden Falle jedoch geht aus den Urteilsgründen nur hervor, daß der Angeklagte das Ergebnis eines ihm ungünstigen Zeugenbeweises durch den Antrag auf Vernehmung weiterer Zeugen zu entkräften suchte, deren Vorladung er schon vor der Hauptverhandlung vergeblich beantragt hatte. Da der vom Angeklagten erbotene Entlastungsbeweis nicht erhoben worden ist, kann in dem fortgesetzten Bestreiten seiner Schuld eine besondere

---

mildernder Umstände „in erster Linie das Sühnebedürfnis, der Vergeltungszweck der Strafe, daneben wohl auch noch der Abschreckungszweck" maßgebend, während bei Entscheidung der Frage, ob der Strafzweck auch durch eine Geldstrafe erreicht werden kann, auch der Besserungs- und Sicherungszweck zu berücksichtigen seien.

‚Hartnäckigkeit‘ nicht gefunden werden.“ Daher wurde das Instanzurteil aufgehoben[1]).

5. RGStr. Bd. 23, 91 (IV. Strafsenat vom 22. 4. 1892) wendet sich mit Recht gegen die Auffassung der Strafkammer, der Umstand, daß der Angeklagte „auch in den beiden durch Freisprechung erledigten Fällen immer noch als dringend verdächtig bezeichnet werden muß“, könne bei der Strafzumessung eine Rolle zuungunsten des Angeklagten spielen (ebenso derselbe Senat in J. W. 1924, S. 320, Nr. 41 und S. 1770, Nr. 20, 21, 22 sowie der I. Senat in J. W. 1923, S. 394, Nr. 34).

6. An dieser Stelle ist auch eines eigenartigen Verfahrens zu gedenken, das sich in der Judikatur des Reichsgerichts, besonders des V. Strafsenats, aber auch bei anderen Revisionsgerichten findet und bereits den Rang einer „ständigen Rechtsprechung“ erreicht zu haben scheint [2]). Es handelt sich um folgendes: Das Revisionsgericht kommt zu dem Ergebnisse, daß die Verurteilung des Angeklagten auf Grund eines Gesetzes erfolgt ist, das nicht oder wenigstens nicht allein auf den Fall anwendbar ist — es ist der Ansicht, daß der Angeklagte wegen Verstoßes gegen eine andere Gesetzesvorschrift hätte verurteilt werden müssen. Alsdann heben die Revisionsgerichte das Vorderurteil nicht auf, wenn sie die Möglichkeit, daß der Tatrichter bei Anwenduug des richtigen Gesetzes zur Verhängung einer milderen Strafe gelangt wäre, verneinen zu müssen glauben. Dieses Verfahren findet sich in folgenden Entscheidungen:

a) Urteil des V. Strafsenats vom 18. 9. 1906 (RGStr. Bd. 39, S. 155ff): Der Angeklagte ist aus § 168 StGB. zu einem Monat Gefängnis verurteilt worden. Das Reichsgericht meint, es liege auch ein Verstoß gegen § 304 StGB. vor, sagt dann aber: „Allein der Angeklagte kann sich darüber im vorliegenden Falle nicht beschweren. Richtig ist freilich, daß gemäß § 73 StGB. die Strafe dann aus § 304 als dem die schwere Strafe androhenden Gesetze auszumessen, und daß es demnach mit Rücksicht auf die gleichmäßige Rechtsprechung des Reichsgerichts... an sich möglich gewesen sein würde, nur auf eine Geldstrafe zu erkennen. Der Vorderrichter hat aber mit Rücksicht auf die Schwere der Tat 1 Monat Gefängnis als angemessene Sühne erachtet. Unter diesen Umständen erscheint es als ausgeschlossen, daß er bei Anwendung des § 304 StGB. eine Geldstrafe festgesetzt hätte. Demgemäß war die Revision als unbegründet zu verwerfen.“

b) Urteil des V. Strafsenats vom 21. 10. 1919 (Goltd. Arch. Bd. 68, S. 279): Der Tatrichter hat anstatt Alleintäterschaft Mittäterschaft angenommen — keine Aufhebung der Entscheidung, „da nach Lage der Sache ausgeschlossen ist, daß die irrige Rechtsauffassung des Landgerichts auf das Strafmaß irgendwelchen Einfluß geübt hat“.

---

[1]) Über das Leugnen als Strafzumessungsgrund vgl. ROSENFELD, a. a. O., S. 156 und die dort zit. Literatur. Über die „straflose Nachtat“ als Strafzumessungsgrund ZStW. 42 RS. 10.

[2]) Richtig dagegen die Entscheidung des II. Strafsenats vom 3. 6. 84 (R. 6, 426).

c) Ganz ähnlich das Urteil des Strafsenats des Kammergerichts vom 21. 10. 19 (Goltd. Arch. Bd. 68, S. 303).

d) Urteil des Strafsenats des Bayrischen Obersten Landesgerichts vom 23. 10. 19 (J. W. 1920, S. 56, Nr. 3): Der Angeklagte hatte eine Kuh ohne Genehmigung des zuständigen Kommunalverbandes geschlachtet und war von der Strafkammer wegen verbotener Hausschlachtung, d. h. der Schlachtung ausschließlich für den eigenen Gebrauch verurteilt worden, während in Wirklichkeit ein Fall gewerbsmäßiger Schwarzschlachtung vorlag, die nach einer anderen Verordnung strafbar war. Das Oberste Landesgericht lehnt eine Aufhebung des Urteils mit folgender Begründung ab: „Der Strafrahmen für Verfehlungen gegen die FleischversorgungsVO. ist allerdings ein anderer als der für Zuwiderhandlungen gegen die FleischverbrauchsVO. In § 18 ist Gefängnisstrafe bis zu 1 Jahre und Geldstrafe bis zu 10000 M. oder eine dieser Strafen angedroht, während nach § 15 der ersteren nur auf Gefängnisstrafe bis zu 6 Monaten oder Geldstrafe bis zu 1500 M. erkannt werden kann. Wegen der verbotenen Schlachtung wurde gegen D. eine Einzelstrafe von einer Woche festgesetzt. Die Strafzumessungsgründe schließen die Annahme aus, daß bei Anwendung der Strafvorschrift der FleischversorgungsVO. auf eine mildere Strafe erkannt worden wäre."

e) In Übereinstimmung mit diesen Grundsätzen befindet sich die Entscheidung des IV. Strafsenats des Reichsgerichts vom 26. 11. 97 (Goltd. Arch. Bd. 46, S. 36/37), die sich mit einem Strafkammerurteil beschäftigt, das den Angeklagten trotz Annahme berechtigter Interessen verurteilte, weil in der Form seiner Äußerung eine Beleidigung zu erblicken sei (§ 193 StGB.), gleichzeitig aber den Umstand, daß es sich nur um eine in Wahrung berechtigter Interessen vorgekommene Entgleisung gehandelt habe, strafmildernd berücksichtigte. Die Revision der Staatsanwaltschaft rügt die Annahme berechtigter Interessen. „Einzuräumen ist dem Angeklagten" — sagt das Reichsgericht nun — „daß an sich die falsche Begründung eines im Resultat richtigen Urteils einen Anlaß zur Verfolgung der Revision nicht geben kann. Im konkreten Falle hat jedoch der Vorderrichter den Umstand, daß es sich ‚um eine Ausschreitung in der Redefreiheit unter dem Schutze des § 193' handle, ausdrücklich als ein bei der Strafzumessung zugunsten des Angeklagten zu berücksichtigendes Moment hervorgehoben. Danach ist der Revisionsbeschwerde das praktische Interesse nicht abzusprechen. Auch kann die Zulässigkeit der Revision nicht deshalb bestritten werden, weil sich diese nur gegen die Strafzumessung innerhalb der vom Gesetze gezogenen Grenze richte. Die Anbringung einer Revisionsbeschwerde ist in der gedachten Richtung ausgeschlossen, solange die Gründe der Strafzumessung nicht aus dem Gebiete der tatsächlichen Würdigung heraustreten, allein sobald bei der Strafzumessung eine falsche Rechtsauffassung zur Geltung kommt, kann die Straffestsetzung dieserhalb mit der Revision angefochten werden (vgl. E. 23, 91)." Das heißt mit anderen Worten: die Anwendung eines unrichtigen Strafgesetzes (hier des § 193) muß dann zur Aufhebung des Urteils führen, wenn sie die Strafzumessung des Tatrichters nachweislich beeinflußt hat — und das auch dann, wenn die Strafzumessung an sich die Grenzen des gesetzlichen Strafrahmens einhält. Der Beweis für eine solche Beeinflussung wird hier im Gegensatze zu den oben zu a—d aufgeführten Entscheidungen als erbracht angesehen, daher hier Aufhebung des Vorderurteils.

Das dargestellte Verfahren hat KERN anläßlich seiner Besprechung des zu d wiedergegebenen Urteils des Bayrischen Obersten Landesgerichts[1]) einer zum mindesten im Ergebnisse, teilweise auch in der Begründung zutreffenden Kritik unterzogen, freilich ohne die entsprechenden Reichsgerichtsurteile, insbesondere RGStr. 39, 155 dabei zu verwerten[2]). Er betrachtet den Fall zunächst unter dem Gesichtspunkte, ob das angefochtene Urteil auf der Gesetzesverletzung beruhe, und hält hier auch bei materiellrechtlichen Verstößen mit Recht die sich bei vernünftiger Würdigung des Falles ergebende Möglichkeit eines Kausalzusammenhanges für ausreichend. Eine solche Möglichkeit aber sei höchstens dann ausgeschlossen, wenn die Verurteilung auf Grund eines zu milden Gesetzes erfolgt sei. Überall da, wo das nach Ansicht des Revisionsgerichts anzuwendende Gesetz die gleiche oder eine mildere Strafdrohung enthalte, bestehe die Möglichkeit, daß das Instanzgericht bei Anwendung des richtigen Gesetzes eine mildere Strafe verhängt hätte, als es tatsächlich verhängt hat. KERN geht aber mit Recht noch einen Schritt weiter. Das „Urteil" ist nicht gleichbedeutend mit der im Urteil enthaltenen Strafe. Auch die Bezeichnung des von dem Angeklagten begangenen Delikts, der von ihm übertretenen Rechtsnorm ist ein Teil des Urteils. Wenn dieser Teil nach Ansicht des Revisionsgerichts falsch ist, so besteht ein Kausalzusammenhang zwischen Gesetzesverletzung und Urteil stets, ohne daß es dabei auf Strafzumessungsfragen überhaupt ankäme[3]).

Die oben erwähnten Entscheidungen hingegen glauben, wie insbesondre aus den Urteilen zu a und d deutlich hervorgeht, aus dem Umstande, daß das Instanzgericht innerhalb des von ihm verwendeten Strafrahmens nicht die mildeste Strafe gewählt hat, folgern zu dürfen, daß es auch dann nicht milder geurteilt hätte, wenn ihm ein noch milderer Strafrahmen zur Verfügung gestanden hätte. Das Gericht, das innerhalb eines Strafrahmens von Gefängnis bis zu 1 Jahre und Geldstrafe bis 10000 M. (oder einer dieser Strafen) nicht auf Geldstrafe oder auf einen Tag Gefängnis, sondern auf eine Woche Gefängnis erkennt, hätte nach dieser Auffassung auch dann nicht

---

[1]) J. W. 1920, S. 56, Anm. zu 3.

[2]) Der Fall RGStr. 39, 155 liegt zwar in 2 Punkten etwas anders als die übrigen Tatbestände: erstens tritt hier das vom RG. für anwendbar erklärte Gesetz nicht an die Stelle der vom Untergericht angewendeten Vorschrift, sondern neben sie. Und sodann war der vom Untergericht übersehene § 304 teils (nämlich infolge Zulassung von Geldstrafe) milder, teils aber auch härter als der vom Untergericht angewendete § 168. Diese beiden Besonderheiten geben aber zu abweichender Beurteilung in keiner Weise Veranlassung.

[3]) So auch KERN, a. a. O.; a. A. SCHWARZE bei Holtzendorff Bd. II, S. 311. Einwandfrei dagegen RGStr. Bd. 53, S. 257, S. 279 u. a.

milder geurteilt, wenn das anzuwendende Gesetz nur Gefängnisstrafe bis zu 6 Monaten oder Geldstrafe bis zu 1500 M. vorgesehen hätte (oben zu d). Diese Deduktion ist, abgesehen von ihrer sonstigen Unrichtigkeit, auch psychologisch offensichtlich falsch. Auch wenn man nicht an die Möglichkeit einer mathematisch genauen Einordnung jeder einzelnen Straftat innerhalb des anzuwendenden Strafrahmens glaubt — und wir sind von einer solchen Selbsttäuschung weit entfernt — so wird man trotzdem zugeben müssen, daß ein Straffall, wenn er in den Strafrahmen: 1 Tag bis 1 Jahr Gefängnis gespannt werden soll, an einen anderen Platz gelangen muß oder wenigstens gelangen kann als bei einer Einordnung in den Strafrahmen: 1 Tag bis 6 Monate Gefängnis. Die Straftat, die bei Anwendung des weiteren Strafrahmens auf den Platz „vier Monate Gefängnis" gelangt ist, wäre bei Anwendung des engeren Strafrahmens vielleicht auf den Platz „zwei Monate Gefängnis" gelangt. In allen derartigen Fällen ist daher Aufhebung des Vorderurteils unbedingt geboten.

Indessen dieser psychologische Irrtum ist es ja nicht, der zu einer Kritik der genannten Entscheidungen an diesem Orte nötigt. Die Frage, wie der Begriff des Beruhens bei materiellen Gesetzesverletzungen zu handhaben ist, interessiert uns hier nicht[1]). Wir haben vielmehr zu prüfen, ob die Revisionsgerichte in den genannten Entscheidungen in das Gebiet der Strafzumessung eingegriffen haben. KERN bejaht diese Frage[2]); er ist der Ansicht, das Revisionsgericht habe in dem Falle zu d die ihm gesteckten Schranken überschritten. Das ist m. E. nicht zutreffend. Von einem Eingriff in das Gebiet der Strafzumessung könnte doch nur dann gesprochen werden, wenn die Revisionsgerichte in den fraglichen Fällen gesagt hätten: Zwar hat der Tatrichter eine Rechtsnorm angewendet, die auf den Fall nicht paßt; die von ihm verhängte Strafe stellt indessen nach meinem — des Revisionsgerichts — Dafürhalten eine angemessene Sühne der begangenen Straftat dar; daher liegt ein Grund zur Aufhebung nicht vor. — Das wäre selbständige Strafzumessung durch das Revisionsgericht; dann hätte das Revisionsgericht sein Ermessen an die Stelle des Ermessens des Tatrichters gesetzt. So aber sind die Revisionsgerichte in den erwähnten Entscheidungen niemals vorgegangen. Sie haben sich in der Strafzumessungsfrage vielmehr stets in die Auffassung der Vorinstanzen hineinzuversetzen gesucht und nachgeprüft, ob Grund zu der Annahme bestehe, daß die Unterinstanzen bei Subsumierung des Falles unter eine andere Gesetzesvorschrift auch die Strafe anders bemessen hätten[3]). Sie sind bei dieser Prüfung — wie wir gesehen haben — zu unrichtigen Ergebnissen gelangt; daß sie sie aber überhaupt vorgenommen haben, bedeutet keinen Eingriff in die Strafzumessung des Vorder-

---

[1]) Vgl. hierüber jetzt die Bemerkungen STEINS, J. W. 1923, S. 392.

[2]) A. a. O., S. 56. Vgl. auch meine Anm. J. W. 1925, S. 487.

[3]) „Unter diesen Umständen erscheint es als ausgeschlossen, daß er (s. sc. c. der Vorderrichter) bei Anwendung des § 304 StGB. eine Geldstrafe festgesetzt hätte" (RGStr. Bd. 39, S. 155; ebenso die anderen Entscheidungen).

richters, sondern stellt lediglich einen Versuch dar zu erraten, wie der Vorderrichter die Strafe unter anderen rechtlichen Gesichtspunkten bemessen hätte.

Obgleich wir das geschilderte Verfahren der Revisionsgerichte aus den oben dargelegten Gründen mißbilligen, müssen wir anerkennen, daß ihm ein gesunder Gedanke zugrunde liegt[1]). An dieser Stelle kommt die berechtigte Abneigung der Revisionsgerichte gegen die geradezu unwürdige Rolle, die das geltende Recht ihnen bei der Strafzumessung angewiesen hat, zum Durchbruch. Wenn die Revisionsgerichte nämlich in den obigen Fällen das Vorderurteil — wie es eigentlich erforderlich gewesen wäre — wegen Gesetzesverletzung aufgehoben hätten, so hätten sie mit Rücksicht auf § 354 StPO. die Strafe nicht selbständig zumessen dürfen, sondern das Verfahren in die Vorinstanz zurückverweisen müssen. Das hielten sie nicht ohne Grund für eine unnütze, zeitraubende und der Stellung eines Revisionsgerichts nicht entsprechende Formalität. Deshalb halfen sie sich in der geschilderten Weise. Das ist jedoch nicht angängig[2]). Eine Aufhebung des gesetzesverletzenden Urteils ist nicht zu vermeiden[3]). Geholfen werden kann nur dadurch, daß den Revisionsgerichten in weiterem Umfange als bisher die Möglichkeit selbständiger Strafzumessung übertragen wird (vgl. hierüber unten III).

7. Mit Recht hebt das Reichsgericht Urteile auf, die einen Gesichtspunkt bei der Strafzumessung verwerten, der bereits vom Gesetzgeber bei Aufstellung des gesetzlichen Strafrahmens berücksichtigt worden ist. Es darf also z. B. nicht der Umstand, daß das Delikt nicht vollendet, sondern nur versucht worden ist, zugunsten des Angeklagten und der Umstand, daß Rückfall vorliegt, nicht ohne weiteres zu seinen Ungunsten verwertet werden[4]). Das Urteil des Feriensenats J. W. 1924, S. 1721, Nr. 2 erkennt diesen Gesichtspunkt zwar theoretisch an, schaltet ihn aber — wie BELING in seiner Anmerkung mit Recht bemängelt — bei der Entscheidung ohne ersichtlichen Grund aus.

8. Begrüßenswert ist die in ständiger Rechtsprechung vom Reichsgericht geübte Praxis, ein Urteil aufzuheben, das sich nicht über die Erwägungen äußert, die für die Nichtanwendung des § 27b StGB. maßgebend waren (vgl. statt aller die Urteile des IV. Senats J. W. 1924, S. 1722, Nr. 3, des I. Senats J. W. 1924, S. 1726, Nr. 8 und die Anmerkungen HELLWIGS und DRUCKERS dazu). Wie verträgt sich diese Rechtsprechung freilich damit, daß § 267 III StPO. eine bloße „Sollvorschrift" ist?

III. Bevor wir unsere eigene Stellungnahme zu der Frage der Revisibilität der Strafzumessung darlegen, erscheint es erforderlich, die ver-

[1]) Ebenso KERN, a. a. O. Vgl. auch WUNDERER, Lpz. Z. 1920, S. 96/97; MERKEL, J. W. 1923, S. 399 zu Nr. 46.

[2]) LÖWE, Anm. 4 zu § 354, sucht den Begriff der „absolut bestimmten Strafe" daher möglichst weit zu fassen, um ganz unbrauchbare Ergebnisse zu vermeiden.

[3]) In dem Urteil J. W. 1924, S. 1775, Nr. 28 ist dem IV. Senat bei der Handhabung dieser Methode anscheinend ein Versehen unterlaufen (vgl. die Anmerkung HELLWIGS).

[4]) Vgl. auch LÖWE-ROSENBERG, Anm. 7 zu § 267.

schiedenen Ansichten, die hier überhaupt denkbar sind, an einem Beispiel möglichst scharf gegeneinander abzugrenzen. Wir wählen hierzu den oben zu II 4 besprochenen Strafzumessungsgrund des hartnäckigen Leugnens. Das angegriffene Urteil enthalte den Ausspruch, die Strafe sei mit Rücksicht auf das hartnäckige Leugnen des Angeklagten höher bemessen worden, als es sonst erforderlich gewesen wäre, nämlich auf 1 Jahr anstatt 10 Monate Gefängnis:

a) Alsdann wäre nach der Ansicht oben sub I 1 keine Revision gegeben.

b) Nach der Ansicht zu I 2 hätte die Revisionsinstanz jedenfalls zu prüfen, ob hartnäckiges Leugnen überhaupt als strafschärfend verwertet werden darf.

c) Nach Ansicht des Reichsgerichts (oben II 4) hat das Revisionsgericht darüber hinaus noch zu prüfen, ob das Verhalten des Angeklagten mit Recht als „hartnäckiges Leugnen" bezeichnet worden ist. Die Konsequenz dieser Auffassung wäre übrigens, daß das Reichsgericht auch in den Fällen, in denen der Vorderrichter die Verhängung einer besonders harten Strafe mit der Schwere der Folgen der Tat begründet, nachprüfen müßte, ob diese Folgen wirklich schwerwiegend genug waren, um eine besondere Strafschärfung zu rechtfertigen. Oder will man auch hier die Scheidung zwischen prozessualen und materiellrechtlichen Erwägungen durchführen und die Nachprüfung des Begriffs „hartnäckiges Leugnen" als prozessualen Umstandes zulassen, nicht dagegen die des materiellrechtlichen Gesichtspunkts der Schwere der Tat?

d) v. KRIES (oben I 3) will anscheinend auch die Frage der Beurteilung des Revisionsgerichts unterwerfen, ob die Erhöhung der Strafe auf ein Jahr anstatt 10 Monate Gefängnis angemessen war.

Welche Folgerungen ergeben sich aus unserer grundsätzlichen Auffassung des Revisionsproblems für die Strafzumessungsfrage?

Wir waren zu dem Ergebnisse gelangt: Jede Gesetzesverletzung, die nicht die bloße Tatsachenfeststellung betrifft, ist revisibel (oben § 4). Die Strafzumessung ist nicht Tatsachenfeststellung, sondern Tatsachenbewertung. Auch die unrichtige Handhabung von Ermessensvorschriften ist Gesetzesverletzung, soweit es sich nicht um freies Ermessen handelt (oben § 8).

Aus diesen Sätzen würde sich folgerichtig, da freies Ermessen in dem oben dargelegten Sinne wenigstens nach geltendem Rechte hier nicht vorliegt, ohne weiteres die Revisibilität der gesamten Strafzumessung — also des Gebiets der Fälle a bis d — ergeben. Trotzdem fürchten wir, daß viele, die vielleicht mit unseren bisherigen Ausführungen einverstanden sein mochten, uns an diesem Punkte die Gefolgschaft versagen werden. Der Grund hierfür ist leicht einzusehen. Handelt es sich doch bei der Strafzumessung um das Gebiet, das subjektiv-individuellen Regungen ausgeliefert zu sehen man sich am meisten gewöhnt hat. Eine Einmischung in diese Sphäre erscheint daher als nahezu unmöglich und als Degradation des Untergerichts. „Das richtige Strafmaß" —

heißt es schon in den Motiven zur StPO.[1]) — „läßt sich nur auf Grund der mündlichen Beweisverhandlung finden, und dem Revisionsrichter würde, wenn er die Strafe abmessen sollte, jede Grundlage und jeder Maßstab hierfür fehlen. Das aufgehobene Urteil kann eine solche Grundlage nicht darstellen. Die Menge größerer und kleinerer Momente, die für den ersten Richter bei Abmessung der Strafe bestimmend gewesen sind, entzieht sich häufig jeder Feststellung durch die Schrift..." Und ganz ähnlich argumentiert BELING von seinem Leitgedanken aus, wonach irrevisibel alle Urteilsmängel sind, „bei denen die Chance ihres Vorliegens, verglichen mit dem zu ihrer Aufdeckung aufzuwendenden Apparat, zu gering erscheint": „Die Anwendung der Rechtswertbegriffe auf die Tatsachen, insbesondre die Strafzumessung, leitet erst zu den in tatsächlicher Hinsicht zu beachtenden Problemen hin. Und so wäre auch sie mit einer Erneuerung der Beweisaufnahme verknüpft, die gegenüber der geringen Chance der Änderung als zu großer Kräfteaufwand erscheint[2])."

Diese Ansicht kann jedoch nicht als richtig angesehen werden. Es ist vor allem nicht unbedingt zutreffend, daß eine Nachprüfung der Strafzumessung ohne Erneuerung der Beweisaufnahme unmöglich sein soll. Sie ist freilich ausgeschlossen, wenn die Urteilsgründe unzureichend sind, und wenn der erkennende Richter — wie v. KRIES es ausdrückt[3]) — „selber nicht weiß, warum er zu dieser und zu keiner anderen Strafe verurteilt". Wenn aber der Tatrichter, was auf das entschiedenste verlangt werden muß[4]), sich über sein Tun nach jeder Richtung — wie es die Entwürfe auch ausdrücklich verlangen — sorgfältig Rechenschaft gibt, und wenn die schriftlich niedergelegten Urteilsgründe für diese seine Sorgfalt Zeugnis ablegen, so ist nicht einzusehen, weshalb eine Oberinstanz nicht imstande sein soll, allein mit Hilfe dieser Gründe die Angemessenheit der ausgeworfenen Strafe zu beurteilen. Es kann und wird sich bei dieser Nachprüfung, wie übrigens auch bei allen oben § 8 besprochenen Fragen, ja selbstverständlich — wie zur Vermeidung von Mißverständnissen ganz besonders betont werden mag — immer nur darum handeln, einem Ermessens*mißbrauch* entgegenzutreten. Das Revisionsgericht würde seine Stellung und seine Aufgabe in schlimmster Weise verkennen, wenn es seinen Ehrgeiz darin setzen wollte, ein auf Gefängnisstrafe von $2^1/_2$ Jahren lautendes Urteil etwa deshalb zu ändern, weil es eine Strafe von 2 Jahren 5 Monaten oder von 2 Jahren 7 Monaten Gefängnis für angemessen hält[5]). Aber weshalb soll das Revi-

[1]) Vgl. v. KRIES, a. a. O., S. 276.

[2]) Festschrift für BINDING, Bd. II, S. 155. [3]) A. a. O., S. 278.

[4]) Gegen die Versuche, den Richter „an das subjektive, in seine Elemente nicht zerlegte, mit wissenschaftlichen Gesichtspunkten nicht in Beziehung gebrachte Gefühl oder auch an den ‚gesunden Menschenverstand' und das Leben" zu verweisen, hat sich bereits MERKEL, a. a. O., S. 557ff., treffend gewandt. Auf seine Ausführungen kann hier nur verwiesen werden.

[5]) In dieser Hinsicht wird übrigens auch von den *Berufungsgerichten* manchmal gesündigt, vgl. Verhandlungen des 29. Deutschen Juristentags (1908) Bd. V, S. 548, und ADICKES, Mitteilungen der JKV., Bd. 16, S. 55/56. Auch in neuester Zeit wird über die Tätigkeit der Berufungsgerichte in dieser Beziehung vielfach geklagt.

sionsgericht nicht die Möglichkeit haben, beispielsweise den drakonischen Schreckensurteilen einer aus verbitterten Sonderlingen zusammengesetzten Vorinstanz oder ebenso auch den allzu weltfremden Humanitätsduseleien einer anderen entgegenzutreten? Nur auf diesem Wege lassen sich die außerordentlichen Verschiedenheiten der Strafzumessung der deutschen Strafgerichte überhaupt, wenn auch nicht beseitigen, so doch wenigstens abmildern. In gewissen Teilen Deutschlands sind augenblicklich — wie erst kürzlich von glaubwürdiger Seite versichert worden ist — die Freiheitsstrafen durchschnittlich acht bis zehnmal höher als die in anderen Gegenden wegen der gleichen Straftaten verhängten! Will man da wirklich aus theoretischen Bedenken die einzige Abhilfe, die Revision an das Reichsgericht, versagen? Wenn man uns zugibt, daß die Revisionsgerichte die Frage beurteilen können und dürfen, ob in dem Verhalten eines Angeklagten Fahrlässigkeit zu erblicken ist — ist es dann wirklich noch etwas so Außerordentliches, den gleichen Gerichten auch die Nachprüfung der Frage zu gestatten, wie diese Fahrlässigkeit zu bestrafen sei[1])? Doch eine Vorschrift des geltenden Rechts hält man uns entgegen: den § 354 I StPO. Hieraus schließt man, daß dem Revisionsgericht das Gebiet der „tatsächlichen Würdigung der Strafzumessungsgründe" grundsätzlich verschlossen sein soll[2]). Diese Folgerung geht m. E. in einer Hinsicht zu weit. § 354 erörtert nicht, wenigstens nicht unmittelbar, die Frage, welche Teile des Urteils der Nachprüfung durch das Revisionsgericht unterliegen, sondern nur die spätere Frage, wie das Revisionsgericht zu verfahren hat, wenn es das Vorderurteil ganz oder teilweise aufhebt. Wenn also dem Revisionsgericht z. B. eine Strafe von 3 Jahren Gefängnis für die gerade vorliegende geringfügige Straftat als zu hart erscheint, so darf es jedenfalls nicht selbständig auf eine Strafe von 3 Monaten erkennen, sondern muß zurückverweisen. Mehr besagt § 354 an sich nicht; man muß diese Bestimmung schon ausdehnend interpretieren, um aus ihr zu schließen, daß auch die Aufhebung des Vorderurteils in derartigen Fällen dem Revisionsgericht versagt sei. Eine solche ausdehnende Auslegung scheitert aber m. E. gerade an den übrigen Bestimmungen der geltenden StPO. Sie könnte, wie bereits erwähnt, lediglich auf den Satz gestützt werden, daß eine Kritik der Angemessenheit der verhängten Strafe nur von dem Gericht vorgenommen werden dürfe, vor dem sich auch die Beweisaufnahme abgespielt hat, und zwar so unmittelbar vorher abgespielt hat, daß ihre Ergebnisse noch frisch in der Erinnerung des die Strafzumessung vornehmenden Gerichts haften. Diesen Satz aber hat die StPO. keineswegs auch nur annähernd durchgeführt. v. Kries hat mit Recht darauf hingewiesen, daß in der Mehrzahl der Fälle die Vorderinstanz, an die das Revisionsgericht ein Verfahren lediglich wegen unrichtiger Subsumtion zurückverwiesen hat, ohne daß es weiterer Ermittelungen bedürfte — aber auch ohne daß einer der Ausnahmefälle des § 354 I vorliegt — eine erneute Beweisaufnahme nicht vornimmt,

1) Richtig auch Bendix, Neuordnung S. 263/4.

2) So z. B. Kern, a. a. O., S. 56. Vgl. auch Stern, a. a. O. 311/2.

daß vielmehr die Verhandlung sich darauf beschränkt, daß die Parteien über die ihrer Meinung nach angemessene Strafe Reden halten dürfen[1]). Alsdann fällt die Vorderinstanz also — wenn man auch von dem günstigsten Falle ausgeht, daß ihre Besetzung noch durchweg die gleiche ist wie zur Zeit der ersten Verhandlung — ihr Urteil zum mindesten auf Grund einer vielleicht mehrere Monate zurückliegenden Beweisaufnahme. Und wie gestaltet sich die Sache erst dann, wenn ein Teil der Richter inzwischen durch andere ersetzt ist, oder wenn das Revisionsgericht gar an ein anderes Gericht verwiesen hat, als an das, von dem das aufgehobene Urteil gefällt worden ist? Hier spricht — abgesehen von einem einzigen sogleich zu erörternden Gesichtspunkte — schlechterdings nichts mehr dafür, daß das Revisionsgericht die Strafzumessung nicht ebenso gut sollte vornehmen können wie die Vorderinstanz[2]). Der geltende Rechtszustand bedeutet also eine Halbheit insofern, als § 354 dem Revisionsgericht die Befugnis zur selbständigen Strafzumessung versagt, die der unteren Instanz auch dann eingeräumt wird, wenn diese der Beweisaufnahme ebenso fernsteht wie das Revisionsgericht. Diese Halbheit wird aber sicherlich nicht beseitigt, sondern nur etwas verschleiert, wenn man — wie es die oben bekämpfte Ansicht will — den § 354 dahin auslegt, daß das Reichsgericht wegen unrichtiger Strafzumessung nicht einmal aufheben dürfe. Nur in einer einzigen Hinsicht ist das Untergericht regelmäßig günstiger gestellt als die Revisionsinstanz: sie hat den Angeklagten vor sich und kann den Eindruck, den seine Persönlichkeit macht, verwerten, während die Revisionsinstanz sehr oft oder gar regelmäßig in Abwesenheit des Angeklagten urteilen muß. Dieser Unterschied ist zweifellos außerordentlich bedeutsam. Aber auch ihm läßt sich Rechnung tragen.

Wo nämlich das Untergericht in den Gründen ausdrücklich betont, daß und weshalb der persönliche Eindruck, den der Angeklagte gemacht hat, von ausschlaggebender Bedeutung für die Strafzumessung gewesen ist, da wird das Revisionsgericht, wenn es den Angeklagten nicht vor sich hat, von einer Änderung der Strafzumessung selbstverständlich abzusehen haben.

Ein letztes Argument der Gegner widerlegt sich von selbst: Bei einer Strafzumessung durch den Revisionsrichter würde, so meinen die Motive[3]), die Gefahr bestehen, daß er, da er nur selten in die Lage kommen werde, eine Strafe abzumessen, aus Mangel an Übung einen falschen Maßstab anlegen werde. Aber bei einer Änderung des jetzigen Verfahrens würde der Revisionsrichter ja eben sehr bald die gleiche Übung und Erfahrung auch in Strafzumessungsfragen gewinnen, die ihm in anderer Beziehung zu Gebote steht[4]).

1) v. KRIES, a. a. O., S. 290, vgl. auch S. 279.

2) Wenn LÖWE-ROSENBERG, Anm. 6b zu § 354 meinen, es stehe dem Untergericht in allen Fällen frei, lediglich wegen der Strafzumessung noch Beweiserhebungen vorzunehmen, so sind dadurch eben Beweiserhebungen, die sich auf die Schuldfrage beziehen und nur dazu dienen könnten, den Richtern wieder die Beweisaufnahme ins Gedächtnis zurückzurufen, ausgeschlossen.

3) S. 211/12. 4) Vgl. auch v. KRIES, a. a. O., S. 278/79.

v. KRIES hat daher den Vorschlag gemacht, an die Stelle des § 354 folgende Vorschrift zu setzen: „Das Revisionsgericht hat in der Sache selbst zu entscheiden, wenn die Aufhebung des Urteils nur wegen Gesetzesverletzung bei Anwendung des Gesetzes auf das festgestellte Sachverhältnis erfolgt und nach letzterem die Sache zur Entscheidung reif ist“[1]. Hiermit wäre der Begriff der Entscheidungsreife in das Strafprozeßrecht eingeführt, der dem zivilprozessualen Begriff der „Reife zur Endentscheidung (§ 565 ZPO.) und dem Begriff der „Spruchreife“ des Verwaltungstreitverfahrens (§ 98 preuß. LVG.) jedenfalls mehr entspricht als der Wendung „ohne weitere tatsächliche Erörterungen“ des § 354 StPO.[2]. Der Begriff der Entscheidungsreife würde den Revisionsgerichten die Freiheit individueller Beurteilung des Einzelfalles jedenfalls in ganz anderem Maße gewähren als das jetzige Recht. Bei Aufhebung wegen unrichtiger Subsumtion werden die Strafzumessungsgründe des aufgehobenen Urteils dem Revisionsgericht in der Regel ausreichende Anhaltspunkte für die neue Strafzumessung geben; wo das nicht der Fall ist, da muß zurückverwiesen werden. — Immerhin mag zugegeben werden, daß sich über diese Seite der Frage — ob die Revisionsgerichte also die Befugnis zu selbständiger Strafzumessung in weiterem Umfange als bisher erhalten sollen — streiten läßt. Keine Meinungsverschiedenheit sollte dagegen darüber bestehen, daß die Revisionsgerichte wegen auffallend unangemessener Strafbemessung aufheben dürfen.

Der Strafprozeß-Entwurf von 1908 hatte übrigens in seinem § 346 den jetzigen § 354 — abgesehen von redaktionellen Verbesserungen — sachlich unverändert bestehen lassen, ebenso der Entwurf von 1919 im § 341.

IV. Wir haben die Strafzumessung nach geltendem Rechte dem Gebiete des g e b u n d e n e n Ermessens zugewiesen, weil wir der Auffassung sind, daß als die Strafzwecke des geltenden Strafrechts Vergeltung und Abschreckung klar erkennbar hervortreten, und Freiheit der Zweckwahl für den Richter daher insofern nicht besteht. Die entgegengesetzte Ansicht W. JELLINEKS (vgl. oben I 1 und II 3), daß z. Zt. der Richter unter allen denkbaren Strafzwecken wählen dürfe, ist nicht richtig und wird auch durch das zu II 3 besprochene Urteil des Reichsgerichts keineswegs gestützt. Während nach W. JELLINEK die Strafe sich z. Z. „im Stadium des Experiments“ befindet, in Zukunft aber möglicherweise auf einen bestimmten Strafzweck, z. B. den der Sühne beschränkt werden wird, weist v. LAUN[3] mit größerem Rechte umgekehrt darauf hin, daß die Kompromißnatur der bevorstehenden Strafrechtsreform möglicherweise dazu führen könne, daß dem Richter freie Wahl zwischen Ver-

[1]) A. a. O., S. 280. Ähnlich auch BENDIX, Neuordnung des Strafverfahrens S. 263. — In dem von STEIN mit Recht gemißbilligten Urteil des III. Strafsenats J. W. 1923, S. 392, Nr. 31 fehlt es eben an dieser „Entscheidungsreife“.

[2]) Über den Begriff der Spruchreife vgl. SCHULTZENSTEIN, Verw. Arch. Bd. 26 (1918), S. 1 ff.

[3]) Festschrift für ZITELMANN, S. 10.

geltung, Sicherung usw. gelassen werde. Mit den „Kannvorschriften" der Sicherungsmaßnahmen pp. des Strafgesetzentwurfs von 1919 haben wir uns bereits oben § 8 befaßt. Hier haben wir noch einen Blick auf den die eigentliche Strafzumessung im engeren Sinne behandelnden Teil des Entwurfs und das Geldstrafengesetz vom 21. 12. 21 sowie den § 27b StGB zu werfen.

Die grundlegende allgemeine Strafzumessungsvorschrift des Entwurfs von 1919, der § 106, schreibt eine Berücksichtigung „aller Umstände, die für eine höhere oder niedrigere Strafe sprechen", vor. An dem ihm entsprechenden § 81 des Vorentwurfs hatte BIRKMEYER[1]) getadelt, er lasse den Richter über die Strafzwecke, die der Entwurf verfolge, und aus denen sich doch erst ergebe, welche Umstände für eine höhere oder geringere Strafe sprechen sollten, völlig im unklaren. Und in der Tat: Vorschriften wie die §§ 81 bzw. 106 sind nutzlos, wenn über die Strafzwecke des Gesetzes — was trotz der in den genannten §§ enthaltenen Beispiele möglich ist —Zweifel bestehen — andernfalls sind sie selbstverständlich. Auf den Strafzweck stellt auch der den §§ 108 des Entwurfs und 3 des Geldstrafengesetzes nachgebildete § 27b StGB. ab. Die außerordentliche Tragweite dieser Bestimmung, die Notwendigkeit, auf diesem von der Rechtsprechung bisher so wenig erforschten Gebiete von vornherein eine einheitliche Praxis zu schaffen, läßt es unbedingt erforderlich erscheinen, daß auch hier entsprechend den oben dargelegten Grundsätzen dem Revisionsgericht die Möglichkeit eröffnet wird nachzuprüfen, ob die Ansicht des Untergerichts, der Strafzweck könne durch eine Geldstrafe erreicht bzw. nicht erreicht werden, im Einzelfalle zutrifft[2]). Eine solche Möglichkeit besteht aber nur dann, wenn der Sinn, der hier mit dem Begriff des Strafzwecks verbunden wird, klar erkennbar ist. Wie steht es nun damit? GERLAND erklärt das Wort „Strafzweck" sowohl im § 108 des Entwurfs als auch im Geldstrafengesetz für eine inhaltlose Phrase angesichts der Unklarheiten, die insbesondere die Denkschrift in diesem Punkte aufweise[3]). HELLWIG dagegen[4]) versucht nachzuweisen, daß als Strafzweck im besonderen Sinne des § 3 Spezialprävention durch Abschreckung zu verstehen sei, indessen müsse auch auf das Rechtsempfinden des Verletzten und der Allgemeinheit entsprechendes Gewicht gelegt werden; allgemeine Grundsätze seien kaum aufzustellen. Diese Meinungsverschiedenheit zwischen den beiden Schriftstellern erklärt sich wohl daraus, daß GERLAND unter dem „Strafzweck" der §§ 108 und 3 den jenen Gesetzen allgemein zugrunde liegenden Strafzweck versteht, während HELLWIG nur nach einem speziell für diese Vorschriften passenden Begriff des Strafzwecks sucht und ihn, da der Kampf gegen die kurzzeitigen Freiheitsstrafen

[1]) Ger.Saal Bd. 77, S. 408.

[2]) HELLWIG, Anm. 48 zum Geldstrafengesetz, erklärt entsprechend der herrschenden Lehre die Revision hier für ausgeschlossen und nur dann für zulässig, wenn das Gericht den Strafzweck falsch aufgefaßt hat.

[3]) Kritische Bemerkungen, S. 97; Reichsstrafrecht, S. 544, Anm. 4.

[4]) A. a. O., Anm. 37ff., besonders 40ff. zu § 3.

im Namen der Spezialprävention geführt wurde, in erster Reihe in der Spezialprävention findet, und zwar in der Spezialprävention durch Abschreckung. M. E. ist HELLWIG darin beizupflichten, daß der Begriff des Strafzwecks im § 3 aus den besonderen dieser Vorschrift zugrunde liegenden Zielen erschlossen werden muß. Aber auch wenn man das zugibt, sind noch lange nicht alle Schwierigkeiten überwunden. Denn aus der Erkenntnis, daß die kurzzeitigen Freiheitsstrafen dem Zwecke der Spezialprävention nicht dienlich sind, ergibt sich durchaus noch nicht, daß Strafzweck im Sinne des § 3 die Spezialprävention sein muß. Vielmehr kann der dem § 3 zugrunde liegende Gedanke möglicherweise auch dahin zu ergänzen sein: „wenn der Strafzweck ebenso gut wie durch eine kurzfristige Freiheitsstrafe auch durch eine Geldstrafe erreicht werden kann". Es wäre dann also gerade zu fragen, welche Strafzwecke sich denn durch eine kurzzeitige Freiheitsstrafe überhaupt erreichen lassen. Die Antwort lautet: Vergeltung, Generalprävention und in zweiter Linie erst abschreckende Spezialprävention[1]). Nach dieser Auffassung käme man demnach nur dann zur Verhängung einer Geldstrafe, wenn dadurch auch dem Bedürfnisse der Generalprävention Genüge geschieht. Welcher Ansicht man sich aber auch anschließen will — keinesfalls ist dem Richter Freiheit bei der Auswahl des Strafzwecks im § 3 eingeräumt. Der Zulässigkeit der Revision steht also nichts im Wege[2]).

Nicht so einfach steht es mit der Frage, ob die übrigen Strafzumessungsbestimmungen des Entwurfs von 1919, insbesondere der § 106 den vom Entwurf verfolgten Strafzweck klar erkennen lassen. Hier scheint die von GERLAND gerügte Verworrenheit in der Tat zu bestehen. — Der Entwurf von 1925 hat im § 67 die Berücksichtigung der in den früheren Entwürfen durchweg als Strafzumessungsgrund hervorgehobenen Folgen der Tat aufgegeben und zeigt dadurch (wie übrigens auch in vielen anderen Bestimmungen) seine Hinneigung zu einem Erziehungs- und Besserungsstrafrecht.

[1]) Vgl. GOLDSCHMIDT, Vergl. Darstellung Allg. T. III, S. 363.

[2]) Während der I. Senat in seiner bereits oben erwähnten Entscheidung RGStr. Bd. 58, S. 106 zu einem dem HELLWIGschen ähnlichen Ergebnisse hinsichtlich der Bedeutung des „Strafzwecks" im § 27b gelangt, meint FREUDENTHAL, J. W. 1924, S. 1753, Anm. zu Nr. 15, kein vernünftiger Strafzweck sei hier ausgeschlossen. Das ist m. E. ebenfalls nicht richtig. Hingegen stimme ich FREUDENTHAL darin zu, daß im Falle des § 6 JGG. der Strafzweck ganz außer Betracht zu bleiben hat. Daß auf eine Verletzung des § 6 die Revision gestützt werden kann, ist auch nach der herrschenden Lehre unzweifelhaft, da es sich um eine Mußvorschrift handelt. Ob aber in concreto Erziehungsmaßregeln ausreichend sind, darf das Revisionsgericht nach der herrschenden Lehre nicht prüfen.

Viertes Kapitel.

Reformvorschläge.

§ 10. Die Aktenwidrigkeit als Revisionsgrund?

Unter den gesetzgeberischen Versuchen, das Rechtsmittel der Revision über den Rahmen der Rechtsverletzung auszudehnen und dadurch der Beurteilung der realen Lebensverhältnisse näherzubringen, spielt der Begriff der Aktenwidrigkeit eine Hauptrolle.

Wenn man einem Revisionsgericht die Befugnis verleiht zu prüfen, ob die angegriffene Entscheidung „gegen den klaren Inhalt der Akten" verstößt, so gibt man ihm damit gewiß noch nicht die Möglichkeit, selbst die Wirklichkeit des Lebens, so wie sie ihm erscheint, unmittelbar zu erforschen und festzustellen, wie es der „Tatrichter" darf und soll; man gestattet ihm nicht selbst Augenschein einzunehmen, Zeugen und Sachverständige zu hören u. dgl. Aber man lockert doch immerhin die ihm, wenn man so sagen darf, vom Gesetze angelegten Scheuklappen und läßt es seine Blicke in die bunte Wirklichkeitswelt nicht nur durch den schmalen Spalt, der sich „Vorentscheidung" nennt, sondern durch die erweiterte Öffnung „gesamter Inhalt der Akten" tun. Man gibt ihm damit die Befugnis, sich mit der Tatfrage zu beschäftigen, wenngleich eben in einem ganz anderen Sinne, als es die Aufgabe des eigentlichen Tatrichters ist. Hierdurch soll mit der Wirklichkeitsfremdheit der obersten Gerichte und mit dem im tiefsten Grunde unsinnigen Zustande wenigstens etwas aufgeräumt werden, daß die Güte der angegriffenen Entscheidung anstatt nach ihrem sachlichen Gehalte nach der mehr oder weniger glücklichen Fassung ihrer Begründung beurteilt werden muß. Unsinnig ist dieser Zustand, weil eine schlechte Entscheidung gut begründet sein kann und umgekehrt eine gute schlecht. HAGEN weist in seiner hübschen Plauderei über „Shakespeare als Jurist"[1]) darauf hin, daß jeder Fortschritt in der Rechtsentwickelung erzielt worden sei „durch ein gutes Urteil mit handgreiflich schlechten Entscheidungsgründen". Im praktischen Leben kommt es eben — im Gegensatz zum juristischen Examen — mehr auf das Urteil an als auf seine Gründe[2]). Man wird hier den Einwand erheben, daß die Revisionsinstanz ja zu prüfen habe, ob das gute Urteil auf den schlechten Entscheidungs-

[1]) Festgabe für O. LIEBMANN 1920, S. 289.

[2]) BARTOLOMÄUS, Mon.Schr.Krim.Psych. 1908, S. 36, überträgt diesen Gegensatz zwischen Theorie und Praxis auf das Verhältnis des Staates zum Angeklagten im Strafverfahren: „Der Angeklagte will... gar nicht eine Prüfung der Gründe, sondern die der Sache... Dem Staate und seinem Anwalt im Rechtsmittel ist gerade an den Gründen gelegen." Beides ist nicht ausnahmslos richtig.

gründen beruht, und daß sie es daher unter Umständen aus anderen Gründen aufrechterhalten könne. Aber es ist erstens oft nicht leicht, eine richtige Entscheidung als solche zu werten, wenn man eine falsche Begründung vor Augen hat, und zweitens trifft der Einwand nicht den umgekehrten Fall der mit guten Gründen versehenen schlechten Entscheidung, und dieser Fall ist in der Praxis wohl ebenso häufig. ADICKES (Grundlinien, S. 123) zitiert einen Ausspruch OTTO BÄHRS, früher habe es gute Urteile mit schlechten Entscheidungsgründen gegeben, jetzt aber seien die Urteile weit schlechter, die Entscheidungsgründe dagegen viel besser geworden. — Ein „in sich schlüssiges Urteil" zu Fall zu bringen, ist eine schwere Aufgabe für ein Revisionsgericht; sie wird wesentlich erleichtert, wenn man außer den Gründen noch den gesamten übrigen Inhalt der Akten zur Debatte stellen darf. Dann kann der Revisionsrichter prüfen, ob nicht die Zeugen nach den Protokollen tatsächlich etwas anderes ausgesagt haben, als die Urteilsgründe ihnen unterschieben, ob das schriftliche Gutachten des Sachverständigen nicht anders zu deuten ist, als der Tatrichter es aufgefaßt hat[1]) usw. Mit anderen Worten: um einen Schritt rückt der Revisionsrichter, der den gesamten Inhalt der Akten berücksichtigen darf, der Wirklichkeit, von der ihn freilich noch ein weites Stück Weges trennt[2]), doch immerhin näher — unter der Voraussetzung allerdings, daß der Akteninhalt ihn nicht in die Irre führt, sondern ihm die Wirklichkeit richtiger zeigt, als der Vorderrichter es getan hat.

I. Der Stand der Gesetzgebung.

Der Begriff der Aktenwidrigkeit hat seinen Ursprung im alten preußischen Prozesse. Die Allgemeine Gerichtsordnung für die Preußischen Staaten stellte im § 18, Teil I, Titel 26 den Obergerichten frei, gegenüber Erkenntnissen in Bagatellsachen „wenn schon aus den Akten erster Instanz sich findet, daß der Unterrichter gegen die klare Lage der Sache oder gegen klare Rechte gesprochen habe, den Beschwerden durch eine auf Kosten dieses Unterrichters zu erteilende Resolution abhelfliche Masse zu verschaffen." Alsdann gewährte § 4, Ziffer 1 der Verordnung über das Rechtsmittel der Revision und der Nichtigkeitsbeschwerde vom 14. 12. 1833 (Preuß. GesS. S. 302ff.) in Zivil-, Steuer- und Beamtendisziplinarsachen die Nichtigkeitsbeschwerde, „wenn das angefochtene Urteil einen Rechtsgrundsatz verletzt, er möge auf einer ausdrücklichen Vorschrift des Gesetzes beruhen oder aus dem Sinne und Zusammenhange der Gesetze hervorgehen usw." Als Verletzung wesentlicher Prozeßvorschriften sollte es nach § 5, Ziffer 10 dieser Verordnung angesehen werden, „wenn nach den von dem Richter angegebenen Gründen wider den klaren Inhalt der Akten erkannt worden ist". Und nun folgt eine ins einzelne gehende, zunächst recht kasuistisch an-

[1]) Nach der Praxis des Reichsgerichts kann die Revision auf solchen Widerspruch bekanntlich nicht gestützt werden (vgl. LÖWENSTEIN, a. a. O., S. 47).

[2]) Wenn ERNST FUCHS, J. W. 1919, S. 9, meint, das Reichsgericht erhalte mit den Akten „den vollen Sachverhalt in der tausendfältigen Farbenpracht des Lebens" so überschätzt er den Wert der Akten m. E. allerdings erheblich.

mutende Erläuterung des Begriffs der Aktenwidrigkeit, die jedoch auch heute noch in manchen Teilen durchaus brauchbar ist. Hiernach soll eine Aktenwidrigkeit als vorhanden angesehen werden:

a) wenn eine in den Prozeßschriften enthaltene oder zu Protokoll erklärte und mit Angabe der Beweismittel unterstützte Tatsache, welche eine entgegengesetzte Entscheidung begründen würde, in den Urteilsgründen gar nicht erwähnt ist,

b) wenn der aus einer bestimmten Erklärung einer Partei entnommene Entscheidungsgrund dem wörtlichen Inhalte dieser Erklärung entgegen ist, oder wenn eine Tatsache, im Falle eine Beweisaufnahme stattfand, gegen den wörtlichen Inhalt der beigebrachten oder aufgenommenen Beweismittel festgestellt worden ist,

c) wenn zur Begründung der Richtigkeit einer solchen Tatsache den beigebrachten oder aufgenommenen Beweismitteln, welchen nach den Gesetzen die Beweiskraft völlig mangelt, dennoch Beweiskraft beigelegt worden ist,

d) wenn über den Antrag des Gegners hinaus erkannt worden ist, mit Ausnahme der Fälle, in denen die Gesetze dies ausdrücklich gestatten.

Von diesen 4 Kategorien ist die dritte mit dem formellen Beweisrecht in Wegfall gekommen, die vierte betrifft nur einen im Strafprozesse nicht in Frage kommenden Sonderfall, die erste und vor allem die zweite dagegen bilden auch heute noch wesentliche Bestandteile des Begriffs der Aktenwidrigkeit[1]). Diese Bestimmungen werden dann noch durch die „Instruktion zur Ausführung der Verordnung vom 14. 12. 33" vom 7. 4. 1839 (Pr. Ges.S. S. 133ff.) dahin erläutert: „Hierher gehört auch der Fall, wenn derRichter seine Entscheidung auf Erklärungen oder Tatsachen gründet, die in den Akten nicht zur Sprache gekommen sind, und worüber der Implorant erst hätte gehört werden müssen." Wesentlich kürzer faßt sich das „Gesetz betr. einige Abänderungen der Vorschriften über das Zivil-Prozeß-Verfahren und die Exekution in Zivilsachen „vom 20. 3. 1854 (Pr. Ges. S. S. 115ff.), dessen § 6 den Rekurs gewährt, „wenn gegen die klare Lage der Sache erkannt ist, oder erhebliche Tatsachen unbeachtet gelassen oder wesentliche Prozeßvorschriften verletzt sind usw." (ebenso § 67 der „Verordnung über das Verfahren in Zivilprozessen für die... einverleibten Landesteile" vom 24.6.1867 — Preuß. GesS. S. 885ff.). Die nächste Etappe in dieser Entwickelung bildet dann einerseits § 503 Ziffer 3 der österreichischen Zivilprozeßordnung, wonach die Revision zulässig ist, wenn „dem Urteile des Berufungsgerichts in einem wesentlichen Punkte eine tatsächliche Voraussetzung zugrunde gelegt erscheint, welche mit den Prozeßakten erster oder zweiter Instanz im Widerspruche steht" und § 281 Ziffer 5 der österreichischen Strafprozeßordnung vom 23. 5. 1873, der die Nichtigkeitsbeschwerde ähnlich dem § 5 Ziffer 10b der preuß. Verordnung vom 14. 12. 33 gewährt, „wenn zwischen den Angaben der Entscheidungsgründe über den Inhalt von bei den Akten befindlichen Urkunden oder über gerichtliche Aussagen und den Urkunden oder Vernehmungs- und Sitzungsprotokollen selbst ein erheblicher Widerspruch besteht"[2]),

[1]) Vgl. auch ROSIN, Das Recht der Arbeiterversicherung Bd. II (1905), S. 832, Anm. 5.

[2]) Diese Bestimmung wird neuerdings vielfach gelobt und zur Nachahmung empfohlen, so von HEINEMANN, Flugschrift, S. 14, und von ALSBERG, Justizirrtum, S. 45/46. Vgl. hierüber unten IV.

und andererseits die deutsche Sozialversicherungsgesetzgebung. Hier sind es zunächst § 80, Ziffer 1 des Reichsgesetzes betr. Invaliden- und Altersversicherung vom 22. 6. 1889 und § 116 des Invalidenvers.Ges. in der Fassung vom 19. 7. 1899, die den „Verstoß wider den klaren Inhalt der Akten" zum Revisionsgrunde erhoben, und außerdem § 1697 der Reichsversicherungsordnung[1]) und § 286 (jetzt § 272) Vers.Ges. für Angestellte. Schließlich hat der Begriff der Aktenwidrigkeit in fast allen seit dem Kriegsende erlassenen Verfahrensregelungen Verwendung gefunden. So dient er zur Begründung der „Rechtsbeschwerde" im § 10 des „Gesetzes über die Errichtung eines Reichsfinanzhofs pp." vom 26. 7. 18 (RGBl. S. 959ff.) — vgl. auch § 14 der „Bekanntmachung betr. den Erlaß einer Reichsfinanzhofordnung" vom 21. 9. 18 (RGBl. S. 1919ff.) —, im § 267 der Reichsabgabenordnung vom 13. 12. 19 (RGBl. S. 1993ff.), als „Urteilsberichtigungsgrund" in dem inzwischen bereits durch § 65 der Entschädigungsordnung vom 30. 7. 21 (RGBl. S. 1046ff.) aufgehobenen § 40 Ziffer 1 der Verordnung vom 21. 5. 20 betr. das Reichswirtschaftsgericht (RGBl. S. 1167ff.) und als Wiederaufnahmegrund in dem durch § 65 der Entschädigungsordnung vom 30. 7. 21 geschaffenen § 42b der Verordnung vom 21. 5. 21 betr. das Reichswirtschaftsgericht.

Kurz — an den verschiedensten Stellen der neueren und neuesten Gesetzgebung hat der Begriff der Aktenwidrigkeit Einlaß gefunden und Bürgerrecht erhalten. Zu den Verfahrensarten, die ihn bisher noch nicht verwenden, gehört neben dem in der Entstehung begriffenen neuen arbeitsrechtlichen Verfahren (vgl. z. B. § 105 des Entwurfs einer Schlichtungsordnung in Nr. 12 des Reichsarbeitsblatts vom 31. 3. 21, S. 449ff. des Amtlichen Teils, und § 101 des Ende 1920 von dem Ausschuß zur Herstellung eines einheitlichen Arbeitsrechts ausgearbeiteten Entwurfs eines Arbeitsgerichtsgesetzes[2]), veröffentlicht in der Beilage 2 zum 27. Jahrgang der Zeitschrift „Gewerbe- und Kaufmannsgericht") vor

[1]) Bei der Beratung der RVO. wurde die Aktenwidrigkeit vom Reichstage eingefügt (Antrag Porsch), „damit die Schiedsgerichte nicht meinen sollten, daß sie in tatsächlicher Beziehung vollständig souverän seien" (Lehmann, Anm. 2 zu § 1697).

[2]) Dieser § 101 verdient in verschiedener Hinsicht besondere Beachtung. Er lautet:

„Die Revision kann nur darauf gestützt werden, daß

1. das angefochtene Urteil auf der Verletzung eines Reichsgesetzes oder eines Gesetzes oder für allgemein verbindlich erklärten Tarifvertrags, dessen Geltungsbereich sich über den Bezirk eines Landesarbeitsgerichts hinaus erstreckt, beruhe, insbesondre die sozialen Zwecke des Gesetzes oder Tarifvertrages verkenne;

2. die Anwendung des dem angefochtenen Urteile zugrunde liegenden Gesetzes oder Tarifvertrages im Sinne der Nr. 1 sich als eine unbillige, nicht durch das Verhalten des Betroffenen bedingte oder infolge der Lage des Falles unvermeidliche Härte darstelle. § 549 Abs. 2 ZPO. findet Anwendung."

Hier soll zunächst also die Revisibilität der für allgemein verbindlich erklärten Tarifverträge ausdrücklich vom Gesetz anerkannt werden. Außerdem wird als Unterart des Begriffs der Gesetzesverletzung der Begriff der „Verkennung der sozialen Zwecke des Gesetzes oder Tarifvertrages" eingeführt und schließlich — gleichfalls eine Neuerung von größter Tragweite — in der Ziffer 2 ein von dem juristischen Begriff der Gesetzesverletzung völlig verschiedener sozialrechtlicher Revisionsgrund allem das geltende deutsche Zivil- und Strafprozeßrecht. Weder wird die Aktenwidrigkeit in der ZPO. und der StPO. erwähnt noch wird sie — mit ganz wenigen Ausnahmen — von der Wissenschaft oder Praxis der beiden Verfahrensarten in diese Gesetze als Revisionsgrund hineininterpretiert[1]). Eigenartig verhält es sich dagegen mit dem preußischen Verwaltungsstreitverfahren. Das Landesverwaltungsgesetz vom 30. 7. 1883 kennt einen Revisionsgrund der Aktenwidrigkeit als solchen nicht. Trotzdem spielt der Begriff aber in einer ganzen Anzahl von Entscheidungen des preußischen Oberverwaltungsgerichts und auch bei angesehenen Schriftstellern des Verwaltungsrechts die Rolle eines Revisionsgrundes, und zwar wird diese Auffassung damit gerechtfertigt, daß die Aktenwidrigkeit einen wesentlichen Mangel des Verfahrens darstelle[2]). Diese Frage, ob die Aktenwidrigkeit wirklich nur einen Sonderfall der „wesentlichen Verfahrensmängel" bildet, wird weiter unten bei der Erörterung des Wesens der Aktenwidrigkeit noch genauer zu prüfen sein. Hier bei der Darstellung des geltenden Rechtszustandes soll nur darauf hingewiesen werden, daß die neuere und neueste Gesetzgebung — sofern sie die Aktenwidrigkeit überhaupt anerkennt — gerade grundsätzlich zwischen ihr und wesentlichen Verfahrensmängeln unterscheidet indem sie — wie die oben angeführten Beispiele (vgl. etwa § 1697 RVO.) zeigen — beides nebeneinander zum selbständigen Revisionsgrunde macht.

II. Das Wesen der Aktenwidrigkeit.

Ein Urteil darüber, ob die Aktenwidrigkeit einen brauchbaren Revisionsgrund darstellt, kann naturgemäß erst dann abgegeben werden,

---

der „unbilligen Härte" in Anlehnung an § 84 Ziffer 4 des Betriebsrätegesetzes geschaffen.

Eng verwandt hiermit ist übrigens der Vorschlag von Bendix, Neuordnung des Strafverfahrens, S. 250: „Die Rechtsrüge kann auch darauf gestützt werden, daß Schuldspruch und Strafmaß auf einer dem Angeklagten wesensfremden Art des Gerichts oder einzelner Richter beruht..." (ähnlich S. 251 für den umgekehrten Fall). Die Originalität derartiger Vorschläge ändert nichts an ihrer praktischen Unmöglichkeit. — Vgl. jetzt auch das russische StGB. von 1922, das im § 466 das Volkskommissariat für Justiz zur Aufhebung eines Urteils ermächtigt, das „den leitenden Grundsätzen der Sowjetgesetzgebung und der allgemeinen Politik des Arbeiter- und Bauernstaates" offensichtlich widerspricht (ZStW. Bd. 44, S. 341).

Im Gegensatz zu den im Text genannten Entwürfen hatte übrigens Sinzheimer im § 96 seines Entwurfs eines Arbeitstarifgesetzes (Ein Arbeitstarifgesetz, 1916, S. 235) die Aktenwidrigkeit als Revisionsgrund aufgenommen.

[1]) Vgl. für den Zivilprozeß allerdings Wach, Vorträge (2. Aufl.), S. 291; dagegen Peters, Festschrift der Jur. Ges. Lpz. z. 500jähr. Bestehen d. Univ. Lpz., 1909, S. 40. Die von Peters S. 41 mitgeteilte Entscheidung des Reichsgerichts enthält m. E. allerdings eine unzweideutige Berücksichtigung der Aktenwidrigkeit. — Für den Strafprozeß lehnt z. B. Löwe-Rosenberg, Anm. 2a zu § 337, jede Berücksichtigung der Aktenwidrigkeit ohne weiteres ab.

[2]) So z. B. Friedrichs, Verwaltungsrechtspflege Bd. II. (1921), § 488, S. 982 und die von ihm und von Schultzenstein, Preuß. Verw.Bl. Bd. 29, S. 86, Anm. 17, zitierten Entscheidungen.

Im § 32 des kürzlich veröffentlichten Entwurfs eines Gesetzes über das Reichsverwaltungsgericht wird die Aktenwidrigkeit ebenfalls nicht als Revisionsgrund genannt. Über das russische StGB. von 1922 vgl. ZStW. Bd. 44, S. 338.

wenn vollständige Klarheit darüber geschaffen ist, was „Aktenwidrigkeit" eigentlich bedeutet und wann sie vorliegt[1]). Erst dann kann auch die Frage beantwortet werden, ob und unter welchen Umständen ihre Aufnahme in die Verfahrensordnungen, die sich ihr bisher verschlossen haben, empfohlen werden kann.

a) Jeder der drei Begriffsbestandteile der Aktenwidrigkeit bedarf genauer Untersuchung.

1. Was bedeutet „Akteninhalt"? 2. Wann kann der Akteninhalt „klar" genannt werden? 3. Und wann liegt endlich ein „Verstoß" gegen den klaren Akteninhalt vor?

Zu 1: Der Inhalt der Akten kann sehr mannigfaltiger Art sein. Sie können von den verschiedensten Behörden aufgenommene Protokolle, Briefe von Privatpersonen, Dienstschreiben, Anzeigen von Beamten und Privaten, ausgefüllte Formulare, Landschaftskarten, Photographien, Handzeichnungen, Fingerabdrucke, Pässe, eidesstattliche Versicherungen, Schriftsätze von Anwälten und vieles andere enthalten. Eine außerordentlich bunte Gesellschaft findet sich mitunter in einem mittelstarken Aktenbande friedlich zusammen. Es entstehen nun, soweit das Gesetz sich nicht darüber äußert (wie z. B. § 503 Ziffer 3 der österr. ZPO.), 2 Fragen: Sind unter den „Akten", deren Inhalt zu prüfen ist nur die den konkreten Streitfall behandelnden Akten zu verstehen? Und wenn nicht: Wie weit ist der Begriff zu erstrecken? Nur auf die von dem Gericht, dessen Entscheidung nachgeprüft werden soll, herangezogenen Akten, die sog. „Beiakten", oder weiter auch auf solche Akten, die dieses Gericht zwar nicht herangezogen hat, aber hätte heranziehen müssen? Die erste Frage ist zweifellos zu verneinen[2]). Denn häufig sind die eigentlichen Verfahrensakten dürftig und müssen in wesentlichen Punkten durch andere ergänzt werden. So kann z. B. in einem Unfallversicherungsverfahren ein Strafprozeßaktenstück, in einer vor dem Reichswirtschaftsgericht schwebenden Angelegenheit ein Zivilprozeß von entscheidender Bedeutung sein und dgl. mehr. Soweit die Vorinstanz Akten anderer Behörden herangezogen hat, werden diese Akten unbedenklich der Prüfung ebenfalls zugrunde gelegt werden können. Wie aber steht es mit solchen Akten, deren Verwertung der Vorderrichter unzweckmäßigerweise unterlassen hat, sei es, daß ihm ihr Vorhandensein

[1]) Die in den Kommentaren u. dgl. sich findenden Begriffsbestimmungen lassen die hier vorliegenden Schwierigkeiten meistens nicht einmal andeutungsweise erkennen. Charakteristisch hierfür z. B. Illing-Kautz, Anm. 1 zu § 1697 RVO.: „Ein Verstoß wider den klaren Inhalt der Akten liegt vor, wenn in der Entscheidung eine Tatsache nicht gewürdigt worden ist, die aus den Akten ersichtlich ist." (Ähnlich Stenglein, Strafrechtliche Nebengesetze Anm. 3 zu § 1697 RVO. Aber auch die wenigen eingehenden Erörterungen lassen sowohl einen systematischen Überblick als auch eine wirkliche Lösung der in dem Begriffe steckenden Probleme vermissen.

[2]) R. Lehmann, Anm. 6 zu § 1697 RVO., einer der wenigen Schriftsteller, die die erste Frage überhaupt aufwerfen, vermengt sie sofort mit der zweiten, indem er fordert, daß „nicht nur die in der schwebenden Streitsache erwachsenen Akten, sondern auch sonstige Akten, die nach der Lage der Sache zu berücksichtigen waren" (von mir gesperrt), bei der Prüfung herangezogen werden.

nicht bekannt war, sei es, daß er sie zu Unrecht für unerheblich hielt? SCHULTZENSTEIN[1]) ist anscheinend der Ansicht, daß derartige Akten nur dann herangezogen werden dürfen, wenn die Tatsachen, die die Notwendigkeit der Heranziehung ergeben sollen, in den Vorinstanzen bereits geltend gemacht worden sind; denn er stellt ganz allgemein den Grundsatz auf, daß der Revisionsgrund der Aktenwidrigkeit nicht auf „neue Tatsachen oder Beweismittel" gestützt werden dürfe. Er begründet diese Ansicht damit, daß dem Vorderrichter der Vorwurf, gegen die klare Lage der Sache verstoßen zu haben, nicht gemacht werden dürfe, wenn er die zurBegründung dieses Vorwurfs dienenden Tatsachen nicht gekannt habe. M. E. ist es aber nicht unbedingt erforderlich, dem Vorderrichter aus einem Verstoß gegen den Akteninhalt unter allen Umständen einen Vorwurf zu machen. Die Feststellung der Aktenwidrigkeit kann auch bloße Konstatierung einer Tatsache ohne Fällung eines Werturteils sein[2]); sie wird daher auch aus dem Inhalt von Akten entnommen werden dürfen, die dem Vorderrichter nicht zur Verfügung standen.

Zu 2: Wann kann ferner — hierin liegt der Schwerpunkt des Problems — der Akteninhalt „klar" genannt werden? Vor allem natürlich dann, wenn jeder einzelne seiner Teile in sich widerspruchsfrei ist und außerdem auch mit allen anderen Teilen der Akten harmoniert. Zweifel darüber, ob ein Akteninhalt noch das Prädikat „klar" verdient, können erst dann entstehen, wenn eine dieser beiden Voraussetzungen fehlt, wenn also ein Teil der Akten (z. B. eine Zeugenaussage) entweder in sich widerspruchsvoll oder mit einem anderen Teile unvereinbar ist (z. B. die Aussage des Zeugen A. lautet entgegengesetzt der des Zeugen B.). Beide Voraussetzungen können übrigens unabhängig von einander fehlen; eine Aussage kann z. B. in sich widerspruchsvoll sein und mit dem übrigen Akteninhalt trotzdem harmonieren, weil dieser durchweg an dem gleichen Widerspruch leidet.

Wir wollen uns einige der vorhandenen Möglichkeiten an schematischen Beispielen vergegenwärtigen:

a) Das in den Akten enthaltene Beweismaterial bestehe im wesentlichen aus zwei einander geradezu widersprechenden, an Überzeugungskraft ungefähr gleichwertigen Zeugenaussagen.

α) Der Vorderrichter wägt beide Aussagen gegeneinander ab und schließt sich dann der des Zeugen A. an.

β) Der Vorderrichter legt die Aussage des A. seiner Entscheidung zugrunde und übergeht die des B. mit Stillschweigen.

b) α) wie zu a β, jedoch mit dem Unterschiede, daß die Akten noch 2 weitere Zeugenaussagen enthalten, die sich mit der des A. decken.

β) wie zu b α), jedoch decken sich die beiden weiteren Aussagen nicht mit der Aussage des A., sondern mit der des B.

---

[1]) Preuß. Verw.Bl. Bd. 29, S. 87.

[2]) Vgl. auch oben § 3 hinsichtlich der Berufung.

c) Die Akten enthalten nur eine Aussage; der Vorderrichter stützt seine Entscheidung jedoch nicht auf sie, sondern auf eine ihr widersprechende, in den Akten überhaupt nicht enthaltene Bekundung.

Wir setzen ferner voraus, daß jede der Aussagen in sich frei von Widersprüchen ist, und daß das Revisionsgericht die Aussage des B. für beweiskräftiger hält als die des A. Alsdann wird die Frage der Aktenwidrigkeit von der herrschenden Lehre und Rechtsprechung in den Fällen aα und bα verneint, in den Fällen aβ, bβ und c dagegen bejaht. Insbesondere herrscht hinsichtlich des Falles aα Übereinstimmung darüber, daß die Beweiswürdigung des Vorderrichters, sofern sie nur überhaupt den gesamten Akteninhalt umfaßt, niemals als aktenwidrig vom Revisionsgericht beseitigt werden kann[1]).

Am schwierigsten liegt der Fall bα, weil hier der übrige Akteninhalt als Ersatz für die fehlende Begründung der Beweiswürdigung betrachtet werden kann, ohne daß ein sicheres Kennzeichen für das Maß des als erforderlich zu betrachtenden Ersatzmaterials vorhanden ist. In der überhaupt für das Problem der Aktenwidrigkeit bedeutsamen Entscheidung des Reichsversicherungsamtes, Amtl. Nachrichten Inv. u. Altersv. 1892, Nr. 144, S. 54, heißt es hierüber: „Die angeführte Entscheidung beruht auf einem Verstoß wider den klaren Inhalt der Akten insofern, als darin der amtlichen Ermittelungen der Gendarmen, welche in dem Fragebogen vom 14. 3. 1891 beurkundet worden und von Erheblichkeit sind, überhaupt nicht, und zwar nicht einmal in der Sachdarstellung Erwähnung getan ist, obgleich dieselben mit der für maßgebend erachteten Aussage des Bürgermeisters hinsichtlich der von dem Beklagten hervorgehobenen wesentlichen Punkte in einem unvermittelten Widerspruch stehen. Umstände, welche die Beweiskraft jener Ermittelungen geringer als die der Angaben des Bürgermeisters erscheinen lassen und deshalb das Schiedsgericht bestimmt haben könnten, den letzteren den Vorzug zu geben, sind aus den Akten nicht zu entnehmen. Es rechtfertigt sich daher die Annahme, daß das Schiedsgericht den Bericht des Gendarmen bei der Urteilsfindung überhaupt nicht berücksichtigt hat. Daß aber das völlige Übergehen eines in bezug auf eine erhebliche Tatsache aufgenommenen Beweises, welcher eine entgegengesetzte Entscheidung würde haben begründen können, als ‚Verstoß wider den klaren Inhalt der Akten' anzusehen ist, unterliegt keinem Zweifel." Wenn also Umstände, die die Entscheidung des Schiedsgerichts unterstützt hätten, aus den Akten ersichtlich gewesen wären, so hätte das Reichsversicherungsamt eine Aktenwidrigkeit an-

---

[1]) Vgl. z. B. Bosse-Woedtke, Anm. 4 zu § 80 des Ges. betr. Inv. u. Altersv. vom 22. 6. 89 (2. Abdruck 1891). Ebenso neuestens die Entscheidung des Reichsfinanzhofs vom 30. 6. 20 bei Kloss, Die Rechtsprechung und das Schrifttum in Reichssteuersachen Bd. II (1921), S. 17. Vgl. auch die bei Kloss, a. a. O., S. 103 wiedergegebene Entscheidung des Reichsfinanzhofs vom 25. 6. 20: „Ein Verstoß wider den kl. I. d. A. liegt nicht vor, wenn der sonstige Akteninhalt auch nur die Möglichkeit bietet, eine an sich klare Tatsache anders zu würdigen, als es ohne diesen Akteninhalt der Fall sein würde, und die Vorinstanz zu einer solchen abweichenden Würdigung gekommen ist."

scheinend nicht als vorhanden angesehen, obgleich die Begründung des Schiedsgerichtsurteils über den zwischen den Ermittelungen des Gendarmen und den Angaben des Bürgermeisters bestehenden Widerspruch mit Stillschweigen hinweggegangen war.

Man kann aus der obigen Darstellung daher zusammenfassend folgendes entnehmen: Der Begriff der „Klarheit" ist nach der herrschenden Auffassung nicht identisch mit „Eindeutigkeit", sondern erheblich weiter. Denn eine Aktenwidrigkeit, die ja Klarheit des Akteninhalts voraussetzt, wird oft auch dann als vorliegend angesehen, wenn der Akteninhalt als Ganzes Widersprüche enthält. Es müssen dann aber noch 2 weitere Voraussetzungen erfüllt sein, damit von Aktenwidrigkeit gesprochen werden kann: die Gründe der angefochtenen Entscheidung müssen über die Unstimmigkeit mit Stillschweigen hinweggehen, und es darf sich dieses Stillschweigen ferner nicht ohne weiteres durch den übrigen Akteninhalt rechtfertigen lassen. So ist die von v. KUJAWA[1]) gerügte Praxis des Reichsversicherungsamtes zu erklären, das oft einen Verstoß gegen den klaren Inhalt der Akten feststellt und trotzdem gleichzeitig ausspricht, daß ihm der Inhalt der Akten über den fraglichen Punkt nicht genügende Klarheit biete.

Man wird hier vielleicht einwenden, der Umstand, daß die Urteilsbegründung einen bestimmten Punkt übergehe, habe doch mit der Frage der Klarheit des Akteninhalts nichts zu tun; wenn also die Aktenwidrigkeit beim Vorhandensein lückenloser Gründe verneint, bei ihrem Fehlen dagegen bejaht werde, so könne das nur so erklärt werden, daß das Tatbestandsmerkmal des Verstoßes im ersteren Falle nicht gegeben sei. Wenn der Richter darlege, weshalb er z. B. der Aussage des A. vor der des B. den Vorzug gebe, so verstoße er eben nicht gegen den Akteninhalt. Dieser Einwand übersieht jedoch, daß die Frage des Verstoßes erst nach Bejahung des Tatbestandsmerkmals „klar" akut wird; nur dann, wenn man einen Akteninhalt trotz mangelnder Eindeutigkeit als „klar" anerkennen will, kann man weiterhin untersuchen, ob gegen ihn verstoßen worden ist[2]).

d) Während die oben zu a—c gegebenen Beispiele dem Falle a der Verordnung vom 14. 12. 1833 (oben I) entsprechen, stimmt der Fall b dieser Verordnung mit dem von PETERS[3]) in Anlehnung an § 503 Ziffer 3 der österreichischen ZPO. konstruierten Tatbestande überein: Eine Behauptung ist von dem Berufungsgericht mit Rücksicht auf eine bestimmte Aussage als erwiesen angesehen; die Akten ergeben, daß die Aussage über diesen Punkt nichts oder sogar das Gegenteil beweist.

---

[1]) Die Arbeiterversorgung 1901, S. 538.

[2]) Der Fall, daß ein einzelner Teil der Akten in sich widerspruchsvoll ist, wird, soweit ich sehe, nirgends ausdrücklich erwähnt. Eine Revision wegen Aktenwidrigkeit wird hier wohl nur dann möglich sein, wenn sie den Fall des § 281 Ziffer 5 der österreichischen StPO. betrifft, d. h. also wenn z. B. der Vorderrichter die widerspruchsvolle Aussage in den Gründen so zurechtgestutzt hat, daß über die tatsächlich vorhandenen Widersprüche unzulässigerweise hinweggegangen worden ist.

[3]) A. a. O., S. 37.

Und umgekehrt: Eine Behauptung wird als nicht erwiesen erachtet; die Akten ergeben, daß sie tatsächlich erwiesen ist. (Dieser letztere Fall wird von der Verordnung vom 14. 12. 1833 und der österreichischen ZPO. zwar nicht ausdrücklich berücksichtigt, von PETERS aber trotz einiger Bedenken mit Recht analog dem erstgenannten behandelt). Hier ist aber selbstverständlich nur dann der Revisionsgrund der Aktenwidrigkeit gegeben, wenn das Berufungsgericht nicht eine falsche Beweiswürdigung — gegen die ja die Revision stets machtlos ist — vorgenommen hat, sondern tatsächlich die entgegengesetzte Feststellung treffen wollte und sich dabei nur vergriffen hat. Diese in den erwähnten Ge-Gesetzesbestimmungen garnicht ausdrücklich enthaltene, ihnen jedoch den größten Teil ihres Anwendungsgebiets raubende Einschränkung, die PETERS[1]) an sich ja gewiß zutreffend hervorhebt, zeigt doch aber ganz besonders deutlich die Gefahren, die in der Unklarheit und schweren Beweisbarkeit eines derartigen Revisionsgrundes liegen.

Unrichtig ist die von PETERS[2]) vertretene Ansicht, der Fall des § 503 Ziffer 3 sei dann nicht gegeben, wenn eine tatsächliche Behauptung nicht berücksichtigt worden ist, die nach den Akten hätte berücksichtigt werden müssen, d. h. also in den oben zu a—c erwähnten Fällen. Die Auffassung PETERS' erklärt sich wohl daraus, daß er in seinen Ausführungen zu sehr am Wortlaute des § 503 Ziffer 3 haftet, anstatt auf breiterer Grundlage einen allgemeinen Begriff der Aktenwidrigkeit zu suchen.

Zu 3: Der „Verstoß" kann darin bestehen, daß der eindeutige Akteninhalt unberücksichtigt bleibt oder umgekehrt „Tatsachen festgestellt werden, für die sich in den Akten kein genügender Anhalt findet"[3]) oder endlich die erforderliche Begründung der Berücksichtigung oder Nichtberücksichtiguug fehlt.

III. Bei der kritischen Beurteilung des Begriffs Aktenwidrigkeit wird man vor allem seinen Ursprung aus dem alten schriftlichen Verfahren zu berücksichtigen haben. An diesen Ursprung erinnert neuestens auch GENZMER[4]); der Widerspruch, den HERTEL[5]) hiergegen erhebt, beruht auf einem Mißverständnisse: Selbstverständlich geht § 40 der Verordnung vom 21. 5. 20 betr. das Reichswirtschaftsgericht zunächst auf § 1697 RVO. zurück, dieser selbst aber ist wie seine Vorbilder ein Nachkomme des alten preußischen Zivilprozesses, wie u. a. z. B. in der Entscheidung des Reichsversicherungsamtes, Amtl. Nachrichten 1892, Nr. 144 ausdrücklich anerkannt wird. Durch die Zulassung des Revisionsgrundes der Aktenwidrigkeit wird die Bedeutung des schriftlich Niedergelegten naturgemäß erheblich gesteigert; andererseits aber müssen mit einer solchen Werterhöhung auch die Anforderungen, die an die Beschaffenheit der Akten gestellt werden, in entsprechendem Maße wachsen. Es unterliegt nun nach Äußerungen maßgebender Kenner des schriftlichen Verfahrens keinem Zweifel, daß die Akten da-

[1]) A. a. O., S. 39. [2]) A. a. O., S. 40.
[3]) Vgl. Begründung des Antrags PORSCH, R. LEHMANN, Anm. 2 zu § 1697 RVO.
[4]) Recht u. Wirtschaft 1921, S. 153. [5]) Daselbst S. 170, Anm. 10.

mals wesentlich sorgsamer hergestellt wurden, als es in einem mündlichen Verfahren zu geschehen pflegt. „Als der deutsche Strafprozeß sich noch in den Formen des schriftlichen Verfahrens bewegte, war mit dem äußersten Aufwand deutscher Gründlichkeit und Gewissenhaftigkeit dafür gesorgt, dem Akteninhalt den denkbar höchsten Grad von Vollständigkeit zu sichern... All' diese Tugenden des schriftlichen Verfahrens sind dem heutigen Geschlecht gänzlich abhanden gekommen, und eine neue Generation müßte heranwachsen, um sie mühsam wieder zu entwickeln. Alle im mündlichen Verfahren groß gewordenen Juristen werden naturgemäß daran gewöhnt, die schriftliche Protokollform als lästiges Beiwerk zu behandeln, mit dem man sich so kurz und summarisch wie möglich abfindet. Die heutige Strafprozeßordnung steht auf demselben Standpunkte"[1]. In ähnlicher Weise nennt WULFFEN die Frage der Protokolle „bei dem gegenwärtigen Strafverfahren eine wahre Crux, deshalb, weil sie von nichtjuristischen Beamten herkommen, die sehr häufig nicht imstande sind, den wirklichen Sinn und das Wesentliche der Aussage wiederzugeben"[2]. Man vergleiche hiermit etwa das Lob, das z. B. SCHWARZE noch im Jahre 1862 den Hauptverhandlungsprotokollen des sächsischen Strafprozesses zollt[3]!

Wenn also die Güte der Protokolle und mit ihr die Brauchbarkeit des gesamten Akteninhalts in einem mündlichem Verfahren meistens viel zu wünschen übrig läßt, so kann daraus jedoch nicht auch umgekehrt gefolgert werden, daß die Schriftlichkeit des Verfahrens allein schon für die Zuverlässigkeit der Akten bürge. Das geltende preußische Verwaltungsstreitverfahren muß z. B. als schriftliches Verfahren bezeichnet werden[4], und trotzdem stehen die Akten unserer Verwaltungsgerichte wohl kaum auf einer höheren Stufe als die der ordentlichen Gerichte. Es hängt hier eben fast alles von der Schulung des Beamtenpersonals, in dessen Händen die Protokollabfassung liegt, und schließlich auch von der Beschaffenheit der speziell die Protokollierung regelnden gesetzlichen Vorschriften ab. Kurzum, für alle heutigen Verfahrensarten wird man sagen müssen, daß in ihnen die Aktenwidrigkeit nur dann die Stellung eines Revisionsgrundes erhalten darf, wenn auf die Genauigkeit des Akteninhalts, vor allem der Vernehmungs- und Hauptverhandlungsprotokolle viel größeres Gewicht gelegt wird, als es augenblicklich geschieht.

Man wird nun die Frage aufwerfen, ob der Gewinn, den man durch die Aufnahme der Aktenwidrigkeit als Revisionsgrund für die Rechtspflege zu erzielen hofft, denn überhaupt beträchtlich genug sein kann, um die auf die Verbesserung des Protokollierens zu verwendende kostspielige und zeitraubende Mühe zu rechtfertigen. Hierbei muß aber mit

---

[1] MITTELSTAEDT, Preuß. Jahrb. 1894 (Bd. 76), S. 146. Ebenso GOTTHELF WEITER, Das Grundübel unsererer Strafrechtspflege, Preuß. Jahrb. 1896 (Bd. 86), S. 343.

[2] Mitteilungen der J. K. V. 1908; vgl auch LEO HABER, Nationalcharakter und Strafprozeß (1916), S. 236, und KARSTEN bei ASCHROTT, S. 698.

[3] SCHWARZE, Die zweite Instanz pp. (1862), S. 21 ff.

[4] Vgl. SCHULTZENSTEIN, a. a. O., S. 86.

allem Nachdruck betont werden, daß es durchaus nicht dieser Gesichtspunkt der Aufnahme der Aktenwidrigkeit allein ist, der zu der Forderung nach größerer Sorgfalt im Protokollieren führt. Vielmehr verlangt die Art und Weise, wie heute die Hauptverhandlungsprotokolle auch in wichtigeren Strafsachen den Inhalt von Zeugenaussagen u. dgl. wiedergeben, ohnehin gebieterisch Abhilfe. Wenn man bedenkt, daß ein ungenaues, flüchtiges, oft lediglich aus Verweisungen auf frühere Aussagen desselben oder eines anderen Zeugen bestehendes Protokoll, das dem Aussagenden nicht vorgelesen, geschweige denn ihm zur Genehmigung und Unterschrift vorgelegt wird, für ihn die schwerwiegendsten Folgen, wie etwa eine Anklage wegen Meineids, haben kann, so muß man in dieser Handhabung einen der ärgsten Mängel der heutigen Rechtspflege erblicken. Derartige Zustände gefährden die Rechtssicherheit auf das empfindlichste; ihnen ist es andererseits auch zum Teil zuzuschreiben, daß Meineidsprozesse so häufig eingeleitet werden und so selten zu einer Verurteilung führen[1]). Denn falls der Vorsitzende nicht sofort gemäß StPO. § 273 III die wörtliche Protokollierung einer verdächtigen Aussage angeordnet hat, läßt es sich in den meisten Fällen nachträglich überhaupt nicht mehr mit genügender Sicherheit feststellen, was der Zeuge eigentlich ausgesagt hat[2]).

Der Entwurf eines Gesetzes über den Rechtsgang in Strafsachen von 1920 wollte an dem jetzigen Zustande eine Verbesserung und eine Verschlechterung vornehmen. Die Verbesserung lag in der Vorschrift des § 267 des Entwurfs, der ein Berichtigungsverfahren zum Schutze gegen unrichtige Protokollierung, wie es übrigens auch jetzt schon von der Praxis herausgebildet worden ist[3]), ausdrücklich gewähren wollte, allerdings nur für die Strafkammer- und Schwurgerichtsprotokolle und ohne das Recht der Beschwerde gegen eine Ablehnung des Berichtigungsantrags, vor allem aber, ohne den an einer Berichtigung vielleicht in erster Linie interessierten Zeugen und Sachverständigen ebenfalls einen Berichtigungsanspruch zu verleihen. Die Verschlechterung lag in der — auch von v. Hippel und Sontag getadelten[4]) — Streichung des jetzigen § 273 II StPO., die zur Folge hat, daß abweichend von dem geltenden Rechtszustande auch in den Verhandlungen vor den Amtsgerichten der Inhalt der Aussagen von Zeugen und Sachverständigen nicht mehr in das Hauptverhandlungsprotokoll aufgenommen zu werden braucht. Eine Begründung für diese Neuerung vermißt man im Entwurf von 1920 vollständig. Der Entwurf von 1908 behauptete, daß die Vorschrift des § 273 II StPO. „hauptsächlich die Verlesung der Aussagen in der Berufungsinstanz ermöglichen" solle[5]) und mit dem Verbote der Ver-

---

[1]) Vgl. auch meine „Beiträge zur Lehre von den Eidesdelikten", Ger.Saal Bd. 81 S. 424.

[2]) Sontag, Arch. für Strafrecht u. Strafprozeß Bd. 68 (1920), S. 332, tadelt mit Recht, daß der Entwurf von 1920 nicht einmal die Stenographie für die Hauptverhandlungsprotokolle eingeführt hat. Vgl. auch Bendix, a. a. O., S. 198/9.

[3]) Vgl. Löwenstein, Die Revision in Strafsachen, 2. Aufl. 1919, S. 2.

[4]) v. Hippel, ZStW. 1920, S. 360ff.; Sontag, a. a. O., S. 332.

[5]) Begründung, S. 298.

lesung ihre Berechtigung verliere. Vermutlich wollte der Entwurf von 1920, der dieses Verbot im § 314 ebenfalls enthielt[1]), sich dieses Argument stillschweigend zu eigen machen. Das Argument ist falsch: § 273 II dient nicht ausschließlich den Bedürfnissen der Berufungsinstanz, er ist vielmehr ein wesentlicher Faktor für ein geordnetes Verfahren überhaupt.

Die Forderung nach einer sorgsameren Herstellung der Akten ist demnach ohne Rücksicht darauf, ob die Aktenwidrigkeit als Revisionsgrund Aufnahme findet oder nicht, begründet. Der Hinweis auf die hier vorliegenden Schwierigkeiten ist also nicht ausschlaggebend.

Es fehlt jedoch nicht an anderen gewichtigen Gegnern der Einführung des Revisionsgrundes der Aktenwidrigkeit. SCHWARZE, der ausdrücklich zugibt, daß die Versagung jeglicher Abhilfe bei offenbaren Verstößen gegen den klaren Inhalt der Akten eine Schädigung der Gerechtigkeit darstelle[2]), kann sich trotz dieser Erkenntnis nicht dazu entschließen, die Aktenwidrigkeit als Revisionsgrund zuzulassen, da eine Prüfung der getroffenen Feststellungen selbst „mit der Aufgabe des Revisionsrichters unvereinbar" sei. SCHWARZE lehnt hier also lediglich der Reinheit des Dogmas zuliebe eine Lösung ab, deren Gerechtigkeit er nicht leugnet. Wir vermögen seiner Begründung nicht unbedingt zuzustimmen, da wir die Grundlage, auf der sie ruht, zum Teil als schwankend erkannt haben[3]). Hervorzuheben ist außerdem, daß ja eine Anzahl von Verfahrensarten, für die der Grundsatz von der Unantastbarkeit der tatsächlichen Feststellungen ebenso gilt oder nicht gilt wie für den Straf- und Zivilprozeß, die Aktenwidrigkeit trotzdem aufgenommen haben.

Ganz anders geartet, auf praktischen Erfahrungen beruhend, sind die Vorwürfe, die FRIEDENSBURG, ein langjähriges Mitglied des Reichsversicherungsamtes, gegen die Praxis dieser Behörde in seinem interessanten, die Zeit vor Einführung der RVO. behandelnden Aufsatze „Die Praxis der deutschen Arbeiterversicherung"[4]) erhebt. Freilich können wir die Grundauffassung FRIEDENSBURGS, seine Geringwertung der Tatseite, seinen Spott über die sich in den Senaten des Reichsversicherungsamtes angeblich bemerkbar machende „Begeisterung für die Aufklärung" der tatsächlichen Verhältnisse des Falles keineswegs teilen. Wenn FRIEDENSBURG meint, das Reichsversicherungsamt müsse seinem Schöpfer danken, daß er es „von der widerwärtigen, einer höchsten Instanz wahrlich nicht würdigen Beschäftigung mit dem Kleinkram des tatsächlichen Stoffes" habe verschonen wollen, so spricht hieraus eine derartige Verkennung dessen, was eigentlich die Aufgabe einer Revisionsinstanz ist, daß eine Verständigung hierüber wohl als ausgeschlossen erscheint. Das kann uns aber nicht hindern, den weiteren Bemerkungen FRIEDENSBURGS die gebührende Beachtung zu schenken.

---

[1]) Vgl. Begründung von 1920, S. 63.

[2]) In HOLTZENDORFFS Handbuch des deutschen Strafprozeßrechts (1879) Bd. II, S. 292/3.

[3]) Siehe oben §§ 4 und 5.

[4]) Zeitschrift für Politik Bd. IV (1911), S. 344ff.

FRIEDENSBURG wirft dem Reichsversicherungsamt vor, es benutze den Revisionsgrund der Aktenwidrigkeit „zu einer überaus minutiösen Untersuchung, ob nicht doch da und dort eine, sei es auch nur ganz nebensächliche Behauptung in den Akten sich findet, die, wenn bewiesen und gehörig verwendet, eine andere Entscheidung herbeizuführen geeignet sein würde. Wer sucht, der findet auch, und bei dem Massenbetrieb der Schiedsgerichte, der infolgedessen vieler Orten üblichen Kürze in der schriftlichen Begründung der Urteile, der Unmöglichkeit vorauszuahnen, was das Reichsversicherungsamt schließlich für wesentlich halten wird, läßt sich so ziemlich in jedem Schiedsgerichtsurteil ein solcher Widerspruch gegen den klaren Akteninhalt finden"[1]. Hiermit berührt FRIEDENSBURG allerdings eines der wesentlichsten Bedenken gegen die allgemeine Einführung der Aktenwidrigkeit als Revisionsgrund, das Bedenken nämlich, daß die Aktenwidrigkeit sich in der Hand eines allzu tatenfreudigen Revisionsgerichts oder eines energischen Verteidigers zu einer Waffe entwickeln könnte, denen schließlich kein Instanzurteil mehr standzuhalten vermöchte. Unstimmigkeiten lassen sich bei gutem Willen und einiger Findigkeit fast in jedem Aktenstück nachweisen, und zwar gerade auch bei sorgsamer Herstellung des Akteninhalts; denn Sorgfalt führt in der Regel zu Weitschweifigkeit, und je eingehender die Protokolle gestaltet werden, desto leichter können sie Widersprüche enthalten. Das Vorhandensein solcher Widersprüche ist ja auch, wenn man sich den Entstehungsgang der meisten Akten vergegenwärtigt, psychologisch fast unvermeidlich. An einem Aktenstück größeren Umfanges schaffen so viele und so verschiedenartige Köpfe, daß der eine geradezu von dem anderen abschreiben müßte, wollte er genau die gleiche Darstellung geben. Gründet aber jede Stelle ihre Darstellung auf eigene Erforschung des Sachverhalts, so wird eben auch jede unwillkürlich den Sachverhalt in anderer Art färben. Nur der Richter, der die Entscheidungsgründe des gefällten Urteils abfaßt, weiß ja, wie er seine Farben zu mischen hat, damit sie das Bild ergeben, das sie nach dem Inhalt der Entscheidung ergeben sollen. Nur er kann daher zielbewußt die dem Urteil entgegenstehenden Momente verwischen, die mit ihm im Einklang befindlichen durch besonders leuchtende Farbengebung hervorheben[2]. Die Instanzen dagegen, die vor ihm in der Sache gearbeitet haben — Polizei, Staatsanwalt, Amts- und Untersuchungsrichter — sie alle wissen nicht, wie das Urteil ausfallen wird. Wenn sie also färben, so können sie es doch nur nach ihrer persönlichen Auffassung tun. Und diese Auffassungen werden sich untereinander sowie mit der des erkennenden Gerichts nicht immer decken,

---

[1]) Ganz ähnlich schon v. KUJAWA, a. a. O., S. 538.

[2]) Daß von dieser Möglichkeit ausgiebig Gebrauch gemacht wird, bezeugt ALSBERG: „In der Praxis der Strafkammer ist ungemein eingebürgert der Brauch, im Urteil nur das eingehend zu erörtern, was zur Rechtfertigung der Verurteilung dient. Daß ein Urteil ein vollkommen abgeschlossenes objektives Verhandlungsbild bietet, in dem auch nicht eines der in der Verhandlung zur Sprache gebrachten Momente fehlt, gehört zu den größten Seltenheiten" (Justizirrtum, S. 37).

so daß also in buntem Wechsel der eine z. B. zugunsten, der andere zuungunsten des Angeklagten färben kann. Für Revisionen wegen Aktenwidrigkeit kann sich dabei ein reiches, vielleicht allzu ergiebiges Feld eröffnen.

Es muß daher als wesentliche Vorbedingung für die Einführung der Aktenwidrigkeit angesehen werden, daß der Begriff der „Klarheit" streng einschränkend ausgelegt wird. Es darf keinesfalls in der von FRIEDENSBURG gerügten Weise nach Unstimmigkeiten gesucht werden. Vielmehr dürfen zur Begründung der Revision nur wirklich auffallende oder — wie die österreichische StPO. sagt — „erhebliche" Widersprüche herangezogen werden, zu deren Aufklärung die Annahme, daß die Urheber der einander widersprechenden Aktenstellen lediglich den gleichen tatsächlichen Stoff verschiedenartig gefärbt haben könnten, nicht ausreicht.

Freilich läßt sich nicht leugnen, daß hiermit letzten Endes dem freien Ermessen des Revisionsgerichts die oberste Entscheidung über das Schicksal des auf den Vorwurf der Aktenwidrigkeit gestützten Rechtsmittels eingeräumt wird. Diese Erkenntnis veranlaßt SCHULTZENSTEIN [1]) zu der Warnung, das freie Ermessen könne und dürfe gerade bei der Entscheidung über das Vorliegen eines Revisionsgrundes nicht ausschlaggebend sein. Uns aber, die wir davon überzeugt sind, daß keine gesetzliche Schranke, mag sie auch von der Kunst des scharfsinnigsten juristischen Technikers errichtet sein, das freie richterliche Ermessen an irgendeiner Stelle des Verfahrens ausschalten kann, wird diese Gefahr nicht schrecken. Haben wir doch gesehen, daß das freie Ermessen des Revisionsgerichts trotz aller Verschleierung in Wahrheit auch heute schon für die Frage der Revisibilität entscheidend ist.

Der letzte Einwand gegen die Aktenwidrigkeit geht dahin, daß sie stets einen Mangel des Verfahrens enthalte und daher nicht zum selbständigen Revisionsgrunde erhoben zu werden brauche, oder[2]) dahin, daß sie zwar nicht immer unter diesen Begriff falle, daß aber doch alle überhaupt berücksichtigenswerten Fälle der Aktenwidrigkeit entweder Rechtsverletzungen oder wesentliche Verfahrensmängel darstellten und daher schon als solche in dem wünschenswerten Umfange berücksichtigt werden könnten. Auch dieser Einwand ist unzutreffend. Zwei Fälle, die SCHULTZENSTEIN selbst als Hauptbeispiele berücksichtigenswerter Aktenwidrigkeit anführt, daß nämlich die Urteilsgründe eine erhebliche Tatsache unerwähnt lassen oder die Aussage eines vernommenen Zeugen übergehen, können sicherlich nicht unter den Begriff der Rechtsverletzung gebracht werden. „Als obersten Grundsatz hat der Beschwerdeführer bei Begründung der materiellen Revisionsbeschwerde zu beachten, daß für die Frage, ob das materielle Recht verletzt ist, nur die im Urteil als erwiesen oder nicht erwiesen bezeichneten Tatsachen maßgebend sind... Ob die Tatsachen im Urteil mit Recht oder Unrecht als erwiesen angenommen sind, ob sie insbeson-

[1]) A. a. O., S. 87, ähnlich auch derselbe in J. W. 1918, S. 478.

[2]) So SCHULTZENSTEIN, a. a. O., S. 86/87 und STRUTZ, J. W. 1918, S. 642.

dere mit protokollarisch festgestellten Zeugen- oder Sachverständigenaussagen im Widerspruch stehen, ob sie auf Mißverständnis, Nachlässigkeit oder selbst auf absichtlicher Entstellung des Sachverhalts beruhen, ist für die Revisionsbegründung unerheblich[1])". Und die weitere Annahme SCHULTZENSTEINS, die von ihm erwähnten Aktenwidrigkeiten hätten als wesentliche Verfahrensmängel zu gelten, trifft zwar vielleicht für das Verwaltungsstreitverfahren zu[2]), nach der Rechtsprechung des Reichsgerichts aber sicherlich nicht für den geltenden Strafprozeß. „Der § 266 StPO.[3]) fordert nicht, daß die Beweismittel angeführt werden, aus denen das Gericht den Tatbestand gefolgert hat. Enthält das Urteil, wie dies die Regel bildet, gleichwohl Angaben hierüber, indem es die Auslassungen des Angeklagten, der Zeugen und Sachverständigen wiedergibt und würdigt, so kann ein Revisionsgrund nicht daraus entnommen werden, daß diese Feststellungen unvollständig sind oder aus anderen Gründen dem wirklichen Ergebnis der Hauptverhandlung widersprechen, selbst wenn dies Ergebnis protokollarisch niedergelegt sein sollte[4])." Das Reichsgericht hat daher in einer von LUDEN[5]) einer eindringlichen kritischen Beleuchtung unterzogenen Entscheidung[6]), obgleich aus dem Hauptverhandlungsprotokoll hervorging, daß Belastungszeugen wesentliche Teile ihrer vor der Hauptverhandlung gemachten Aussagen in dieser selbst widerrufen hatten, ohne daß die Entscheidungsgründe auf diesen Widerspruch irgendwie eingingen, die den Angeklagten in vollem Umfange verurteilende Strafkammerentscheidung zwar als „befremdlich" bezeichnet, jedoch nicht aufgehoben. Es lag hier also zweifellos eine Aktenwidrigkeit krassester Art in der oben erörterten Bedeutung und doch kein wesentlicher Verfahrensmangel im Sinne der StPO. vor! Denn: „Weshalb die Vorinstanz die fraglichen Tatsachen für erwiesen, die etwa erbrachten Gegenbeweise für verfehlt erachtet hat, darüber sich zu rechtfertigen, war die Vorinstanz gesetzlich nicht verpflichtet[7])." Und an anderer Stelle[8]) gibt das Reichsgericht eine außerordentlich interessante und weittragende Begründung für seine Ansicht, daß die Revision nicht auf die Behauptung gestützt werden könne, der Angeklagte habe nach dem Protokoll andere Angaben gemacht als nach dem Inhalt der Urteilsgründe. Das Reichsgericht meint, wenn man eine so begründete Anfechtung zulassen wolle, so bestehe die Möglichkeit, „daß ein von den Mitgliedern des erkennenden Gerichts wohldurchdachtes Urteil aufgehoben werden müßte, weil eins der Mitglieder, nämlich der Vorsitzende, und der Gerichtsschreiber eine von der Mehrheit des Gerichts abweichende Auffassung gehabt haben." Wäre dieser Einwand stichhaltig, so wäre damit ohne weiteres das Urteil über den Revisionsgrund der Aktenwidrigkeit gesprochen.

[1]) LÖWENSTEIN, a. a. O., S. 112/3. Ebenso RGStr. Bd. 43, S. 437ff.; Bd. 49, S. 315.

[2]) Vgl. von BRAUCHITSCH, Preuß. Verwaltungsgesetze (22. Aufl. 1918), Bd. I, Anm. 3 zu § 94 LVG.

[3]) Jetzt § 267. [4]) LÖWENSTEIN, a. a. O., S. 111.

[5]) J. W. 1883, S. 230ff. [6]) Vgl. auch ALSBERG, Justizirrtum S. 38.

[7]) Reichsgericht in J. W. 1883, S. 231. [8]) RGStr. Bd. 49, S. 315.

Der Einwand des Reichsgerichts übersieht jedoch, daß Widersprüche zwischen Protokoll und Entscheidungsgründen schon dadurch unschädlich gemacht werden können, daß sie in den Gründen erörtert werden. Die Gerichtsmehrheit hat es also immer in der Hand, durch eine solche Erörterung der abweichenden Darstellung des Vorsitzenden und Gerichtsschreibers zu begegnen.

IV. Eine besondere Würdigung verdient in diesem Zusammenhange die Vorschrift des § 281 Nr. 5 der österreich. StPO., der in der Rechtsprechung des österreich. Kassationshofes — wie sich z. B. bei einer Durchsicht der in der Allg. öst. Gerichtszeitung veröffentlichten Entscheidungen zeigt — eine verhältnismäßig große Rolle gespielt hat. „Diesen beiden Rechtsmitteln, d. i. dem Nichtigkeitsgrunde des § 281 Nr. 5 und der außerordentlichen Revision ex § 362 StPO. — sagt ROSENBLATT[1]) — ist es zuzuschreiben, wenn sich der Mangel der Berufung in der Schuldfrage gegen Urteile der Gerichtshöfe erster Instanz bei uns nicht fühlbar gemacht hat und die Wiedereinführung dieser Berufung in Österreich von ernster Seite nicht gefordert wird." Freilich scheint mir die weitere Behauptung ROSENBLATTS, der Kassationshof habe „mit Rücksicht auf die Bestimmungen der §§ 281 Nr. 5 und 362 StPO. fast dieselben Befugnisse wie ein Berufungsgerichtshof, welcher eine Berufung in der Schuldfrage zu prüfen und darüber zu entscheiden hat", zu weit zu gehen. Denn die dem Berufungsgericht offenstehende Möglichkeit, auf Grund eigener Anschauung zu urteilen, fehlt dem Kassationshof. Und ferner darf die Nichtigkeitsbeschwerde die Schlüssigkeit der Urteilsgründe — soweit sie eben nicht „offenbar unzureichend" sind — nicht bekämpfen[2]). Aber es kommt hierauf letzten Endes auch gar nicht so sehr an. Wesentlich bleibt vielmehr das Eine: daß man es in Österreich verstanden hat, das Fehlen der Berufung durch diese beiden Sicherheitsventile zum mindesten unschädlich zu machen, während man bei uns durch Versagung jedes solchen Ventils die Explosion herbeigeführt hat und sich trotzdem auch jetzt noch nicht dazu entschließen kann, die Revisionsgerichte bei den schwersten berufungslosen Strafsachen dem österreichischen Kassationshofe gleichzustellen[3]).

Das Verhältnis zwischen den §§ 281 Nr. 5 und 362 ist ohne weiteres klar: ein Eingreifen nach § 362 ist erst dann möglich, wenn kein Nichtigkeitsgrund vorliegt oder wenn der Angeklagte die Nichtigkeitsbeschwerde nicht erhoben hat. Im Rahmen des § 362 kann der Kassationshof aber sehr vieles berücksichtigen, was er im Nichtigkeitsverfahren nicht berücksichtigen darf, vor allem offensichtliche, aber nicht unter § 281 Nr. 5 fallende Mängel der Beweiswürdigung.

Uns interessiert an dieser Stelle hauptsächlich die Frage, welchen Begriff der Aktenwidrigkeit § 281 Nr. 5 verwendet. Hierfür ist vor allem das Ineinandergreifen der verschiedenen Möglichkeiten des § 281 Nr. 5 wichtig. Der eigentliche Begriff der Aktenwidrigkeit, wie er sich

---

1) Allg. öst. GerZtg. 1912, S. 545.

2) Vgl. Allg. öst. GerZtg. 1879, S. 403 und 1886, S. 53.

3) Vgl. auch EHRLICH, Deutsche Richterzeitung 1912, S. 454.

aus der letzten Alternative dieser Vorschrift („wenn zwischen den Angaben der Entscheidungsgründe über den Inhalt von bei den Akten befindlichen Urkunden oder über gerichtliche Aussagen und den Urkunden oder Vernehmungs- und Sitzungsprotokollen selbst ein erheblicher Widerspruch besteht") ergibt, ist ja aus zwei Gründen sehr eng: Erstens muß es sich um einen erheblichen Widerspruch handeln; denn sonst müßte man — wie S. MAYER, Anm. Nr. 233 zu § 281 sagt — „wenn nicht in der Regel der Fälle so doch in sehr zahlreichen zur Vernichtung schreiten". Dieser Einschränkung ist es wohl vor allem zu danken, wenn in Österreich so gute Erfahrungen mit dem § 281 Nr. 5 gemacht worden sind. — Die zweite Einschränkung liegt darin, daß es sich um einen Widerspruch zwischen dem Inhalt der Aussagen oder Urkunden und den Angaben der Entscheidungsgründe gerade über den Inhalt der Urkunden oder Aussagen selbst handeln muß. Ein Widerspruch zwischen der Angabe eines Zeugen und dem sonstigen Inhalte des Urteils genügt nicht[1]). Insbesondere kann die Nichtigkeitsbeschwerde nicht darauf gestützt werden, daß etwa die Urteilsgründe aus der Aussage etwas folgern, was der Zeuge an sich nicht unmittelbar ausgesagt hat, was sich aber nach Ansicht des Gerichts mittelbar aus seiner Aussage ergibt. Ein Beispiel, das diesen Gegensatz gut veranschaulicht, bietet die Entscheidung Ziffer 1861 des Kassationshofes[2]): die Zeugen sagen aus, sie hätten ein Fenster eines Gasthauses eingedrückt gesehen und den Angeklagten in dem Gasthause gefunden — die Gründe sagen, der Angeklagte sei von den Zeugen im Gasthause getroffen worden, „als derselbe eben die Tafel eines in das Extrazimmer führenden Fensters eingedrückt hatte". Hier liegt kein Widerspruch vor, weil das Gericht lediglich von sich aus die Folgerung aus den Zeugenaussagen gezogen hat, der Angeklagte habe das Fenster eingedrückt, nicht aber als Inhalt der Aussagen angibt, die Zeugen hätten gesehen, daß der Angeklagte das Fenster eingedrückt habe. Hier greift nun die erste Alternative des § 281 Nr. 5 („wenn der Ausspruch des Gerichtshofs über entscheidende Tatsachen... undeutlich, unvollständig oder mit sich selbst im Widerspruche ist") ein. ROSENBLATT (a. a. O., S. 546) führt eine Entscheidung des Kassationshofs vom 21. VII. 1911 an: „Wenn der Urteilsrichter bei der Verhandlung verlesene Zeugenaussagen in den Urteilsgründen unerwogen läßt, trotzdem diese für die Beurteilung der Schuldfrage von Wesen sein konnten, so ist der Ausspruch des Gerichtshofs unvollständig im Sinne des § 281 Nr. 5." Das sind also die oben II A 2 a β und c erwähnten Fälle. ROSENBLATT selbst freilich bekämpft diese Stellungnahme des Kassationshofs mit der Begründung, es handele sich hier nicht um eine Unvollständigkeit des Ausspruchs über entscheidende Tatsachen, sondern nur um eine gewöhnliche Unvollständigkeit der Entscheidungsgründe, gegen die der Kassationshof lediglich auf Grund des § 362 einschreiten könne.

1) ROSENBLATT, a. a. O., S. 546; v. KORWIN-DZBÁNSKI, Die „Nichtigkeitsgründe" der öst. StPO. (1913), S. 181.

2) Allg. öst. GerZtg. 1874, S. 111.

§ 11. Bindende Wirkung der revisionsgerichtlichen Entscheidungen?

Wir haben gesehen, daß die Schwierigkeiten, mit denen die Rechtsprechung der Revisionsgerichte zu kämpfen hat, im wesentlichen aus dem Widerstreit zwischen den beiden Hauptzielen der Revision, der Wahrung der Rechtseinheit und der Verwirklichung der materiellen Gerechtigkeit, entspringen, und daß jedenfalls der letztgenannte Zweck des Rechtsmittels in der heutigen Praxis oft nicht ausreichend berücksichtigt wird. Wir haben ferner die Richtlinien bezeichnet, die die Revisionsgerichte einschlagen müßten, um der materiellen Gerechtigkeit mehr als bisher zum Siege zu verhelfen.

Es besteht jedoch die Gefahr, daß ein Beschreiten der hiermit gewiesenen Wege zu einer Mehrbelastung der Revisionsgerichte führen würde, die ihnen die Erfüllung ihrer anderen Aufgabe — Wahrung der Rechtseinheit — erschweren könnte. Denn wenn der Umfang der Tätigkeit der Revisionsgerichte derartig wächst, daß eine wesentliche Vermehrung der Senate erforderlich wird, dann läßt sich die Gleichmäßigkeit der Rechtsprechung nicht mehr überwachen. So legen unsere auf eine Umgestaltung der Revision hinzielenden Wünsche uns gewissermaßen die Verpflichtung auf, nach Wegen zur Entlastung der Revisionsgerichte zu suchen.

Eine derartige Entlastung darf jedenfalls nicht mit Hilfe eines äußerlichen, mechanisch wirkenden Mittels, wie es etwa im Zivilprozesse die Erhöhung der Revisionssumme darstellt, gesucht werden. Sie muß vielmehr — ebenso wie die Belastung — die natürliche Folge einer von innen her kommenden Umwandlung des Wesens der Revision werden. Wie die Belastung der Revisionsgerichte durch die Notwendigkeit stärkerer Berücksichtigung geeigneter Teile des Einzelfalles verstärkt werden würde, so würde sich umgekehrt aus der Befreiung von einer Reihe abstrakter Rechtsfragen die Entlastung der Revisionsgerichte ergeben. Hierin läge also gewissermaßen eine Verschiebung der Tätigkeit der Revisionsgerichte von der reinen Rechtsauslegung fort nach dem Einzelfalle zu.

Es wird sich zeigen, daß diese Vorschläge nicht nur eine Entlastung der Revisionsgerichte, sondern gleichzeitig eine Vereinfachung und Vereinheitlichung der gesamten Rechtsprechung herbeizuführen imstande sind. Zuvor aber ist es erforderlich, 2 Punkte einer Erörterung zu unterziehen, die für Art und Umfang der Tätigkeit eines höchsten Gerichtshofes nächst dem Problem der Begrenzung der Revisibilität von entscheidender Bedeutung und insbesondre seine Arbeitslast wesentlich zu beeinflussen geeignet sind:

I. den Anlaß, aus welchem der Gerichtshof tätig zu werden hat, und

II. die Wirkung seiner Entscheidungen auf das Rechtsleben.

I. A) Der Anlaß zum Tätigwerden kann in einem konkreten sich tatsächlich ereignenden Rechtsfalle liegen. Dann ist das Revisionsgericht also ganz und gar von diesem Rechtsfalle abhängig, insofern als es nicht tätig werden könnte, wenn dieser Fall sich nicht ereignet hätte. Dem mehr oder weniger zufälligen Umstande, daß dieser Fall im Rechtsleben vorgekommen ist, verdankt das Revisionsgericht die Möglichkeit, sich mit den darin enthaltenen Rechtsfragen beschäftigen zu dürfen.

1. Es kann weiterhin verlangt werden, daß der Rechtsfall bereits anhängig sein muß, und zwar

a) in der letzten Tatfrage-Instanz, oder

b) in einer beliebigen Instanz.

Die Erschöpfung sämtlicher Tatfrage-Instanzen wurde bis zur Neuordnung des Straf- u. Zivilprozesses im Jahre 1924 durchweg als Voraussetzung der Revision gefordert. Es hing bei dieser Regelung also wiederum von einer Reihe weiterer Zufälligkeiten ab, ob die Revisionsinstanz in die Lage kam, sich mit einer Rechtsfrage befassen zu können. Wenn dem in der zweiten Instanz unterlegenen Teile die Lust, die Zeit oder das Geld fehlte, um noch eine dritte Instanz anzurufen oder wenn er die Revisionsfrist versäumte oder dgl., so konnte das Revisionsgericht an den Fall nicht „heran". Aber auch abgesehen davon, daß diese Art der Regelung die Betätigungsmöglichkeiten unserer höchsten Gerichte dem Spiele des Zufalls preisgab, schadete sie den Parteien oft durch unnötige Verlängerung und Verteuerung der Prozesse. Es ist nicht einzusehen, weshalb ein Prozeß, bei dem lediglich eine vom Tatsächlichen so weit, als es überhaupt möglich ist (vgl. oben § 4), losgelöste Rechtsfrage streitig ist, sich erst durch sämtliche Tatfrage-Instanzen hindurchwinden muß, ehe er der Entscheidung durch das Revisionsgericht gewürdigt wird. Man forderte daher mit Recht eine Ausschaltung der Zwischeninstanzen in geeigneten Fällen und unter gewissen Voraussetzungen. Diese Forderungen verdichteten sich im Jahre 1913 zu dem bekannten BASSERMANN-SCHIFFERschen Entwurf eines Gesetzes „wegen Beschleunigung und Vereinheitlichung der Rechtspflege", der in seinem ersten Teile (§§ 1—4) den Gedanken der Ausschaltung unnötiger Zwischeninstanzen verwirklichen wollte. Dieser Gesetzentwurf, der von SCHIFFER in der Juristischen Wochenschrift[1]) mit ausführlicher Begründung wiedergegeben worden ist, wollte die Möglichkeit einer revisio per saltum im wesentlichen an folgende Voraussetzungen knüpfen: erhebliches öffentliches oder privates Interesse an der schleunigen Herbeiführung der endgültigen Entscheidung einer zweifelhaften Rechtsfrage, Antrag eines Beteiligten, Einverständnis aller übrigen, Einigkeit über die erheblichen Tatsachen. Diese vielfach[2]) freudig begrüßte Anregung stieß im wesentlichen auf 2 Bedenken: es seien erstens in der Regel gar nicht die reinen Rechtsfragen, sondern die tatsächlichen Verhältnisse, die den Gegenstand des Streites bildeten[3]), und sodann sei die

[1]) J. W. 1914, S. 2ff.

[2]) Z. B. von ZEILER, J. W. 1914, S. 217. Ganz ablehnend verhielt sich vor allem WACH, Grundfragen und Reform des Zivilprozesses 1914, S. 10ff.

[3]) So HACHENBURG, D. J. Z. 1914, S. 74; KÜBEL in der Zeilerschen Rundfrage, D. R. Z. 1914, S. 106; SCHNEIDER, D. J. Z. 1914, S. 203/5.

gründliche Klärung der Tatseite eine notwendige Vorbedingung für die sachgemäße Behandlung der Rechtsfrage[1]). Beide Einwände haben einen berechtigten Kern, sind aber nicht durchschlagend. Das erstgenannte Bedenken bestätigt zwar in erfreulicher Weise die Richtigkeit der hier vertretenen Auffassung von der großen Bedeutung der Tatseite und ihrer engen Verbindung mit der Rechtsfrage. Diese Wertschätzung des Tatsächlichen aber darf nicht so weit getrieben werden, daß man das Vorhandensein von Rechtsfragen, die auch losgelöst von ihrer konkreten Einkleidung behandelt werden können, gänzlich leugnet oder sie als an Zahl und Wichtigkeit so unbedeutend hinstellt, daß irgendwelche besonderen Rechtseinrichtungen ihretwegen nicht erforderlich seien. Die herrschende Praxis der Revisionsgerichte ist nicht deshalb unrichtig, weil sie eine Trennung von Rechts- und Tatfrage überhaupt vornimmt, sondern hauptsächlich deshalb, weil sie die Grenzlinie zwischen beiden unrichtig zieht. Wenn HEILBERG in seinem Vortrage über die neue ZPO. meint: „Sie werden mir bestätigen, daß, je älter man wird, man um so mehr zu der Meinung kommt, es gäbe so gut wie gar keine reinen Rechtsfragen“[2]), so hat er — wie ich glaube — nur sagen wollen, es gäbe wenige Prozesse, in denen es lediglich auf die Entscheidung „reiner Rechtsfragen“ ankomme. Daß es aber reine Rechtsfragen in Fülle gibt, wird auch er nicht bestreiten wollen.

Der zweite gegen die revisio per saltum erhobene Einwand, daß nämlich eine sorgfältige Erledigung der Tatseite für eine sachgemäße Rechtsentscheidung unerläßlich sei, fällt in der SCHIFFERschen Formulierung jedenfalls auf dem Gebiete des Zivilprozesses und der ihm verwandten Verfahrensarten kaum ins Gewicht. Denn wenn die Parteien über den Tatbestand einig sind, hört hier ja ohnehin jede Feststellungspflicht des Richters — von den bekannten Ausnahmen (Eheprozeß usw.) abgesehen — auf. Höchstens durch Ausübung des Fragerechts könnte das Berufungsgericht in diesen Fällen zu einer Berichtigung oder Verbreiterung der tatsächlichen Unterlagen gelangen. Nach dem BASSERMANN-SCHIFFERschen Entwurf sollte freilich das Revisionsgericht, wenn es zu der Ansicht kam, daß außer den unstreitigen noch andere Tatsachen erheblich seien, die Entscheidung ablehnen dürfen. Denn eine solche Ablehnungsbefugnis kennt dieser Entwurf nach § 3 dann, wenn die Voraussetzungen der Überweisung nicht gegeben sind. Zu diesen Voraussetzungen gehört aber nach § 1, daß alle erheblichen Tatsachen von den Prozeßbeteiligten „als unstreitig anerkannt“ werden[3]). Schon diese Wendung zeigt, daß der SCHIFFERsche Entwurf

---

1) Dahin glaube ich wenigstens die Ausführungen A. HELLWIGS, Lpz. Z. 1915, S. 501 ff., verstehen zu dürfen. Auch LOBE hat D. J. Z. 1923, Sp. 208 ähnliche Bedenken geäußert. Vgl. hierzu den folgenden Text.

2) J. W. 1924, S. 450.

3) Die Befürchtung SCHNEIDERS, a. a. O., S. 203, die in der letzten Instanz unterlegene Partei werde nach der Rückkehr der Sache in die untere Instanz nun ihre Anstrengungen verdoppeln und durch Behaupten und Bestreiten ihren Standpunkt doch noch zu retten suchen, dürfte an dem Erfordernis dieses Anerkenntnisses scheitern.

auf den Strafprozeß und die anderen dem Grundsatze der materiellen Wahrheit folgenden Verfahrensarten doch wohl nicht ohne weiteres paßte, obgleich er auch für sie gelten wollte. Denn für den Strafprozeß uws. kann es nicht maßgebend sein, ob die Beteiligten den Sachverhalt als unstreitig anerkennen; es ist dort überhaupt nicht der Ort für eine derartige Verfügung der Parteien über den Prozeßstoff. Aber auch wenn man von diesem Fehler der Fassung absieht und die entsprechende Voraussetzung für die revisio per saltum im Bereiche des Grundsatzes der materiellen Wahrheit etwa darauf abstellt, daß alle Prozeßbeteiligten auf die Einlegung der Berufung gegen das erstinstanzliche Urteil verzichten, so kann hier doch immerhin der Einwand mit erheblich größerer Berechtigung erhoben werden, daß die tatsächliche Urteilsgrundlage, die dem Revisionsgericht geboten werden soll, durch eine sorgfältige Verhandlung in einer Berufungsinstanz derartig verändert werden kann, daß auch die für die Entscheidung des Falles maßgebende Rechtsfrage eine durchaus andere Gestalt annimmt[1]). Es ist insofern also nicht zutreffend, wenn SCHIFFER[2]) meint, die Frage der revisio per saltum liege bei allen Verfahrensarten vollständig gleich. Trotz dieser Bedenken wurde die revisio per saltum vielfach aber auch für den Strafprozeß gefordert[3]); sie fand in dem Entwurf eines Gesetzes über den Rechtsgang in Strafsachen von 1920 Aufnahme (§ 321 II), dem dann die Prozeßreform des Jahres 1924 für den Strafprozeß (§ 335 StPO.) und Zivilprozeß (§ 566a ZPO.) folgte. Den Anlaß hierzu bot im Strafprozesse wohl die Ausdehnung der Berufung; die hierdurch geschaffene Instanzvermehrung sollte in solchen Sachen, in denen die Tatseite keiner weiteren Aufklärung bedürftig erscheint, unschädlich gemacht werden. Von der Kritik ist diese Neuerung im allgemeinen begrüßt worden[4]). Ganz ablehnend verhält sich vor allem OETKER[5]), der aber m. E. folgendes verkennt: der Zweck der revisio per saltum liegt gar nicht darin, daß die Partei, die mehr Vertrauen zum Revisionsgericht als zum Berufungsgericht hat, das letztere umgehen können soll, sondern darin, daß die ohnehin sicher im Hintergrunde stehende Entscheidung des Revisionsgerichts s c h n e l l e r herbeigeführt werden kann. Daß von der Einrichtung nur selten Gebrauch gemacht werden wird, ist NAGLER[6]) zuzugeben. Aber weshalb soll eine Einrichtung lediglich deshalb nicht eingeführt werden, weil für sie nur selten ein Bedürfnis besteht? Wir wollen die Neuerung daher keineswegs von vornherein verwerfen, sondern abwarten, ob sie die an ihre Einführung geknüpften Hoffnungen erfüllend eine Vergeudung von Arbeitskraft, Geld und Zeit verhindern

---

[1]) Vgl. auch WACH, a. a. O., S. 14. [2]) J. W. 1914, S. 4.

[3]) So von J. GOLDSCHMIDT in seinem bedeutsamen Vortrage vom 21. 12. 1918, J. W. 1919, S. 67.

[4]) Vgl. z. B. EBERMAYER, J. W. 1920, S. 241; von HIPPEL, ZStW. 1920, S. 366, der allerdings die Zulässigkeit der revisio per saltum von dem Vorhandensein eines Verteidigers abhängig machen will. G e g e n die Bestimmung spricht sich ohne ausreichende Begründung BOVENSIEPEN, Preuß. Jahrbücher Bd. 186 (1921), S. 377 aus.

[5]) Gerichtssaal Bd. 90, S. 395/6. [6]) Gerichtssaal Bd. 90, S. 434.

wird, ohne schädliche Nebenwirkungen zu äußern. Es sollte hier nur darauf hingewiesen werden, daß das Strafverfahren wohl nicht gerade das in erster Reihe geeignete Feld zur Anstellung dieses Versuchs bildet, und daß daher ungünstige Erfahrungen, die etwa dabei gemacht werden sollten, späterhin nicht ohne weiteres zur grundsätzlichen Verwerfung der revisio per saltum auch in allen anderen Verfahrensarten führen dürfen. Als sicher kann jedenfalls gelten, daß sich eine weitere Belastung der Revisionsgerichte aus dieser Bestimmung ergeben wird, da sie Revisionen ermöglicht, die sonst den Weg zur höchsten Instanz nicht gefunden haben würden[1]).

2. Wenn von der Bedingung der Rechtshängigkeit abgesehen wird, so bestehen wiederum zwei Möglichkeiten: Die Anrufung des höchsten Gerichtshofs kann nämlich zugelassen werden, obgleich der Rechtsstreit

a) noch nicht oder

b) nicht mehr

anhängig ist.

a) Vor einigen Jahren hat Kleybolte in einem Aufsatze über „Juristische Prophylaxe" folgende Gesetzesbestimmung vorgeschlagen[2]): „Jeder kann in Rechtsstreitigkeiten, bei denen das Rechtsmittel der Revision zulässig sein würde, auch vor Eintritt der Rechtshängigkeit beim Reichsgericht die Erstattung eines Rechtsgutachtens beantragen (Rechtsbefragung)." Er will dadurch den Parteien die Möglichkeit geben „zu erkennen, wie das Reichsgericht über ihren Fall denkt, ehe sie sich zu dem Prozeß entschließen". Die Wirkung der gutachtlichen Äußerung des Reichsgerichts bestimmt er in Teil II § 18 seines Entwurfs folgendermaßen: „An die gutachtliche Äußerung des Reichsgerichts ist dieses selbst sowie die unterstellten Gerichte im Falle eines Prozesses gebunden, wenn

a) der Prozeß zwischen den in der Rechtsbefragung bezeichneten Parteien geführt wird und

b) der in der Rechtsbefragung zugrunde gelegte Sachverhalt mit den tatsächlichen Feststellungen des Gerichts im Prozesse übereinstimmt. Abweichende Feststellungen kommen nicht in Frage, wenn sie zu einer anderen rechtlichen Würdigung des Sachverhalts keinen Anhalt geben."

Dieser Vorschlag hält also zwar theoretisch an dem Erfordernisse des Vorhandenseins eines konkreten Rechtsstreites fest, nimmt ihm aber im Grunde jede praktische Bedeutung, indem er von dem Erfordernisse der Rechtshängigkeit absieht. Denn wie will man nachprüfen, ob eine fest umrissene „Rechtsstreitigkeit" wirklich bereits latent vorhanden ist und nur noch nicht ausgetragen wird, oder ob z. Z. lediglich die mehr oder weniger entfernte Möglichkeit besteht, daß

---

[1]) Auch Gerland, Englische Gerichtsverfassung Bd. II (1910), S. 754, äußert dieses Bedenken gegen die revisio per saltum, die er sonst für eine gesunde und entwicklungsfähige Einrichtung hält. In England wird von ihr nach seiner Darstellung übrigens infolge ihrer mangelhaften Ausgestaltung wenig Gebrauch gemacht. Vgl. auch Wach, Grundfragen und Reform, S. 13.

[2]) J. W. 1921, S. 1202ff.

gewisse gegeneinanderstrebende Interessen unter Umständen derart miteinander zusammenstoßen werden, daß ein „Rechtsstreit" entsteht? Soll es z. B. schon genügen, daß ein Vertrag geschlossen worden ist, der unklare Bestimmungen und infolgedessen den Keim zu Meinungsverschiedenheiten zwischen den Vertragsparteien enthält? Oder müssen solche Meinungsverschiedenheiten aus einem besonderen Anlasse bereits in die Erscheinung getreten sein? Diese in dem widerspruchsvollen Begriff einer „Rechtsstreitigkeit vor Eintritt der Rechtshängigkeit" wurzelnden Bedenken werden durch einen anderen Umstand noch erheblich verstärkt: Zwar soll nach § 2 des KLEYBOLTEschen Entwurfs die Partei nicht das Recht haben, den ganzen Sachverhalt ohne Herausarbeitung der Rechtsfragen dem Reichsgericht zu unterbreiten und es ihm zu überlassen, die in dem Tatbestand steckenden rechtlichen Zweifelsfragen zu präzisieren. Vielmehr hat nach Teil II § 2 des Entwurfs die anrufende Partei die Fragen zu formulieren, über die das Reichsgericht sich äußern soll. Indessen bleibt eine andere größere Schwierigkeit bestehen: Es ergäbe sich späterhin in dem nach Erlaß des Rechtsgutachtens angestrengten Rechtsstreit die schwer zu beantwortende Frage, ob der dem Prozeßgericht vorliegende Sachverhalt dem der Rechtsbefragung zugrunde gelegten so genau entspricht, daß das reichsgerichtliche Gutachten bei der Entscheidung maßgebend sein muß. Wann geben „abweichende Feststellungen" zu einer anderen rechtlichen Würdigung keinen Anhalt? Die hierbei erforderliche Vergleichung zweier Sachverhalte ist viel schwieriger als die zweier genau präzisierten Rechtsfragen. Die Partei könnte also doch niemals mit Sicherheit darauf rechnen, daß das von ihr veranlaßte Rechtsgutachten auch wirklich bei der Entscheidung berücksichtigt werden wird; denn es besteht immer die Möglichkeit, daß das Reichsgericht im Prozesse Tatsachen für erheblich erklärt, die die anrufende Partei s. Z. nicht vorgetragen hat, weil sie sie für unwesentlich hielt oder weil sie sie nicht kannte oder weil sie sich noch gar nicht ereignet hatten.

b) Die Anrufung des höchsten Gerichtshofs nach Beendigung der Rechtshängigkeit gestattete der in verschiedener Hinsicht sehr interessante Recours dans l'intérêt de la loi des französischen Rechts[1]), sowie die ihm entsprechende Nichtigkeitsbeschwerde zur Wahrung des Gesetzes des österreichischen sowie italienischen Rechts und verschiedener partikulärer deutscher Strafprozeßordnungen (so des bayrischen Gesetzes vom 10. 11. 1848, der hannoverschen und braunschweigischen StPO.[2]).

---

[1]) Vgl. hierüber RITTLER, Über die Entwickelung der Nichtigkeitsbeschwerde zur Wahrung des Gesetzes im Strafverfahren. ZStW. Bd. 32, S. 436ff.

[2]) RITTLER, a. a. O., S. 460; ULLMANN, Lehrbuch des österreichischen Strafprozeßrechts, 2. Aufl. 1882, S. 782ff.; WALTHER, a. a. O., Bd. 2, S. 250ff. HATSCHEK, Englisches Staatsrecht, Bd. II, S. 167, vergleicht mit der Nichtigkeitsbeschwerde z. W. d. G. die Gerichtsbarkeit des englischen Court of Crown Cases reserved, der nach GERLAND, a. a. O. Bd. II, S. 327, Anm. 5, in dem Court of Criminal Appeal aufgegangen ist.

Diese Einrichtung hat, sofern sie sich der praktischen Einwirkung auf den Einzelfall enthält, das außerordentlich schwerwiegende Bedenken gegen sich, daß die Parteien es nicht begreifen können, weshalb ein ihnen ungünstiger Richterspruch auch dann für den Einzelfall wirksam bleiben soll, wenn er von der mit der Wahrung des Gesetzes betrauten höchsten Stelle feierlich für unrichtig erklärt worden ist. Daher ist es durchaus begreiflich und gerechtfertigt, daß der österreichische Kassationshof, wie GLEISPACH berichtet[1]), von der ihm zustehenden Befugnis, zugunsten des Angeklagten einzuschreiten, immer Gebrauch zu machen pflegt. Aber auch dann haftet dieser an sich so sympathischen Einrichtung noch der Übelstand an, daß sie ein Eingreifen des höchsten Gerichtshofes nur nach Maßgabe des zufällig in die Erscheinung getretenen Einzelrechtsstreites gestattet. Nur von den Zufälligkeiten der privaten Rechtsmitteleinlegung hat sie sich befreit.

B. Der Anlaß für ein Tätigwerden des höchsten Gerichtshofs kann aber auch von der konkreten Einzelstreitigkeit losgelöst werden.

Es ist alsdann nicht erforderlich, daß ein Rechtsstreit über den zur Entscheidung stehenden Fall schwebt, anhängig war oder greifbar bevorsteht. Es genügt, daß die „Rechtsfrage" als solche in die Erscheinung getreten ist. Der Unterschied gegenüber den unter A behandelten Fällen ist sehr erheblich, wenn er auch zunächst mehr grundsätzliche Bedeutung als praktische Tragweite zu besitzen scheint. Gegenwärtig freilich tauchen juristische Zweifelsfragen von einiger Wichtigkeit meistens früher in der Praxis der Gerichte auf als in der Theorie. Allein es wäre verkehrt, hieraus den Schluß zu ziehen, daß es für die Bedürfnisse des Rechtslebens nicht erforderlich sei, die Betätigungsmöglichkeit der höchsten Gerichte von dem einzelnen anhängigen Rechtsstreite loszulösen. Wenn unser geltendes Recht es gestatten würde, die das soziale Leben bewegenden Rechtsfragen auch ohne „Prozeß" vor die höchsten Gerichtshöfe zu bringen, so würden diese Fragen eben zum großen Teile nicht mehr in Prozessen zuerst auftauchen, sondern von den Interessenten sofort vor die höchsten Gerichtshöfe gebracht werden. Unzutreffend wäre auch der Einwand, man könne ja schließlich zu Scheinprozessen greifen. Denn abgesehen von allen anderen Bedenken verbietet sich das wenigstens im Strafverfahren mit Rücksicht auf die mit einer Verurteilung verbundenen Unannehmlichkeiten, auf das „mit dem Strick um den Hals sein Recht suchen müssen", wie MAX von SEYDEL es nannte[2]).

Ganz und gar verwischt wird die Unterscheidung zwischen der Anrufung des höchsten Gerichts auf Grund eines praktischen Rechtsfalles und der Anrufung ohne Verbindung mit einem solchen freilich in dem oben unter A 2 a besprochenen Vorschlage KLEYBOLTES. Vor dem Eintritte der Rechtshängigkeit läßt sich — wie bereits erwähnt — das Vorhandensein einer wirklichen Rechtsstreitigkeit schwer nachweisen,

---

[1]) GLEISPACH, Das deutschösterreichische Strafverfahren 1919, S. 364, Anm. 1; ebenso RITTLER, S. 461.

[2]) Vgl. DYROFF, Annalen des Deutschen Reichs 1907 (Bd. 40) S. 435.

noch schwerer aber läßt sich in diesem Zeitpunkte die unrichtige Behauptung ihres Vorhandenseins widerlegen. Auf ein Erfordernis, daß sich so leicht umgehen läßt, verzichtet man lieber von vornherein; denn es verleitet die Parteien zur Unwahrhaftigkeit gegenüber dem Gerichte. Wenn KLEYBOLTE u. a. trotzdem an der Notwendigkeit des Vorhandenseins einer „Rechtstreitigkeit" festhalten, so liegt darin wohl nur ein äußerliches Zugeständnis an jene Anschauung, die es aus grundsätzlichen Erwägungen vermeiden will, die Gerichte mit theoretischen Entscheidungen zu betrauen. Nach der unser geltendes Recht beherrschenden Grundauffassung haben die Gerichte praktische Rechtsstreitigkeiten zu entscheiden und nicht theoretische Rechtsgutachten abzugeben. Als die Reichsfinanzhofordnung von 26. 7. 18, dieses gewiß nicht ohne Grund befehdete Erzeugnis einer unheilvollen Zeit des Niederganges, in ihrem § 15 dem Reichskanzler und den obersten Landesfinanzbehörden das Recht beilegte, Fragen der Auslegung von Vorschriften der Reichsabgabengesetze dem Reichsfinanzhof zur Begutachtung vorzulegen, da wurde ihr vorgeworfen, sie wolle die Trennung von Justizorgan und Verwaltungsorgan durch eine gutachtliche Tätigkeit, die „auf eine Festlegung des Gerichts durch seine eigenen Gutachten" hinauslaufe, verwischen[1]). Und man pries gegenüber solchen Verirrungen die strengen Grundsätze des amerikanischen Rechtes, die es schon im 18. Jahrhundert dem Präsidenten WASHINGTON verwehrt hätten, „vom Obersten Gerichtshofe eine Antwort auf eine hypothetische Frage zu gewinnen" [2]). Man war so leicht geneigt, diese — übrigens in den § 43 RAO. übergegangene — Bestimmung zu verdammen, daß man die im Vorkriegsrecht vorhandenen und unangefochten in Wirksamkeit gebliebenen Vorläufer dieses Rechtsinstituts anscheinend gänzlich übersah: nämlich die gutachtliche Tätigkeit der Gewerbe- und Kaufmannsgerichte (§ 75 GGG. und § 18 KGG.) [3]). Wir nehmen daher an, daß diese Gesetze gerade abwesend waren, als der von FRITERS (oben Anm. 1) erwähnte „allgemeine Beifall" erscholl. Bedeutet diese Tätigkeit der genannten Behörden wirklich, wie man uns glauben machen will, einen Verstoß gegen fundamentale Rechtsgrundsätze, so wäre es höchst auffällig, daß sie jahrzehntelang ausgeübt werden konnte, ohne

[1]) So insbesondre FRITERS, Revolutionsgewalt u. Notstandsrecht 1919, S. 47, in dessen ergötzlichem Vorspiel (S. 13) das Naturrecht die „mit Gutachten Unfug treibende", „aus Galle" geschöpfte Reichsfinanzhofordnung unter allgemeinem Beifalle, an dem sich besonders die ZPO. und die StPO. beteiligen, aus der „anständigen Gesellschaft der Rechtsgenossen" verjagt. — HENSEL, Recht u. Wirtschaft 1921, S. 190, kann gewisse Bedenken gegen den § 15 RFHO. nicht unterdrücken, hält die Vorteile der Neuerung aber für größer als die Nachteile. Vgl. auch STRUTZ, J. W. 1918, S. 643. Man muß aber bei einem höchsten Gerichte doch wohl die innere Freiheit voraussetzen, die es davor bewahrt, sich durch seine eigenen früheren Gutachten knechten zu lassen.

[2]) HUGO MÜNSTERBERG, Die Amerikaner Bd. 1 S. 187.

[3]) Die gutachtliche Tätigkeit des Patentamts erstreckt sich trotz der allgemeingehaltenen Fassung des § 18 des Patentgesetzes nicht auf Rechtsfragen (vgl. KOHLER, Handbuch des deutschen Patentrechts 1902, S. 685; SELIGSOHN, 3. Aufl. 1906, Anm. 7 zu § 18).

Anstoß zu erregen[1]). Die von FRITERS befürchtete Verquickung richterlicher und verwaltender Tätigkeit wird durch andere Einrichtungen des geltenden Rechts, wie etwa die doppelte Funktion der Kreisausschüsse als Verwaltungsbehörden und Verwaltungsgerichte, in ungleich gefährlicherem Grade gefördert als durch eine Verwendung richterlicher Behörden zur Erstattung von Rechtsgutachten. Und welche Einwendungen speziell gerade im Namen des Naturrechtes gegen die fraglichen Bestimmungen erhoben werden können, ist aus den Ausführungen FRITERS' nicht ersichtlich.

Die gutachtliche Tätigkeit der Gewerbe- und Kaufmannsgerichte und des Reichsfinanzhofs ist natürlich von der hier zur Erörterung stehenden Verwendung höchster Gerichtshöfe zur bindenden Entscheidung theoretischer Fragen wesentlich verschieden. Diesen letzten Schritt, der theoretischen Erörterung bindende Kraft zu verleihen, hat das geltende Recht noch nicht gewagt; über ihn ist unten zu II und im § 12 das Nähere zu sagen[2]).

An dieser Stelle ist dagegen noch einer anderen bedeutsamen Frage zu gedenken: auf wessen Veranlassung nämlich das höchste Gericht tätig zu werden hat. Sofern der Anlaß zum Eingreifen nicht in einem konkreten Rechtsstreite liegt, kann eine Anrufung durch eine Partei im eigentlichen Sinne des Wortes nicht in Frage kommen, weil eine solche alsdann nicht vorhanden ist. Der Begriff der Partei würde sich hier in den des Beteiligten oder Interessierten auflösen (vgl. auch hierüber unten § 12). In den anderen Fällen aber ist zwischen dem Normalfall der Anrufung durch eine Partei und der Anrufung durch eine Behörde zu unterscheiden. Die letztere Regelung findet sich bei der Nichtigkeitsbeschwerde zur Wahrung des Gesetzes (oben A 2 b) und in den unten zu II C näher zu erörternden Vorschriften, die dem unteren Gerichte unter gewissen Voraussetzungen die Pflicht auferlegen bzw. ihm die Befugnis einräumen, den Streitfall oder eine in ihm enthaltene Rechtsfrage dem höheren Gerichte zur Entscheidung zu unterbreiten. Schließlich gehört hierher der Vorschlag, das Recht zur Einlegung von Rechtsmitteln auch dem Vorsitzenden des unteren Gerichts zu gewähren, wie es im Preußischen Landesverwaltungsgesetze §§ 82/83 und 93 vorgesehen

---

[1]) Eine die Jahre 1914—1918 betreffende statistische Übersicht über die gutachtliche Tätigkeit der Gewerbegerichte befindet sich in der Zeitschrift Gew.- u. Kfmsgericht, 25. Jahrg., S. 157. Hiernach haben die Gewerbegerichte im Jahre 1914 27 Gutachten, in den Jahren 1915—18 zusammen ebenfalls 27 Gutachten abgegeben.

[2]) Der letzte Entwurf eines Arbeitsgerichtsgesetzes (Reichsarbeitsblatt 1923, Amtlicher Teil, S. 385ff.) verpflichtete im § 9 das Reichsarbeitsgericht zur Aufstellung von Richtlinien über arbeitsrechtliche Fragen auf Ersuchen des Reichsjustiz- und des Reichsarbeitsministers. Diese Richtlinien sollten bindende Kraft auch für das Reichsarbeitsgericht selbst haben. Vgl. auch § 5 des Entwurfs eines Allgemeinen Arbeitsvertragsgesetzes (RABl. A. T. 1923, S. 498ff.). Die Einwendungen KRELLERS, ArchzivPrax. N. F. Bd. 2 (1924), S. 10/11 könnten durch vorsichtige Handhabung aus dem Wege geräumt werden. Verfehlt ist es freilich, daß das Reichsarbeitsgericht in gewissen Fällen zur Aufstellung von Richtlinien verpflichtet sein soll. Doch gehört die Erörterung dieses Punktes nach § 12.

ist — ein neuerdings z. B. von SINZHEIMER wieder aufgenommener Gedanke[1]).

II. Die Wirkung der Entscheidungen.

Die höchstrichterliche Entscheidung kann entweder nur auf den Einzelfall oder auf das Rechtsleben im allgemeinen mit Ausnahme des speziellen Einzelfalles oder endlich auf den Einzelfall und über ihn hinaus auf das ganze Rechtsleben wirken.

A. Die auf den Einzelfall beschränkte Wirkung bildet im geltenden Rechte die Regel, sei es, daß das höchste Gericht die Vorentscheidung aufhebt oder daß es sie bestätigt. Im letzteren Falle besteht die rechtliche Wirkung freilich nur darin, daß die Vorentscheidung aus dem Stadium der Anfechtbarkeit in das der Unanfechtbarkeit tritt. Die tatsächliche Wirkung, d. h. der Einfluß, den eine höchstgerichtliche Entscheidung auch ohne gesetzliche Vorschriften allein vermöge des Gewichts ihrer Gründe und des Ansehens ihrer Urheber auf das Rechtsleben auszuüben vermag, muß hier als rechtlicher Wertung entzogen außer Betracht bleiben.

B. Von einer das gesamte Rechtsleben mit Ausnahme des betreffenden Einzelfalles umfassenden Wirkung möchte man bei der Nichtigkeitsbeschwerde zur Wahrung des Gesetzes sprechen, insofern als dieses Rechtsmittel, das ja auf den konkreten Fall keinen Einfluß auszuüben braucht, der Rechtseinheit und Gesetzestreue im allgemeinen dienen soll. Dieses Ziel verfolgt aber jede Revision, und doch ist sonst nicht davon die Rede, daß die gewöhnliche Revisionsentscheidung über den Einzelfall hinaus wirkt. Und in der Tat handelt es sich hier eben nur um eine faktische, nicht um eine rechtliche Wirkung, da ja das Kennzeichen der Rechtswirkung, die Bindung der später in anderen Prozessen zu erlassenden Entscheidungen an die Vorentscheidung, hier fehlt.

C. Eine echte Wirkung über den Einzelfall hinaus läßt sich in den verschiedensten Stärkegraden denken: Eine verhältnismäßig schwache Wirkung läge in der bloßen Erschwerung einer abweichenden Beurteilung der gleichen Rechtsfrage. Diese Erschwerung kann wiederum entweder nur Entscheidungen unterer Instanzen oder solche aller Instanzen betreffen. Von stärkerer Wirkung dagegen wäre ein Verbot abweichender Beurteilung.

Der Wunsch der Rechtsunterworfenen, daß den Entscheidungen der Revisionsgerichte eine erhöhte, über den Einzelfall hinausragende Bedeutung beigelegt werden möge, ist begreiflich; er entspringt dem Streben nach Rechtssicherheit[2]). Der Verkehr braucht vor allem

[1]) SINZHEIMER, Ein Arbeitstarifgesetz (1916), S. 233 hat im § 88 seines Entwurfs eines Arbeitstarifgesetzes vorgeschlagen, dem Vorsitzenden „im Tarifinteresse" das Recht der Rechtsmitteleinlegung zu geben, um auf diesem Wege das Fehlen einer einheitlichen Oberinstanz auf dem Gebiete des Arbeitsrechts auszugleichen.

[2]) Über diesen Begriff vgl. neuerdings die Rede Max RÜMELINS, Die Rechtssicherheit, Tübingen 1924, etwa S. 9ff. u. 51ff.

einen zuverlässigen Führer durch die Wirrnisse des modernen Rechts, um seine Handlungen danach einrichten zu können. Er will Schwankungen in der Rechtsprechung, insbesondere der der höchsten Gerichte nach Möglichkeit vermieden wissen und sich nicht dem schlechthin Unberechenbaren blindlings ausliefern lassen. Dieses Bedürfnis, den Ausfall gerichtlicher Entscheidungen wenigstens nach der rechtlichen Seite hin sicher voraussehen zu können, würde folgerichtig zu einem vollständigen Verbot der Abkehr von höchstrichterlichen Entscheidungen führen. Andererseits aber wirkt das Gefühl für die Notwendigkeit der Fortentwickelung der Rechtsprechung — ein Faktor, für den das deutsche Rechtsempfinden besonders empfänglich ist — in entgegengesetzter Richtung und wehrt sich gegen ein solches Verbot. „Die Einheitlichkeit des Rechts in dem Sinne, daß einander zuwiderlaufende Erkenntnisse ausgeschlossen wären, ist ganz wie seine Unabänderlichkeit ein naturrechtlicher Wahn," sagt E. J. Bekker[1]). Und nach Otto Fischer[2]) wäre der Vorschlag, den Entscheidungen des Reichsgerichts über den Einzelfall hinaus bindende Kraft zu verleihen, geeignet, die Rechtswissenschaft zu entthronen und für die Praxis „die Herrschaft des Stumpfsinns" zu proklamieren, wie auch der Reichstagsabgeordnete Dove in einer Reichstagsrede vom 14. 5. 1904 nach Adickes (Grundlinien, S. 101, Anm. 1) als Folge einer grundsätzlichen Bindung der Oberlandesgerichte an die Reichsgerichtsurteile die „Ruhe des Kirchhofs" vorauszuahnen glaubte. Im schroffsten Gegensatze hierzu hält Zitelmann es lediglich für ein „der Wahrheit die Ehre geben", wenn man aus der bereits bestehenden tatsächlichen Bindung an Präjudizien eine rechtliche machen würde[3]).

M. E. wäre eine derartige rechtliche Bindung an Vorentscheidungen, die in konkreten Rechtsstreitigkeiten ergangen sind, mit dem individuell-zufälligen Charakter dieser Vorentscheidungen nicht verträglich. Es ist daher zu billigen, daß das geltende Recht dem Zitelmannschen Vorschlage nicht gefolgt ist — wenngleich seine Verwirklichung die von Fischer, Dove u. a. prophezeiten verderblichen Folgen wohl kaum gehabt hätte. Gesetzeskraft hat das geltende Recht richterlichen Entscheidungen nur im Falle des § 3 III des Gesetzes zur Ausführung des Art. 13 II der Verfassung des Deutschen Reichs vom 8. 4. 20 (RGBl. S. 510) verliehen. In den unter diese Bestimmung fallenden Entscheidnngen handelt es sich aber lediglich um abstrakte Rechtsfragen, nicht um die Entscheidung konkreter Prozesse[4]); hier entfallen daher die oben geäußerten Bedenken.

Zwischen diesen beiden Gedankenreihen sind Kompromisse der verschiedensten Art möglich, die teils mehr das Bedürfnis des Publikums nach Rechtssicherheit, teils mehr den Wunsch der Juristenwelt, dem Rechte die Möglichkeit freier Fortentwickelung offen zu halten, berück-

1) Grundbegriffe des Rechts u. Mißgriffe der Gesetzgebung 1910, S. 311.
2) Jherings Jahrb. Bd. 36 (1898), S. 354, Anm. 2.
3) Rechtsgeschäfte im Entwurf 1889, S. 7 und D. R. Z. 1914, Sp. 111.
4) Vgl. Giese, Anm. 4 u. 5 zu Art. 13 der Reichsverfassung vom 11. 8. 19.

sichtigen. Den bekanntesten Vermittelungsversuch des geltenden Rechts stellt die Vorschrift des § 136 (früher 137) GVG. dar, die eine sehr vorsichtige und infolge des zurückhaltenden Gebrauchs, den das Reichsgericht von ihr macht, wenig wirksame Erschwerung der Abkehr von ergangenen reichsgerichtlichen Entscheidungen bedeutet[1]). Ähnliche Vorschriften enthalten die §§ 79 II GBO. und 28 II FGG. Die Gesetzgebung der letzten Jahrzehnte, besonders aber der Nachkriegszeit zeigt durchweg das Bestreben, den Grundgedanken des § 136 nach verschiedenen Richtungen hin auszubauen. Sonderbarerweise hat die Literatur dieser sehr bedeutsamen Erscheinung verhältnismäßig wenig Beachtung geschenkt. Es ist überhaupt auffallend, wie sehr viele Autoren, die sich mit derartig allgemein wichtigen, über den Bereich einer einzelnen Rechtsdisziplin hinausreichenden Fragen wie z. B. der revisio per saltum, der bindenden Kraft höchstrichterlicher Entscheidungen und ähnlichen beschäftigen, dazu neigen, ihre Vorschläge ohne die erforderliche Berücksichtigung der in Wissenschaft und Gesetzgebung bereits vorhandenen Lösungsversuche und der gegen diese erhobenen Bedenken der öffentlichen Kritik zu unterbreiten[2]). Andererseits findet sich wiederum in den gesetzgeberischen Versuchen, zur Erhöhung der Rechtseinheit und Rechtssicherheit widersprechende Entscheidungen zu erschweren, ein bedauerlicher Mangel an Einheit und Methode. In der Gesetzgebung wie in der Literatur weiß oft die rechte Hand nicht, was die linke tut, hier wie dort fühlt jeder das Bedürfnis, alle nur denkbaren Experimente auf eigene Faust anzustellen.

Die Ursachen dieser in der Gesetzgebung bemerkbaren Strömung liegen auf verschiedenen Gebieten. Die unausgeglichene, überhastete und vor allem viel zu umfangreiche Tätigkeit der Gesetzgebungsmaschine hat das allgemeine Bedürfnis nach Rechtssicherheit gerade in den letzten Jahren ungemein lebhaft werden lassen[3]). Hierzu tritt die auf politischem Gebiete seit der Revolution bei den Reichsinstanzen bemerkbare Neigung zur Zentralisierung und schließlich der unserer modernen Rechtsentwickelung eigene Zug zur Typisierung. Der letztere Umstand ist hier von besonderer Bedeutung. Das moderne Recht hat es in immer größer werdendem Umfange mit typischen Rechtsfällen zu tun; das

---

[1]) Über die Vorgeschichte und Bedeutung des § 136 vgl. die eingehende Darstellung von SCHULTZENSTEIN in der Z. Z. P. Bd. 18 (1893), S. 88ff. Für die Behandlung, die das Reichsgericht dem § 136 angedeihen läßt, sind neuerdings wieder die Entscheidungen des I. Strafsenats J. W. 1923, S. 51, Nr. 1, J. W. 1924, S. 1722, Nr. 4 (vgl. die Anmerkungen MERKELS zu diesen Entscheidungen) und J. W. 1924, S. 1724, Nr. 6 (vgl. die Anmerkung KÖHLERS) bezeichnend.

[2]) Charakteristisch hierfür ist nicht nur der oben erwähnte Aufsatz KLEYBOLTES, sondern auch die im übrigen ausgezeichnete Schrift ERWIN RITTERS, Von der öffentlichen Verwaltung (Verlag für Politik und Wirtschaft, ohne Jahreszahl, 1921 erschienen), S. 15ff.; beide erwähnen nicht einmal den Antrag BASSERMANN-SCHIFFER und die ZEILERschen Vorarbeiten. Vgl. über RITTER auch DREWS, J. W. 1921, S. 1298, und DÜRINGER, Recht und Wirtschaft 1922, S. 67. Auch in der Tagespresse werden ähnliche Vorschläge neuerdings gemacht, vgl. SIMON in der Beilage „Recht und Leben" der Voss. Ztg. vom 17. 1. 24.

[3]) Vgl. etwa RICKS, J. W. 1921, S. 1590.

klassische Beispiel hierfür bildet neben einigen ebenfalls sehr bedeutsamen Materien wie z. B. dem Privatversicherungsrecht das Arbeitsrecht, besonders das Recht des Tarifvertrages. Der typische Rechtsfall aber hat — darin liegt ja eben seine Eigenart — die Tendenz, in seiner wesentlichen Ausprägung tausendfach unverändert wiederzukehren. Wenn die Auslegung der Bestimmungen eines gewöhnlichen Kaufvertrages zweifelhaft ist, so berührt diese Unsicherheit nur die beiden Parteien dieses Vertrages und wird sich in der Regel in einem später abgeschlossenen Kaufvertrage nicht in absolut gleicher Weise wiederholen. Wir haben erst in jüngster Zeit gesehen, wie sehr bei der Entscheidung der Streitigkeiten in Lieferungsverträgen (clausula rebus sic stantibus usw.), also auf einem Gebiete, wo dem oberflächlichen Betrachter der eine Fall dem anderen zu gleichen schien, der höchste Gerichtshof schließlich doch sein Urteil von ganz individuellen Besonderheiten des Tatbestandes abhängig machte. Unklarheiten in einem wirklich typischen Vertrage aber, d. h. in einem Vertrage, der nach einem bestimmten Muster tausendfach geschlossen wird, weil die durch ihn zu regelnden Rechtsbeziehungen keine individuelle Ausgestaltung verlangen, äußern ihre Rückwirkung auf alle auf der Grundlage dieses Musters geschlossenen Einzelverträge in absolut gleicher Weise. Trotzdem müßten sie grundsätzlich von allen Parteien dieser Verträge besonders zum Austrag gebracht werden, da die Wirkung der rechtskräftigen Entscheidung eines Einzelfalles über diesen in der Regel eben nicht hinausreicht.

Dem Bedürfnisse nach einheitlicher prozessualer Erledigung gleichartiger Rechtsstreitigkeiten tragen die Bestimmungen der ZPO. über die Streitgenossenschaft, die z. B. im Verwaltungsstreitverfahren analog angewendet werden[1]), in gewissem Umfange bereits Rechnung. Aber diese Bestimmungen können erstens dem Zwecke der Vermeidung widersprechender Entscheidungen nur insoweit dienen, als es sich um gleichzeitig akut werdende Rechtsstreitigkeiten handelt, und sodann ist der Begriff der notwendigen Streitgenossenschaft sehr eng und die Anwendbarkeit des § 62 ZPO. infolgedessen sehr beschränkt[2]). Der Umstand allein, daß eine Rechtsfrage allen Streitgenossen gegenüber in gleicher Weise erheblich ist, macht die Streitgenossenschaft noch nicht zur „notwendigen".

Einen anderen Weg geht das Schlichtungswesen auf dem Gebiete des Arbeitsrechts, indem es durch Einführung des Begriffs der „Gesamtstreitigkeit" die einheitliche Schlichtung typischer Streitfälle ermöglicht. Freilich handelt es sich bei den Gesamtstreitigkeiten nach der Schlichtungsverordnung vom 30. 10. 23 (RGBl. 1043) nicht mehr um eigentliche Rechtsstreitigkeiten, sondern um wirtschaftliche Interessenkämpfe[3]).

---

1) Friedrichs, Verwaltungsrechtspflege Bd. II, §§ 302ff.
2) Stein, Anm. zu § 62 ZPO. unter II.
3) Vgl. hierüber Dersch, J. W. 1924, S. 1013.

Die letzte Gruppe von Lösungsversuchen will, wie bereits angedeutet wurde, in Anknüpfung an den Grundgedanken der §§ 136 GVG., 79 II GBO. und 28 II FGG. nach Möglichkeit verhindern, daß nacheinander entgegengesetzte Entscheidungen über die gleiche Rechtsfrage ergehen. Die derart aus der Reihe der übrigen herausgehobenen und mit verstärkter Rechtswirkung versehenen Entscheidungen erlangen, wie DÜRINGER es einmal bezeichnet hat[1]), gewissermaßen „partielle Gesetzeskraft". Eine solche verstärkte Rechtswirkung läßt sich, sofern man nicht so weit gehen will, jede Abweichung von der in einer gerichtlichen Entscheidung ausgesprochenen Rechtsauffassung überhaupt zu verbieten, dadurch erreichen, daß man die Abänderungsbefugnis in die Hand einer einzigen Zentralstelle legt (unten zu a). Da man aber nicht die Entscheidungen beliebiger Unterinstanzen, sondern nur die einiger hervorragender Stellen mit dieser erhöhten Bindung versehen kann, so ließe diese Art der Lösung die Möglichkeit bestehen, daß — bis es zu einem Spruche der höchsten Instanz kommt — widersprechende Entscheidungen der Untergerichte in großer Zahl ergehen. Daher hat man in Erweiterung der an § 136 GVG. anknüpfenden Vorschriften auch für den Fall, daß über eine der Unterinstanz vorliegende Rechtsfrage eine höchstgerichtliche Entscheidung noch nicht vorliegt, Vorsorge treffen wollen (unten zu b).

Die Gesetzgebung unterscheidet demnach 2 Möglichkeiten[2]):

a) Es liegt bereits eine Entscheidung über eine bestimmte Rechtsfrage vor; die gleiche Frage taucht alsdann von neuem bei einer anderen Spruchbehörde auf, und die nunmehr zur Entscheidung berufene Stelle will von der früheren Entscheidung abweichen. Dann muß die Angelegenheit einer Zentralinstanz zur bindenden Entscheidung vorgelegt werden. Eine derartige Regelung — häufig sogar mit der Ausdehnung auf den Fall, daß ein Gericht von seiner eigenen Entscheidung abweichen will — findet sich, abgesehen von den 3 obenerwähnten allgemein bekannten Stellen noch in folgenden Gesetzen bzw. Gesetzentwürfen[3]):

1. Verordnung über das Reichswirtschaftsgericht vom 21. 5. 20 (RGBl. S. 1167ff.) § 38 II,

2. Preußische Verordnung über Rechtsbeschwerde pp. in Pachtschutzsachen vom 23. 7. 21 (Preuß. Ges. S. S. 488ff.) § 34 I Satz 1,

3. Reichsversicherungsordnung §§ 1693 I, 1717ff.,

---

[1]) DÜRINGER, Richter und Rechtsprechung (1909) in der Festschrift der Universität Leipzig gewidmet von der Juristischen Gesellschaft in Leipzig, S. 198.

[2]) STERN, a. a. O., S. 164 bezeichnet die zu a besprochene Erscheinung als „Abweichungsbegehr", die zu b als „Rechtserkundigung". Er unterschätzt übrigens durchaus die beiden Erscheinungen gemeinsamen Momente und wird der „Rechtserkundigung" in vielem nicht gerecht.

[3]) Die hier gegebene Zusammenstellung macht auf absolute Vollständigkeit keinen Anspruch, glaubt aber die wichtigsten in Frage kommenden Erscheinungen zu umfassen.

Über das neue österreichische Gewerbegerichtsgesetz vom 5. 4. 22 vgl. GRÜNBERG, Gew.- u. Kfmsgericht, 27. Jahrg., S. 225.

4. Gesetz über die Errichtung eines Reichsfinanzhofs pp. vom 26. 7. 18 (RGBl. S. 959ff.) § 20,

5. Gesetz über die Reichsfinanzverwaltung vom 10. 9. 19 (RGBl. S. 1591 ff.) § 39,

6. Reichsabgabenordnung vom 13. 12. 19 (RGBl. S. 1993ff.) § 46,

7. Preußisches Gesetz betr. die Verfassung der Verwaltungsgerichte und das Verwaltungsstreitverfahren in der Fassung vom 27. 5. 88 § 29,

8. Kgl. Verordnung betr. das Landeswasseramt vom 18. 3. 1914 (Preuß. Ges. S. S. 55) § 10,

9. Verordnung zur Ausführung des Betriebsrätegesetzes vom 14. 4. 20 (RGBl. S. 522) Art. 4 Abs. 3a,

10. Gesetz über das Verfahren in Versorgungssachen vom 10. 1. 1922 (RGBl. S. 59) §§ 129/30.

11. Militärstrafgerichtsordnung vom 1. 12. 98 § 85,

11a. Anordnung für das Verfahren vor dem Mieteinigungsamt und der Beschwerdestelle vom 19. 9. 23 (RGBl. S. 889) § 24a,

12. Entwurf einer Schlichtungsordnung (Reichsarbeitsblatt, 1. Jahrgang, Neue Folge Amtl. Teil, S. 449ff.) § 102 II, jedoch nur, wenn die Vorentscheidung nach § 102 I für „grundsätzlich" erklärt worden ist,

13. Referentenentwurf eines Gesetzes über eine vorläufige Arbeitslosenversicherung (Reichsarbeitsblatt, a. a. O., S. 839ff.) § 49,

14. Entwurf eines Gesetzes zur Änderung des Gerichtsverfassungsgesetzes von 1919 § 123b,

15. Vorläufiger Entwurf eines Gesetzes über das Reichsverwaltungsgericht (entworfen im Reichsministerium des Innern, 1921) § 13.

Diese Vorschriften sind nicht etwa sämtlich völlig einheitlich gearbeitet, sondern weisen wesentliche Verschiedenheiten auf, die sich vor allem auf die Voraussetzungen und den Umfang der Vorlegungspflicht sowie auf die Wirkung der auf die Vorlegung hin ergehenden Entscheidungen beziehen. In letzterer Hinsicht besteht der Hauptunterschied darin, daß die Entscheidungen in manchen Verfahrensarten auch die Unterinstanzen binden (z. B. in den Fällen zu 2, 10 und 12), in anderen Verfahrensarten dagegen nicht (z. B. zu 6). Hinsichtlich des Umfangs der Vorlegungspflicht wiederum gehen die unter 1, 4, 5, 6, 10 und 15 genannten Bestimmungen insofern über den § 136 GVG. hinaus, als sie die Anrufung der höheren Instanz auch dann vorschreiben, wenn die zunächst zur Entscheidung berufene Stelle von ihrer eigenen früheren Entscheidung abweichen will, während in den übrigen Fällen die Anrufung nur dann zu erfolgen hat, wenn von einer Entscheidung bestimmter anderer Stellen abgewichen werden soll[1]). Den Umfang der Vorlegungspflicht berührt es ferner, wenn z. B. § 46 RAO. und die oben zu 5 und 10 erwähnten Vorschriften nicht wie § 136 GVG. in seiner jetzigen Gestalt lediglich die Entscheidung der Rechtsfrage, sondern ent-

[1]) Über die Geschichte und Bedeutung dieses sehr wesentlichen Unterschiedes vgl. SCHULTZENSTEIN, a. a. O., S. 92ff.

sprechend der bis zum Gesetz vom 17. 3. 1886 (RGBl. S. 61) geltenden Fassung dieser Bestimmung eine Verweisung der **Sache** selbst an die höchste Instanz, den „großen Senat" vorsehen[1]). Daraus ergibt sich, daß diese höchste Instanz in den zuletzt genannten Fällen das eigentlich entscheidende, in den anderen Fällen dagegen nur ein „bindend begutachtendes Organ"[2]) darstellt[3]).

Was die Voraussetzungen der Vorlegungspflicht betrifft, so wird in den Bestimmungen zu 3, 4, 5, 6, 10, 13 und 15 zwischen amtlich veröffentlichten und amtlich nicht veröffentlichten Entscheidungen in der Weise unterschieden, daß die Vorlegungspflicht nur dann besteht, wenn von einer amtlich veröffentlichten Entscheidung abgewichen werden soll[4]). In den übrigen oben genannten Bestimmungen findet sich eine solche Unterscheidung ebensowenig wie in den §§ 136 GVG., 79 II GBO. und 28 II FGG. Hieraus folgert HENSEL[5]) mit Recht, daß die Entscheidungssammlungen des Reichsfinanzhofs einen sozusagen offizielleren Charakter tragen als die des Reichsgerichts. Im Falle des § 136 GVG. kann von einer solchen Unterscheidung auch ohne Schwierigkeit abgesehen werden, da die Senate des Reichsgerichts imstande sind, auch die nicht in der offiziellen Sammlung veröffentlichten Reichsgerichtsentscheidungen kennen zu lernen. In den oben unter 1, 2, 12 und 14 angeführten Vorschriften dagegen wird eine lückenlose Kenntnis auch der nicht veröffentlichten Entscheidungen anderer Gerichte als des einen höchsten Gerichts vorausgesetzt, und zwar nicht nur bei diesen Gerichten oder dem höchsten Gerichte selbst, sondern ebenso bei allen ihnen gleichstehenden, ja teilweise sogar bei allen ihnen untergeordneten. Desgleichen setzt die zu 9 erwähnte Verordnung bei den Bezirksschlichtungsausschüssen die Kenntnis der Sprüche der anderen Bezirksschlichtungsausschüsse und des Zentralschlichtungsausschusses voraus. In alledem liegt selbstverständlich eine tatsächliche Unmöglichkeit. Das erkannte offenbar auch die Verordnung über Rechtsbeschwerde pp. in Pachtschutzsachen (oben zu 2); sie sah sich daher veranlaßt, den Satz, daß die Nürnberger keinen hängen, den sie nicht haben, noch ausdrücklich auszusprechen, indem sie bestimmte, daß ein Landgericht, das „von der **ihm**

---

[1]) Ebenso naturgemäß die zu 9 erwähnte VO. zur Ausführung des BRG., da es sich hier ja überhaupt nicht um die Entscheidung von Rechtsfragen im eigentlichen Sinne zu handeln braucht.

[2]) RICHARD SCHMIDT, Lehrbuch des Deutschen Zivilprozeßrechts 2. Aufl. 1910, S. 197.

[3]) Der zu 15 genannte § 13 des Entwurfs eines Gesetzes über das Reichsverwaltungsgericht läßt, wie FRIEDRICHS (Verw. Arch. Bd. 29, S. 220) mit Recht tadelt, die Frage, ob die Vollversammlung über die Rechtsfrage oder über die Sache selbst entscheiden soll, gänzlich unbeantwortet.

[4]) Die Begründung zu dem in Anm. 3 erwähnten Entwurf betont S. 24 ausdrücklich, daß eine Abweichung von nicht veröffentlichten Entscheidungen unschädlich sei, weil sie keine Rechtsverwirrung hervorrufen könne. Das ist m. E. etwas zu viel gesagt. Auch nichtveröffentlichte Entscheidungen werden oft in weiteren Interessentenkreisen bekannt und beeinflussen dann das Verhalten des Publikums.

[5]) Recht und Wirtschaft 1921, S. 190, Anm. 2.

bekannten Entscheidung eines anderen Landgerichts" abweichen will, die Sache dem Kammergericht vorzulegen hat. Es wäre wohl eher erforderlich gewesen, an Stelle dieser selbstverständlichen Einschränkung den Landgerichten geeignete Mittel zum Kennenlernen der von ihnen zu beachtenden Entscheidungen zu gewähren, insbesondere die Herausgabe einer amtlichen Sammlung anzuordnen, ohne die die obigen Vorschriften mehr oder weniger undurchführbar sind[1]).

b) Es liegt noch keine Entscheidung über die Rechtsfrage vor. Alsdann schlägt das geltende Recht neuerdings — vielleicht in Anknüpfung an gewisse Erscheinungen des englischen Rechts[2]) — in vereinzelten Fällen folgenden Weg ein: Wenn die zunächst mit der Erledigung betraute Stelle zu der Ansicht kommt, daß die Entscheidung von der Beantwortung einer noch nicht letztinstanzlich entschiedenen Rechtsfrage von grundsätzlicher Bedeutung abhängt, dann kann oder muß sie — im Gegensatz zu den Fällen zu a, wo stets eine Vorlegungspflicht besteht — diese Frage einer Zentralinstanz zur Beurteilung vorlegen, deren Spruch in der betreffenden Sache bindend ist und außerdem die Wirkung hat, die Frage in das unter a behandelte Stadium hinüberzuleiten. Eine ähnliche Regelung enthält der 3. Leitsatz von KARL SCHULZ in seinem „Vorschlag zur Umgestaltung des Rechtsmittels der Revision" in der Wach-Festschrift[3]): „Das Oberlandesgericht ist berechtigt, in zweifelhaften Rechtsfragen die Zulässigkeit der Revision festzusetzen, dazu verpflichtet, wenn es die in dem Rechtsfall auftretende Rechtsfrage anders entschieden hat als das Reichsgericht oder, falls von diesem die Rechtsfrage noch nicht entschieden ist, als andere Oberlandesgerichte sie in gleichen oder ähnlichen Fällen entschieden haben." Der grundlegende Unterschied zwischen dem SCHULZschen Vorschlage und den im folgenden zusammengestellten Bestimmungen besteht darin, daß nach SCHULZ das Oberlandesgericht zunächst selbst entscheiden soll und nur insofern beschränkt wird, als es den Rechtsmittelzug in gewissen Fällen nicht versperren darf, während der Gesetzgeber dem Tatrichter die Befugnis der eigenen Entscheidung unter Umständen gänzlich nimmt. Der SCHULZsche Vorschlag bietet den Vorteil, daß er den Untergerichten ein größeres Maß an Selbständigkeit und Verantwortlichkeit beläßt — müssen die Untergerichte hier ja doch stets mit der Möglichkeit rechnen, daß die Partei die ihr gestattete

---

[1]) Vgl. auch EBERMAYER, ZStW. 1920, S. 36ff.; von HIPPEL, daselbst S. 24; PREDARI, Anm. 7 zu § 79 GBO.; OTTO FISCHER, Anm. 3 zu § 79 GBO., setzt es bezeichnenderweise als selbstverständliche Folge des § 79 GBO. voraus, daß die Justizverwaltungen die OLG. Entscheidungen auf dem Gebiete des Grundbuchrechts sammeln und veröffentlichen.

[2]) GERLAND, Die englische Gerichtsverfassung 1910, Bd. I, S. 326/7, Bd. II, S. 753/4; BROMBERG, Das Rechtsmittelwesen in England u. Schottland (Berlin 1908, Bd. 2, Heft 4 der „Beiträge zur Reform des Strafprozesses"), S. 22; STERN, a. a. O., S. 85 u. 164ff.

[3]) Festschrift für ADOLF WACH 1913, Bd. 1, S. 385. Vgl. auch den ähnlichen Vorschlag NÖLDEKES, D. J. Z. 1922, S. 394/5, und neuestens die Verordnung zur Entlastung des Reichsgerichts vom 15. 1. 24 (RGBl. S. 29), Art. I § 2.

Revisionseinlegung unterläßt. Dagegen liegt ein unzweifelhafter Mangel dieser Regelung darin, daß widersprechende Entscheidungen zunächst jedenfalls ergehen können, und es von der Partei, also vom Zufall abhängt, ob überhaupt auch nur ein Versuch zu ihrer Beseitigung gemacht wird[1]).

Die hier in Frage kommenden Bestimmungen des geltenden Rechts bzw. Gesetzentwürfe sind folgende:

1. Verordnung über das Reichswirtschaftsgericht vom 21. 5. 20 (RGBl. S. 1167ff.) § 38I (oben a 1),

2. Preußische Verordnun (über Rechtsbeschwerde pp. in Pachtschutzsachen vom 23. 7. 21 Preuß. Ges. S. S. 488ff.) § 34 I Satz 2 (oben a 2),

3. Reichsversicherungsordnung § 1693 I,

4. Reichsversicherungsordnung § 1459 II (hier muß die Abgabe auf Antrag erfolgen),

5. Verordnung vom 14. 4. 20 (oben a 9) Art. 4 Abs. 3b)[2]),

6. Gesetz über das Verfahren in Versorgungssachen vom 10. 1. 22 (RGBl. S. 59) § 129, mit Vorlegungspflicht, jedoch nur für die unteren Instanzen, während der höchsten Instanz dann, wenn es sich um die Entscheidung einer grundsätzlichen Rechtsfrage handelt, ohne daß von einer Vorentscheidung abgewichen werden soll, hier im Gegensatze zu dem Falle zu 1 (Reichswirtschaftsgericht) nicht einmal das Recht auf Anrufung eines „großen Senats" zusteht,

7.. Verordnung zur Ausführung des Patentgesetzes pp. vom 11. 7. 91 (RGBl. S. 349) § 9 (freilich noch ganz in den Anfängen stecken bleibend),

8. Preußische Verordnung über die Zwangsauflösung der Familiengüter und Hausvermögen (Zwangsauflösungsverordnung) vom 19. 11. 20 (Preuß. Ges. S. 461ff.) § 27 IV mit der Besonderheit, daß das von einem Auflösungsamt angerufene Landesamt für Familiengüter nur dann durch „begründeten Rechtsentscheid" zu entscheiden braucht, wenn es die grundsätzliche Bedeutung der Frage anerkennt, und daß der Rechtsentscheid sämtlichen Auflösungsämtern mitzuteilen ist und diese bindet, jedoch vom Landesamt jederzeit wieder abgeändert werden kann.

8a. Anordnung für das Verfahren vor dem Mieteinigungsamt und der Beschwerdestelle vom 19. 9. 23 (RGBl. S. 889) § 24b (oben a 11a),

9. Referentenentwurf eines Gesetzes über eine vorläufige Arbeitslosenversicherung (siehe oben a 13) § 49, mit unbedingter Vorlegungspflicht,

10. Entwurf eines Gesetzes zur Änderung des GVG. von 1919 § 123b und Entwurf eines Gesetzes zur Neuordnung der Strafgerichte vom Mai 1923 § 123a.

---

[1]) Weitere beachtliche Bedenken äußert OTT, Beschränkung der Revision, 1911, S. 32/33.

[2]) Hier besteht die Vorlegungsbefugnis ohne weiteres, die Vorlegungspflicht auf Antrag, beides insbesondere „wenn die Art der Streitigkeit eine zentrale Regelung erfordert". Um Rechtsfragen braucht es sich hier, wie bereits oben erwähnt, nicht zu handeln.

Man kann also sagen, daß hier das Auftauchen einer Rechtsfrage von grundsätzlicher Bedeutung auch unabhängig davon, daß eine Partei den Rechtsmittelzug erschöpft, mit einiger Wahrscheinlichkeit zur Anrufung der höchsten Instanz führt, von deren Entscheidung dann in künftigen Fällen nur schwer abgewichen werden kann. Hier und da wird freilich die Vermutung ausgesprochen, daß die Spruchbehörden, denen vom Gesetze nicht die Verpflichtung auferlegt, sondern nur die Befugnis gewährt werde, noch nicht letztinstanzlich entschiedene Rechtsfragen der höchsten Stelle vorzulegen, von dieser Befugnis nur selten und ungern Gebrauch machen und lieber selbst entscheiden würden. Ob diese Vermutung durchweg richtig ist, läßt sich schwer beurteilen. Die Verhältnisse liegen in dieser Beziehung auch keineswegs überall gleich. Spruchbehörden, die eine Jahrzehnte alte, nach allen Richtungen durchforschte Gesetzgebung anzuwenden haben, werden die Verantwortung der selbständigen Entscheidung leichter auf sich nehmen als Instanzen, die es mit neuen, unklaren und noch wenig bearbeiteten Gesetzen zu tun haben. So scheinen z. B. die oben zu 8 erwähnten Auflösungsämter die Autorität des Landesamtes für Familiengüter — wie die verhältnismäßig große Zahl der von diesem in der kurzen Zeit seines Bestehens bereits veröffentlichten Rechtsentscheide zeigt — nicht ungern anzurufen.

Interessant ist es übrigens, wie verschieden die Grundvoraussetzung, an deren Vorhandensein die Vorlegungsbefugnis bzw. Vorlegungspflicht geknüpft ist, von der Gesetzgebung formuliert wird. Falls es sich hier nicht um bloße Flüchtigkeiten oder Gedankenlosigkeiten handelt, die man dem Gesetzgeber eigentlich ebensowenig zutrauen sollte wie man andererseits ausschließlich Offenbarungen weisester Unfehlbarkeit von ihm zu erwarten braucht, so bildet diese Verschiedenheit jedenfalls einen neuen Beweis für die Unklarheit, die über den Begriff der Rechtsfrage vielfach herrscht. Während nämlich die meisten oben genannten Bestimmungen[1]) zwischen gewöhnlichen Rechtsfragen und „Rechtsfragen von grundsätzlicher Bedeutung" unterscheiden, also offenbar in durchaus zutreffender Weise davon ausgehen, daß es auch der grundsätzlichen Bedeutung entbehrende Rechtsfragen gibt (vgl. z. B. oben zu b 2, 6, 8 und 9), stellt § 10 der Verordnung betr. das Landeswasseramt vom 18. 3. 14 (oben zu a 8) der Rechtsfrage „andere wichtige Fragen von allgemeiner Bedeutung", § 38 der Verordnung über das Reichswirtschaftsgericht vom 21. 5. 20 (oben zu a 1 und b 1) „andere Fragen von grundsätzlicher Bedeutung" gleich. Diese beiden Vorschriften wollen also anscheinend jeder Rechtsfrage ohne weiteres grundsätzliche Bedeutung zuerkennen. Diese Auffassung wäre dann richtig, wenn man den Begriff der Rechtsfrage so eng faßt, wie es die in dieser Arbeit bekämpften Schriftsteller und Entscheidungen tun. Wenn man aber von einem weiteren Begriff der Rechtsfrage ausgeht, dann kann man nicht im Zweifel darüber

[1]) Richtig insbesondre auch Art. I § 2 der Verordnung zur Entlastung des Reichsgerichts vom 15. 1. 24 (RGBl. S. 29).

sein, daß es auch Rechtsfragen in Fülle gibt, die so sehr mit den Elementen des Einzelfalles verwachsen sind, daß ihnen grundsätzliche Bedeutung nicht beigelegt werden kann. Wie man zu diesem Meinungsstreite aber auch stehen mag, eins wird man nicht leugnen wollen: daß nämlich nur eine von beiden Anschauungen richtig sein kann, und daß die Gesetzgebung daher nicht planlos zwischen beiden einherschwankend das Wort „Rechtsfrage" hier in dieser, dort in jener Bedeutung verwenden darf.

Auch im übrigen ist die durch sachliche Erwägungen meistens nicht zu rechtfertigende Buntheit der Einzelausgestaltung und vor allem die der ganzen gesetzlichen Regelung anhaftende Lückenhaftigkeit und Planlosigkeit zu beklagen. Wenn der Gesetzgeber es in den zahlreichen oben genannten Fällen für richtig hielt, die Anrufung einer Zentralinstanz vorzuschreiben oder wenigstens zuzulassen, so ist nicht einzusehen, weshalb er diesen Weg bei vielen anderen nicht weniger dazu geeigneten Verfahrensarten verschlossen hat. Insbesondre hat die Prozeßreform von 1924 den Gedanken nicht aufgenommen. Ferner ist die Gesetzgebung sich offenbar noch nicht klar darüber geworden, ob hier eine Vorlegungs**pflicht** oder eine bloße Vorlegungs**befugnis** am Platze ist [1]). Die zu a 4, 5 und 6 erwähnten Finanzgesetze kennen zwar die Vorlegungspflicht beim Vorhandensein einer Vorentscheidung (oben a), nicht aber die Vorlegungsbefugnis zu b. Hier ist ein „großer Senat" zur letzten Entscheidung berufen (z. B. a 1 und 6), dort die „Vollversammlung" a 11 und 15) usw. [2]). Diese Beispiele im Verein mit den bereits zu a erwähnten Unstimmigkeiten dürften zur Genüge zeigen, daß die neuere Gesetzgebung hier wenig methodisch vorgegangen ist und sozusagen von der Hand in den Mund gelebt hat. Eine ordnende und vereinheitlichende Hand wäre bei dem Aufbau dieses Instituts der Vorlegungspflicht vonnöten gewesen.

Eine ganz eigenartige und höchst bedenkliche Rückwirkung legt § 66 Ziffer 12 des Gesetzes über das Verfahren in Versorgungssachen vom 10. 1. 22 (oben a 10 und b 6) den veröffentlichten grundsätzlichen Entscheidungen des Reichsversorgungsgerichts bei: Ein durch eine rechtskräftige Entscheidung abgeschlossenes Verfahren soll hiernach nämlich wieder aufgenommen werden dürfen, wenn das Reichsversorgungsgericht in einer veröffentlichten grundsätzlichen Entscheidung (§ 141) nachträglich eine andere Auffassung ausspricht, als der Entscheidung zugrunde gelegen hat. Danach sollen also offenbar sämtliche erledigten Verfahren wieder aufgerollt werden dürfen, wenn binnen

---

[1]) Ich pflichte Stern, a. a. O., S. 166/7, darin bei, daß die „Rechtserkundigung" nicht obligatorisch gestaltet werden sollte. Das hat aber der Strafprozeßentwurf von 1919 auch gar nicht getan.

[2]) Über die Gründe, aus denen der Entwurf eines Gesetzes über das Reichsverwaltungsgericht die Vollversammlung an die Stelle des großen Senats setzen will, spricht sich die Begründung S. 24 freilich in m. E. zutreffender Weise aus. Vor allem kommt es hierbei wesentlich auf die Größe des betreffenden höchsten Gerichtshofs an; ist die Zahl der Senate noch klein, so wird die Vollversammlung einem großen Senate vorzuziehen sein.

5 Jahren (§ 68) eine die für sie wesentliche Rechtsfrage in anderem Sinne beantwortende Entscheidung der höchsten Instanz veröffentlicht wird. Ob man sich der Tragweite einer derartigen Bestimmung wohl voll bewußt gewesen ist[1]?

Wenn man nun die Frage aufwirft, ob Vorschriften wie die zu a und b zusammengestellten speziell für das Gebiet des Strafverfahrens als geeignet anzusehen sind, so wird man von der Tatsache ausgehen müssen, daß einerseits zwar der Wunsch nach Rechtssicherheit nirgends größer, andererseits aber die Tendenz der Typisierung, die das Bedürfnis nach Vereinheitlichung der Rechtsprechung wesentlich verstärkt hat, nirgends von so geringer Bedeutung ist wie gerade im Strafrecht, das auf die Herausarbeitung der individuellen Eigenart des einzelnen Tatbestandes das Hauptgewicht legen muß. Immerhin ist nicht zu verkennen, daß es auch Strafdrohungen gibt, die in der großen Mehrzahl aller Fälle auf immer gleichbleibende Art und Weise verwirklicht werden und nur ein Mindestmaß an Individualisierung erfordern. Es sind dies die meisten Polizeiübertretungen und viele in den sog. strafrechtlichen Nebengesetzen enthaltene Delikte. Die Strafdrohungen des Arbeits- und Gewerberechts werden auch hier eine bedeutsame Rolle spielen. Trotzdem ist es nach dem oben Ausgeführten nicht verwunderlich, daß sich gerade gegen den Vorschlag des Entwurfs eines Gesetzes zur Änderung des GVG. von 1919, die Oberlandesgerichte zur Herbeiführung der Entscheidung des Reichsgerichts zu verpflichten, wenn sie von einer Vorentscheidung des Reichsgerichts oder eines anderen Oberlandesgerichts abweichen wollen, ein Widerstand bemerkbar machte, der sich gegenüber den anderen oben erwähnten Bestimmungen nicht erhoben hat. „Soweit die Rechtsprechung des Reichsgerichts eine gute und überzeugende ist, war ihre moralische Wirkung — so meint von HIPPEL[2]) — bisher ausreichend; in anderen Fällen ... war es sehr segensreich, daß die Oberlandesgerichte eigene Auffassungen selbständig vertreten konnten. Jetzt werden alle Oberlandesgerichte bloße Nachbeter, höchstens Gutachter... Das ist eine Überspannung der Rechtseinheit in der Richtung des Stagnierens der Strafjustiz... Schlimmer noch ist es, daß künftig kein Oberlandesgericht von den Urteilen anderer Oberlandesgerichte soll abweichen dürfen. Die erste Voraussetzung dafür wäre, daß sämtliche Urteile aller Oberlandesgerichte amtlich veröffentlicht und diese Sammlungen sämtlich bei allen deutschen Oberlandesgerichten amtlich gehalten würden. Eine sinnlose Kraft- und Geldverschwendung... Wie soll die Rechtspflege dabei fortschreiten?"

---

1) Ein ähnlicher Vorschlag findet sich auch bei L. BENDIX, Neuordnung des Strafverfahrens, S. 274 (vgl. unten S. 234 Anm. 1), der übrigens S. 32 Bedenken gegen die bindende Kraft der höchstrichterlichen Entscheidungen äußert.

2) ZStW. 1920, S. 24 u. DStZ. Bd. 7 (1920), S. 331/2. Auch KLEE, Arch. f. Strafrecht u. Strafprozeß Bd. 68 (1920), S. 245, und EBERMAYER, ZStW. 1920, S. 36ff., äußerten Bedenken, KLEE besonders mit Rücksicht auf die nach seiner Ansicht zu erwartende Verzögerung der Rechtsprechung. Anders NAGLER, Ger.Saal Bd. 90, S. 436, Anm. 4.

Es ist schwer, vielleicht unmöglich, diese Einwände, die größtenteils gefühlsmäßigen Momenten entspringen, restlos zu widerlegen. Insbesondere der letzte Einwand, die Furcht vor einem angeblich drohenden Stillstande der Rechtsentwickelung ist seit jeher gegenüber dem § 136 GVG. und seinen jüngeren Verwandten geäußert worden. Ihm ist es vor allem zuzuschreiben, daß s. Z. von der Notwendigkeit einer Anrufung des Reichsgerichtsplenums dann abgesehen wurde, wenn ein Senat von seiner eigenen Vorentscheidung abweichen wollte. „Eine Vorschrift, daß die Verweisung an den größeren Spruchkörper auch dann eintreten müsse, wenn ein Senat von seiner eigenen früheren Ansicht abweichen will, scheint prinzipiell nicht gerechtfertigt. Wollte man in der Änderung einer Rechtsansicht des höchsten Gerichtshofs einen Übelstand finden, so wäre derselbe ein solcher, der sich durch Gesetze überhaupt nicht verhüten ließe, denn auch das Plenum oder die vereinigten Senate können von einem früheren Beschlusse abgehen. Die Änderung einer Rechtsansicht des höchsten Gerichtshofs, welcher die Irrtümer früherer Ansichten berichtigt, kann aber als ein Übelstand überhaupt nicht anerkannt werden, und es empfiehlt sich im Interesse der Rechtsentwickelung, die Berichtigung für unrichtig erkannter Ansichten eher zu fördern als zu erschweren," so heißt es in der Begründung des Entwurfs des GVG. vom 27. 1. 1877[1]). SCHULTZENSTEIN faßt den leitenden Gedanken dahin zusammen, das Gesetz wolle „nicht schon die Verschiedenheit von Rechtsansichten nacheinander, sondern bloß eine Verschiedenheit von Rechtsansichten nebeneinander treffen"[2]). Infolgedessen hat § 136 GVG. auch nur in sehr bescheidenem Umfange zur Bekämpfung der Rechtsunsicherheit beigetragen. Er will im Grunde eben nicht die Rechtsunsicherheit allgemein, sondern nur eine bestimmte eng begrenzte Erscheinungsform beseitigen, und auch dieses Ziel hat er bekanntlich nicht erreicht. Man wird aber der Frage nicht ganz ausweichen können, ob diese Selbstbeschränkung des § 136 GVG., die ihn nur gegen Abweichungen anderer Senate in Aktion treten läßt, sachlich wirklich hinreichend begründet ist. M. E. wird hier die Rücksicht auf den Senat, der die betreffende Entscheidung gefällt hat, zu sehr in den Vordergrund geschoben gegenüber der wichtigeren Rücksichtnahme auf die Allgemeinheit. Die Einschränkung, die dem § 136 GVG. zuteil geworden ist, ließe sich doch nur durch die Erwägung rechtfertigen, daß eine Rechtsauffassung, die von der Stelle, die sie begründet hat, aufgegeben wird, ohne Bedenken beiseite geschoben werden kann. Hierbei wird aber übersehen oder absichtlich nicht beachtet, daß von dieser in die Öffentlichkeit gedrungenen Rechtsauffassung inzwischen vielleicht eine umfangreiche und für das Rechtsleben bedeutsame Übung ihren Ausgang genommen hat, die den begründeten Anspruch erheben kann, nur aus besonders schwerwiegenden Gründen und unter Beobachtung verstärkter Vorsichtsmaßregeln fallengelassen zu werden.

---

1) Vgl. SCHULTZENSTEIN, a. a. O., S. 96. 2) A. a. O., S. 118.

Wie es aber einerseits nicht gerechtfertigt ist, eine Abweichung von den eigenen Entscheidungen unbeschränkt zuzulassen, so ist es andererseits gefährlich, die Beachtung der Entscheidungen zu vieler anderer Stellen unbedingt zu verlangen. Es bedeutet, darin hat VON HIPPEL zweifellos recht, schon eine erhebliche Störung des Betriebes der Oberlandesgerichte, wenn sie nicht nur die Rechtsprechung der ihnen übergeordneten Instanz, sondern auch die der ihnen gleichstehenden Gerichte ängstlich verfolgen müssen[1]). Wenn sich nach PREDARI[2]) aus der Vorschrift des § 79 II GBO. keine besonderen Schwierigkeiten ergeben haben, so mag das der Besonderheit des Grundbuchrechts zuzuschreiben sein[3]). Noch bedenklicher aber ist eine Regelung, die wie die Verordnungen über Rechtsbeschwerde in Pachtschutzsachen und Mietsachen sogar die Landgerichte zurBeobachtung der gesamten landgerichtlichen Judikatur verpflichten will. Diese Überspannung eines an sich brauchbaren Grundsatzes birgt eine doppelte Gefahr in sich; entweder werden die Gerichte, von denen die Beachtung einer allzu großen Anzahl von Entscheidungen verlangt wird, erdrückt von dieser Fülle schließlich dazu neigen, sich über die Unmögliches verlangende Gesetzesvorschrift hinwegzusetzen und sich um das Ganze der Rechtsprecheung überhaupt nicht mehr zu kümmern — oder sie werden in dem Bestreben, nur ja keinen Verstoß gegen eine Vorentscheidung zu begehen, einen zu großen Teil ihrer Arbeitskraft auf das Aufsuchen der Vorentscheidungen verwenden müssen. Letzterenfalls würden überdies auch solche Vorentscheidungen, denen ihrem sachlichen Gehalte nach ein Anspruch auf erhöhte Berücksichtigung nicht zukäme, einen unerwünschten Einfluß auf die gesamte Rechtsprechung ausüben können. Wie in dem zahlenmäßigen Überhandnehmen der zu beachtenden Entscheidungen eine Gefahr für die Rechtssicherheit liegt, so schädigt das damit notwendigerweise verbundene Sinken des Niveaus dieser Entscheidungen die Rechtsentwickelung, was dort, wo nur die Entscheidungen einiger weniger Gerichte beachtet zu werden brauchen, nicht unbedingt der Fall ist.

Ein nicht unerheblicher Mangel der hier dargestellten Regelung liegt darin, daß sie die Vereinheitlichung der Rechtsprechung im günstigsten Falle nur innerhalb eines bestimmten Instanzenzuges, nicht dagegen für das gesamte Rechtssystem zu fördern geeignet ist. Gegenüber widersprechenden Entscheidungen etwa des Preußischen Oberverwaltungsgerichts einerseits, der Finanz-

---

1) Im englischen Rechte sind nach HATSCHEK, Englisches Staatsrecht Bd. I, S. 111, die Entscheidungen gleichgeordneter Gerichte untereinander nur bedingt bindend, nämlich nur dann, wenn sie nicht gegen das Recht und gegen die Vernunft verstoßen oder wenn sie lange Zeit unangefochten in Geltung gewesen sind.

2) Anm. 7 zu § 79 GBO.

3) Auch KARL SCHULZ, Wach-Festschrift Bd. I, S. 400, gibt zu, daß gerade nach dieser Richtung schwere Bedenken gegen seinen oben wiedergegebenen Vorschlag bestehen.

gerichte andererseits[1]), oder der Einigungsämter einerseits, der Strafgerichte andererseits usw. ist diese Methode machtlos. Bereits ADICKES[2]) sprach hier mit Recht von einem „unerträglichen Übelstande"; in den Jahren seit dem Erscheinen seiner Schrift hat die Zahl der höchsten Gerichte und damit das Durcheinander und Gegeneinander der Entscheidungen sich noch beträchtlich vermehrt[3]).

Sodann bedeutet der vom Gesetzgeber eingeschlagene Weg doch nur eine gewisse Erschwerung, nicht eine Verhinderung widersprechender Entscheidungen. Das Verkehrsleben wird sich niemals mit einiger Sicherheit darauf verlassen können, daß die oberste Instanz die Abweichung nicht doch genehmigen werde. Mag auch für die Rechtsprechung des Reichsgerichts ein gewisses Maß von Stetigkeit durch den § 136 GVG. und auch durch die Art der Zusammensetzung der Senate gewährleistet sein, mag auch für andere höchste Gerichte der gleiche Erfolg erreichbar sein — sobald man diese Grenzen verläßt und den Kreis der zu berücksichtigenden Entscheidungen weiter zieht, werden die günstigen Wirkungen hinter den schädlichen Nebenerscheinungen zurücktreten. Das entscheidende Bedenken aber liegt in folgendem: Wenn auch die Anrufung der höchsten Instanz von den Zufälligkeiten der Rechtsmitteleinlegung befreit ist, so spielt doch, da eben nur anhängige Prozesse zu dieser Anrufung führen können, der Zufall als Vater jedes einzelnen Rechtsstreits seine Rolle weiter[4]). Die Rechtsunterworfenen werden gezwungen, zu prozessieren oder mit dem Staatsanwalt in Konflikt zu geraten, wenn sie wissen wollen, wie sie sich in zweifelhaften Fällen zu verhalten haben.

Aus allen diesen Gründen kann dem Lob, das GOLDSCHMIDT[5]) der vom Entwurf eines Gesetzes zur Änderung des GVG. von 1919 vorgeschlagenen Regelung zollt, indem er sie als Anfang einer „Reform von innen heraus" — im Gegensatz zu den bisherigen äußerlichen Mittelchen — begrüßt, nicht uneingeschränkt beigepflichtet werden.

§ 12. Der Gerichtshof für bindende Gesetzesauslegung.

Aus der Erkenntnis dieser Unzulänglichkeiten heraus sind die bekannten Versuche entstanden, an Stelle der bloßen Erschwerung divergieren-

[1]) Ein Beispiel hierfür bietet etwa die im Preuß.Verw.Bl. Bd. 43 (1921), S. 152 veröffentlichte Entscheidung des Preuß. OVG., die ausdrücklich zu der Rechtsauffassung des Reichsfinanzhofs in Gegensatz tritt. Derartige Widersprüche kommen übrigens recht oft vor (vgl. z. B. das sich offen in Widerspruch zum Reichsgericht setzende Urteil des I. Strafsenats des Kammergerichts vom 7. 10. 21, Pr. Verw. Bl. Bd. 43, S. 499). Siehe auch HATSCHEK, Jahrbuch des öffentl. Rechts Bd. III, S. 7ff.; KITZINGER, Die Verhinderung strafbarer Handlungen durch Polizeigewalt (1913), S. 254, Anm. 1.

[2]) Grundlinien, S. 101.

[3]) KARL SCHULZ, a. a. O., S. 401 unterschätzt die Tragweite dieser Erscheinung.

[4]) Es ist m. E. überaus bedeutsam, daß z. B. ERNST HEYMANN s. Z. den sofortigen Erlaß eines Hypothekensperrgesetzes für erforderlich hielt, „weil Gefahr im Verzuge ist und die Entwicklung der Rechtsprechung, von der zufälligen Prozeßlage abhängig, vielleicht lange Zeit erfordert" (D. J. Z. 1923, Sp. 214).

[5]) ZStW. 1920, Bd. 41, S. 589.

der Entscheidungen die Rechtsprechung durch Schaffung einer Instanz zu vereinheitlichen, die nicht wie die bestehenden höchsten Gerichte durch Rücksichtnahme auf die Zufälligkeiten des Einzelfalles eingeengt und auf das ihnen zugewiesene Teilgebiet beschränkt ist, sondern nach jeder Richtung hin ganze Arbeit leisten kann. Es sind dabei zunächst die Anregungen ADICKES' und der zweite Teil des Antrages BASSERMANN-SCHIFFER zu nennen; vor allem aber bedeutet der Name ZEILER hier ein Programm.

An dieser Stelle bedarf es keiner ausführlichen Darstellung des Inhalts oder der Vorgeschichte dieses Programms[1]). Eine Übersicht über verwandte Einrichtungen früherer Gesetzgebungen hat DYROFF[2]) gegeben, und den inneren Zusammenhängen mit den letzten Problemen des Rechts ist u. a. MANIGK[3]) nachgegangen. In sehr interessanter Weise hat endlich die in der Deutschen Richterzeitung[4]) veröffentlichte Rundfrage mit ihren zahlreichen Antworten — eine Veranstaltung, die ein besonderes Verdienst ZEILERS bedeutet — die in Juristenkreisen s. Z. herrschende Stimmung beleuchtet. Hierbei hat sich die bemerkenswerte Tatsache ergeben, daß die Anhänger und Gegner des ZEILERschen Rechtshofes sich in ziemlich gleichmäßiger Zahl auf Theoretiker und Praktiker verteilen, und daß ferner die Ablehnung des Gedankens seitens der freirechtlichen Schule durchaus nicht mit der zu befürchtenden Einhelligkeit und Schärfe erfolgt ist (vgl. z. B. die trotz aller Einschränkungen nicht unbedingt verneinende Äußerung KANTOROWICZ' — Nr. 54 der Rundfrage).

Dieser so überaus lebhaft einsetzende und die fruchtbarsten Ergebnisse verheißende Meinungsaustausch ist mit dem Kriegsausbruch verstummt und auch nach Beendigung des Krieges leider nur spärlich aufgenommen worden, obgleich die seitherige Entwickelung eine solche Neubelebung unter allen Umständen verlangt. Der Rechtshof ist heute notwendiger als je. Es soll daher im folgenden zu dem bisher hauptsächlich zur Sprache gebrachten Für und Wider kurz Stellung genommen werden. Da sich jedoch, wie vorweg bemerkt sei, unsere Grundauffassung mit den ZEILERschen Ergebnissen in fast allen wesentlichen Punkten deckt, sollen die gegen den ZEILERschen Rechtshof gerichteten Angriffe hier nur insoweit gewürdigt werden, als sie von ZEILER selbst nicht ausreichend widerlegt zu sein scheinen. Die gegen den Rechtshof erhobenen Bedenken politischer Art seien an erster Stelle erwähnt — Bedenken, deren praktische Tragweite ZEILER wohl bereits vor dem Kriege unterschätzt hat, die aber heute einer noch weit sorgsameren Prüfung bedürfen. Es ist reizvoll zu beobachten, wie außerordentlich stark die in der Rundfrage enthaltenen Äußerungen auch in diesem Punkte voneinander abweichen. Ein liberaler Politiker wie POTTHOFF

---

1) Literaturangaben siehe bei SCHIFFER, J. W. 1914, S. 6.

2) Annalen des Deutschen Reiches 1907 (Bd. 40), S. 433ff.

3) SAVIGNY und der Modernismus im Recht (1914), S. 159ff. Vgl. auch HECK, ArchzivPrax. Bd. 112, S. 302ff.

4) Deutsche Richterzeitung 1914, Sp. 101—150.

nannte den Gedanken „unleugbar undemokratisch", eine Gefährdung der „bescheidenen Anfänge demokratischer Staatseinrichtung" (Nr. 92)[1]) — und doch erblickt der Österreicher TH. FISCHER[2]) gerade unter Berufung auf den demokratischen Charakter des Zeitalters in dem Auslegungsgerichtshof „eine soziale Institution im besten Sinne des Wortes". Und ein Schriftsteller, der dem hier behandelten Problem von jeher Interesse entgegengebracht hat, nämlich KRÜCKMANN[3]) (Nr. 94) meint, man könne die Einrichtung ebensogut demokratisch wie aristokratisch nennen; denn um ebendasselbe Maß an politischem Einflusse, das der Reichstag durch den Rechtshof etwa verlieren könne, werde auch der Bundesrat geschmälert; daher sei diese ganze Argumentation rein doktrinär. Die KRÜCKMANNsche Ansicht ist zutreffend, obgleich ihre Begründung auf den heutigen Rechtszustand nicht mehr paßt. Man kann tatsächlich zu den eifersüchtigsten Verteidigern der Parlamentsrechte und der Gewaltenteilungslehre gehören und doch kein Bedenken tragen, die Volksvertretung von Aufgaben zu befreien, die ihr offensichtlich nicht liegen. RITTER sagt in Beziehung auf ähnlich liegende Fragen mit Recht[4]): „Theoretisch mag ein Festhalten an den bisherigen Grundsätzen durchaus richtig sein, aber die gegenwärtigen Verhältnisse gestatten es nicht, uns nach Theorien zu richten, wenn die Bedürfnisse des Lebens und die Wirtschaftlichkeit praktischere Wege verlangen." Das mit dem Kriege einsetzende Anwachsen und schließliche Überhandnehmen der auch vorher schon nur noch mühsam bewältigten Gesetzesfabrikation hat die hier vorhandenen Übelstände derart offenkundig werden lassen, wie man es im Jahre 1914 noch nicht ahnen konnte[5]). Es war unvermeidlich, daß — ganz abgesehen von ihrem sachlichen Ge-

---

[1]) Ähnlich GROSCH (Nr. 8), BOVENSIEPEN (Nr. 12), REICHEL (Nr. 41), MÜLLER-MEININGEN (Nr. 90), HERMES (Nr. 91).

[2]) Nr. 109.

[3]) In seinem beachtenswerten Aufsatze J. W. 1907, S. 380ff. macht KRÜCKMANN bereits den Vorschlag, das Reichsgericht in ein Oberstes Rechtsamt zu verwandeln: „Würde man den Mut haben, mit allem Bisherigen zu brechen, das Reichsgericht auch als Gericht und mit der Bezeichnung als Gericht verschwinden zu lassen, ihm einen ganz anderen Namen zu geben, etwa Oberstes Rechtsamt oder dgl., und ihm die Befugnis zu erteilen, bindende Rechtsgutachten, auch ohne daß ein konkreter Prozeß diesem Amte vorgelegt würde, zu erlassen, so könnten wir noch ganz anders als bisher aufräumen. Ich würde diese Regelung für die beste halten, die überhaupt zu finden ist, glaube jedoch nicht, daß schon jetzt die unerläßliche Umgewöhnung in diese Vorstellung weit genug vorgeschritten und weit genug verbreitet ist, um diese Reform als aussichtsreich erscheinen zu lassen." — Daß ich dem K.schen Vorschlage, das Reichsgericht dem Rechtshofe zuliebe verschwinden zu lassen, nicht beipflichte, bedarf wohl kaum der Betonung. Vgl. auch S. 226 Anm. 2.

[4]) A. a. O., S. 16.

[5]) Die Entwickelung hat eben leider einen ganz andern Weg genommen, als ihn SCHNEIDER, D. J. Z. 1914, S. 201 ff. in seiner Besprechung der ZEILERschen Vorschläge prophezeit hat: die Handhabung des Rechts ist nicht sicherer, sondern immer unsicherer geworden. Eine Auffassung wie die BIERLINGS (Arch. f. Rechts- u. Wirtschaftsphilosophie Bd. VI 1912/13, S. 158ff.), die darauf hinauskommt, etwas Rechtsunsicherheit sei gar nicht so schlimm, ist heute undiskutierbar geworden.

halte — zum mindesten die technische Exaktheit der Gesetze bei der neuerdings üblichen und oft auch unvermeidlichen Schnelligkeit der Beratung und Beschlußfassung außerordentlich gelitten hat. Lücken und Unklarheiten sind überall dutzendfach vorhanden und machen sich bei der praktischen Handhabung der Gesetze sehr bald auf das unangenehmste bemerkbar. Der Gesetzgeber aber entschließt sich zwecks Beseitigung von Lücken und Unklarheiten nicht leicht zu einer Neuredigierung, während er sich zu einer Anpassung an wirtschaftliche Veränderungen eher bereit finden läßt. Es ist daher erforderlich, daß ihm diese Arbeit abgenommen wird, und das geschieht am besten von einer Stelle, die — in der Mitte zwischen Richter und Gesetzgeber stehend — auch in der Form ihrer Tätigkeit die Mitte zwischen Urteilsspruch und Gesetz einhält. Diese Stelle kann nur ein Rechtshof im Sinne ZEILERS sein. Weder der Gesetzgeber selbst, noch die Gerichte wären dazu imstande. Der Vorschlag WECKS (Nr. 31 der Rundfrage), den Gerichten das Recht zu verleihen, durch ihren Antrag in besonderen Fällen die Gesetzgebungsmaschine in Tätigkeit zu setzen, hat verschiedene Bedenken gegen sich: Erstens würden die Gerichte sich in der Regel scheuen, den Gesetzgeber anzurufen, schon aus der Erwägung, daß die Ablehnung eines derartigen Antrags durch den Gesetzgeber leicht den Charakter einer Mißbilligung und Zurechtweisung des Gerichts annehmen könnte, der kein Gerichtshof, und besonders nicht das Reichsgericht sich gern aussetzen wird. Ferner wird es sich hier meistens um Fragen der juristischen Technik handeln, zu deren Lösung das Parlament als solches wenig geeignet ist. Wenn H. ISAY (Nr. 35 der Rundfrage) seine Ablehnung des ZEILERschen Vorschlags damit begründet, daß nur der, der das zu regelnde Fachgebiet beherrsche, Gesetze geben könne, und ein nur aus Juristen bestehender Rechtshof daher kein geeigneter Gesetzgeber sei, so ist dem entgegenzuhalten, daß erstens die dem Rechtshofe zugedachte Tätigkeit eben gerade nicht die eines Gesetzgebers sein soll, und sodann, daß kein Parlament der Welt Fachleute für jedes von ihm zu regelnde Gebiet besitzt. In den meisten gesetzgebenden Körperschaften spielen die Berufspolitiker und Juristen eine ausschlaggebende Rolle, und die letzteren beschränken sich durchaus nicht — wie ISAY es wünscht — auf die bloße Formgebung. Wir müssen auch die Parlamente so nehmen, wie sie sind. Und die Art des Zustandekommens der Gesetze im heutigen Parlamente hat uns einer, der es wissen konnte, ohne Beschönigung so beschrieben: „In zerklüfteter Kammer ist Gesetzgebung Zufallssache. Angeblich der Minister, der weder Zeit noch Ahnung hat, in Wirklichkeit ein Ministerialbeamter, arbeitet ein Gesetz aus, indem er Interessenten zuzieht und die Psychologie des Parlaments im Auge hat. Der Minister eignet sich die Begründung an und trägt sie vor. Das Haus begreift oder begreift nicht, faßt die Sache politisch und agitatorisch, die gerade vorhandenen Sachkenner mischen sich mit oder ohne Erfolg ein, ohne Rücksicht auf den Geist oder die Wirkung des Gesetzes wird abgeändert, und schließlich nach politischen Motiven angenommen oder abgelehnt. Erhalten bleibt die Fiktion der Demokratie, an die Fiktion der Sachlichkeit glaubt niemand[1])". — Abzulehnen ist auch die z. B. von TH. WOLFF (Nr. 5 der Rundfrage), GMÜR (Nr. 10), OTTO (Nr. 13), A. HUBER (Nr. 62) erhobene Forderung, das Reichsgericht selbst mit den Obliegenheiten des Rechtshofs zu betrauen bzw. ihm den Rechtshof „anzugliedern"[2]). Dagegen spricht vor allem folgendes: Das Reichsgericht besitzt unbestrittene Autorität schließlich doch nur auf privat- und strafrechtlichem Gebiete, beides im weitesten Sinne genommen; ihm auch auf allen anderen Rechtsgebieten, deren Umfang und Bedeutung immer mehr zunimmt, eine beherrschende Stellung einzuräumen, wäre nicht ohne weiteres angängig. Man würde sich dann vielmehr dazu entschließen müssen, jedes höchste Gericht mit den Aufgaben eines Rechtshofs für sein Tätigkeitsfeld zu betrauen, und hätte dann wieder alles andere, nur keine Einheitlichkeit hergestellt. Aber auch wenn man dem Reichsgericht etwa durch Hinzuziehung von Mitgliedern der anderen höchsten Gerichte eine breitere Basis geben wollte, auch dann läge es nicht im Sinne der ganzen Einrichtung, die Obliegenheiten des Rechtshofs, die — wenn man von der auch den Mitgliedern des Rechtshofs zu gewährenden richterlichen Unabhängigkeit absieht — doch eben anders geartet sind als die eines Gerichts, einer Stelle zu übertragen, die schon organisatorisch als Gerichtsbehörde gekennzeichnet ist. Indessen ist dieser Punkt schließlich doch nur von untergeordneter Bedeutung[3]).

Von mancher Seite[4]) wird die Idee ZEILERS in Zusammenhang gebracht mit der Delegation der Befugnis zum Erlaß von Ausführungsverordnungen an Verwaltungsbehörden. Indessen liegt der Ausführungsverordnung nicht die Beseitigung innerer Unklarheiten und Lücken des Gesetzes, wie sie dem Rechtshofe zugedacht ist, sondern die Regelung minderwichtiger Punkte, der äußere Ausbau, die Schaffung von Institutionen zur praktischen Durchführung des Gesetzes u. dgl. ob.

Von besonderer Bedeutung für die politische Beurteilung des Rechtshofs ist selbstverständlich die Frage, ob und unter welchen Bedingungen der Volksvertretung ein Vetorecht gegenüber seinen Rechtssprüchen eingeräumt werden soll. ZEILER hatte ein solches Vetorecht zunächst mit der zutreffenden Begründung abgelehnt, es stehe den Organen der Gesetzgebung ja ohnehin frei, ihnen mißfallende Sprüche des Rechtshofs auf dem Wege der Gesetzesänderung zu beseitigen[5]). Angesichts

[1]) WALTHER RATHENAU, Der neue Staat, 1919, S. 28.

[2]) WILDHAGEN, D. J. Z. Bd. 13, S. 926, will anscheinend, ohne sich darüber genauer zu äußern, das Reichsgericht als solches eingehen lassen und in eine Art Rechtshof umwandeln. Ebenso KRÜCKMANN, siehe oben S. 224 Anm. 3.

[3]) Soeben — lange Zeit nach Abschluß dieser Arbeit — veröffentlicht ZEILER (Deutsche Richterztg. 1925, S. 61 ff.) einen neuen Gesetzentwurf, in dem er aus Sparsamkeitsgründen ebenfalls Angliederung des Rechtshofs an das Reichsgericht vorschlägt, aber nur 3 von 7 Mitgliedern dem Reichsgericht entnehmen will. Diese Lösung scheint mir annehmbar.

[4]) So z. B. von FRAENKEL (Nr. 34 der Rundfrage), vielleicht auch von HECK (Nr. 30). Vgl. auch KOHLER, Arch. f. Rechts- und Wirtschaftsphilosophie Bd. IV, S. 382.

[5]) Ein Gerichtshof für bindende Gesetzesauslegung, 1911, S. 39/40.

des Ergebnisses der Rundfrage wurde er jedoch schwankend: während er das Veto einmal[1]) ganz allgemein einräumen zu wollen scheint, soll nach anderen Äußerungen[2]) der Rechtshof bei jeder Entscheidung selbst bestimmen dürfen, ob dem Gesetzgeber ein Einspruchsrecht einzuräumen sei, und zwar soll hierfür der Umstand bestimmend sein, ob der Rechtsspruch mehr eine bloße Auslegung oder mehr eine Weiterbildung des Gesetzes enthalte. Offenbar sollte nur in dem 2. Falle ein Vetorecht gewährt werden. Ganz abgesehen davon, daß die Frage, ob Auslegung oder Weiterbildung vorliegt, einer allgemeingültigen Beantwortung meistens nicht zugänglich ist, was übrigens auch ZEILER selbst betont[3]), ist die letztere Lösung auch aus anderen Gründen unmöglich. Wenn man dem Gesetzgeber überhaupt ein Vetorecht zugestehen zu müssen glaubt, so muß man es ihm zu eigenem Rechte geben und darf ihn nicht von dem Rechtshof abhängig machen. Man kann diese Frage nicht als Parallelerscheinung zu der im Anschluß an das englische Recht mehrfach (z. B. von ADICKES und KARL SCHULZ) empfohlenen, jetzt auch in Deutschland eingeführten Einrichtung betrachten, wonach die Oberlandesgerichte zu bestimmen haben, ob die Revision zulässig sein soll[4]). Denn was für die Entscheidungen der Oberlandesgerichte und des Reichsgerichts in gleicher Weise gilt, daß sie sich nämlich beide auf dem Boden des geltenden Rechts bewegen sollen, würde zwar auch für die Sprüche des Rechtshofs, nicht aber für die Entschließungen der gesetzgebenden Körperschaft gelten, die vielmehr nach politischen Gesichtspunkten prüfen würde, ob ein Spruch des Rechtshofs für sie annehmbar ist oder ob er den das staatliche und gesellschaftliche Leben und damit die Gesetzgebung beherrschenden Strömungen zuwiderläuft. Dadurch aber würde die reinliche Scheidung zwischen rechtlichen und politischen Gesichtspunkten beseitigt werden. Es würde überdies auch der überragenden Stellung der gesetzgebenden Körperschaft nicht entsprechen, sie von dem guten Willen eines wenn auch noch so hochstehenden Rechtshofs abhängig zu machen.

Aber ist die Einräumung eines Vetorechts denn überhaupt erforderlich? Dieses Recht hat doch nur dann einen Sinn, wenn es einem Organ den ihm zukommenden Einfluß sichern soll, das sonst Gefahr liefe, gänzlich ausgeschaltet zu werden, aus bestimmten Gründen jedoch eben nicht ausgeschaltet werden soll, wie z. B. der Reichsrat im Falle des Art. 74 der Reichsverfassung, der Reichsfinanzminister und die Landesfinanzämter im Falle des § 5 des Landessteuergesetzes vom 30. 5. 20 (RGBl. S. 402ff.)[5]). Hier aber ist von einer Verdrängung des Gesetzgebers aus seinem eigentlichen Tätigkeitsgebiete nicht die Rede, da ja ein Gesetz jederzeit einen Spruch des Rechtshofs beseitigen kann. Wozu also ein Einspruchsrecht? Es würde nur zur Verschleppung des Geschäftsgangs

---

[1]) D. R. Z. 1914, Sp. 103. [2]) J. W. 1914, S. 218; D. R. Z. 1914, Sp. 150.
[3]) D. R. Z. 1914, Sp. 150. [4]) Vgl. oben § 11.
[5]) Über die Tragweite des § 5 vgl. das im Pr. Verw. Bl. Bd. 43, S. 231 wiedergegebene Gutachten des Reichsfinanzhofs und die daran geknüpfte Kritik MARKULLS.

bei dem Rechtshofe dienen, da das bloße Vorhandensein des Vetorechts erfahrungsgemäß dazu führt, daß übereifrige oder ängstliche Beamte, um sich nicht dem Vorwurf der Nachlässigkeit auszusetzen, lediglich zur Wahrung der Frist einen Einspruch auch dort herbeiführen, wo er gänzlich überflüssig ist und schließlich doch zurückgezogen wird. Es sei nur an die „vorsorgliche" Rechtsmitteleinlegung der Staatsanwaltschaft und die erst durch energische Erlasse des Reichsfinanzministeriums gezügelte Einspruchstätigkeit der Landesfinanzämter im Bereiche des § 5 des Landessteuergesetzes erinnert. Es könnte — zumal da eine Begründung des Einspruchs nicht erforderlich, vielleicht nicht einmal zulässig sein würde — leicht dazu kommen, daß der Rechtshof infolge unaufhörlicher Einsprüche überhaupt nicht zu ersprießlicher Tätigkeit gelangen und zu einer jeglicher praktischen Bedeutung entbehrenden „freundlich beratenden Behörde" herabsinken würde[1]). Sollte trotz all' dieser Bedenken ein Verzicht auf das Vetorecht nicht zu erreichen sein, so müßte nicht nur die Ausübung an eine kurze Frist geknüpft, sondern vor allem auch vorgeschrieben werden, daß die positive Entscheidung des Gesetzgebers selbst etwa binnen spätestens 3 Monaten zu erfolgen habe. Sonst wäre die ganze Einrichtung des Rechtshofs nur dazu da, um von neuem einen Zustand des Wartens und der Ungewißheit zu schaffen, den sie gerade beseitigen soll[2]).

Die nicht auf politischer, sondern auf juristischer Grundlage ruhenden Einwendungen gegen seinen Plan hat ZEILER größtenteils als unbegründet dargetan[3]), so insbesondre das Bedenken, die Schaffung eines Rechtshofs werde zu einer Herabwürdigung der richterlichen Tätigkeit führen. Dagegen vermißt man bei ihm, soweit ich sehe, eine ausreichende Widerlegung des z. B. von KANTOROWICZ (Nr. 34 der Rundfrage) erhobenen Einwandes, die Wissenschaft müsse absterben[4]), wenn eine Institution geschaffen werde, die „jedes wissenschaftliche Problem in jedem Augenblicke durch Machtspruch entscheiden könnte und — im Gegensatze zur Gesetzgebung — dies auch mit Vergnügen tun würde". Das Gegenteil ist meines Erachtens richtig. Auch die Wissenschaft kann von der neuen Einrichtung nur eine Förderung erhoffen: Nicht mehr müßte sie ihre Kraft, wie es jetzt leider geschieht, mit der doch niemals zum Abschluß gelangenden Entwirrung des unendlichen Kleinkrams erschöpfen, den die Gesetzgebungsmaschine ihr tagtäglich ungeordnet vor die Füße wirft. Daher könnte sie sich weit mehr als bisher den so oft vernachlässigten Grundfragen der einzelnen Rechts-

[1]) Vgl. als Parallele etwa die Ausführungen TRIEPELS, Die Reichsaufsicht (1917), S. 712 über das Reichseisenbahnamt.

[2]) Gegen das Veto spricht sich mit Entschiedenheit HUGO CAHN (Nr. 55 der Rundfrage) aus. Leider sieht ZEILER in seinem neuesten Vorschlage (D. R. Z. 1925, S. 61 ff.) ein Einspruchsrecht der Reichsregierung und des Reichstags vor, „um die etwa nach dieser Richtung bestehenden Bedenken zu zerstreuen". Seine Hoffnung, das Einspruchsrecht werde vermutlich nur recht selten ausgeübt werden, vermag ich nicht zu teilen.

[3]) Ein Gerichtshof für bindende Gesetzesauslegung, S. 17ff.

[4]) Auch SCHNEIDER, D. J. Z. 1914, S. 205, befürchtet eine gänzliche Ausschaltung der Wissenschaft.

gebiete zuwenden. Den Leser der juristischen Zeitschriften und Monographien würde das lähmende Gefühl verlassen, das ihn jetzt mitunter befällt: daß ein großer Aufwand hier nutzlos zur Verarbeitung unfruchtbarer und unbedeutender Streitfragen vertan wird. Der wissenschaftliche Streit könnte sich, da nicht tausend Detailfragen, Mißgeburten einer unzulänglichen Gesetzestechnik, ständig Lösung erheischen, auf das Wesentliche beschränken, wobei freilich eine Bekämpfung unrichtiger Sprüche des Rechtshofs selbstverständliche Pflicht wäre. Diese Kritik wird dann aber hauptsächlich dort einzusetzen haben, wo der Rechtshof nach Ansicht der Wissenschaft gegen den Geist des einzelnen Gesetzes oder der Gesetzgebung im allgemeinen verstoßen hat; dagegen wird sie sich überall da bescheiden können, wo ein solcher Verstoß nicht vorliegt, wo vielmehr nur die Möglichkeit besteht, ein Gesetz nach seinem Wortlaut, seiner Entstehungsgeschichte, seiner Stellung im Rechtssystem anders, als es der Rechtshof getan hat, auszulegen, ohne daß dadurch ein erstrebenswerteres Ergebnis gewonnen würde. Zur Erläuterung mögen 2 Beispiele dienen, die dem neuesten, von unfruchtbaren Streitfragen leider schon bedenklich überwucherten Rechtsgebiete, dem Arbeitsrechte, speziell seinem strafrechtlichen Teile, entnommen sind. Man hat darüber gestritten, ob nach § 80 II des Betriebsrätegesetzes der Betriebsrat bei jeder einzelnen Bestrafung auf Grund der Arbeitsordnung mitwirken müsse, oder ob sich seine Mitwirkung auf die Feststellung der Arbeitsordnung als solcher zu beschränken habe, ferner darüber, ob sich auch der Arbeitnehmer bei Überschreitung des Achtstundentags strafbar mache. Die zahlreichen Bearbeiter dieser beiden Fragen erörterten gewissenhaft die sich aus dem Wortlaute, dem Verhältnisse zu anderen Vorschriften, der Entstehungsgeschichte und schließlich aus dem Geist und Zweck der betreffenden Gesetzesvorschrift ergebenden Gründe und Gegengründe. So unterscheidet z. B. Syrup bei seiner Untersuchung der an 2. Stelle genannten Frage der Reihe nach historische Argumente, Zweckargumente und systematische Argumente[1]). Hätte nun etwa der Rechtshof diese Fragen dahin beantwortet, daß die Mitwirkung des Betriebsrats im Einzelfalle erforderlich sei, oder daß auch der Arbeitnehmer sich durch Überschreitung des Achtstundentags strafbar mache, so hätte eine wissenschaftliche Erörterung, die sich lediglich auf die diesem Ergebnisse etwa entgegenstehenden historischen und systematischen Argumente beschränkt hätte, insofern keinen Zweck mehr gehabt, als sie den Gesetzgeber kaum interessiert und ihn nicht zum Einschreiten veranlaßt haben würde. Dagegen hätte der Gesetzgeber voraussichtlich eingegriffen, falls ihm von der Wissenschaft der Nachweis geliefert worden wäre, daß jene Rechtssprüche dem Zwecke und Geiste des Gesetzes und der Sozialgesetzgebung überhaupt widersprächen. So würde die Arbeit der Wissenschaft gleichsam auf eine höhere Stufe gehoben und wieder zu ihren eigentlichsten Aufgaben zurückgeführt werden. Denn wer wollte im Ernste behaupten,

---

[1]) Neue Zeitschrift für Arbeitsrecht 1. Jahrg., S. 369ff.

daß die Daseinsberechtigung der Rechtswissenschaft gefährdet sei, wenn ihr die Lösung von Schwierigkeiten abgenommen würde, die lediglich vermeidbaren Mängeln der Gesetzestechnik zuzuschreiben sind? Daß die verschiedenartige Beantwortung jeder zweifelhaften Rechtsfrage den „Sieg des Wahren und Gerechten" vorbereiten helfe, wie OTTO FISCHER (Nr. 9 der Rundfrage) glaubt, scheint mir doch eine arge Übertreibung zu sein. Die alarmierende Frage: „Was läßt der ZEILERsche Rechtshof von der Rechtswissenschaft übrig?" kann getrost mit „Alles Wesentliche" beantwortet werden. Ein lohnendes Arbeitsgebiet könnte der Wissenschaft übrigens dadurch erschlossen werden, daß man ihr die Möglichkeit gibt, die Sprüche des Rechtshofs nicht nur zu kritisieren, sondern auch vorbereiten zu helfen. Das ließe sich leicht dadurch erreichen, daß der Öffentlichkeit rechtzeitig von der Absicht des Rechtshofs, sich mit einer bestimmten Frage zu beschäftigen, Kenntnis gegeben wird.

Verbreitet ist auch die Auffassung, der Rechtshof könne Ersprießliches nur auf dem Gebiete des formellen Rechts leisten (so z. B. MAGNUS Nr. 44, KOHLER Nr. 61, HELLWIG Nr. 67, BELING Nr. 68, POTTHOFF Nr. 92 der Rundfrage). Eine derartige Beschränkung wäre indessen ungerechtfertigt. Hinter der Unterscheidung von formellem und materiellem Recht verbirgt sich doch wohl der Gegensatz zwischen Streitfragen formeller und solchen sachlicher Natur. Denn wollte man behaupten, daß die dem formellen Rechte angehörigen Fragen etwa weniger wichtig seien, so daß es sich nicht lohne, sich ihretwegen zu streiten, so verkennt man, daß ihrem eigentlichen Wesen nach „formelle" Vorschriften auch im materiellen Rechte reichlich vorhanden sind, und daß umgekehrt auch das formelle Recht Streitfragen von größter grundsätzlicher Bedeutung enthält. Die Unterscheidung würde also den Kern der Sache nicht treffen. Will man aber diesen Kern treffen und die Beschränkung daher mit KANTOROWICZ (Nr. 54) dahin formulieren, daß nur technisch-formale[1]) Zweckmäßigkeitsfragen und Fragen, die für eine wissenschaftliche Behandlung nicht geeignet sind, dagegen „keine Fragen von Gerecht und Ungerecht" der Entscheidung des Rechtshofs unterliegen dürfen, so verliert man völlig den festen Boden unter den Füßen. Denn darüber, was eine „Frage von Gerecht und Ungerecht" ist, wird fast immer hoffnungsloser Streit bestehen, wenn man von den bekannten Schulbeispielen des Rechts- oder Linksgehens u. dgl. absieht[2]).

Man wage es nur einmal, eine Einrichtung wie den Rechtshof mit ausreichender Zuständigkeit ins Leben treten zu lassen, anstatt ihn gleich bei der Geburt durch unangebrachte Einschnürungen zu ver-

---

[1]) Über den Begriff des Formalen vgl. MAX WEBER, Arch. Soz. W. Bd. 24, S. 116/7.

[2]) Ähnlich auch RADBRUCH (Nr. 15 der Rundfrage), der daraus freilich die Unmöglichkeit eines Rechtshofs folgert.

Über das Verhältnis der Rechtssicherheit zur Gerechtigkeit vgl. übrigens RADBRUCH, Grundzüge d. Rechtsphilosophie S. 175 ff. und neuestens MAX RÜMELIN, Die Rechtssicherheit (1924).

krüppeln. Und man übertrage ihm ferner die von RITTER[1]) dem Reichsgericht zugedachte Aufgabe, die bisher gefällten grundsätzlichen Entscheidungen der obersten Gerichtshöfe, soweit er sie billigt, mit bindender Kraft zu veröffentlichen. Die nicht in diese Sammlung aufgenommenen Entscheidungen wären alsdann als nicht vorhanden anzusehen. Diese Aufgabe ist dringlich genug; denn die Zahl der veröffentlichten höchstinstanzlichen Entscheidungen hat allzusehr überhand genommen, und es bedeutet eine unnötige Erschwerung der richterlichen und Anwaltstätigkeit, aus den immer mehr anschwellenden Sammlungen die noch maßgebenden Entscheidungen herauszufinden.

Ein weiteres von ZEILER nicht ausreichend gewürdigtes Bedenken betrifft den Mißbrauch, den die Interessenten bevorstehender oder schwebender Prozesse mit der Anrufung des Rechtshofs, die ZEILER ihnen ja gestatten will[2]), treiben könnten[3]). Man meint, die Rechtsuchenden könnten, begünstigt durch das Fehlen einer Gegenpartei, den Rechtshof einseitig informieren und dadurch die Gefahr unrichtiger Entscheidungen vergrößern. Hiermit steht im Zusammenhange die Abneigung gegen abstrakte Rechtssprüche überhaupt (HACHENBURG Nr. 7, VIERHAUS Nr. 11, RADBRUCH Nr. 15, DÜRINGER Nr. 24, EHRLICH Nr. 29, Anwaltskammer Zweibrücken Nr. 32, v. PECHMANN Nr. 40 der Rundfrage). Man mißtraut einem nur auf der Grundlage abstrakter Rechtsfragen, abgeschnitten von den tatsächlichen Lebensverhältnissen, arbeitenden Rechtshofe, weil man glaubt, er werde die Tragweite der von ihm begehrten Entscheidungen nicht übersehen können. Und daran schließt sich die Befürchtung, die wenig zahlreichen Mitglieder des Rechtshofs würden außerstande sein, den gesamten Rechtsstoff in seiner ungeheueren Ausdehnung geistig in dem wünschenswerten Maße zu durchdringen und zu beherrschen (so OTTO Nr. 13 der Rundfrage).

Diesen Einwänden ist eine gewisse Berechtigung nicht abzusprechen, jedoch lassen sie sich durch zweckentsprechende Ausgestaltung des Rechtshofs und seiner Kompetenz beseitigen. Die Beherrschung des Rechtsstoffs will ZEILER dadurch gewährleisten, daß für die Behandlung von Fragen aus entlegeneren Gebieten Sonderfachleute herangezogen werden sollen. Selbstverständlich muß hierbei vor allem darauf geachtet werden, daß diese Sonderfachleute nicht dem Kreise der Interessenten entnommen werden und daß sie ständig wechseln, damit einer Diktatur dieser Fachleute vorgebeugt wird.

Es wird überhaupt nicht ganz leicht sein, einen Mißbrauch der Einrichtung durch einseitige Ziele verfolgende Interessenten auszuschließen, weil es bei der ZEILERschen Ausgestaltung des Rechtshofs eben an

---

[1]) A. a. O., S. 17. DÜRINGER, der sich ja auch gegen den Plan ZEILERS ausgesprochen hat (Nr. 24 der Rundfrage) hält in seiner Besprechung der RITTERschen Schrift, Recht u. Wirtschaft 11. Jahrg., 1922, S. 67, diese Anregung RITTERS für „weniger glücklich", ohne jedoch seine Bedenken mitzuteilen.

[2]) Ein Gerichtshof, pp. S. 34.

[3]) So z. B. OTTO FISCHER (Nr. 9 der Rundfrage) und KÖNIGE (Nr. 97).

jeglicher Gegenpartei mangelt. Daher verlangte der Antrag BASSERMANN-SCHIFFER, daß der Rechtshof nur auf Antrag des Bundesrats und nur dann entscheiden dürfe, wenn bereits widersprechende höchstinstanzliche Entscheidungen gefällt seien, so daß also der Rechtshof aus den vorausgegangenen Prozessen den Standpunkt beider Parteien kennen zu lernen Gelegenheit hätte. Dieser Vorschlag bietet aber den Nachteil, daß wiederum nur der den Gerichten unterbreitete Konfliktsstoff, und auch er nur mit erheblicher Verzögerung an den Rechtshof gelangen könnte. Vielleicht ließe sich der in dem Fehlen einer Gegenpartei begründeten Einseitigkeit dadurch entgegenwirken, daß man dem Rechtshofe die Verpflichtung auferlegt, alle bei ihm eingehenden Anträge auf Abgabe eines Rechtspruchs im Reichsgesetzblatt oder an anderer Stelle mit der Aufforderung zur Einreichung von Gegenäußerungen binnen einer kurzen Frist zu veröffentlichen. Ein derartiges Verfahren ist ja durch § 4 der „Verordnung über Tarifverträge, Arbeiter- und Angestelltenausschüsse und Schlichtung von Arbeitsstreitigkeiten" vom 23. 12. 18 bereits für die Erklärung der Allgemeinverbindlichkeit von Tarifverträgen durch das Reichsarbeitsministerium vorgeschrieben und scheint sich hier bewährt zu haben. Die Gefahr, daß der Rechtshof mit juristischen Abhandlungen überschüttet werden könnte, muß in den Kauf genommen werden. Daß übrigens der Rechtshof in jedem Falle die Befugnis haben muß, eine Entscheidung abzulehnen, wenn er die Frage für noch nicht spruchreif hält, betont auch ZEILER mit Recht.

Eine letzte Forderung ginge dahin, die Mitglieder des Rechtshofs nicht allzu lange in ihrer Stellung zu belassen, um sie vor der Verkalkung zu bewahren. Der Rechtshof soll in noch höherem Maße als das Reichsgericht eine Art Generalstab der Juristenschaft bilden und muß daher in ständiger Fühlung mit der Front bleiben, um seine Schlagfertigkeit zu bewahren. Eine Amtsdauer von etwa 5 Jahren dürfte angemessen sein.

Des weiteren entsteht die Frage, ob der Rechtshof die oben im § 11 besprochenen, ebenfalls die Vereinheitlichung der Rechtsprechung erstrebenden Vorschriften ohne weiteres überflüssig machen würde oder ob er sie nur ergänzen soll. Wenn man den Gerichten, die von einer letztinstanzlichen Entscheidung abweichen wollen, die Verpflichtung zur Anrufung des Rechtshofs auferlegt und diesem außerdem das Recht verleiht, auch bei anderen sich innerhalb der Rechtsprechung zeigenden Unstimmigkeiten grundsätzlicher Art einzugreifen, so wird man auf weitere Sicherungsmaßregeln der bisher üblichen Art wohl verzichten können[1]).

In der ZEILERschen Rundfrage hat JASTROW (Nr. 27) seine Zustimmung zu dem Plane unter der Voraussetzung erklärt, daß es gelinge, eine Garantie für Nachprüfung und Aufhebung solcher Sprüche zu schaffen, die sich in der Praxis als bedenklich erwiesen haben. Er schlägt vor, daß jedes Oberlandesgericht, dem bei Entscheidung einer Rechtssache ein Spruch des Rechtshofs unrichtig erscheint, die Sache dem

[1]) Hierfür hat sich auch ZEILER in seiner neuesten Äußerung (D. R. Z. 1925, S. 66) ausgesprochen.

Rechtshofe vorlegen dürfe. Eine derartige Bestimmung wäre gewiß zweckmäßig, wenn sie auch eine Garantie dafür, daß der Rechtshof seine unrichtigen Sprüche auch wirklich beseitigt, nicht bieten kann. Eine solche äußerliche Garantie ist aber auch nicht erforderlich, die innere Gewähr, die in der Zusammensetzung des Rechtshofs und den Eigenschaften seiner Mitglieder liegen soll, muß sie überflüssig machen. Rechthaberei und unangebrachtes Kleben am Alten auf Kosten der notwendigen Fortentwickelung des Rechts muß dem Rechtshof fern bleiben, wenn er sich nicht sehr bald selbst unmöglich machen will. Übrigens sei der Skeptiker, der da meint, der Rechtshof werde sich, um seine Autorität nicht zu gefährden, nicht zum Aufgeben der einmal verkündeten Rechtsauffassung entschließen, mehr noch als auf das Beispiel des Reichsgerichts auf die Tätigkeit eines der in jüngster Zeit errichteten höchsten Gerichtshöfe verwiesen: Das preußische Landesamt für Familiengüter hat kein Bedenken getragen, einen am 21. 7. 1921 erlassenen Rechtsentscheid bereits ein Vierteljahr später, am 25. 10. 1921 mit der Begründung abzuändern, daß sich ihm inzwischen neue Erkenntnisquellen erschlossen hätten, die den früheren Rechtsentscheid als unrichtig erscheinen ließen[1]). Hierbei leitet das Landesamt aus dem Umstande, daß es auch ohne besonderen Antrag von Amts wegen zur Abänderung seiner Entscheide befugt sei, die Verpflichtung ab, jederzeit von dieser Befugnis Gebrauch zu machen, wenn „neuhervorgetretene Gesichtspunkte zu einer anderweitigen Beurteilung der Rechtslage führen". Eine derartig vorurteilsfreie und verantwortungsbewußte Tätigkeit wird man auch von dem Rechtshofe mit Zuversicht erwarten dürfen.

Die Vorteile, die der Rechtshof vor der das geltende Recht und die Entwürfe beherrschenden Regelung voraus hätte, lassen sich auf Grund der bisherigen Ausführungen kurz dahin zusammenfassen:

1. Die einzelnen höchsten Gerichte werden entlastet.

2. Die Einheitlichkeit der Rechtsprechung aller höchsten Gerichte wird gewahrt und eine Stelle geschaffen, die das Ganze der Rechtsprechung zu überblicken imstande ist.

3. Es bleibt nicht mehr in solchem Maße wie jetzt dem Zufall überlassen, ob eine Rechtsfrage einer höchsten Instanz zur Entscheidung vorgelegt wird.

4. Die Gerichte sind nicht mehr gesetzlich verpflichtet, einen großen Teil ihrer Arbeitskraft auf die Prüfung der Rechtsprechung der ihnen gleichgeordneten Instanzen zu verwenden, sondern können das Suchen nach Vorentscheidungen wenigstens zum Teil der interessierten Partei überlassen.

5. Es wird nicht mehr auch der offenbar falschen Vorentscheidung die Wirkung beigelegt, das Gericht überflüssigerweise zur Anrufung der höchsten Instanz zu nötigen. Vielmehr bleibt es — sofern die Vorentscheidung nicht von einem höchsten Gericht ausgeht — dem Ermessen der Parteien bzw. des Gerichts überlassen, ob sie die Anrufung des Rechtshofs für aussichtsvoll bzw. für erforderlich halten.

[1]) Zeitschrift für Agrar- und Wasserrecht, 1. Jahrgang 1921/2, S. 118ff.

6. Dem Publikum bietet ein Spruch des Rechtshofs Sicherheit bei der Eingehung neuer Rechtsbeziehungen. Während heute der Rechtsunterworfene, der im Vertrauen auf eine höchstrichterliche Entscheidung z. B. einen Vertrag schließt u. dgl., immer darauf gefaßt sein muß, daß gerade sein Verhalten zu seinem Schaden dem Reichsgericht Anlaß zur Begründung einer neuen Rechtsansicht geben kann, besteht diese Gefahr bei dem Rechtshofe nicht, da dessen Sprüche allgemein lauten und für alle bis zum Wirksamwerden eines neuen abweichenden Spruchs entstandenen Rechtsbeziehungen in Kraft bleiben sollen[1]). Dieser Umstand ist es wohl auch, der die Laienwelt, insbesondre die Vertreter des Wirtschaftslebens so sehr für den ZEILERschen Plan einnimmt. Mit Recht betont OTTO[2]), daß den Laien das Verständnis für die von den Juristen gegen den Vorschlag erhobenen Bedenken fast völlig fehle. Das sollte dem Juristen, ohne für ihn etwa allein und ohne weiteres maßgebend zu sein, doch immerhin zu denken geben.

Schließlich ist noch eine kurze Stellungnahme gegenüber den Vorschlägen erforderlich, die der neu zu schaffenden Behörde nicht nur die Befugnis zur bindenden Auslegung, sondern auch zur Abänderung des geltenden Rechtes geben wollen[3]). Mit Recht hält ZEILER auch in seinem neuesten Gesetzentwurfe diesen Vorschlägen gegenüber daran fest, daß der Rechtshof nur „zur Entscheidung von Zweifeln über das geltende Reichsrecht" errichtet werden solle. Gewiß mag es — wie HECK betont — häufig schwierig sein, zwischen Gesetzesauslegung und Gesetzesänderung reinlich zu scheiden. Mit dieser Schwierigkeit muß der Richter sich aber stets abfinden, also muß es auch der Rechtshof können. Dem Richter muß freilich wohl oder übel die Befugnis versagt werden zu prüfen, ob ein Spruch des Rechtshofs sich innerhalb der Grenzen einer bloßen Gesetzesauslegung hält. Ein Mißbrauch der dem Rechtshof hierdurch gewährten tatsächlichen Machtvollkommenheit ist nicht zu befürchten, weil ihr im Wege der Gesetzgebung — auch ohne Vetorecht — entgegengewirkt werden kann. Und schließlich wäre ein ausnahmsweise einmal erfolgendes Abirren des Rechtshofs auf das Gebiet der Gesetzesänderung doch erheblich ungefährlicher als die Einräumung der grundsätzlichen, als Hauptaufgabe zu betrachtenden Befugnis zur Gesetzgebung. Ganz abgesehen davon, daß alle Vorschläge, die auf eine derartige Befugnis hinzielen, keine Aussicht auf Erfolg bei den gesetzgebenden Körperschaften haben, sollten wir nach den Erfahrungen der letzten Jahre von der legislativen Tätigkeit der Ministerial-

[1]) ZEILER, Ein Gerichtshof für bindende Gesetzesauslegung, S. 15. LUDWIG BENDIX, Neuordnung des Strafverfahrens, S. 274, will die Wiederaufnahme des Verfahrens zulassen, wenn das Revisionsgericht die im Urteil vertretene Rechtsansicht aufgegeben oder eingeschränkt hat.

[2]) Die Gewißheit des Richterspruchs, 1915, S. 78. HOFACKER, Staatsverwaltung, S. 509, nennt den Rechtshof einen Vorschlag, wie ihn nur die Verzweiflung eingibt. Das mag vielleicht richtig sein — aber verzweifelte Krankheitsfälle erfordern eben verzweifelte Heilmittel!

[3]) So insbesondere HECK, Das Problem der Rechtsgewinnung, 1912, S. 41ff.; MAX RÜMELIN, Die Rechtssicherheit, 1924, S. 67ff.; GRAU, ArchzivPrax. N. F. Bd. 2, S. 357ff.

bureaukratie und ähnlicher Stellen wahrlich genug haben[1]. Ein neues Gesetzgebungsorgan brauchen wir nicht — uns fehlt eine Stelle, die die Produktion der vorhandenen Gesetzgeber in einheitlicher und vernünftiger Weise auslegt. Eine Gesetzgebungskommission, etwa im Sinne GRAUS, wird man überdies — wenn man sich schon zu ihrer Einrichtung entschlösse — immer auf nichtpolitische Fragen beschränken wollen, und damit sähe man sich vor die unlösbare Aufgabe gestellt, die „sehr vage und deshalb mißliche" (RÜMELIN) Scheidung von politischen und nichtpolitischen Fragen durchzuführen. — Auffälligerweise will RÜMELIN gerade das Strafrecht von der Tätigkeit des Rechtshofes bzw. der Gesetzgebungskommission ausnehmen, da die Rechtssicherheitsinteressen hier anders gelagert seien und die Konflikte meist politische Bedeutung hätten (a. a. O., S. 72, Anm. 7). Diese Begründung ist nicht ausreichend, und auch die vorhergehenden Ausführungen RÜMELINS (insbesondre S. 39ff.) sprechen eher gegen als für jene Schlußfolgerung. Mit Recht wendet RÜMELIN sich gegen den EXNERschen Gedanken, es sei vielleicht ganz gut, wenn die strafrechtlichen Tatbestände von einer „Gefahrenzone" umgeben seien, die man besser meiden solle[2]. Ganz abgesehen davon, daß es außerordentlich zahlreiche Strafvorschriften gibt, die sogar in der Regel durch ein moralisch einwandfreies Verhalten verletzt werden, haben wir es schon erlebt, daß Handlungen, die uns heute als rechtlich und moralisch erlaubt erscheinen, unter die ehrenrührigsten Deliktstatbestände subsumiert worden sind. Ich erinnere an die Rechtsprechung des Reichsgerichts zum Erpressungsparagraphen, die dahin geführt hat, daß schließlich niemand mehr recht wußte, ob eine ihm harmlos erscheinende und wirtschaftlich gebotene Äußerung nicht als Erpressung qualifiziert werden würde — oder an die Unsicherheit bei der Handhabung des Kriegswucherstrafrechts. Hier und in sehr zahlreichen anderen Fällen ging die „Gefahrenzone" über das Maß des Erträglichen hinaus. Gerade das Strafrecht braucht ein Institut wie den Rechtshof oder etwas Ähnliches am dringendsten. —

Die bisherigen Ausführungen stehen — wie bereits zu Beginn dieser Arbeit betont worden ist — scheinbar im Widerspruch zu einer im Rechtsleben der letzten Jahrzehnte immer mehr Einfluß gewinnenden Strömung, die dahin geht, die Rechtsmittelinstanzen nicht weiter auszubauen, sondern nach Möglichkeit zu verringern. Der Kampf gegen den „Instanzenluxus" ist nach dem Kriege insbesondre unter dem allgemeinen Sparsamkeitsgesichtspunkte mit aller Schärfe aufgenommen worden. Und in der Tat wird ja niemand bestreiten wollen, daß das ADICKESsche Ideal, die ersten Instanzen so zu verbessern, daß das Rechtsmittelsystem eingeschränkt werden kann[3], besonders unter den

[1] Auch RÜMELIN, der sich an die Befugnis zur Gesetzesänderung gewähren will, gibt zu (S. 68), daß die neuere „Mantelgesetz- und Verordnungspraxis" die Rechtsunsicherheit auf das höchste gesteigert habe.

[2] EXNER, Gerechtigkeit und Richteramt (1922), S. 59.

[3] ADICKES, a. a. O., S. 126. Vgl. hierzu besonders die oben § 1 bereits erwähnte Schrift STERNS.

heutigen Verhältnissen das Endziel aller Prozeßrechtspolitik bilden muß. Die ADICKESschen Gedanken sind aber, wie bereits angedeutet, mit den hier vorgetragenen keineswegs so schlecht vereinbar, wie es auf den ersten Blick erscheinen mag. Man darf nämlich eins nicht übersehen: Unsere Forderung einer „Verschiebung aller Zuständigkeiten nach oben" hat die heutige geschwächte Staatsgewalt, ferner Unterinstanzen von der heutigen Beschaffenheit und eine Revision, deren Kosten die unterliegende private Partei trägt, zur Voraussetzung. Mit dem Wegfall dieser Voraussetzungen — aber auch nur dann — fällt auch jene Forderung. Nun ist jedoch die Beseitigung der ersten beiden Voraussetzungen bekanntlich sehr schwer. Es fragt sich, ob es gelingen wird, die politischen und juristischen Vorbedingungen dafür zu schaffen, nämlich:

1. Kräftigung der staatlichen Zentralgewalt, so daß sie mehr als bisher darauf verzichten kann, die Unterinstanzen vermittels des Rechtsmittelzuges zu beaufsichtigen.

2. Stärkung des Vertrauens der Rechtsunterworfenen zu den Unterinstanzen, so daß nicht bei jeder Bagatelle der Ruf nach Rechtsmitteln ertönt.

3. Grundlegende Verbesserung der erstinstanzlichen Rechtsprechung, die wiederum — darin haben die ADICKESschen Ausführungen auch heute noch nicht ihre Bedeutung verloren — nur gelingen wird bei erheblicher Besserstellung einerseits und schärferer Auswahl andererseits der an den Untergerichten tätigen Richter.

Erst dann, wenn diese drei Vorbedingungen erfüllt sind, kann logischerweise mit der Beschränkung des Rechtsmittelsystems begonnen werden. Und dann wird es auch möglich sein, der Revision den Charakter eines nur der Rechtseinheit dienenden, der Einwirkung der privaten Partei gänzlich entzogenen Rechtsbehelfes zu geben. Die private Prozeßpartei darf auf die Durchführung einer so gearteten Revision keinen Einfluß haben und sie vor allem nicht durch Zahlung von Gerichtskosten finanzieren. Dann wird sie auch nicht darüber klagen dürfen, wenn das Revisionsgericht über vieles hinweg geht, was die heutige Revision im Interesse der materiellen Gerechtigkeit berücksichtigen muß.

Von unten auf also — das ist der Kernpunkt des Problems — müßte eine Reform beginnen und nicht von oben her. Solange die Unzufriedenheit mit den Unterinstanzen in dem heutigen Umfange fortbesteht, kann die Nachprüfungsbefugnis der Revisionsgerichte nicht in der hier bekämpften Weise eingeschränkt werden[1]).

---

[1]) Auch die Gegner einer Vermehrung der Rechtsmittelinstanzen und einer Erweiterung ihrer Zuständigkeit gelangen notgedrungen fast stets zu der Forderung einer Verbesserung der Unterinstanzen. So z. B. E. I. BEKKER, Grundbegriffe des Rechts pp., S. 313/4. STENGLEIN, Ger.Saal 1883, Bd. 33, S. 572, wollte eine Beschränkung des Revisionsgerichts sogar in bezug auf die Schuldfrage de lege ferenda nur dann gutheißen, wenn der Tatrichter in den Stand gesetzt ist, diese Frage gründlich zu prüfen. Die Differenz zwischen unserer Ansicht und der der Gegner betrifft also letzten Endes lediglich die Frage, an welcher Stelle mit der Reform begonnen, ob das Pferd von vorn oder von hinten aufgezäumt werden soll.

Namenverzeichnis

Adickes 31, 175, 209, 222, 223, 227, 235, 236.
Alsberg 2, 7, 25, 90, 91, 116, 122, 153, 183, 194, 196.

Bähr 52, 182.
v. Bar 18, 19, 20, 66, 67, 68, 163.
Bartholomäus 8, 181.
Bekker 209, 236.
Beling 5, 35, 49, 61, 72, 156, 157, 162, 173, 175, 230.
v. Below 15.
Bendix 50, 176, 177, 192, 219, 234.
Bergbohm 131.
v. Bethmann-Hollweg, A. 13, 17.
Biener 18.
Bierling 38, 99, 134, 135, 142, 224.
Binder 13, 38, 39, 40, 44, 57, 65, 138.
Binding 1, 14, 33, 38, 39, 41, 47, 54, 59, 61, 62, 162.
Birkmeyer 21, 52, 70, 85, 99, 141, 147, 149, 155, 158, 159, 179.
Boethke 11.
Bolze 31, 71, 78, 80.
Bosse-Woedtke 188.
Bovensiepen 202, 224.
Boyens 81, 82, 83, 100, 110, 132.
Brauchitsch 131, 196.
Bromberg 215.
Brunner 18.
Bühler 149.

Cahn, Hugo 228.
Cornelius 4.

Danz 29, 65, 76, 134, 135, 136, 139.
Delaquis 157, 159.
Dersch 211.
Doerr 103.
Dohna, Graf zu 14, 25, 34, 36, 44, 58, 61, 153, 157.
Dove 209.
Drews 210.
Drucker 8, 52, 173.
Düringer 210, 212, 231.
Dyroff 205, 223.

Ebermayer 156, 158, 202, 215, 219.
Ehrenzweig 46.
Ehrlich 12, 25, 38, 42, 137, 138, 139, 197, 231.
Endenann 43, 78, 151.
Engelhard 40, 45, 47, 48, 49, 56.
Exner 235.

Feuerbach 37, 58, 66, 67, 70.
Fichte 13.
Finger, Chr. 56.
Fischer, Otto 29, 209, 215, 230, 231.
Fischer, Th. 224.
Flechtheim 138.
Fraenkel 226.
Frank 53, 70, 103, 153.
Freudenthal 180.
Friedreich 20.
Friedrichs 21, 30, 95, 96, 131, 132, 152, 185, 211, 214.
Friedensburg 193, 195.
Friters 29, 206, 207.
Fuchs, Eugen 8.
Fuchs, Ernst 25, 29, 39, 68, 182.

Galli 56.
Geib 16, 17.
Genzmer 190.
Gerland 143, 144, 145, 147, 156, 179, 203, 204, 215.
Germershausen 73.
Geyer 88, 142.
Giese 73, 209.
Gierke 132, 135.
Glaser 18.
Gleispach 205.
Gmür 226.
Gneist 14.
Goldschmidt, J. 14, 17, 22, 28, 29, 152, 153, 159, 180, 202, 222.
Gotthelf Weiter 22, 191.
Grau 234, 235.
Grosch 224.
Groß, H. 25.
Großmann 101.
Grünberg 212.

Haber 30, 191.
Hachenburg 87, 200, 231.
Hueck 141.
Haenle 15.
Hafter 155.
Hagen 181.
Hatschek 204, 222.
Heck 38, 136, 137, 223, 226, 234.
Hedemann 131.
Hegler 42.
Heilberg 100, 201.
Heilbronner 45, 47.
Hein 151.
Heinemann 7, 14, 15, 23, 32, 183.
Hellwig, A. 144, 145, 154, 173, 179, 180, 201.
Hellwig, K. 131, 136, 137, 230.
Hensel 206, 214.
Hermes 224.
Herrnritt 143, 149, 164.
Hertel 190.
Heymann 222.
Hippe 56.
v. Hippel 156, 157, 158, 192, 202, 215, 219, 221.
Hoeniger 141.
Hofacker 6, 70, 101, 102, 146, 148, 155, 156, 158, 159, 234.
Holtzendorff 57, 193.
Huber 226.

Illing-Kautz 186.
Isay 225.

Jacobi, L. 15, 25.
Jacobi, E. 44.
Jastrow 232.
Jellinek, G. 14.
Jellinek, W. 1, 34, 65, 70, 72, 101, 136, 142, 147, 149, 152, 162, 167, 177.
Jhering 69.
John 55.

Käckel 45, 46, 47.
Kahl 146, 161, 167.
Kann 82, 95, 131.
Kant 46, 47.
Kantorowicz 2223, 228, 230.
Kaskel 141.
Kaufmann, E. 29.
Kelsen 12, 13, 142, 150.
Kern 74, 76, 78, 95, 171, 172, 173, 176.
Kersten 4, 191.
Kisch 45, 47, 52, 59, 60.
Kiss, Geza 70.
Kitzinger 56, 78, 222.
Klee 219.
Kleybolte 203, 204, 205, 206, 210.
Kloeppel 56.
Kloss 188.
Köbner 152.
Koch 73.
Kohler 206, 226, 230.
Köhler 86, 88, 210.
Kohlrausch 14, 41, 44, 59, 60, 65, 157.
Könige 231.
v. Korvin-Dzbánski 198.
Kreller 207.
Kriegsmann 158.
v. Kries 15, 25, 34, 131, 161, 165, 174, 175, 176, 177, 178.
Kronecker 4.
Kroschel 25.
Krückmann 224.
Kübel 200.
v. Kujawa 189, 194.

Laband 12.
v. Laun 69, 101, 147, 149, 151, 152, 155, 157, 164, 177.
Lask 57, 59.
Lehmann 184, 186, 190.
Leonhard, F. 36, 74, 76, 78, 79.
Lepmann 68.
Liebmann 60.
Liepmann 78, 157, 158, 161.
v. Lilienthal 47, 88, 110, 158.
Lobe 3, 9, 10, 155, 201.
Löffler 24, 163.
Löwe 25, 51, 75, 131, 141, 142, 153, 154, 163, 173, 177, 185.
Löwenfeld 151.
Löwenstein 7, 23, 120, 131, 137, 182, 192, 196.
Luden 7, 196.

Magnus 230.
Mamroth 21, 25, 51.
Manigk 12, 223.
Markull 227.
Mathießen 96.
Mayer, M. E. 42, 76, 167.
Mayer, S. 198.
Mayer-Homberg 19.
Mendelssohn-Bartholdy 22, 29, 132.
Merkel, A. 57, 167, 175.
Merkel, P. 173, 210.
Meves 105.
Meyer, Hugo 43, 58, 66, 67, 68, 69, 94.
Mezger 19, 25, 40, 41, 43, 44, 45, 46, 60, 61, 65, 70, 72, 74, 78, 80, 142, 143, 149, 163.
Mittelstaedt 9, 22, 25, 191.
Mittermaier 1, 15, 17.
Mommsen 17,
Müller-Meiningen 224.
Münsterberg 206.

Nagler 4, 202, 219.
Neukamp 7, 9, 10, 76, 80, 81.
Nipperdey 141.
Nöldecke 215.
Nußbaum 25, 138.

Oertmann 36, 65, 70, 74, 76, 78, 132, 133, 134, 135, 138.
Oetker 58, 66, 67, 68, 144, 145, 153, 202.
Ofner 28.
Olshausen 56, 90, 151, 152, 153.
Ott 12, 20, 31, 216.
Otto 226, 231, 234.
v. Pechmann 231.
Peters, W. 28, 185, 189, 190.
Petersen 136.
Pfizer 151.
v. d. Pfordten 75.
Planck 17, 19, 20, 22, 24, 28, 29.
Poppe 22.
Porsch 190.
Potthoff 223, 230.
Predari 215.
Preuß 12.

Radbruch 60, 63, 64, 69, 111, 230, 231.
Ranke 30.
Rathenau, W. 226.
Reichel 224.
Rickert 60.
Ricks 210.
Ritter 210, 224, 230, 231.
Rittler 204, 205.
Rocholl 78.
Rosenblatt 197, 198.
Rosenfeld 161, 167, 169.
Rosenthal 96.
Rosin 183.
Rümelin 139, 140, 208, 230, 234, 235.
Rumpf 25, 26, 29, 43, 45, 46, 59, 102.
Ruth 19.

Sauer 5, 34, 38, 40, 45, 46, 47, 48, 49, 57, 60, 65, 78, 141.
Savigny 23, 147, 223.
Schiffer 200, 201, 202, 223, 232.
Schmidt, R. 19, 31, 132, 214.
Schmitt, C. 44, 59.
Schneider 200, 201, 224, 228.
Scholz 95.
Schön 34, 70.
Schreiber, O. 138.
Schroeder-v. Künssberg 18.
Schultzenstein 8, 131, 177, 185, 187, 191, 195, 196, 210, 213, 220.
Schulz, Karl 215, 222, 227.
Schuppe 40, 57.
Schwarze 12, 17, 22, 23, 24, 26, 171, 191, 193.
Seligsohn 206.

v. Selle, G. 15.
v. Seydel, M. 205.
Simmel 92.
Simon 210.
Sinzheimer 140, 141, 208.
Skedl 12, 19.
Somlò 14, 73, 134.
Sonntag 192.
Spiegel, L. 139.
Stahl 34.
Stammler 38, 39, 40, 59, 65, 149.
Staub 52.
Staudinger 130.
Stein 5, 7, 19, 20, 33, 34, 35, 38, 41, 43, 44, 45, 47, 49, 50, 51, 52, 61, 62, 70, 71, 72, 75, 76, 77, 80, 81, 83, 84, 88, 98, 110, 116, 128, 136, 141, 162, 172, 211.
Stenglein 8, 34, 80, 186. 236.
Stern, H. 4, 5, 162, 176, 212, 215, 218, 235.
Stern, J. 147.
Sternberg 134.
Stier-Somlo 68, 148.
Stooss 144.
Strutz 195, 206.
Sturm 5, 7, 10, 26.
Syrup 229.

Tezner 150, 151.
v. Tippelskirch 69.
Titze 82.
Traeger 57, 60.
Triepel 21, 228.

Ullmann, E. 14, 204.

Vaihinger 60, 65, 92, 99.
Vierhaus 231.

Wach 31, 34, 38, 39, 68, 136, 142, 185, 200, 202, 203.
Walther 1, 12, 15, 17, 19, 20, 24, 26, 27, 28, 38, 58, 162, 204.
Warschauer 58.
Wassermann 96.
Weber, M. 20, 230.
Weck 225.
Wehli 66, 71, 72, 111.
Werthauer 62.
Wilda 20.
Wildhagen 226.
Windelband 57.
Wolff, Th. 226.
Wulffen 191.
Wunderer 173.
Wundt 46.
Wyneken G., 60, 61.

Zeiler 5, 200, 223, 226, 227, 228, 230, 231, 232, 234.
Zitelmann 70, 162, 209.

Sachverzeichnis

Aberkennung der bürgerlichen Ehrenrechte 152.
Abschreckungszweck 167.
Absicht 117ff.
Abstraktere Gestaltung des Tatbestandes 65.
Ähnlichkeit 92.
Aktenwidrigkeit 4, 180 bis 198.
Allgemeine Tatfragen 71.
Allgemeine Versicherungsbedingungen 133, 135.
Allgemeingültigkeit als Merkmal des Tatsachenbegriffs 45, 46, 47.
Alsbaldiger Verbrauch 90.
Angemessenheit als revisibler Begriff 90.
Anreizung zum Klassenhaß 125.
Appel de faux jugement 20.
Appellation 17, 19.
Apriorität des Rechtsbegriffs 60.
Arbeitsordnung 229.
Arbeitsgerichtsgesetzentwurf 184, 207 Anm. 2.
Auffälliges Mißverhältnis 91.
Auflösung der Rechtsbegriffe 66ff.
Aufsichtslose Hunde 109.
Augenscheinsbeweis 48, 52, 64.
Ausführungsverordnungen 226.
Auslegung 75ff., 83, 117 bis 130.
Außerjuristische Begriffe 69.
Ausverkäufe 116.
Autonomie 131.

Bankiergeschäft 117.
Beginn einer gottesdienstlichen Verrichtung 110.
Begriffsjurisprudenz 57, 136ff.
Begründung, mangelhafte, als Revisionsgrund 4.
Beleidigung 48, 52, 125, 126, 129.
— Kompensationsmöglichkeit 109.
— objektiver u. subjektiver Tatbestand 122, 123.
Beleidigung Wahrnehmung berechtigter Interessen 170.
Bergwerksstatuten 133.
Berufsrichter 58.
Berufung 24, 26, 27.
— Ausdehnung durch die VO. vom 4. 1. 24. 3, 4.
— Geschichtliches 12.
— Beschränkung durch die StPO. von 1877 22.
Beruhen, Das Erfordernis des Beruhens im § 337 StPO. 35.
Beschimpfung als Rechtsbegriff 108, 128.
Bestimmtheit 47.
Betrug, Tatsachenbegriff beim Betruge 38, 52, 53, 54, 56, 87.
Beweglicher Gegenstand 108.
Beweisbarkeit als Merkmal des Tatsachenbegriffs 46, 48.
Beweisrecht, germanisches 19.
— Tatsachenbegriff im, 43, 44.
Beweiswürdigung (vgl. auch freie Beweiswürdigung) 75, 77, 80, 98, 120, 122, 188.
Beweiszeichen und Kennzeichen 108.
Bewußtsein 117ff.
Böhmen, Geschichte der Rechtsmittel in, 20.
Braunschweigische Konserven 112.
Brücke 107.
Busse 153.

Christliche Wissenschaft (Fall Nuscha Butze) 113.

Denkgesetze 75, 115, 122, 126.
Dienstanweisung 131.

Eideszuschiebung 44.
Eigenes Verschulden 82.
Einfachheit des Urteils 49, 62.
Einzelfall 71ff., 91.
Einziehung 152, 153, 155, 156.
Eisenbahner-Dienstanweisung 134.
Elektrizität als Rechtsbegriff 110ff.
Entscheidungsgründe 181, 182.
Entscheidungssammlungen 214.
Entwurf eines StGB. von 1919 154ff., 179.
Entwurf eines Allg. Deutschen StGB. von 1925 160, 180.
Entwurf einer StPO. von 1908 10, 15 Anm. 6, 178, 192.
Entwurf eines Gesetzes über den Rechtsgang in Strafsachen von 1919/20 10, 178, 192.
Erfahrungssätze 7, 38, 47, 71, 75, 82, 110 bis 117, 119.
Erfurter Programm 21.
Erkenntnistheoretischer Tatsachenbegriff 42, 45, 52 Anm. 4.
Erklärungstheorie 79.
Ermessen, richterliches 84, 86.

Ermessen freies 103 Anm. 1, 164, 147—161, 163, 143, 195.
— gebundenes 152, 155 Anm. 2, 164, 178.
Ermessensmißbrauch 175.
Ernstlichkeit einer Preisforderung 129, 130.
Erörterung öffentlicher Angelegenheiten 127.

Fahrlässigkeit 100, 121.
Fiktion, abstraktive oder neglektive 65.
Fortgesetzte Handlung 102, 103.
Frankreich, Entwickelung der Rechtsmittel in, 20.
— Schwurgerichtsverfahin, 66ff.
Freie Beweiswürdigung (vgl. auch Beweiswürdigung) 26, 27, 28 Anm. 1.
Freies Ermessen s. Ermessen.
Freiheitsbegriff, altgermanischer, 19.

Gedankenäußerungen, Auslegung von, 64, 75ff.
„Geeignet", Auslegung des Begriffs durch den Revisionsrichter, 93.
Gefahr 95ff.
Gefängnisordnungen 131.
Gegenstände des täglichen Bedarfs 114, 116.
Geheimnis u. Tatsachenbegriff 42, vgl. auch S. 56, 103.
Geheimwissenschaft, Revisionslehre als, 8.
Geldstrafengesetz 144ff., 179.
Geldwert 85.
„Geltendes" Recht 139.
Gerichtshof für bindende Gesetzesauslegung 222ff.
Geringwertigkeit 85, 88ff.
Germanisches Recht, Ausbildung der Rechtsmittel im germ. R., 18ff.
Gesamtstreitigkeit 211.
Geschichtliches über Rev. u. Berufung 12.
Geschlossener Personenkreis 103.
Gesetzesanwendung 38, 40.
Gesetzestatbestand 65.
Gesetzesverletzung 33, 34, 35, 37, 38, 153, 162, 171, 173.
Geständnis 43.
Gewahrsam 110.
Gewohnheitsrecht 131.
Gift, Rohsalzsäure als, 114.
Glaubwürdigkeit, keine Tatsache 51.
Gleichheit 47, 92.
Glücksspiel 92, 104ff.
Gotteslästerung 124.
Grausamkeit als Rechtsbegriff 108.
Grenze zwischen Tatsachenfeststellung u. rechtl. Werturteil 59, 61, 64.
Grenzen der Revisibilität 8.

Hartnäckiges Leugnen als Strafzumessungsgrund 167f., 174.
Hausgesetze 135.
Honig, Nachprüfung des Begriffs durch das Revisionsgericht 113, 114, 115, 116.
Hypothek, Sicherheit einer — als Tatsache 92.

Idee der Freiheit 46 Anm. 4.
in dubio pro reo 141.
Innere Tatsachen 48, 56.
Instruktionelle Vorschriften (vgl. auch Sollvorschriften) 23.
Irrtum 120.

Kammergericht, Urteil im Prozeß v. Kessel 121.
Kannvorschriften 144, 151ff.
Kausalitätsproblem 57, 98ff.
Kausalzusammenhang zwischen Gesetzesverletzung und Urteil 171.
Knappschaftsvereine 132.
Kompensationsbefugnis 153.
Konkrete Rechtsfragen 71.
Konsumgeschäft 114, 115.
Konstruktion 39 Anm. 2.
Krankenkassenverbände 133.
Kriegswucherstrafrecht 90 Anm. 2.
Kritik, Gegensatz zur Tatsachenbehauptung 52, 54.

Landesamt für Familiengüter 217.
Langobardisches Recht, Rechtsmittel im lang. R. 19 Anm. 3.
Lärm 106.
Lehrer im Sinne des § 174 Nr. 1 StGB. 110.
lex Alamannorum 18 Anm. 3.
Logik, juristische 138.

Maschine 107.
Materielle Gerechtigkeit im Strafprozeß 6, 30, 31 Anm. 2.
Menschenmenge 103.
Methode 5, 42, 45.
Militärische Dienstvorschrift 131 Anm. 1.
Mittäterschaft 169.
Möglichkeit 95ff.
Mündlichkeit 26, 28 Anm. 1.

„Nachdruck verboten", Auslegung des Vermerks, 125, 126.
Namensangabe, unrichtige 109.
Naturrecht 206, 207.
Nichtigkeitsbeschwerde 182, 197.
— zur Wahrung des Gesetzes 204, 207.
Notar 119, 124.
Notwehr 91.
Notwendigkeit als Merkmal des Tatsachenbegriffs 45.

Obersatz 38ff.
Objektives Recht 131ff. 139ff.
Objektiver Sinn einer Äußerung 77ff., 81, 122ff.

Observanz 131.
Offenkundige Tatsachen 47.
Öffentliches Interesse 101, 102, 149.
Opportunitätsfragen 147, 164.
Ort 104.
Ortsstatutarische Bestimmungen 131.
Österreich, Ausgestaltung der Revision in, 31.

Pachtinventarentscheidung des III. Zivilsenats 84.
Parlament und Gesetzgebung 225.
Partikuläre Rechtsnormen 135.
Patenturkunden 131, 134.
Philosophischer Tatsachenbegriff 45.
Pflichtwidrigkeit 100, 101.
— Bewußtsein der, 117.
Pilsener Bier 111.
Politik im Strafprozeß 13ff.
— Entpolitisierung der Strafrechtspflege 15 Anm. 2, 57.
Politische Bedenken gegen den Rechtshof 223ff.
Politische Demonstration 106.
Polizeiliche Verfügungen 131.
Präjudizien, Bindung an 208ff.
Preßgesetz, Tatsachenbegriff im § 11 RPG. 56.
Prinzip der Auswahl 59, 60.
Prophylaxe, juristische 203.
Protokoll im Strafverfahren 191ff.
Protokolle der Kommission für die Reform des Strafprozesses von 1905 9, 10.
provocatio 17.

Quantitätsbegriffe 163.

Rechtsanwalt 120, 122, 124.
Rechtsanwendung 25.
Rechtsbefragung 203.
Rechtsbegriffe 66ff.
Rechtsbeschwerde 184.
Rechtseinheit (siehe auch unter Zwecke der Revision) 29ff.
Rechtsfrage 8, 25, 26, 28, 33, 34, 36, 37, 63, 71ff. 79, 200, 204, 205, 213, 217, 218.
Rechtsgeschäft 81, 82, 131ff., 134f.
Rechtsgutachten, bindende 203, 206, 207.
Rechtshof 5, 222ff.
Rechtsnorm 38, 81, 131ff.
Rechtsquellenlehre 131.
Rechtssicherheit 29, 208ff.
Recours dans l'intérêt de la loi 204.
Regierung Ebert-Scheidemann, Rechtsmäßigkeit der, 74.
Reichsversicherungsamt 188ff., 193ff.
Reichsregierung und Friedensvertrag 113.
Reichsverwaltungsgericht 6, 185 Anm. 2.
Reliquienkultus 112.
„Revisionssichere" Urteile 25.
Richterrecht 136.
Römische Rechtsentwikkelung auf dem Gebiete der Rechtsmittel 16ff.
Rote Fahnen 62, 64.

Sachverständiger, Begriff des Sachverständigen 42, 49.
Sachverständigenbeweis 64.
Schätzung 62, 162.
Scheinprozeß 205.
Schelte (siehe Urteilsschelte).
Schiedseid 51.
Schleppschiffahrtsbedingungen 133.
Schwurgerichte 32, 63, 66ff.
— Revision in Schwurgerichtssachen 4.
— Tatsachenbegriff im Schwurgerichtsverfahren 57, 58.
Sensualistisch-empiristischer Tatsachenbegriff 46.
Sichernde Maßnahmen 156ff.
Sicherungsstrafe 157 Anm. 2.
Sollvorschriften 24, 142 ff., 151 Anm. 2, 152, 173.
Soziale Tragweite der Rechtsverhältnisse 138.
Soziale Zwecke eines Gesetzes 184 Anm. 2.
Sprachgebrauch 83.
Spruchreife 178.
Sprungrevision 200ff.
Staatliche Rechtsauffassung 137ff.
Staatsverleumdung, Tatsachenbegriff b. d., 52.
Stoff des Rechts 63.
Störung kirchlicher Handlungen 108.
Strafzumessung 161—180.
Strafzweck 167, 178ff.
Streik, Aufforderung zum, 118.
Streitgenossenschaft 211.
Subsumtion 39, 40, 64ff., 70ff., 76ff., 89, 150.

Tarifverträge 135, 140, 184 Anm. 2.
Tatfrage 8, 25, 28, 33, 34, 36, 37, 63, 71ff., 79, 91, 162.
Tatsache 40, 41ff., 60, 61, 155, 156.
Tatsachenfeststellung 25, 58, 61, 62, 82, 85, 99, 111, 119, 174.
Teleologische Begriffsbildung 12, 13.
Testamente 131.
Typische Verträge 81, 132ff., 135, 141, 211.

Übermäßiger Gewinn 91.
Überweisung an die Landespolizeibehörde 153 Anm. 4.
— und in ein Arbeitshaus 158.
Umschlossener Raum 107.
Unbestimmte Begriffe 70ff., 83 Anm. 2, 148ff.,
Unfallverhütungsvorschriften 134.
Unlautere Machenschaft 104.
Unlauterer Wettbewerb, Tatsachenbegriff im Unl.WG. 56.

„Unterbrechung" des Kausalzusammenhanges 99.
Untersatz 38ff., 51.
Unterschlagung 123.
Unzüchtige Handlung 61.
Urkundenauslegung 79ff., 117ff.
Urkundenbeweis 64.
Urteilsschelte 12, 18.

Verbesserung der Rechtspflege als Zweck der Rechtsmittel 21ff.
Verdachtsstrafe 169.
Verdorbenheit als Rechtsbegriff 108.
Vereinheitlichung der Rechtsprechung als Zweck der Rechtsmittel 21, 29ff.
Vereinssatzung 131ff.
Verfahrensmängel 185, 195ff.
Verführung 109.
Verordnung vom 4. I. 24 3, 21.
Versammlung 103.
Verstoß gegen den klaren Inhalt der Akten 186ff.
Versuch 94.
Verteidiger, ihre Kritik an der Rechtsprechung des RG. 7, 8.
— Bestrafung wegen Beihilfe 119.
Vertrauen der Rechtsunterworfenen in die Rechtsprechung 21, 31, 32.
Verwaltungsgericht 147, 151.
Verwaltungsstreitverfahren 6, 185, 196.
Verwechselungsgefahr 95ff.
Vetorecht 226ff.
Volksbewußtsein und Revision 11, 12.
Vorbereitungshandlung 94.
Vorentwurf eines StGB. von 1909 155.
Vorformung der Wirklichkeit 63.
Vorlegungsbefugnis 215ff.
Vorlegungspflicht 212ff.
Vorspiegelung 109.

Wahlaufruf, Auslegung, 123, 124.
Wahrheitsbeweis 48, 52.
Wahrnehmbarkeit 47.
Wahrnehmung berechtigter Interessen 102.
Wahrscheinlichkeit 95ff.
Wertbegriff 51, 62, 85ff,
Werturteil 40, 41, 59, 61. 62, 98, 163.
Wiederaufnahmeverfahren 4, 9, 234 Anm. 1.
Wiederaufnahmegrund 184.
Willensrichtung, Auslegung zwecks Feststellung der, 77ff., 117ff.
Wirtschaftliche Verhältnisse, Berücksichtigung bei Bemessung von Geldstrafen 144ff.
Wirtschaftlich-rechtliche Grundsätze 84.
Wissenschaft und Rechtshof 228ff.

Zeitungsartikel, Auslegung, 123ff.
Zeitungsberichte über Revisionsverhandlungen 11 Anm. 1.
Zeuge, Begriff des Zeugen 42, 49, 50, 51.
Zeugenbeweis 64, 80.
Zivilprozessuale Behandlung des Strafprozesses 5, 6.
Zivilsenate des RG., Gegensatz zur Rechtsprechung der Strafsenate 7, 82ff.
Zusammengesetzte Sache 107.
Zustände und Tatsachenbegriff 50.
Zweck der Auslegung 77, 79.
Zurückbehaltungsrecht, vertragliches 121.
Zweckmoment 50, 57, 63.
Zwecke der Revision 2, 12ff.
insbes. Gerechtigkeitszweck 2,
Rechtseinheitszweck 2, 4, 5, 29ff.,
politische Zwecke 13ff.,
juristische Zwecke 21ff.
Zweckwahl, freie, 149ff., 157.

(Siehe auch umstehend.)